U0796802

复旦联合国研究丛书

联合国与国际法治

The United Nations and International Rule of Law

第二届联合国研究青年论坛获奖论文集

张贵洪◎主编

时事出版社

图书在版编目（CIP）数据

联合国与国际法治：第二届联合国研究青年论坛获奖论文集/张贵洪主编．—北京：时事出版社，2016.10

ISBN 978-7-5195-0021-4

Ⅰ.①联… Ⅱ.①张… Ⅲ.①联合国—关系—国际法—文集
Ⅳ.①D813.2-53②D99-53

中国版本图书馆 CIP 数据核字（2016）第 173160 号

出版发行：时事出版社
地　　址：北京市海淀区万寿寺甲 2 号
邮　　编：100081
发行热线：（010）88547590　88547591
读者服务部：（010）88547595
传　　真：（010）88547592
电子邮箱：shishichubanshe@sina.com
网　　址：www.shishishe.com
印　　刷：北京市昌平百善印刷厂

开本：787×1092　1/16　印张：22.5　字数：390 千字
2016 年 10 月第 1 版　2016 年 10 月第 1 次印刷
定价：98.00 元

（如有印装质量问题，请与本社发行部联系调换）

总序

什么是联合国？联合国有什么作用？中国与联合国的关系如何？这是每一个对联合国有兴趣的读者都想知道的。

我的回答是：联合国是一个“不独立的多元体”。所谓“不独立”，就是说联合国没有独立的主权，它的权力来自于它的成员国。所谓“多元体”，就是说在联合国的所有机构中，没有一个能够完整地、全面地或在任何时候都代表联合国。因此，联合国只是“联合起来的国家们”的一个简称。它的主体是成员国，是联合国的成员以不同的形式组织起来，以不同的决策方式实现全球治理。

在成立后的七十年的时间里，联合国究竟起了怎样的作用呢？综合起来看，它的作用主要有五个方面：一是作为一面镜子，反映了国际形势的变化，折射了国际格局的演变；二是作为一个论坛，反映了世界上各种各样的声音；三是作为多边外交最活跃的舞台；四是一个国际合作的平台；五是国际行动合法性的象征。

联合国是多边外交的讲坛，联合国大会每年都云集了各国的元首、首脑和外长，这是任何一个国际机构都无法比拟的。联合国又是集团外交博弈的舞台，许多重大谈判都是在集团之间进行的，集团外交在联合国里面有很重的分量。集团外交有优势也有弱点，它的优势在于增加了弱小者的谈判分量，有利于在这个强弱不等、力量失衡的世界为弱小国家争得一份发言权、一份决策权；缺点在于增加了谈判的复杂性和难度，联合国常常议而不决，决而不行。

联合国是国际合作的平台，主要体现在以下几个方面：一是完成了非殖民化的进程，使得一大批亚非拉国家取得独立并参加了联合国；二是开展历史上最广泛、最持久的发展援助，联合国里面有三大机构专门从事援助工作，即联合国开发计划署、联合国人口基金会以及联合国儿童基金会；三是缓和了国际冲突，通过军控、预防外交、维和、建设和平等手段处理了一系列地区冲突，更重要的是避免了大战的发生；四是规范国际行为，确立行为准则，并通过一系列决议、宣言、行动纲领以至于法律文件如条约、公约等形式，确立战后国际社会应该共同遵守的游戏规则。

联合国还有一个作用是过去人们很少意识到的，就是它已成为某一国际行为是否合法的象征，这从两次伊拉克战争就能看出来，有无联合国的授权是行动合法还是非法的一个依据。

同时，联合国还是一面镜子，反映了国际形势的变化，折射了国际格局的演变。联合国成立到现在大概有这样几个时期：联合国成立初期，只有51个成员国，大部分是西方国家及其盟友，当时联合国是美国操纵的工具；20世纪60年代开始，情况逐步发生变化，到70年代就发生了质变，发展中国家成为联合国的多数；1971年中国代表权的恢复是一个分水岭，标志着美国一家操纵联合国的时代一去不复返了；70—80年代，联合国折射出来的是两对矛盾的交叉，一是南北矛盾，二是东西矛盾，既对抗又对话；进入90年代，苏联解体、冷战结束，联合国进入了一个新时期，这个时期的特点是两极争雄消失、南北矛盾缓和，联合国能够在政治、安全、经济、社会、人权等各个领域全面发挥作用。安理会在经历冷战时期的瘫痪之后恢复工作，成为联合国活动的一个中心。这十年被称为联合国的黄金时代。世界人民对联合国的期望值也大大提高。但是好景不长，第二次伊拉克战争撕裂了联合国，使联合国陷入空前危机，联合国在世界民众心中的形象也大为受损。在这样的背景下，要求联合国改革的呼声在世界范围内响起。

从现在来看，联合国将来会怎样？这里人类再次面临需要和可能的矛盾。需要是因为国际关系格局发生了重大的变化，从两极格局向多极格局迈进。在这个世界政治多极化、经济全球化和社会信息化的新时代，联合国面临一系列新的挑战。作为世界上最大、最高、最具代表性的国际组织，联合国需要进行改革，以反映国际关系格局的演变，适应新时代的挑战。

但是，多极化是一个漫长、渐进且含有种种变数的过程，目前还远没有“尘埃落定”。对于联合国大会和安理会等重要机构的改革，各国利益纵横交错，互利共赢的交汇点久求而不得，故当前对联合国机构进行重大改革的可能性甚微。

联合国改革的举步维艰，削弱了联合国应有的作用。二十国集团的出现，及由二十国集团承担在金融领域全球治理的功能，从一个侧面折射出联合国不改革可能面临的被边缘化的危险。当然，这种被边缘化在可预见的将来还只是局限在个别领域，且没有不可逆转之理。就全局而言，作为二战结束后肩负全球治理重任的联合国，它的地位和作用还是不可替代的。近日，美国未来学家戴维·霍尔做出大胆预测，称未来十年的某个时间点，将出现一个新的全球管理主体，可以称之为“全球委员会”，职责是监管全球事务。但他也认为，处理和裁决国家间政治经济冲突的职责仍然由联合国履行。

进入新世纪以来，联合国在变化，中国也在变化。中国的国家利益已经不再局限在国门以内，中国的影响也已超出了地区。有很多全球问题都事关中国的切身利益，这就要求中国以更积极的态度来参与联合国的事务，维护自身的利益。可以预见，中国将在财政、维和等方面做出更大贡献。同时中国也需要利用联合国这个平台来拓展自身利益，中国参与亚丁湾护航，中国海军合法走出国门就是一个成功的例子。

联合国需要中国、中国也需要联合国这样一个时代即将到来。

（联合国前副秘书长、上海联合国研究会名誉会长）

2015 年 10 月 24 日

于北京和平里

代序
法治是联合国的核心概念*

张贵洪

发展和尊重国际法、推动和实现国际法治是联合国的一项重要工作。通过国内、国际以及联合国自身三个层面的法治，国际社会在人权、发展和争端解决方面的国际法治取得了长足的进步和丰富的成果。联合国通过众多途径，包括联合国大会、安理会、国际法院等机构和大量国际法、国际条约推进国际法治建设。从1992年开始，联合国大会将法治纳入议程。自2006年以来，每年联大都会通过专门的法治决议。特别是2012年9月，第67届联大专门召开国际法治高级别会议，会议通过的宣言指出，“法治是各国间友好平等关系的基石”。联合国70年的历史表明，法治是实现持久和平、促进持续发展、有效保护人权的根本。正如前联合国秘书长安南指出的，法治是联合国的核心概念。

联合国在国际法治中的作用主要表现在以下几个方面：

第一，联合国推动国际法治的主要目标是实现国际关系的法治化和建立以法治为基础的国际秩序。在

* 原文发表于《中国社会科学报》2015年9月18日。

以主权国家为基础而构成的国际社会中，由于力量和利益的不同，国家之间的矛盾、分歧和冲突总是难以避免。但是，从以武力和战争手段变为通过政治和法律途径解决国际争端，以国际法治制约权力政治是人类文明和进步的标志。联合国是运用政治和法律方式协调和处理国际关系的主要平台和机制。联合国一直倡导公正安全、公平发展的理念，以法治规范国家行为、约束国家权力、平衡国家利益，旨在推动国际关系的法治化。国际力量对比的变化、国际格局的变动导致国际秩序的变革。联合国是国际秩序的基础性、稳定性和建设性力量，有独特的条件、优势和资源在国际秩序的重建中发挥主导作用。2000 年联合国《千年宣言》等一系列有关国际法治的标志性文件多次重申要建立和维护“一种以法治和国际法为基础的国际秩序”，确立以公正和平等为核心价值、以规则而不是以权力为导向的国际秩序。

第二，《联合国宪章》（以下简称《宪章》）是国际法治的核心和基础。《宪章》不仅是联合国的组织章程，也是国际社会的“宪法”，是一份国际法文件。《宪章》提出“以和平方法且依正义及国际法之原则”维护国际和平与安全，确立了国际关系中法治的原则、价值和精神。《宪章》倡导和确立的和平解决国际争端原则和禁止使用武力原则是国际法治的出发点。在《宪章》基础上形成的多边国际秩序、集体安全机制、基本行为规范、共同价值观念成为战后和平与安全的基本保障，避免了大国之间的战争，又保证了中小国家参与国际事务。但是，《宪章》倡导的宗旨和原则未能得到全面的遵守和有效的实施，甚至被践踏。在 70 年国际关系实践中，以战争手段解决国家间争端、使用武力达到目的、干涉他国内政以及大国入侵小国的现象很严重。因此，在《宪章》签署和生效 70 周年之际，有必要重申国际社会弘扬《宪章》精神和维护《宪章》权威的决心和意志，呼吁成员国遵守《宪章》的宗旨和原则。同时，着手对《宪章》的某些条款进行修改，对某些机关进行改组。

第三，联合国安理会在国际法治中具有特殊的地位和作用。《宪章》赋予安理会维护国际和平与安全的首要责任，以及合法使用武力的特殊权力。安理会五个常任理事国是对结束二战贡献最大、当时最强大的5个国家，拥有否决权，因此需要从法律和政治相结合的角度来理解安理会在国际法治中的地位和作用。以法治原则维护国际和平与安全意味着安理会依《宪章》确立的国际法原则行使权力：一方面，安理会的决议具有权威性和约束力，所有会员国有履行安理会决议的法律义务；另一方面，安理会采取的强制行动和授权采取的武力行动要符合法治要求，安理会从事的立法活动和司法活动应基于国际社会的共同利益，服从法治原则。安理会的效力取决于大国（常任理事国）通过和采取联合行动，也有赖于其他会员国对安理会合法性的认同和支持。可见，安理会体现了国际关系中法治和权力的相互作用，关于安理会改革的任何方案也应以此为出发点。

第四，编纂和执行国际法、促使会员国普遍签约和履约是联合国在国际法治中的基本功能。联合国大会的决议具有立法、立规、立德功能，在国际社会倡导全球性和普遍性的价值和理念、规范和规则、议程和方案。大会第六委员会（法律）和国际法委员会分别是大会处理法律问题的主要机构和专门机构。安理会采取的行动，包括维持和平、建设和平、特设法庭、制裁和决议等具有国际法效力，对会员国有法律约束力。国际法院是联合国的主要司法机关。联合国还建立内部司法系统以加强自身法治。联合国对会员国提供法律技术援助，特别是帮助冲突后社会重建法治。由联合国秘书长保存的560多份国际条约文书涉及人权、裁军、贸易、难民、环境、海洋法等广泛领域的国际法治。国际条约的生效和履约是联合国在国际法治方面面临的最大挑战，为此，联合国自2000年开始每年在联大开幕之际举行“联合国条约周”活动，鼓励各国政府和领导人签署、批准和加入国际条约，以推动会员国对国际条约的普遍参与和执行。

第五，联合国在推动国际争端的司法解决方面不断取得进展。通过法律解决国际争端是《宪章》规定的和平解决争端的方式和途径之一。国际法院作为联合国的主要司法机关，依国际法对当事国提交的争端做出有法律约束力的判决，即诉讼管辖，并对联合国机关和专门机构提交的法律问题提出没有法律约束力的咨询意见，即咨询管辖。目前约70个国家依照《国际法院规约》承认法院的管辖权具有强制性，约300项双边或多边条约或公约规定法院在解决关于这些条约或公约的适用或解释的争端方面具有管辖权。截至2014年12月30日，共有161个案件进入法院总表，涉及领土和海洋争端、侵犯领土完整、灭绝种族、核军备竞赛等。由安理会设立的众多国际法院、国际法庭、特别法庭从事司法活动。国际刑事法院、国际海洋法法庭、世界贸易组织争端解决机制都是独立于联合国的司法实体，却体现了司法管辖在范围和效力上的发展趋势。

未来，联合国在国际法治中的作用将主要体现在国际秩序和全球治理两个方面，即致力于建立以法治为基础的国际秩序和实现全球治理的法治化。

自2014年以来，中国政府和领导人多次强调要坚持国际法治。2014年6月28日，习近平主席在和平共处五项原则发表60周年纪念大会上指出，“我们应该共同推动国际关系民主化、法治化、合理化”。同年9月27日，王毅外长在第69届联大一般性辩论会上发言，题为“共谋和平发展，共守法治正义”。10月24日“联合国日”时，王毅外长又在《光明日报》发表题为“坚持推进国际法治，促进国际公平正义”的文章，指出“中国是国际法治的坚定维护者和积极建设者”，认为推进国际法治，一要强国际法治之基，二要固国际法治之本，三要弘国际法之义，四要立国际法治之信。

中国的发展需要联合国，联合国的强大也需要中国。无论是全面推进依法治国，还是积极倡导新型国际关系，都需要中国与联合国合作，在国际法治建设中不仅做维护者和建设者，更要做贡献者和引领者。

目录

联合国人权条约机构一般性评论和结论性意见的解释作用[*]

于亮[**]

本文的研究对象为联合国人权条约机构在监督实践中的产物：一般性评论（general comments）和结论性意见（concluding observations）。联合国人权条约体系由9个人权公约和10个监督委员会组成。监督委员会由公约或任择议定书授权设立，因此又被称为人权条约机构。除防范酷刑小组委员会是由任择议定书设立之外，其他9个委员会分别由9个人权公约设立，负责监督各自公约的实施。[①] 后9个委员会在监督实践中的主要工作成果为一般性评论和结论性意见，这些工作成果在很大程度上促进了人权法的繁荣和发展。根据各个人权公约规定，一般性评论和结论性意见并无法律约束力，但由于它们在很大程度上体现了由独立专家组成的人权条约机构对人权公约有关条款的解释，因此具有很强的权威性。两类文件经常被国际与各国司法机构援引，作为对有关人权条约的权威性解释。[②] 从国内外人权法文献来看，许多学者在解释人权条约的时候也都会参考或关注人权条约机构的一般性评论和结论性

* 本文已发表于《武大国际法评论》2016年第1期。

** 于亮，男，山东烟台人，荷兰马斯特里赫特大学法学院博士研究生，研究方向为国际人权法。本文写作得到国家留学基金委“国家建设高水平大学公派研究生项目”的资助。

① 从实践来看，各个条约机构在工作程序和实质内容方面都存在趋同化的趋势。参见徐鹏：“论人权条约监督机制的趋同化”，《武大国际法评论》2012年第2期，第143页。

② See International Law Association，Interim Report on the Impact of the Work of the United Nations Human Rights Treaty Bodies on National Courts and Tribunals，adopted on 11 May 2002，available at http://www.ila-hq.org/en/Others/document-summary.cfm/docid/65BD9C0A－720F－439D－873715A5496CED0F，visited on 26 Nov. 2015，para. 62.

意见。[①] 在国际法中，《维也纳条约法公约》（1969 年缔结，1980 年生效，简称 VCLT）第 31 条、第 32 条是关于条约解释方法的经典表述，通常认为它们已经成为习惯法规则。[②] 条约解释方法由诸多要素构成，一般性评论和结论性意见是否属于其中之一并不十分明朗。在著名的迪亚洛案中，国际法院在解释有关人权条约的时候援引了人权条约机构的一般性评论和结论性意见，但并未表明一般性评论和结论性意见何以具有解释作用或者属于条约解释方法中的何种要素。[③] 在此背景下，笔者尝试从条约解释的角度探讨一般性评论和结论性意见缘何具有解释人权条约的作用。换言之，本文的研究问题可归纳为：一般性评论和结论性意见属于条约解释方法中的何种要素？

一、作为人权条约机构工作成果的一般性评论和结论性意见

（一）一般性评论和结论性意见的含义

一般性评论和结论性意见是人权条约机构履行监督职责的主要工作成果。

---

① 欧美学者普遍重视实证资料，大部分人权法的英文文献都会提及一般性评论和结论性意见，在此不一一列举。2008 年，孙世彦教授在反思我国人权法研究方法的论文中倡导运用人权条约机构的一般性评论和结论性意见等第一手资料。参见孙世彦："人权法研究：问题与方法简论"，《法制与社会发展》2008 年第 2 期，第 96 页；另参见孙世彦："《经济、社会、文化权利国际公约》研究评述"，《国际法研究》2014 年第 4 期，第 117 页。

② See Legal Consequences of the Construction of a Wall in the Occupied Palestinian Territory, I. C. J. Advisory Opinion of 9 July 2004, para. 94; Case concerning Legality of Use of Force (Serbia and Montenegro v. Belgium), Preliminary Objections, I. C. J. Judgment of 15 December 2004, para. 100.

③ Ahmadou Sadio Diallo (Republic of Guinea v. Democratic Republic of the Congo), I. C. J. Judgment of 30 November 2010, para. 66. 该案基本案情如下：1998 年，几内亚向国际法院起诉刚果民主共和国（简称刚果），声称后者对其国民迪亚洛先生实施的一系列行为严重违反了包括国际人权条约在内的国际法。迪亚洛先生是几内亚公民，自 1964 年起在刚果定居并从事商业活动。由于试图通过司法系统追讨刚果政府和其他几家公司对其拥有的公司的债务，迪亚洛先生被监禁两个半月，其重要资产、公司账户被政府扣押或冻结，随后迪亚洛先生被刚果驱逐出境。国际法院在解释 ICCPR 第 13 条关于驱逐出境的法定条件和程序时，援引了人权事务委员会的《第 15 号一般性评论》。参见肖军："对海外投资的外交保护——国际法院关于迪亚洛案（初步反对意见）的判决评析"，《武大国际法评论》2008 年第 2 期，第 339—340 页。另参见万鄂湘、黄赟琴："国际人权条约的特点及其解释的特殊性——以迪亚洛案为例"，《武汉大学学报（哲学社会科学版）》2012 年第 6 期，第 5 页。

其中，一般性评论是有关委员会针对人权条约的特定条款和具体事项做出的解释和说明，其受众是全体缔约国。结论性意见是委员会在审议某个缔约国提交的定期报告之后对该缔约国表达的关切和建议。实践中，各委员会对两类文件的称谓不尽一致，多数委员会分别采用“一般性评论”和“结论性意见”的表述。只有消除种族歧视委员会和消除对妇女歧视委员会将前者称为“一般性建议”（general recommendations），并仍将后者称为“结论性意见”。笔者在行文时采用多数委员会使用的“一般性评论”和“结论性意见”的表述。

（二）一般性评论和结论性意见没有法律约束力

人权条约机构做出一般性评论和结论性意见的依据在于相应人权条约的授权，但这两类文件本身没有法律约束力，只是建议性质的。例如，《公民权利和政治权利国际公约》（ICCPR）第40条第4款规定：“委员会应研究本公约各缔约国提出的报告，并应把它自己的报告以及它可能认为适当的一般建议送交各缔约国。”《消除对妇女一切形式歧视公约》第21条第1款规定：“委员会应就其活动，通过经济及社会理事会，每年向联合国大会提出报告，并可根据对所收到缔约各国的报告和资料的审查结果，提出意见和一般性建议。这些意见和一般性建议，应连同缔约各国可能提出的评论载入委员会所提出的报告中。”此外，《消除一切形式种族歧视国际公约》（第9条）、《儿童权利公约》（第45条）、《残疾人权利国际公约》（第39条）等人权条约均有类似授权。比较特殊的是《经济、社会和文化权利国际公约》，该公约授权联合国经社理事会履行监督之责，且未对经社理事会本身的建议权做出明确规定。在实践中，经社理事会于1985年通过第1985/17号决议设立经济社会和文化权利委员会履行监督职责。① 1987年，经社理事会又通过第1987/5号决议授权经济社会和文化权利委员会参考其他人权条约机构的工作方法，这就暗示委员会可以做出一般性评论和结论性意见。② 经社理事会的此种安排并未受到缔约国的反对，在实践中各国积极配合委员会的工作，事实上形成了与其他

---

① UN Economic and Social Council Resolution 1985/17，E/RES/1985/17，published on 12 Jun 1985，p. 1.

② UN Economic and Social Council Resolution 1987/5，E/RES/1987/5，Published on 10 Jun. 1987，para. 9.

人权条约机构类似的监督机制。

诚然，一般性评论和结论性意见本身并无法律约束力，但并不意味着它们不能成为解释条约的依据。正如下文所述，一般性评论和结论性意见可能构成条约解释方法中的“嗣后实践”，[①] 或至少可以构成条约解释方法中的“补充资料”。例如，联合国国际法委员会在《与条约解释相关的嗣后协定和嗣后惯例第二次报告》中指出，“体现嗣后实践的各国协定（第31条第3款乙项中的‘agreement of the parties’）本身不必具有法律约束力”。[②]

（三）一般性评论和结论性意见中的规范性和非规范性内容对比

就内容而言，一般性评论和结论性意见既有规范性内容，也有非规范性内容。较之结论性意见，一般性评论总体上更具规范性，因为前者是对某个缔约国的具体建议，后者则主要是针对公约特定条款含义等一般性问题而对全体缔约国做出的评论。当然，结论性意见当中也有规范性的内容，比如对公约项下国家义务的解释等；一般性评论中也有非规范性的内容，比如有关加强国家人权机构作用的建议等。[③] 是否具有规范性并不取决于文件类型本身，而在于其内容是否有公约条款依据。两类文件中的部分内容是对公约条款含义的澄清与说明，具有规范性；而另外一些内容与公约条款无关，纯粹是敦

① 《维也纳条约法公约》第31条第3款乙项的中文文本表述为“嗣后在条约适用方面确定各当事国对条约解释之协定之任何惯例”；英文文本为“Any subsequent practice in the application of the treaty which establishes the agreement of the parties regarding its interpretation”，将英文“subsequent practice”翻译成“嗣后实践”似乎更符合现代语言习惯。国内很多学者也在论著中使用“嗣后实践”的表述，因此本文亦采用该表述，以便学术交流。例如，韩燕煦：“论条约解释中的嗣后实践”，《国际法研究》2014年第1期，第49页；宋杰：“从《联合国宪章》第2（4）条的解释来看人道干涉的法律依据——基于准备资料和嗣后实践的视角”，《国际法研究》2014年第4期，第5页。不过，需要注意的是，联合国国际法委员会在相关报告的中文版本中依然使用“嗣后惯例”的表述。参见国际法委员会：《与条约解释相关的嗣后协定和嗣后惯例第二次报告》，文件编号：A/CN.4/671，起草时间：2014年3月26日，第1段。

② 参见国际法委员会：《与条约解释相关的嗣后协定和嗣后惯例第二次报告》，文件编号：A/CN.4/671，起草时间：2014年3月26日，第56段。

③ 参见经济社会和文化权利委员会：《第10号一般性建议：国家人权机构在保护经济、社会和文化权利方面的作用》，文件编号：E/C.12/1998/25，归档日期：1998年12月10日，第3段。

促国家更好地保障人权的建议，并无规范性。

一般性评论和结论性意见中的非规范性内容脱离公约条款，只是纯粹的建议或号召，不具备解释人权条约的作用，只有规范性的内容才会产生是否具有解释作用的问题。一般性评论和结论性意见中的规范性内容被很多学者认为是对人权条约的权威性解释，它们对澄清公约条款内容起到了重要的作用。[①] 有学者认为，人权条约机构在一般性评论和结论性意见中就公约条款进行的解释和阐述使得人权公约从静态的、单一的文本发展成为一种动态的、立体的架构。[②] 因此，下文将探讨一般性评论和结论性意见中的规范性内容是否具有解释人权条约的作用。

（四）一般性评论和结论性意见对国际人权法的发展和演进作用

一般性评论和结论性意见对国际人权法的发展和演进也起到了积极的推动作用。[③] 在澄清和解释人权条约的过程中，对有关规则的丰富与发展是无法避免甚至是值得欢迎的事情。[④] 以国家义务的范围为例，传统人权理论认为国家仅对在其领土内的人负有人权义务，然而在全球化时代，国家在域外侵犯人权的现象时有发生，以领土为边界的国家义务观念受到前所未有的挑战。人权条约机构顺应国际社会的变迁，适时地提出了域外义务（extraterritorial obligation）的概念，认为国家对在其领土外的人也负有一定的人权义务。在《第31号一般性评论》中，人权事务委员会将《公民权利和政治权利国际公约》第2条第1款解释为："缔约国必须尊重和确保在其权利范围内或者有效控制下的任何人享受《公约》所规定的权利。其中甚至包括不在缔约国领土上的一些人的权利。"[⑤] 可见，人权事务委员会认为国家在一定情形下具有域外义

---

① Kerstin Mechlem，Treaty Bodies and the Interpretation of Human Rights，42 Vanderbilt Journal of Transnational Law 922－930（2009）.

② 孙世彦："人权法研究：问题与方法简论"，《法制与社会发展》2008年第2期，第95页。

③ 参见张文贞："演进中的法：一般性意见作为国际人权公约的权威解释"，《台湾人权学刊》第一卷第二期，第34—38页。

④ 孙世彦："人权法研究：问题与方法简论"，《法制与社会发展》2008年第2期，第95页。

⑤ 人权事务委员会：《第31号一般性意见：〈公约〉缔约国的一般法律义务的性质》，文件编号：CCPR/C/21/Rev. 1/Add. 13，归档日期：2004年5月26日，第10段。

务，这种解释显然比公约字面意思更加合理。再比如，经济社会和文化权利委员会在数个一般性评论和结论性意见中将公约有关条款解释为要求跨国公司的母国采取措施，防止总部在其领土的跨国公司在域外侵犯人权。① 这些例子再次凸显本文论题的重要性。下文从条约解释方法的角度考察一般性评论和结论性意见中的规范性内容是否具有解释人权条约的作用。

二、条约解释方法视角下的一般性评论和结论性意见

（一）条约解释方法的诸要素

VCLT 第 31 条、第 32 条被普遍视为习惯国际法规则，因此适用于对所有人权条约的解释，即便是那些在 VCLT 生效之前就已经存在的人权条约。

1. 第 31 条：条约解释通则

VCLT 第 31 条是条约解释之通则，该条规定的要素包括通常含义、上下文、目的和宗旨、善意解释、嗣后协定、嗣后实践、任何有关国际法规则以及用语特殊意义。在上述诸多要素中，一般性评论和结论性意见最接近嗣后实践，因为它们是人权条约机构在相关人权条约生效之后进行的监督实践，国家也参与其中。VCLT 第 31 条第 3 款乙项对嗣后实践要素的定义为“当事国在适用条约过程中确立的对条约解释一致同意的嗣后实践”。② 一般性评论和结论性意见是否属于 VCLT 第 31 条的嗣后实践涉及以下几个问题：（1）法律对实践形式有无特殊要求？（2）嗣后实践是否需要全体缔约国的同意？（3）国家对一般性评论和结论性意见保持沉默是否阻却嗣后实践的形成？在回答这些问题之前，还应厘清条约解释的补充资料及其与嗣后实践的关系。

---

① 参见于亮：“《经济、社会和文化权利国际公约》中母国规制跨国公司的义务——兼评经济、社会和文化权利委员会的最新实践”，《环球法律评论》2014 年第 6 期，第 160 页。

② 如前所述，VCLT 正式作准的中文文本不符合现代语言习惯，此处表述是作者根据现代汉语习惯将英文文本翻译而成。需要指出的是，作准中文文本将“the agreement of the parties”译为缔约国协定，有学者认为这容易引起误解（误以为国家之间签署的协议），此处“agreement”译为“意思一致”或“一致意见”更恰当。综合其他学者意见以及考虑到“parties”采用复数形式，笔者将“agreement”译为“一致同意”。参见韩燕煦：“论条约解释中的嗣后实践”，《国际法研究》2014 年第 1 期，第 54 页。

2. 第 32 条：解释之补充资料

第 32 条规定了解释的补充资料，属于从属性条款，其适用的前提是为了证实适用第 31 条所得到的意义，或按照第 31 条进行解释而意义不明或所获结果显属荒谬或不合理。在司法实践中，补充资料主要用来避免显属荒谬的结果。

第 32 条并未规定何为补充资料，而仅仅采用非排他的方式列举了“条约准备资料”和“缔约情况”，因此如果参照一般性评论或结论性意见能够避免按照第 31 条进行解释而得到的显属荒谬的结果，此时一般性评论和结论性意见完全可以作为解释条约的补充资料。联合国国际法委员会指出了某项关于条约解释的实践构成 VCLT 第 31 条第 3 款乙项的嗣后实践与构成 VCLT 第 32 条的补充资料之间的差别在于，前者需要缔约国达成一致（agreement），后者无需缔约国同意即可成立。[①] 需要指出的是，从第 31 条和第 32 条的关系来看，如果一般性评论或结论性意见已经属于第 31 条的要素，那么就不存在它们是否属于第 32 条所规定的补充资料的问题。因此本文将重点探讨一般性评论或结论性意见是否属于第 31 条中的嗣后实践的问题。即便它们不属于第 31 条的嗣后实践，至少也可以肯定，它们仍可作为补充资料来避免根据第 31 条所做解释可能带来的显属荒谬的结果。

（二）一般性评论和结论性意见可构成条约解释方法的嗣后实践

1. VCLT 对实践形式无特殊要求

从 VCLT 第 31 条第 3 款乙项的条文来看，嗣后实践似乎并不限于国家直接进行的实践，只要国家对有关实践表示一致同意即可。[②] 按照这种解释，一般性评论和结论性意见虽然不是国家本身做出的，但是只要获得国家一致同意即可构成嗣后实践。嗣后实践涉及的第一个法律问题为：VCLT 对实践形式有无特殊要求。对于这一问题，有代表性的观点主要体现在联合国国际法委

---

① 国际法委员会：《与条约解释相关的嗣后协定和嗣后惯例第二次报告》，文件编号：A/CN. 4/671，起草时间：2014 年 3 月 26 日，第 49 段。

② 例如，我国学者认为，当被解释条约为国际组织基础条约时，有关国际组织及其机构的实践也可构成嗣后实践。如下文所述，“一致同意”（the agreement of the parties）并不意味着需要全体缔约国的同意。参见韩燕煦：“条约解释的特点——同国内法解释的比较研究”，《环球法律评论》2008 年第 1 期，第 116 页。

员会（UN International Law Commission）和国际法协会（International Law Association）的研究报告以及国际法院南极捕鲸案[①]的判决当中。

国际法协会一直认为非国家行为者的实践可以构成嗣后实践。该协会在2004年发布的《关于联合国人权条约机构工作成果影响力的最终报告》中指出，虽然条约机构的解释本身不是国家实践，但是国家整体对该解释的回应可以构成嗣后实践。[②] 换句话说，重要的不是实践的表现形式，而是国家整体对有关实践的态度。国际法协会的观点可以概括为：法律对嗣后实践的实践形式无特殊要求，有关解释是否构成嗣后实践取决于国家整体对该解释的态度。如下文所述，国际法协会的观点最初被联合国国际法委员会否定，不过后者在最近的报告中转变态度，又肯定了国际法协会的观点。

自2010年起，联合国国际法委员会一直致力于研究“与条约解释有关的嗣后协定和嗣后实践”。[③] 特别报告员格奥尔格·诺尔特先生（Mr. Georg Nolte）分别于2013年和2014年提交了两份报告。第一次报告采取了较为保守的态度，认为“（实践的）行为体当然是缔约国本身”。[④] 第一次报告进一步指出：“非国家行为体的嗣后惯例，包括社会惯例，只要在国家嗣后惯例中得到体现或采纳，就有可能为条约解释目的而被考虑在内，或作为此种国家惯例的证据。”[⑤] 从第一次报告可以看出，国家仅仅对条约机构的解释表明同意或反对的态度本身并不构成嗣后实践；条约机构的解释必须被国家践行才能构成嗣后实践，即“在国家嗣后惯例中得到体现或采纳”。受国际法院南极捕

---

① 该案基本情况为：2010年5月31日，澳大利亚在国际法院起诉日本，认为日本政府特许在南极捕鲸的行为违反了日本基于《国际捕鲸公约》的义务以及日本在保护海洋哺乳动物和海洋环境方面的其他义务。新西兰作为第三方参加诉讼。与本文相关的问题是：捕鲸委员会（条约监督机构）的决议和建议能否作为VCLT意义上的嗣后实践。关于该案评论参见何田田：“国际法院‘南大洋捕鲸’案评析”，《国际法研究》2015年第1期，第95页。

② International Law Association, Final Report on the Impact of Findings of the United Nations Human Rights Treaty Bodies, adopted in 2004, available at http://www.ila-hq.org/en/Others/document-summary.cfm/docid/3B0BF58A-C096－4113－830E8E1B5BC6DEC5, visited on 26 Nov. 2015, para. 21.

③ UN General Assembly, Report of the International Law Commission, Sixty-second Session, 2010, Supplement No. 10 (A/65/10), para. 21.

④ 国际法委员会：《与条约解释相关的嗣后协定和嗣后惯例第一次报告》，文件编号：A/CN.4/660，起草时间：2013年3月19日，第117段。

⑤ 国际法委员会：《与条约解释相关的嗣后协定和嗣后惯例第一次报告》，文件编号：A/CN.4/660，起草时间：2013年3月19日，第144段。

鲸案（2014 年做出判决）的影响，在第二次报告中，国际法委员会的态度急剧转变，淡化甚至取消了对实践形式的要求。国际法委员会现在认为："第三十一条第三款（b）项所述嗣后惯例包括可能促成确立关于条约解释之协定的任何条约适用'行为'。根据所涉条约的情况，这不仅包括国际一级的公务行为、声明和表决等对外行为，也包括国内立法、行政和司法行为以及非国家实体施行的条约认为属于其适用形式范围的行为。"① 委员会进一步指出，负责监督有关条约实施的缔约方大会等机构通过声明或决定等文件做出的对相关条约的解释可能构成嗣后实践。② 从第二次报告来看，国家对有关解释表明立场或态度本身即可构成嗣后实践，而无需国家践行"解释的内容"。可见，国际法委员会在最新报告中肯定了国际法协会的观点。

国际法院在 2014 年做出的南极捕鲸案判决可谓重要的分水岭，在此之前，法院仅仅承认作为非国家行为者的国际组织及其机构的嗣后实践可以用来解释国际组织基础条约。③ 在捕鲸案中，澳大利亚起诉日本违反《国际捕鲸公约》的义务，新西兰作为非当事方参加诉讼。《国际捕鲸公约》第三条设立国际捕鲸委员会作为公约监督机构，第 6 条授予委员会向缔约国提出建议之权。本案的争点之一为委员会的决议或指南能否构成《维也纳条约法公约》意义上的嗣后实践。国际法院认为，捕鲸委员会的决议是在没有得到全部缔约国支持，特别是本案当事国日本的同意票的情况下通过的，因此不能成为嗣后实践。④ 从国际法院的判决可以反推出，如果条约监督机构的解释得到国家的足够支持就可以作为《维也纳条约法公约》意义上的嗣后实践。国际法院判例表明，嗣后实践的决定性要素为缔约国对有关解释的态度。这一观点得到国际法委员会的肯定，委员会在第二次报告指出："第 31 条第 3 款（b）项所述嗣后惯例可有各种形式，必须反映当事国对条约解释的共同理解。"⑤

---

① 国际法委员会：《与条约解释相关的嗣后协定和嗣后惯例第二次报告》，文件编号：A/CN. 4/671，起草时间：2014 年 3 月 26 日，第 42 段。

② 国际法委员会：《与条约解释相关的嗣后协定和嗣后惯例第二次报告》，文件编号：A/CN. 4/671，起草时间：2014 年 3 月 26 日，第 94 段。

③ 参见韩燕煦："《联合国宪章》解释对传统条约解释规则的影响和发展"，《环球法律评论》2010 年第 3 期，第 140 页。

④ Whaling in the Antarctic（Australia v. Japan：New Zealand Intervening），I. C. J. Judgment of 31 March 2014，para. 83.

⑤ 国际法委员会：《与条约解释相关的嗣后协定和嗣后惯例第二次报告》，文件编号：A/CN. 4/671，起草时间：2014 年 3 月 26 日，第 48 段。

嗣后实践的构成要件不同于习惯国际法的构成要件，虽然两者均为规范性范畴（前者是规则的解释，后者是规则的形成）。嗣后实践的决定性要件仅为缔约国对有关解释的态度，其对实践形式没有特殊要求。而传统国际法理论认为，习惯国际法的构成要件包括实践要素和心理要素，前者是指国家的共同实践，后者是指国家的法律确信。① 晚近国际法理论和实践表明，在习惯国际法的证成过程中，实践要素被逐渐弱化。现代习惯国际法特别是所谓的“速成”或“即时”习惯法可以不依赖国家实践要素，而更多地通过国际公约或国际组织决议等方式形成国家的法律确信而快速产生。② 在此背景下检视嗣后实践的构成要件，可以得出如下结论：由于 VCLT 第 31 条第 3 款乙项本来也未对实践形式做出特殊要求，因此一般性评论和结论性意见由人权条约机构而非国家做出的事实并不妨碍它们成为嗣后实践。

此外，与调整国家间关系（横向关系）的条约不同，人权条约在很大程度上是调整国家与个人的关系（纵向关系）。在依靠嗣后实践解释人权条约的时候，过分强调国家本身的实践是有问题的。从逻辑上说，不能因为国家以有利于人权的方式对待人民就推出国家有此义务，也不能因为国家没有保护人权就说国家没有此类义务。对前者而言，国家这样做未必是因为它有义务这样做，对后者而言，恰恰有可能说明国家违反了它的义务。因此，就人权条约本身特性而言，嗣后实践不应局限于国家直接进行的实践。

可见，虽然一般性评论和结论性意见并非国家直接做出的，但并不妨碍它们成为嗣后实践。

2. 缔约国对嗣后实践的态度

VCLT 第 31 条第 3 款乙项使用“一致同意”（英文表述为“the agreement of the parties”）的表述来限制嗣后实践。一个重要的问题随即产生，嗣后实践是否需要全体缔约国的同意？从缔约国数量来看，条约可分为两类：其一，双边条约或缔约国数目较少的多边条约；其二，缔约国数目众多的多边条约，主要的人权条约均属此类。两者界线并非泾渭分明，其区分标准可借鉴 VCLT 第 20 条第 2 款。对于前者而言，由于缔约国数目较少，尚可期待而且有理由要求全体缔约国对嗣后实践表示同意；对于后者，在现实中很难期待全体缔约国对一般性评论或结论性意见均表示同意。

从 VCLT 起草过程来看，草案最初使用的表述为“确立全体缔约国理解的关

① 参见赵维田：“习惯国际法刍议”，《法学研究》1988 年第 5 期，第 91—93 页。

② 参见姜世波：“论速成国际习惯法”，《学习与探索》2009 年第 1 期，第 81—82 页。

于其解释的嗣后实践”，但作为起草者的国际法委员会最终删去了“全体”二字。[①]国际法委员会指出，删除“全体”二字仅仅是为了避免下列误解：每个缔约国必须全部参与到此种实践过程。[②] 而正确的理解是，嗣后实践不需要全体缔约国的参与，缔约国对实践的接受足以满足条件。[③] 可见，“全体”一词的去留并不涉及缔约国对嗣后实践的态度问题（即是否需要全体同意）。因此，单从 VCLT 现有条文和草案条文的比较，无法看出嗣后实践是否需要全体缔约国的同意。

国际法院对这一问题的态度似是而非。在南极捕鲸案中，国际法院否定捕鲸委员会的决议构成嗣后实践的理由为它们没有得到全体缔约国的支持。[④] 而在此前两个咨询意见（联合国某些经费咨询意见、[⑤] 在被占领的巴勒斯坦领土修筑隔离墙咨询意见[⑥]）中，国际法院认为，非国家行为体的实践不需要全体缔约国的支持也可构成嗣后实践。例如，在联合国某些经费咨询意见中，国际法院认为联合国大会的有关决议构成嗣后实践，尽管它们没有得到全体缔约国的支持，而且有很多国家在表决时投了反对票。[⑦] 在隔离墙咨询意见中，

---

① International Law Commission，Draft Articles on the Law of Treaties with Commentaries，in Yearbook of the International Law Commission，1966，vol. II，p. 222.

② Ibid.

③ Ibid.

④ Whaling in the Antarctic（Australia v. Japan：New Zealand Intervening），I. C. J. Judgment of 31 March 2014，para. 83.

⑤ 该案基本情况为：联合国某些会员国以联合国在中东和刚果的行动所产生费用不属于联合国经费为由拒绝分摊。联合国大会通过决议请求国际法院就上述费用是否属于《联合国宪章》第 17 条第 2 款的“本组织之经费”问题发表咨询意见。为了回答上述问题，国际法院通过考察联合国有关机构的实践来解释《联合国宪章》中的“预算”和“经费”的含义。See Certain Expenses of the United Nations（Article 17，paragraph 2，of the Charter），Advisory Opinion，I. C. J. Reports 1962，pp. 173－175。

⑥ 该案基本情况为：2003 年 12 月，联合国大会请求国际法院就以色列在被占领的巴勒斯坦领土修筑隔离墙的行为根据国际法具有何种法律后果的问题发表咨询意见。国际法院在回答联合国大会在本咨询意见中的请求是否超越联大权限时，需要对《联合国宪章》关于联大职权的条款进行解释。国际法院认为，联大决议构成解释宪章的嗣后实践。See Legal Consequences of the Construction of a Wall in the Occupied Palestinian Territory，I. C. J. Advisory Opinion of 9 July 2004，paras. 24－35。

⑦ Certain Expenses of the United Nations（Article 17，paragraph 2，of the Charter），Advisory Opinion，I. C. J. Reports 1962，p. 174. See also Julian Arato，Treaty Interpretation and Constitutional Transformation：Informal Change in International Organizations，38（2）The Yale Journal of International Law 320（2013）.

国际法院所依靠的联合国大会决议和法律委员会的意见也未得到全体缔约国的支持。[①] 不过，上述两个咨询意见都是运用国际组织嗣后实践来解释国际组织基础条约的案例，其中阐明的法理能否推广到一般条约的解释还有待时间的检验。

国际法委员会在关于嗣后实践的第二次报告中不仅支持非国家行为者的实践可以构成嗣后实践，而且进一步暗示嗣后实践无需缔约国全体同意。国际法委员会首先回顾了 WTO 上诉机构关于"一致、共同和连贯"的提法，进而结合国际法院、欧洲人权法院等司法机构的案例，得出"一致、共同和连贯"并非确定嗣后实践的最低门槛的结论。[②] 委员会还认为："嗣后惯例作为条约解释资料的价值取决于其在多大程度上一致、共同和连贯。"[③] 可见，"一致、共同和连贯"的程度越高，说明嗣后实践本身的说服力越大。因此，"一致、共同和连贯"并非确定嗣后实践的门槛，而是衡量嗣后实践（在相关解释行为已经构成嗣后实践的基础上）说服力的参考依据。也就是说，如果一般性评论和结论性意见得到全体缔约国的同意，此时"一致"程度最高，这说明作为嗣后实践的这些一般性评论和结论性意见的说服力最强。但反过来，不能因为一般性评论或结论性意见没有得到全体缔约国同意而否认它们成为嗣后实践的事实。

人权条约的独特之处在于其中的大多数国家义务不以互惠为前提。国家基于人权条约的义务主要是对作为第三方的个人承担的。对于非互惠性的国家义务的解释，不应以缔约国是否全体同意作为门槛。在这方面，欧洲人权法院的司法实践值得称道，法院在运用嗣后实践解释欧洲人权条约的时候，并未严格拘泥于相关实践是否得到全体缔约国支持的问题。[④] 全体缔约国同意是互惠义务语境下的产物，无法胜任对人权条约非互惠性义务的解释。况且，如前所述，即便对于互惠性义务的解释也未必需要全体缔约国同意。因此，对于人权条约机构在一般性评论和结论性意见中做出的符合公约目的和宗旨

---

① Legal Consequences of the Construction of a Wall in the Occupied Palestinian Territory, I. C. J. Advisory Opinion of 9 July 2004, paras. 27－28. See also Julian Arato, Treaty Interpretation and Constitutional Transformation: Informal Change in International Organizations, 38 (2) The Yale Journal of International Law 325 (2013).

② 国际法委员会：《与条约解释相关的嗣后协定和嗣后惯例第二次报告》，文件编号：A/CN. 4/671，起草时间：2014 年 3 月 26 日，第 48 段。

③ 同上。

④ Luigi Crema, Subsequent Practice in Hassan v United Kingdom: When Things Seem to Go Wrong in the Life of a Living Instrument, Questions of International Law, Zoom-in 15 (2015), p. 9.

的解释，至少可以认为，它们在对其表示同意的国家之间构成嗣后实践，可以用来解释这些国家的义务。

3. 沉默的效果

从人权监督实践来看，缔约国通常对人权条约机构做出的一般性评论和结论性意见保持沉默，既未明确表示赞同，也很少提出反对。沉默的法律后果是什么？国际法委员会在关于嗣后实践的第二次报告中认为，缔约国对有关实践的沉默或不作为可能意味着“一致同意”，进而构成嗣后实践。① 国际法院在纳米比亚咨询意见中表明，如果国家不同意国际组织（在此案为联合国安理会）的嗣后实践，国家有义务提出反对意见；国家的沉默推定为对有关实践的赞同。② 同样，对于人权条约机构在一般性评论和结论性意见中对人权条约的解释，缔约国也有义务做出赞同或反对的回应，沉默可以推定国家对有关实践默示接受。根据人权条约的规定，缔约国有义务接受人权条约机构的监督。虽然有关条款并未明确规定，但对委员会的意见做出回应是接受监督的应有之义。可见，对于人权条约机构在一般性评论和结论性意见中的解释，国家有提出反对意见的负担，如果国家不同意相关解释的话。因此，国家对一般性评论或结论性意见保持沉默并不妨碍它们成为嗣后实践。

三、实例分析：以国家控烟义务、经社文权利国家义务和 ICCPR 域外人权义务为例

人权公约通常对权利和义务规定得比较笼统，这就需要进一步解释。如上文所述，人权条约机构在一般性评论和结论性意见中对人权条约进行的解释可以构成嗣后实践，进而成为其他主体解释该条约时必须考虑的要素；即便尚未构成嗣后实践，它们仍可作为解释的补充资料来避免根据 VCLT 第 31 条所作解释可能带来的显属荒谬的结果。下文首先以关于国家控烟义务和经济、社会、文化权利国家义务的一般性评论和结论性意见为例，说明它们是如何

---

① 国际法委员会：《与条约解释相关的嗣后协定和嗣后惯例第二次报告》，文件编号：A/CN. 4/671，起草时间：2014 年 3 月 26 日，第 59 段。

② Legal Consequences for States of the Continued Presence of South Africa in Namibia (South West Africa) notwithstanding Security Council Resolution 276 (1970), Advisory Opinion, I. C. J. Reports 1971, p. 16, para. 22.

成为嗣后实践的。其次，笔者以关于 ICCPR 域外人权义务的一般性评论为例，说明即便少数国家明确表示反对，也不妨碍它们在多数国家之间构成条约解释意义上的嗣后实践；在明确表示反对的少数国家之间，这些一般性评论或结论性意见虽然不能成为嗣后实践，但仍有可能作为解释条约的补充资料，以避免显属荒谬的解释结果。

（一）国家控烟义务

《经济、社会和文化权利国际公约》（以下简称《经社文公约》）第 12 条规定了健康权，国家义务之一为“改善环境卫生和工业卫生的各个方面”。从文字表述来看，该义务规定得较为模糊、笼统：国家到底如何改善环境卫生或工业卫生呢？2000 年，经济社会和文化权利委员会在《第 14 号一般性评论》中将上述义务解释为包含劝阻吸烟、控制烟草生产、销售、消费的义务。① 在该评论发布后，几乎未见缔约国表示反对。此后，经社文委员会又多次在结论性意见中提及控烟问题，均未见相关国家表示反对。② 此外，《儿童权利公约》也有关于健康权的规定。儿童权利委员会在《第 4 号一般性意见》将《儿童权利公约》中的健康权（第 24 条）和免受有损儿童福祉的信息和资料之害的权利（第 17 条）解释为缔约国有义务管制或禁止尤其是针对儿童和青少年的有关酒类和烟草等物品的宣传和销售行为。③ 除一般性评论外，儿童权利委员会在几乎所有的结论性意见中均提到控制青少年接触烟草的义务。上述关于国家控烟义务的解释几乎没有任何国家表示反对。根据本文观点，上述关于国家控烟义务的一般性评论和结论性意见成为条约解释意义上的嗣后实践。至此，由健康权可以推导出国家的控烟义务，而人权条约机构的一般性评论

---

① 参见经济社会和文化权利委员会：《第 14 号一般性评论：享有能达到的最高健康标准的权利》，文件编号：E/C.12/2000/4，归档日期：2000 年 8 月 11 日，第 15 段和第 51 段。

② 参见经济社会和文化权利委员会：《经济、社会、文化权利委员会的结论性意见：法国》，文件编号：E/C.12/1/Add.72，归档日期：2001 年 11 月 30 日，第 21 段；《经济、社会、文化权利委员会的结论性意见：捷克共和国》，文件编号：E/C.12/1/Add.76，归档日期：2002 年 6 月 5 日，第 41 段；《经济、社会、文化权利委员会的结论性意见：斯洛伐克》，文件编号：E/C.12/1/Add.81，归档日期：2002 年 12 月 19 日，第 31 段。

③ 儿童权利委员会：《第 4 号一般性意见：在〈儿童权利公约〉框架内青少年的健康和发展》，文件编号：CRC/GC/2003/4，归档日期：2003 年 7 月 1 日，第 25 段。

和结论性意见在此过程中发挥了嗣后实践的作用。

（二）经济、社会、文化权利的国家义务

《经社文公约》第 2 条规定了一般层面的国家义务，即“每一缔约国家承担尽最大能力个别采取步骤或经由国际援助和合作，特别是经济和技术方面的援助和合作，采取步骤，以便用一切适当方法，尤其包括用立法方法，逐渐达到本公约中所承认的权利的充分实现”。上述表述中的“尽最大能力”、“逐步”是否意味着缔约国可以不采取措施或不落实经济、社会和文化权利？如果说国家有义务实现经济、社会和文化权利，国家具体承担何种义务？为了回答这些问题，理论界逐步发展出尊重、保护和实现的国家义务三分法的理论框架。“尊重的义务”要求国家不得干扰个人的自由和基本权利；“保护的义务”是指国家有义务保护个人权利不被其他个体所侵犯；“实现的义务”需要国家采取必要的措施来满足个人通过其努力仍无法实现的需求。[①] 目前，国家义务三分法获得学界广泛支持，主要体现在学术共同体起草的软法文件中，例如《关于违反经济、社会和文化权利行为的马斯特里赫特原则》。[②]《经社文公约》的目标是逐步实现经济、社会和文化权利，但基于对第 2 条的学理解释可以发现，国家除了实现的义务之外，还有尊重和保护的义务。事实上，尊重、保护和实现的义务已不仅仅是学理解释，经由人权条约机构的一般性评论和结论性意见的阐释和国家的默认，这三个层次的国家义务已经成为嗣后实践，应当作为解释条约时必须考虑的要素。

作为《经社文公约》的监督机关，经济社会和文化权利委员会（CESCR）在一般性评论和结论性意见中确认了国家义务三分法，将公约第 2 条的国家义务解释为包括尊重、保护和实现的义务。迄今为止，CESCR 共发布 21 个一般性评论，自 1999 年《第 12 号一般性评论》（关于食物权）起，CESCR 就形成了关于尊重、保护和实现义务的稳定解释。[③] CESCR 在 1999 年之后的绝大多

---

① Matthew Craven, The International Covenant on Economic, Social, and Cultural Rights: A Perspective on Its Development 106－152, Oxford University Press, 1995.

② Maastricht Guidelines on Violations of Economic, Social and Cultural Rights, Maastricht, January 22－26, 1997, para. 6.

③ 参见经济社会和文化权利委员会：《第 12 号总评论：取得足够食物的权利》，文件编号：E/C. 12/1999/5，归档日期：1999 年 5 月 12 日，第 15 段。

数结论性意见中也将第 2 条解释为向国家施加了尊重、保护和实现的义务。例如，在关于健康权的《第 14 号一般性评论》中，CESCR 认为健康权与各项人权一样，要求国家承担三个层次的义务："尊重的义务要求缔约国不得直接或间接地干预享有健康权。保护的义务要求缔约国采取措施，防止第三方干预第 12 条规定的各项保证。实现的义务要求缔约国为全面实现健康权采取适当的法律、行政、预算、司法、促进和其他措施。"① 从 1999 年至今的相当长时期内，大多数国家均未对上述关于国家义务三分法的一般性评论或结论性意见表示反对。按照本文观点，上述关于尊重、保护和实现义务的一般性评论和结论性意见成为条约解释意义上的嗣后实践，可以用来解释《经社文公约》的国家义务。因此，尊重、保护和实现的义务已经不仅仅是对经社文权利国家义务的学理分析，经由人权条约机构在一般性评论和结论性意见中的解释以及国家的默认，尊重、保护和实现的义务已经发展成解释《经社文公约》第二条的嗣后实践要素。

（三）ICCPR 域外人权义务

如本文第二部分所述，传统人权理论认为，国家通常只对在其领土内的人负有人权义务。在经济全球化时代以及某些国家频繁开展海外军事行动的背景下，国家对他国人民享有的人权极有可能产生负面影响甚至直接损害。在此背景下，理论和现实问题应运而生：国家对在其领土外的人民是否负有人权义务？ICCPR 第二条第一款规定："本公约每一缔约国承担尊重和保证在其领土内和受其管辖的一切个人享有本公约所承认的权利……" 从字面规定来看，国家对在其领土外的人似乎没有人权义务，然而海外反恐战争中的虐囚丑闻、北约无人机对平民的射杀等情势凸显了承认域外人权义务的必要性。在 2004 年《第 31 号一般性评论》中，人权事务委员会将 ICCPR 第 2 条第 1 款解释为："缔约国必须尊重和确保在其权利范围内或者有效控制下的任何人享受《公约》所规定的权利。其中甚至包括不在缔约国领土上的一些人的权利。"② 对于人权事务委员会做出的关于域外人权义务的解释，除美国、以色

① 参见经济社会和文化权利委员会：《第 14 号一般性评论：享有能达到的最高健康标准的权利》，文件编号：E/C. 12/2000/4，归档日期：2000 年 8 月 11 日，第 33 段。

② 人权事务委员会：《第 31 号一般性意见：〈公约〉缔约国的一般法律义务的性质》，文件编号：CCPR/C/21/Rev. 1/Add. 13，归档日期：2004 年 5 月 26 日，第 10 段。

列等少数国家明确表示反对外，大部分国家保持沉默。[①] 根据本文观点，如果国家不同意人权条约机构在一般性评论或结论性意见中的解释，国家有提出反对意见的负担。美国和以色列提出反对意见使得上述关于域外义务的解释对这两个国家而言不构成嗣后实践；然而，对多数未提出反对意见的国家而言，域外义务的解释构成嗣后实践。对美国和以色列而言，上述关于域外义务的一般性评论虽然不构成嗣后实践，但仍可作为解释的补充资料来避免根据 VCLT 第 31 条所作解释可能带来的显属荒谬的结果。

四、结论

人权条约机构做出的一般性评论和结论性意见由规范性内容和非规范性内容两部分组成。非规范性内容只是单纯的建议或号召，不具备解释人权条约的作用。通过考察构成习惯国际法的《维也纳条约法公约》第 31、32 条可以发现，一般性评论和结论性意见中的规范性内容具有解释人权条约的作用。一般性评论和结论性意见中的规范性内容在对其表示同意的国家之间构成《维也纳条约法公约》意义上的嗣后实践，可以用来解释这些国家的义务。对于人权条约机构在一般性评论和结论性意见中对人权条约的解释，缔约国有义务做出赞同或反对的回应。如果不同意相关解释，国家有提出反对意见的负担。国家对一般性评论或结论性意见保持沉默并不妨碍它们成为嗣后实践。如果上述一般性评论和结论性意见中的规范性内容尚未构成嗣后实践，它们仍可作为解释的补充资料来避免根据《维也纳条约法公约》第 31 条所做解释可能带来的显属荒谬的结果。当然，“嗣后实践”和“补充资料”只是条约解释方法诸多要素中的两个，不能因为一般性评论和结论性意见可以构成嗣后实践或补充资料就断言人权条约机构对人权条约的解释为终极解释或应该采纳的解释，事实上，在解释条约的时候，除嗣后实践和补充资料外，还应综合考虑通常含义、上下文、目的和宗旨等其他要素。无论如何，一般性评论

① 美国、以色列坚持主张国家仅对在其领土内的人负有人权义务。参见人权事务委员会：《关于以色列第四次定期报告的结论性意见》，文件编号：CCPR/C/ISR/CO/4，归档日期：2014 年 11 月 21 日，第 5 段。See also Human Rights Committee, Consideration of Reports Submitted by States Parties under Article 40 of the Covenant, United States of America, CCPR/C/USA/3, 28 Nov. 2005, Annex I, p. 109。

和结论性意见应当引起理论和实务部门的重视。对于学者而言，一般性评论和结论性意见是重要的第一手资料，可以作为研究和批判的起点。人权问题是国际法学和宪法学共同的研究对象，一般性评论和结论性意见虽然是国际人权监督实践的产物，但由于其对人权条约的解释作用，不仅可以作为国际人权法学的研究素材，也应当受到宪法学的重视。对于实务部门，特别是外交部门，应当根据国家的整体利益及时对一般性评论和结论性意见进行回应。如果国家不认同人权条约机构在一般性评论和结论性意见中的解释，应当及时提出反对意见，不可保持沉默。

“国际造法者”？——对联合国安理会决议造法的思考

蒋圣力*

自20世纪90年代冷战结束以来，随着联合国安理会在维护国际和平与安全中发挥的作用不断提升，其是否得以在决议中创设超出既存国际法的、并且适用于一般情形下的全体成员国的新的国际法规则，① 以及倘若其有权做出上述所谓的“造法性决议”，那么该决议的法律效力又将如何等问题，一直为国内外学界所广泛关注；② 西方学者中的主流观点认为，安理会决议的内容应当仅限于根据特定情势向特定国家施加义务，而不应当具有创设被普遍遵守

* 蒋圣力，华东政法大学国际法专业2014级博士研究生，香港大学法律学院访问学者。

① 本文所称的“造法”不同于普通法系“法官造法”中的“造法”的内涵，而是与来源于国内法层面的、同时包括“教授立法”与“法官造法”的传统意义上的“立法”相对应的概念。具体而言，“立法”指的是经由法律明文授权的有权机关，依照明示的、确定的法定程序制定法律的过程；而“造法”则是指在或者不符合上述主体要件，或者不符合上述程序要件，或者上述两项要件均不符合的情况下，在事实上创设了具有法律约束力和强制力的规范的过程。在本文中，“造法”即特指联合国安理会在缺乏《联合国宪章》的明文授权和关于程序的规定的情况下，通过决议创设超出既存国际法的、并且适用于一般情形下的全体成员国的“国际法规则”的情形。

② 英国Routledge出版社于2014年出版的一册“国际组织系列丛书”（“Routledge Global Institution Series”）以《作为国际造法者的安理会》（“The Security Council as Global Legislator”）作为书名，收录了多位西方知名学者、政治分析人士和国际律师的文章。该书着重评价了安理会作为国际造法者，通过规则制定在维护国际和平与安全中所取得的成效，从而引发了笔者对于安理会是否得以作为所谓的“国际造法者”以及安理会决议造法行为本身的思考。

的国际法规则的功能；[①] 与之相应地，在中国亦有学者提出，安理会造法性决议的合法性将至少在对威胁国际和平与安全的情势的认定的中立性、安理会职能范围扩张的法定性、决议通过程序的公正性和与人权保护之间的冲突等方面受到质疑。[②] 然而，实践中，基于国际和平与安全问题的日益复杂，尤其是在“9·11”事件发生之后，安理会接连通过的多项在既存国际法之外实质地增加了全体成员国法律义务的决议，却不仅均基本为各成员国所接受，同时亦切实地对维护国际和平与安全起到了促进作用。是故，笔者认为，对安理会决议造法的认识并不能仅基于理论或者实际单方面地做出结论，而应当在首先明确了安理会决议造法的实践情形的基础上，对据以支持其合法性和正当性的法律依据、客观需要以及使其与国际法治相抵触的不足、缺陷等进行全面考察，从而区分评价安理会既有的决议造法实践和安理会决议造法的行为本身。

一、安理会决议造法的实践情形

自 1946 年通过第一项决议起至 1990 年伊拉克入侵科威特之前，联合国安理会在漫长的 40 余年的时间里仅通过了 659 项决议。而自针对“伊拉克—科威特间局势”通过第 660 号决议起至 1999 年，安理会通过的决议的数量则达到了 624 项（第 660 号决议—第 1284 号决议）；并且，在进入 21 世纪之后，截至 2015 年 8 月 7 日通过的最新一项第 2235 号决议，上述数量在十余年间又增长了 951 项。[③] 由此，自冷战结束以来，安理会通过其做出的大量决议在维护国际和平与安全中发挥了越来越重要的作用；而与此同时，随着数量的激增，安理会决议本身亦发生了由单纯地执法发展为同时兼及造法的转变，具体表现为决议的性质由特定性发展为普遍性，以及决议的内容由执行既存国际法发展为创设新的国际法规则。

---

① See Matthew Happold, “The Security Council Resolution 1373 and the Constitution of the United Nations”, Leiden Journal of International Law16, no. 3 (2003): 600.

② 参见陈亚芸：“联合国安理会决议司法审查机制的构建——以国际法院司法审查为研究视角”，《武大国际法评论》（第十四卷第一期），武汉大学出版社 2011 年版，第 134—139 页。

③ 资料来源：http://www.un.org/zh/sc/documents/resolutions。

（一）决议性质由特定性发展为普遍性

传统观点认为，由于安理会的职能一般仅限于保护特定成员国免受暴力的国际冲突或者国内叛乱等情势的侵害，以及处置涉及特定国家的威胁国际和平与安全的问题，因此其决议的内容亦应当以针对特定国家采取相应的措施为限，即在性质上应当是具有特定性的“国别的决议”（“country-specific resolution”）。① 然而，倘若要求决议的性质必须固守以国别为标准的特定性，那么安理会在通过决议应对并不直接产生威胁或者威胁的后果并不发生在特定国家的领土范围内的国际和平与安全问题时，所发挥的作用便必然将受到影响和限制。对此，有学者即指出，针对特定成员国采取制裁或者干涉措施的决议并未能够广泛地阻止核武器在全球的扩散，而对非国家方式的恐怖主义、海盗行为或者气候变化采取通常以特定国家为对象的武装干涉或者经济制裁措施亦显然是不切实际的。②

由此，在仍然继续通过前述特定性的“国别的决议”处置有关特定国家的威胁的同时，安理会关注的重点亦开始向包括恐怖主义、大规模杀伤性武器扩散、儿童士兵征募、非法武器走私等在内的诸多对国际和平与安全造成了全面威胁的问题转移，并且为应对上述问题而通过了一系列以全体成员国为对象的、即向全体成员国施加义务的“普遍性决议”（“thematic resolution”）。其中，均由安理会于 1999 年通过的关于保护武装冲突中的儿童的第 1261 号决议、关于保护武装冲突中的平民的第 1265 号决议以及关于消除国际恐怖主义的第 1269 号决议，被认为是安理会决议的性质由特定性发展为普遍性的发端。例如，第 1269 号决议即规定，全体成员国应当“通过双边和多边协议、安排开展合作，防范和打击恐怖主义行为，保护本国国民和外国人免受恐怖主义袭击，对实施了恐怖主义行为的罪犯进行审判，并且通过一切合法手段

---

① See Vesselin Popovski, “The Legislative Role of the Security Council’s Thematic Resolutions”, in Vesselin Popovski and Trudy Fraser (eds.) The Security Council as Global Legislator (London & New York: Routledge, 2014), 3.

② See Trudy Fraser, “The Security Council as Global Legislator”, in Vesselin Popovski and Trudy Fraser (eds.) The Security Council as Global Legislator (London & New York: Routledge, 2014), 290—291.

预防和抵制本国境内的任何准备或者资助恐怖主义的行为”。[①] 同样地，分别由安理会于 2001 年和 2004 年通过的关于国际合作打击恐怖主义的第 1373 号决议和关于防止核生化武器扩散的第 1540 号决议，之所以被普遍认为是安理会决议造法的典型，亦正是因为其“一反常态地”针对的是联合国全体成员国而非某一或某些特定的国家，并且向各成员国施加的义务亦具有“一般针对性”，即规定了各成员国在一般情势而非特定情势下为或不为一定的行为。[②]

是故，安理会决议造法的实践情形之一，即是其通过的决议具有上述在一般情势下、以全体成员国为对象的普遍性的性质；而这类普遍性决议造法的具体表现，则是其构成了为嗣后的其他决议、尤其是前述具有特定性的国别的决议所应遵循的先例（“precedent-setting”）。具体而言，不仅大量国别的决议的序言均明示了该决议所采取的措施或者对特定国家施加的义务是以在此之前被通过的普遍性决议中的相关内容作为参照的，[③] 同时由于对于一项国别的决议以此前的普遍性决议对一般情势下构成威胁国际和平与安全的行为做出的认定为依据，进而做出的对特定情势下的相关行为的认定结果，各成员国通常不会反对，因此即使得普遍性决议对威胁国际和平与安全的行为的认定亦具备了先例效力。[④]

此外，需要注意的是，正是因为经由安理会决议造法所通过的决议应当具有普遍性，并且其内容应当得以直接或者间接地适用于嗣后的其他决议，所以，在笔者看来，被多数学者认为同样是安理会决议造法的典型的第 748 号决议实则并非一项造法性决议。这是因为，尽管该决议根据此前安理会第 731 号决议的规定而对利比亚施加的必须引渡在民用航空器上实施了恐怖主义犯罪的两名本国嫌犯的义务，确实与《蒙特利尔公约》中“或引渡或起诉”的国际法规则相左。但是，由于上述决议中的义务所指向的对象仅是利比亚一

---

① 联合国安全理事会第 1269（1999）号决议，http：//www.un.org/zh/sc/documents/resolutions/99/s1269.htm。

② 参见王秀梅、李小玲：“国际法院对安理会的司法审查权刍议——以国际组织宪政为视角”，《河南政法管理干部学院学报》2011 年第 2 期。

③ 例如，同样是由安理会于 2001 年通过的两项关于阿富汗局势的第 1378 号决议和第 1386 号决议的序言即均表明该决议“支持根据《联合国宪章》根除恐怖主义的国际努力，并重申 2001 年 9 月 28 日第 1373（2001）号决议”。

④ See Vesselin Popovski，“The Legislative Role of the Security Council's Thematic Resolutions”，in Vesselin Popovski and Trudy Fraser（eds.）The Security Council as Global Legislator（London & New York：Routledge，2014），3.

国，而并未规定联合国全体成员国均须对在民用航空器上实施了恐怖主义犯罪的本国人进行引渡，并且在此后安理会通过的决议中亦再未出现根据该决议而向任何国家施加诸如上述义务的情形，即该决议同样并未构成嗣后的其他决议的先例，因此其实质并非是创设了一项具有普遍适用性和拘束力的国际法规则，而是诚如有学者指出的，仅是对《联合国宪章》第 103 条所规定的当宪章义务与其他国际条约义务发生冲突时以前者优先的这一既有国际法规则的重申。①

（二）决议内容由执行既存国际法发展为创设新的国际法规则

有学者指出，安理会决议造法应当包括以下三种情形：其一，通过在决议中规定国家应当承担其本即应予承担的法律义务，以强化国际条约中的既有国际法规则；其二，通过在决议中规定国家应当承担其本无须承担的国际条约义务，以使得涉及该国的威胁国际和平与安全的问题能够得到更加有效的解决；其三，通过决议创设一项在既有国际条约中均尚未做出规定的国际法规则。② 而由于在联合国成立之初，安理会即被视为是联合国体系下的执行机构，并且其职能亦相应地被确定为在既有国际法规则的范围内对各成员国的行为进行监督和规范，③ 同时无论是规定作为缔约国的国家应当承担国际条约义务的决议，还是将作为非缔约国的国家纳入某一国际条约、以向其施加相应的法律义务的决议，④ 其所依据的亦仍然是既有的国际法规则。因此，在笔者看来，在前述学者列举的前两种情形中，安理会通过决议实则仅是在具体地履行其上述执行既存国际法的固有职能而已；而真正意义上的安理会决议

---

① See M. Wood, “The Law of Treaties and the UN Security Council: Some Reflections”, in E. Cannizzaro (ed.) The Law of Treaties Beyond the Vienna Convention (Oxford: Oxford University Press, 2011), 254.

② See Vesselin Popovski, “The Legislative Role of the Security Council’s Thematic Resolutions”, in Vesselin Popovski and Trudy Fraser (eds.) The Security Council as Global Legislator (London & New York: Routledge, 2014), 5.

③ See Peter Calvolcoressi, “Peace, the Security Council and the Individual”, in G. R. Berridge and A. Jennings (eds) Diplomacy at the UN (London: Macmillan Press, 1985), 17.

④ 例如，在关于防核武器扩散的朝鲜问题的第 1718 号决议中，安理会即要求朝鲜必须撤回退出《不扩散核武器条约》的宣告，并且继续履行该条约规定的各项义务。

造法则应当是前述第三种情形，即通过决议在既存国际法之外创设新的国际法规则。

具体而言，根据前述安理会第 1373 号决议中的规定，各成员国被禁止向恐怖主义提供任何形式的资助；对此，尽管 1999 年《制止向恐怖主义提供资助的国际公约》第 2 条第 1 款亦做出了相同的规定，但由于截至安理会通过上述决议的 2001 年 9 月 28 日，仅有博茨瓦纳、斯里兰卡、英国和乌兹比克斯坦等 4 个国家就加入公约交存了批准书，而并未满足该公约规定的在第 22 个国家交存了批准书后的第 30 天生效的条件，因此在安理会通过上述决议时，该公约实则尚未生效，并且同时亦就使得前述决议中的规定并非是对一项已经既有的国际法规则的重申，而是创设了一项新的国际法规则。① 同样地，尽管在安理会通过前述第 1540 号决议之前，1968 年《不扩散核武器条约》、1972 年《禁止生物武器公约》和 1993 年《禁止化学武器公约》等一系列业已生效的国际条约均已对核生化武器扩散做出了禁止性的规定，但由于其规定所禁止的核生化武器扩散的范围仅限于国家之间，而并未包括非国家行为者，因此，上述决议关于禁止向非国家行为者进行核生化武器扩散的规定亦切实地构成了一项超出既存国际法的新的国际法规则。

综上所述，笔者认为，安理会决议造法的实践情形应当是，安理会通过决议规定了全体成员国在一般情势下均应予履行的义务，并且，该规定本身同时亦是一项既有国际法规则之外的新的国际法规则。

二、安理会既有决议造法实践的合法性和正当性

针对诸如上述第 1373 号决议和第 1540 号决议等安理会决议造法的实践，有学者指出，安理会从未被设想过将成为一个独立自主的国际造法者；② 尽管

---

① See Jan Wouters and Jed Odermatt, “Reflections on the Law-making Powers of the Security Council”, in Vesselin Popovski and Trudy Fraser (eds.) The Security Council as Global Legislator (London & New York: Routledge, 2014), 79.

② See Georg Nolte, “The Limits of the Security Council’s Powers and its Functions in the International Legal System: Some Reflections”, in M. Byers (ed.) The Role of Law in International Politics: Essays in International Relations and International Law [Oxford: Oxford University Press, 2000 (1998)], 321.

其有权针对特定情势重申或者适用既有的国际法规则，但却并未被赋予创设新的国际法规则的权力。[①] 而在笔者看来，由于任一国际组织的职能范围均直接取决于据以建立该国际组织的组织约章对此做出的规定，因此至于作为联合国核心机构的安理会，其是否有权通过决议进行造法，以及上述其既有的决议造法实践是否具有合法性和正当性，即亦应当以《联合国宪章》中的规定作为认定的依据。

（一）基于"隐含的授权"的合法性

诚然，《联合国宪章》并未明确赋予安理会以决议造法的权力，但是，由于其同样亦未明确禁止安理会得以通过决议进行造法，并且，除享有组织约章明文规定所赋予的权力外，国际组织及其机构亦还享有必要的"暗含权力"，即基于该国际组织的宗旨和目的，而根据其组织约章所推得的权力，[②] 因此，从《联合国宪章》部分规定的文本所隐含的含义看，安理会实则是被默示地授予了决议造法的权力的。具体而言，根据《联合国宪章》第 24 条第 1、2 款的规定，安理会因履行其维护国际和平与安全的职能而被授予的特定权力，被具体规定在了宪章的第六、第七、第八和第十二章中，由此在笔者看来，宪章对安理会为履行上述职能而通过决议进行造法的"隐含的授权"，即主要体现在其第七章第 39 条和第 41 条的规定中。

根据《联合国宪章》第 39 条规定，除有权认定一项行为是否构成"和平之威胁、和平之破坏或者侵略行为"外，安理会还得以通过两种途径履行其维护国际和平与安全的职能，包括提出建议或者采取宪章第 41、42 条规定的方式，即采取武力之外的方式或者在武力之外的方式力所不及的情况下采取武力方式。对此，尽管上述宪章第 41 条就何为"武力之外的方式"进行了列举，但由于该条文本使用的措辞是"包括"，即表明安理会有权采取的武力之外的方式包括但并不限于其所列举的各项方式，因此诚如前南国际刑事法庭上诉分庭在其判决中指出的，《联合国宪章》第 41 条实则仅是消极地规定了安理会不得在宪章第 42 条规定的情况外采取武力方式，而并未就安理会有权采取的武力之外的方式做出任何实质性的限制；亦即是说，根据该条规定，

① See Michael C. Wood, "The Interpretation of Security Council Resolutions", Max Planck Yearbook of United Nation Law77，(1998)：78.

② 参见饶戈平主编：《国际组织法》，北京大学出版社 1996 年版，第 255 页。

安理会有权采取除武力方式外的其他任何方式以应对国际和平与安全的威胁。[①] 是故，根据上述宪章第 41 条的规定，除得以被动地在事后对具体个案做出应对或者对特定国家采取措施外，安理会同时亦还被默示地赋予了通过前瞻性的决议立法以履行其维护国际和平与安全的职能的权力。[②]

事实上，不仅抽象的决议造法作为安理会有权采取的一项武力之外的方式得到了《联合国宪章》的“隐含的授权”，前述其实践情形对决议性质的普遍性和决议内容须创设新的国际法规则的要求在宪章中实则亦有能够被据以支持的依据：一方面，由于根据上述宪章第 41 条的规定，安理会有权促请联合国全体成员国执行其关于采取武力之外的方式的决议，并且，该条规定亦未限制决议所针对的情势，因此安理会采取决议造法的方式所通过的造法性决议即得以适用于一般情势和全体成员国。另一方面，根据前述《联合国宪章》第 24 条的规定，安理会在行使其为履行维护国际和平与安全的职能而被赋予的特定权力时，应当遵守联合国的宗旨和原则。由此，从规定了联合国宗旨和原则的宪章第 1、2 条的文本看，由于第 1 条第 1 款已经明确规定，[③] 仅安理会在“调整或解决足以破坏和平之国际争端或情势”时须依照正义和国际法原则行事，而在“防止且消除对于和平之威胁，制止侵略行为或其他和平之破坏”时则不受这一约束，[④] 从而使得当安理会根据宪章第七章“对于和平之威胁、和平之破坏及侵略行为之应付办法”中的条文规定做出一项决议时，便无须对其是否与既有的国际法原则相符合进行考察，[⑤] 因此倘若安理会根据上述宪章第 41 条的规定采取了决议造法的方式，那么即便其在决议中创设了

---

① Prosecutor v. Dusco Tadić，International Criminal Tribunal for the former Yugoslavia，IT—94—1—AR72，(1995)．

② See Dapo Akande，Tim Murithi，Tarcisio Gazzini，Nikolaos Tsagourias and Enrico Milano，“Old Questions and New Challenges for the U. N. Security Council：the Role of the Security Council in the light of the Charter's Reform，” Journal of International Law and Policy，vol. V (2007)：28.

③ 《联合国宪章》第 1 条第 1 款规定：“（联合国之宗旨为：）一、维持国际和平及安全；并为此目的：采取有效集体办法，以防止且消除对于和平之威胁，制止侵略行为或其他和平之破坏；并以和平方法且依正义及国际法之原则，调整或解决足以破坏和平之国际争端或情势。”

④ 参见简基松：“对安理会‘决议造法’行为之定性分析与完善建言”，《法学》2009 年第 10 期。

⑤ See Leland M. Goodrich et al，“Charter of the United Nations：Commentary and Documents”，(New York：Columbia University Press，1969)，267—269.

超出既存国际法的、与既有的国际法原则不相符合的新的国际法规则，亦仍然并不致构成对联合国宗旨和原则的违反。[①]

（二）基于维护国际和平与安全的正当性

诚如马克思所指出的，“立法者应当将自己看作一个自然科学家。他不是在创造法律，不是在发明法律，而仅仅是在表述法律”。[②] 但凡立法均应当仅是对客观实际的一种反映，是根据客观需要将事物的本质和规律表现在法律中，而安理会决议造法亦概莫能外。由此，在前述《联合国宪章》相关规定的“隐含的授权”为安理会决议造法提供了法律依据的同时，维护国际和平与安全的客观需要亦为其正当性提供了支持。

一方面，诚如于 1992 年 1 月 31 日做出的安理会主席声明中所指出的，“国家间的战争和武装冲突的消退并不能保障国际和平与安全；经济、社会、人权和生态领域中的各项非军事化的不稳定因素已经成为了对国际和平与安全的新的威胁。联合国全体成员国均应当通力合作，通过安理会，对上述问题予以最优先的解决”。[③] 在冷战结束之后，安理会所须应对的是包括恐怖主义、核生化武器扩散等在内的非传统的威胁国际和平与安全的问题。而由于如前诉述地，传统的针对特定情势的、以特定国家为对象的安理会决议并不适用于上述实施主体为非国家行为者或者威胁的后果并不发生在某一或某些特定的国家境内的问题，并且，基于既有的国际法规则所采取的干涉或者制裁措施亦无法切实有效地解决上述问题，因此安理会在决议中创设超出既存国际法的、适用于一般情势和全体成员国的新的国际法规则，即正是基于防止和消除上述当前威胁国际和平与安全的新问题的客观需要。

另一方面，尽管如前所述，针对安理会决议造法，在国内外学界均是持否

---

① 此处，需要注意的是，即便对上述宪章第 1 条第 1 款规定的文本含义作不同的理解，即认为安理会在“防止且消除对于和平之威胁，制止侵略行为或其他和平之破坏”时同样应当受到正义和国际法原则的约束，由于所谓的“国际法原则”并不等同于由国际条约、习惯国际法或者一般法律原则确立的国际法规则，因此安理会在根据宪章第 41 条采取决议造法的方式时须依照国际法原则，亦并不意味着决议的内容即必须以既有的国际法规则为限。

② 《马克思恩格斯全集》（第一卷），人民出版社 1995 年版，第 347 页。

③ Note by the President of the Security Council（UN Document S/23500），31 January 1992.

定或者怀疑态度的学者占到多数，但是在实践中，联合国各成员国对于安理会通过的各项造法性决议却是在经历了最初的质疑之后最终转变为普遍接受的。例如，在前述第1540号决议通过之初，德国就曾质疑安理会作为一个代表性不足、无须自负其责并且不受任何司法约束的政治性机构，是否有权在决议中创设对整个国际社会具有深远意义的法律规则。[①] 然而，在经过了数年的实践之后，诚如第1540号决议委员会主席 Jorge Urbina 指出的，最初对于该决议的合法性以及决议委员会存在的必要性的质疑已经全部消除了，并且该决议正在得到越来越多的联合国成员国的理解和认可。[②] 由此，联合国各成员国对于上述安理会通过的造法性决议的接受，实则即是接受了安理会得以为维护国际和平与安全而通过决议进行造法，同时亦认可了安理会决议造法基于维护国际和平与安全的客观需要的正当性。

三、安理会决议造法与国际法治的抵触

应当认识到，基于《联合国宪章》相关规定的“隐含的授权”和维护国际和平与安全的客观需要，虽然使得前述安理会既有的决议造法实践、即安理会业已通过的造法性决议具备了合法性和正当性，但却并不意味着安理会由此便得以任意地通过决议进行造法；事实上，安理会决议造法的行为本身尚且存在诸多的不足和缺陷，并且进而与国际法治产生了抵触。

（一）与国际造法的主体和程序要求不相符合

由于安理会决议造法在本质上构成一项国际造法行为，因此其即应当遵守国际造法的基本原则，包括客观性原则、国际民主原则、国际合作原则和国际法治原则。[③] 然而，在笔者看来，安理会决议造法却至少与上述国际民主原

---

① Statement by Gunther Pleuger, Representative of Germany, to the United Nations, at the General Assembly on the Reform of the Security Council, U. N.

② 1540 Committee, Briefings by Chairman Ambassador Jorge Urbina, 14 December 2009.

③ 参见古祖雪：“国际造法：基本原则及其对国际法的意义”，《中国社会科学》2012年第2期。

则中关于国际造法主体的要求，以及国际法治原则中关于国际造法程序的要求不相符合。具体而言：

首先，由于国际社会并不存在凌驾于主权国家之上的立法机关，因此，主权国家既是国际法的主体，同时亦是国际造法的主体，而普遍适用于各主权国家的国际法本身实则亦即是由各国在共同同意的基础上创设而成的。① 由此，尽管从既有的国际法实践看，要求全世界所有国家均对一项国际法做出明示的同意是不切实际的，② 即在实践中不可能要求一项国际法的造法主体必须是所有的主权国家，但是无论何者作为国际造法主体，均至少应当能够代表尽可能多的国家的意志。

然而，尽管《联合国宪章》作为联合国的组织约章可以被视为是对各成员国协调一致的国家意志的体现，③ 并且，如前所述地，宪章中的部分规定亦确实对安理会决议造法做出了“隐含的授权”，但是这至多不过是体现了联合国各成员国所具有的执行安理会造法性决议的意志，而并不能够表明作为决议造法的主体的安理会即代表了上述各国在决议造法的过程中的意志。这是因为，由于根据宪章第 27 条第 3 款的规定，安理会关于非程序性事项的决议的通过仅须包括 5 个常任理事国在内的 9 个理事国同意即可，而无须听取其他联合国成员国的意见，并且，即便与决议有利害关系的其他成员国得以参与安理会的讨论，其亦仍然不享有对该决议的表决权，④ 因此，除安理会理事国外的其他联合国成员国实则均仅是被动地接受由安理会独断地通过的造法性决议，而并未能够经由安理会在决议造法的过程中主动地表达其意志。是故，安理会决议造法的主体不仅数量十分有限，同时亦并未能够代表占多数的其他联合国成员国的意志，因而并不符合前述国际造法的主体要求。

其次，诚如有学者指出的，但凡发达的法律制度，均应当是第一性的权利义务规则与制定、修改或者废止上述规则的第二性规则的结合，⑤ 由此，具体及于国际法法律制度，针对旨在创设第一性的国际法规则的国际造法，亦应

---

① ［美］路易斯·亨金，张乃根等译：《国际法：政治与价值》，中国政法大学出版社 2005 年版，第 36 页。

② ［英］詹宁斯、瓦茨修订，王铁崖等译：《奥本海国际法》（第一卷第一分册），中国大百科全书出版社 1995 年版，第 8—9 页。

③ 参见黄瑶：“国际组织决议的法律效力探源”，《政治与法律》2001 年第 5 期。

④ 《联合国宪章》第 31 条、第 32 条。

⑤ ［英］哈特，张文显等译：《法律的概念》，中国大百科全书出版社 1996 年版，第 95 页。

当有相应的第二性规则，即在创设国际法规则的过程中所应遵循的程序规则对其进行规范。

然而，就安理会决议造法而言，尽管《联合国宪章》第28条至第32条已经就安理会决议的通过程序做出了规定，但上述规定却仅是广泛地适用于任何性质、任何内容的安理会决议的通过程序的一般规则，而并非具体适用于造法性决议的通过程序的专门规则；并且，其在实践中亦并未能够起到有效地规范安理会决议的通过程序的作用——有学者即指出，部分安理会决议实则是由少数理事国在安理会会议之外做出的，并且未做任何相关的记录，从而使得决议通过程序的合法性令人堪忧。[①] 此外，尽管在通过前述第1540号决议的过程中，安理会除由15个理事国进行了持续数月的磋商外，还在磋商的最后阶段举行了两次公开会议，邀请30个联合国成员国共同与会进行磋商，并且由此得到了国际社会对于该决议的通过程序的肯定，[②] 但是，由于这终究仅是安理会在单独的一项决议的通过过程中所采取的实践做法，因此亦同样不能被作为直接用于嗣后所有的安理会造法性决议的通过程序的具体规则。是故，基于当前能够被据以规范安理会造法性决议的通过程序、即安理会决议造法程序的规则的缺失，安理会决议造法自然就无法符合前述国际造法关于程序的要求。

（二）与联合国的权力制衡机制相冲突

尽管在不同国家国内法中的具体表现形式不尽相同，但权力制衡机制对于世界各文明国家的宪法体制而言，均是一项不可或缺的重要内容，并且，这一适用于由个人组成的国内社会的国内法制度，亦同样可以被转化适用于由主权国家组成的国际社会。[③] 由此，尽管当前学界针对在既存国际法中是否已经形成了国际宪法秩序，以及《联合国宪章》是否得以被视为联合国本身以

① See Anthony Aust, "The Procedure and Practice of the Security Council Today", in R. J. Dupuy (ed.) Development of the Role of the Security Council: Colloque, (1993), 365.

② See Vesselin Popovski, "The Legislative Role of the Security Council's Thematic Resolutions", in Vesselin Popovski and Trudy Fraser (eds.) The Security Council as Global Legislator (London & New York: Routledge, 2014), 5.

③ See Jan Klabbers, Anne Peters and Geir Ulfstein, The Constitutionalization of International Law (Oxford: Oxford University Press, 2009).

及整个国际社会的宪法规则等问题仍然存在争议，① 但是，毋庸置疑地，为了平衡各成员国在联合国中的权力水平，防止联合国权力被少数国家滥用和侵蚀，确有必要在联合国体系内建立起完善的权力制衡机制；并且，根据孟德斯鸠在《论法的精神》中对权力制衡所做的立法权、司法权、执法权三权分立的经典阐释，联合国的权力制衡机制亦应当相应地具体表现为，由代表了全体成员国的联合国大会行使做出决议和制定规则的"立法权"，由国家法院作为司法机关行使对国家间争议进行司法裁判的"司法权"，由安理会作为执法机关行使得以有效地打击对国际和平与安全的威胁的各项紧急权力，即"执法权"。②

然而，实践中，安理会却在通过做出决议对特定情势下的特定国家采取措施以行使其执法权之余，还通过在其决议中创设具有普遍性的新的国际法规则以及对有关国家的行为的合法性进行认定的方式，实际地行使了超出其固有权力范围的"准立法权"（"quasi-legislative competency"）和"准司法权"（"quasi-judicial competency"），③ 并且由此招致了一些学者对其同时兼具立法、司法、执法三项权力，有违权力制衡机制要求的批评。④ 而在笔者看来，仅就安理会决议造法而言，其之所以与联合国权力制衡机制相冲突，除上述由安理会一个机构同时行使了立法权和执法权的原因外，实则更是因为，权力制衡机制不仅要求权力分立，同时亦要求不同权力之间应当相互制约，而安理会决议造法作为安理会对立法权的行使，则恰恰缺乏司法权通过司法审查对其进行制约。

诚然，作为联合国体系内的首要司法机关，国际法院一直被学界认为是对

---

① See Bardo Fassbender, The United Nations Charter as the Constitution of the International Community (Amsterdam: Nijhoff Publishers, 2009).

② See Vesselin Popovski, "The Legislative Role of the Security Council's Thematic Resolutions", in Vesselin Popovski and Trudy Fraser (eds.) The Security Council as Global Legislator (London & New York: Routledge, 2014), 6—7.

③ 安理会行使"准司法权"的实践，例如，在第 1483 号决议中，安理会即对美国和英国在伊拉克战后重建中所实施的一系列行为的合法性予以了肯定，并认为上述两国通过其行为充分地履行了基于 1949 年《日内瓦公约》和 1907 年《海牙规则》所负有的义务［参见联合国安理会第 1483（2003）号决议，http://www.un.org/zh/sc/documents/resolutions/03/s1483.htm，访问时间：2015 年 8 月 14 日］。

④ See Antonios Tzanakopoulos, Disobeying the Security Council: Counter-measures Against Wrongful Sanctions (Cambridge: Cambridge University Press, 2011), 8—10.

安理会决议造法进行司法审查的最为恰当的主体；[①] 并且，在与前述颇具造法意味的安理会第748号决议相关的“洛克比空难案”中，多位国际法院法官亦在其单独意见中表达了应当由国际法院对安理会的权力进行规范和限制的观点，例如谢哈布丁法官即指出，倘若安理会的权力应当受到范围的约束，那么除了国家法院之外，便没有其他机构能够对安理会的权力范围做出界定了。[②] 然而，事实上，国际法院却并不能够实际地享有对安理会决议造法的司法审查权。这是因为：

其一，从法律依据的角度看，首先，无论是《联合国宪章》还是《国际法院规约》，均未就安理会与国际法院的关系问题予以明确，并且，上述两项国际法律文件亦均未明文赋予国际法院对安理会决议进行司法控制或者司法审查的权力。其次，尽管有学者基于《联合国宪章》第96条第1款的规定进而提出，国际法院可以在被请求对一项安理会决议的法律效力做出咨询意见时，通过对该决议的合法性的认定而间接地对其进行司法审查，[③] 但是，从该条款规定的文本含义看，[④] 国际法院实则只得在安理会提出相应请求的情况下方才得以被动地做出咨询意见，而并不能够主动地介入安理会正在处理的“任何法律问题”；并且，自国际法院成立至今的70年间，安理会亦仅有一次就纳米比亚的国际地位问题向国际法院提出过做出咨询意见的请求。[⑤] 由此，上述宪章规定亦并无法被作为国际法院据以实现其对安理会决议的司法审查权的依据。

其二，从国际法院自身实践的角度看，尽管有学者提出，由于在国内法实践中，即便并无明确的宪法授权，国内高等法院亦同样可以行使司法审查权。

---

① See Jan Wouters and Jed Odermatt, “Reflections on the Law-making Powers of the Security Council”, in Vesselin Popovski and Trudy Fraser (eds.) The Security Council as Global Legislator (London & New York: Routledge, 2014), 85.

② ICJ Reports, Lockerbie (Provisional measures, Order of 14 April 1992): 140－142.

③ See Dapo Akande, “The International Court of Justice and the Security Council: Is there Room for Judicial Control of Decisions of the Political Organs of the United Nations?”, International and Comparative Law Quarterly46 (1997): 309, 331.

④ 《联合国宪章》第96条第1款规定：“大会或安全理事会对于任何法律问题得请国际法院发表咨询意见。”

⑤ See D. W. Bowett, “Judicial and Political Functions of the Security Council and the International Court of Justice”, in Hazel Fox (ed.) The Changing Constitution of the United Nations (The British Institute of International and Comparative Law, 1997), 74.

因此，前述《联合国宪章》和《国际法院规约》中的明文规定的缺失，并不影响国际法院对安理会决议进行司法审查，[①] 但是国际法院在实践中对其自身在并无法律依据的情况下，是否享有针对安理会决议的司法审查权所持的态度，却是更加接近于否定的——同样是在前述"洛克比空难案"中，国际法院在其最终的判决意见中即指出，"法院并不享有否决或者排除安理会决议的权力……法院曾经不止一次地否认其享有司法审查权……从旧金山制宪会议达成的各项决定的宗旨看，宪章的起草者们并没有赋予法院以司法审查的权力的意图"。[②] 同样的观点还出现在上述关于纳米比亚的国际地位问题的咨询意见中，即"法院并不享有对联合国机构做出的决议进行司法审查或者申诉的权力"。[③] 而在"某些费用案"的咨询意见中，国际法院则更是从根本上否定了在联合国体系内存在司法审查程序，指出，"尽管在国内法律体系中，通常存在特定的程序对一项立法或者政府行为的合法性进行认定，但是在联合国框架下却并不存在诸如上述的程序"。[④] 由此，国际法院脱离法律依据的明文规定而自主地对安理会决议进行司法审查的实践还远未形成。

综上所述，诚如有学者指出的，唯有对现行《联合国宪章》进行修改，加入明文的授权规定，方能够使国际法院得以切实地对安理会决议进行司法审查；但是，由于根据宪章第 108 条的规定，[⑤] 修改宪章所须满足的条件相当严格，尤其是其中关于必须经安理会全体常任理事国同意的要求，在实践中更是难以满足，因此，通过修改宪章实现国际法院对安理会决议的司法审查权绝非易事。[⑥] 而基于对安理会决议进行司法审查的权力的缺失，安理会对立法权的行使、即安理会决议造法便亦无法受到司法权通过司法审查对其的制约，

---

① See José Alvarez, "Judging the Security Council", American Journal of International Law90 (1996): 81—99.

② ICJ Reports, Lockerbie (Summary of the Judgment, 27 February 1998): 21.

③ Legal Consequences for States of the Continued Presence of South Africa in Namibia (South West Africa) Notwithstanding Security Council Resolution 276 (1970), ICJ Advisory Opinion, (21 June 1971): 16.

④ Certain Expenses of the United Nations (Article 17, paragraph 2, of the Charter), ICJ Advisory Opinion, (29 July 1962): 168.

⑤ 《联合国宪章》第一百零八条规定："本宪章之修正案经大会会员国 2/3 表决并由联合国会员国 2/3、包括安全理事会全体常任理事国，各依其宪法程序批准后，对于联合国所有会员国发生效力。"

⑥ 参见王秀梅、李小玲："国际法院对安理会的司法审查权刍议——以国际组织宪政为视角"，《河南政法管理干部学院学报》2011 年第 2 期。

从而使得其更无法与联合国的权力制衡机制相适应了。

四、结语

对既有的决议造法实践的合法性和正当性的肯定，并不能够使安理会便由此成为得以任意地通过决议进行造法的所谓“国际造法者”。由于在维护国际和平与安全以保障国际法治的同时，安理会自身亦应当服从于国际法治，[①] 因此在为安理会决议造法制定了明确的法律规范以使其能够符合国际法治的要求之前，决议造法应当仅是安理会为维护国际和平与安全而采取的非常手段，并且应当受到严格的限制。

① 参见赵健文：“联合国安理会在国际法治中的地位和作用”，《吉林大学社会科学学报》第51卷第4期，2011年7月。

战火中的联合国秘书长潘基文：国际危机中的领导风格分析

丁鲁* 张夏**

2006年潘基文接任安南成为新一任联合国秘书长，外界曾担心潘基文的韩国背景会使得潘基文在国际事务中对美国倾斜。2011年潘基文连任后，又被一份报告曝出联合国秘书长潘基文在联合国高级官员的任命上存在暗箱操作行为。事实上，隐藏在对潘基文本身的质疑背后的是对联合国机制发展至今所存在的重重问题。虽然联合国自成立至今，在维护国际安全、推动人权发展、促进人类可持续发展等各个方面均取得了丰富的成果，但联合国在发展中，仍不断暴露出其作为一个国际组织和国际机构的缺陷。除了不断呼吁的联合国内部改革外，联合国能否在国际危机中，尤其是当危机涉及大国利益时保持中立与维护和平，不断受到外界的质疑。越来越多的学者开始反思联合国发展至今，在处理国际危机和维护世界和平上，实际上扮演的角色和地位。

一、关于联合国在国际危机解决中地位的三种观点

一部分现实主义学者认为联合国始终无法逃脱“国联阴影”。从历史上来看，联合国成立之初的机构设置被深深嵌入了二战后各个大国实力均衡的影子，本质上仍然是大国博弈的结果。① 他们考察的案例主要来自于美国操纵联

* 丁鲁，清华大学社会科学院国际关系学系研究生。

** 张夏，中国社会科学院研究生院美国研究系硕士生。

① Inis L. Claude Jr, The United Nations and the Use of Force: International Conciliation, No. 532, March, 1961.

合国干预朝鲜战争、美苏冷战期间联合国对美苏委托人战争的无力表现等等。另一部分现实主义者则从苏联解体后，美国单极世界的角度对联合国进行考察，认为联合国没能有效阻止小布什政府对伊拉克和阿富汗的入侵。在单极体系下，联合国能在国际危机和国际和平方面发挥多大的效果是一个巨大的疑问。一旦遇到像小布什那样执行"单边主义"的美国领导人，联合国在国际危机发挥的作用将非常有限。联合国及其秘书长要么是权力制衡的产物，要么扮演"霸权傀儡"的角色。这种理论认为潘基文自身的领导风格是由潘基文所在职位——联合国秘书长的权力所界定的。这种权力的界定是一种非人格化的力量，受到该职位地位的影响。因此，现实主义认为联合国秘书长的职位是一种权力依附型或权力协调型的产物，潘基文没有过多的个人领导风格。

制度主义和国际联邦主义者则充分肯定了联合国在处理国际危机方面的作用。联合国作为一个国际机制，有效地克服了集体行动的困境和信息交流不畅所带来的成本。同时，作为一个国际组织，它不断发展出最初设计所不具有的功能和特性。除了不断增加的新机构和功能，各个联合国秘书长在其任期内都有新的创新和理念提出。同时，"合法性范式"的不断进化，国际社会对"干预"的定义远远超越了 1945 年《联合国宪章》的内涵。① 这都意味着联合国的"独立性"不断增强，其功能将不断外溢和完善。② 但部分功能主义者认为，联合国在"集体自卫"等高级政治方面的能力极其有限，而在经济行为和人权实施方面则可以发挥更大作用。③ 新自由主义者更是将联合国与全球化结合起来，认为联合国正在超越传统的历史范式，对全球政治起到了重塑作用。④

建构主义者认为联合国正在促使一种规范的形成——国际合法性。越过"联合国"进行单边行动的行为即使存在并发生，它将会给实施者带来巨大的国际合法性的丧失。⑤ 即使小布什单边行动"无人可挡"，其后继者奥巴马也

---

① Anthony Clark Arend，Robert J. Beck：International Law and the Use of Force：Beyond the U. N. Charter Paradigm，Routledge（1993－6－25）.

② John G. Ruggie，"On the Problem of 'The Global Problematique'：What Roles of International Organizations?"，Alternative，No. 5，1980，pp. 517－550.

③ Stanley Hoffmann，The Role of International Organizations：Limits and Possibilities，International Organization，Vol. 10，No. 3，1956.

④ Johan Galtung，Global Governance for and by Global Democracy，in The Commission for Global Governance，Issues in Global Governance，Kluwer，London，1995，pp. 195－215.

⑤ Ian Hurd：After Anarchy：Legitimacy and Power in the United Nations Security Council，Princeton University Press，2008.

必须为其糟糕的美国形象买单。即使在单极霸权体系中，联合国这样的国际机制和组织同样能够对霸权产生制约作用，产生“霸权掣肘”的效果。并且，联合国在人权、人道主义方面的广泛实践和创新，反过来塑造了国际社会新的“利益结构”，从而形成新的规则规范。① 无论是自由主义还是建构主义，他们都普遍认为潘基文具有独立的危机领导风格，该风格并不受到大国权力约束的决定性影响。正如有的学者提出，在联合国研究中的理论方面，乐观的理想主义观点比较多；在国家政策方面，现实主义观点占主导；在改革方案上，大多体现了现实主义与理想主义的结合。②

上述观点具有一定的合理性，但却失于片面。它们往往仅仅对局部案例进行分析，缺少进行有时间跨度和具有前后演变的案例比较。同时，这些研究也缺少检验工具，往往“就事论事”，这就使得对联合国在危机处理中的地位的定位“极化”，事实上联合国扮演的角色可能更加复杂。一些对联合国投票的定量研究，通常把联合国做一个博弈场所，而无法做到对联合国“独立性”的考察。对联合国秘书长的深入研究也相当缺乏，大部分的研究仍聚焦于人物传记、访谈和回忆录，缺少数据的支持和理论上的验证。一些研究往往忽视联合国秘书长作为联合国机构最高行政长官在危机处理中个人领导风格的重要性。

二、联合国秘书长与行为代码研究

本文采取行为代码（operational code analysis）③ 的定量研究方法，对潘基

---

① Martha Finnemore, Constructing Norms of Humanitarian Intervention, in Peter J. Katzenstein, ed; The Culture of National Security: Norms and Identity in World Politics, in New York: Columbia University Press, 1996.

② 李东燕：“联合国研究 60 年：理论·政策·方案”，《世界经济与政治》2005 年第 5 期。

③ 关于行为代码研究理论，可参见：Stephen G. Walker: The Evolution of Operational Code Analysis, Political Psychology, Vol. 11, No. 2 (June 1990), pp. 403－418; Stephen G. Walker, Mark Schafer and Michael D. Young: Systematic Procedures for Operational Code Analysis: Measuring and Modeling Jimmy Carter's Operational Code, International Studies Quarterly, Vol. 42, No. 1 (March, 1998), pp. 175－189; Scott Crichlow: Idealism or Pragmatism? An Operational Code Analysis of Yitzhak Rabin and Shimon Peres, Political Psycholog, Vol. 19, No. 4, 1998。

文在联合国的发言进行文本分析，时间段为2011—2014年，包括三次国际危机——利比亚危机（2011年）、叙利亚危机（2011—2013年）、乌克兰危机（2014年）。所谓行为代码分析，是以决策人的公开讲话为研究对象，通过计算机对文本中动词进行量化分析与对比，科学地分析、预测决策人的战略文化取向。① 亚历山大·乔治将"行为代码"的定义划分为两个部分，即哲学信念简称和操作信念简称。前者主要针对的问题是"世界是怎样的"，而后者主要回答"我们应该如何做"。它一共包含10个问题：②

哲学信念：③

P—1　世界政治的"本质"特征是什么？是和平还是冲突？在哪些方面可以乐观，哪些方面为悲观？

P—2　实现根本价值和愿望的前景如何？是乐观还是悲观？在哪些方面可以乐观，那些方面为悲观？

P—3　政治的未来是否可以预知？从哪些方面并在什么程度上可以预知？

P—4　对历史发展有多少控制能力？一个人对推动和左右历史向自己预想的方向发展能有多大影响？

P—5　"机遇"在人类历史发展中的作用有多大？

操作信念：

I—1　如何选择最佳方案采取行动来实现政治目标？

I—2　如何最有效地达到目的？

I—3　如何评估、控制和应对政策行为可能带来的危险？

I—4　什么时候是争取实现利益的最好时机？

I—5　如何使用不同手段争取个人利益，这些手段的效用如何？

这10个问题基本上反映了被研究对象对世界和自身的主要看法。而每个问题的取值来自于对被研究者发言、陈述、问答等等文本的编码。编码的方式是采用文本体系动词VICS（Verbs In the Context System）方法，即对文本动词进行两个维度的取值：第一，＋或－（代表合作或对抗）；第二，－1或

---

① He Kai and Feng Huiyun, Xi Jinping's Operational Code Beliefs and China's Foreign Policy, The Chinese Journal of International Politics, Vol. 6, 2013, pp. 209－231.

② Stephen G. Walker and Mark Schafer, Belief Systems as Causal Mechanisms in World Politics: An Overview of Operational Code Analysis, Palgrave Macmillan, 2006.

③ 关于信念问题的翻译来自于冯慧云："防御性的中国战略文化"，《国际政治科学》2005年第4期，第1—23页。

1（代表对抗或者合作的程度）。每一个问题都有其特有的计算方法和公式。

除了反映整体看法的 10 个问题外（观念代码），其中以 P—1，I—1 和P—4 这三个问题构成了行为者的最重要的指导性信念。由这三个值构成的象限，反映了行为者可能存在的 6 种操作类型（见图 1）。[①]

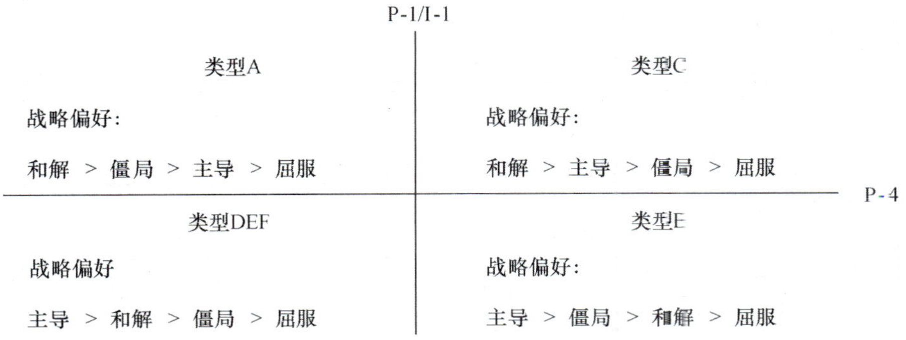

图 1　六种操作类型的战略偏好

行为者究竟属于何种类型，取决于三个“指导性”信念的数值：P—1、P—4和 I—1。不同类型的领导人战略选择的倾向性不同。在霍尔斯蒂沃克模式中，每个领导人有两组数字指数：一组是关于自我意象“I—1，P—4a”，另一组是关于他者意象“P—1，P—4b”，其中 P—4a=1—P—4b。自我和他者意象类型所对应的战略选择倾向，可以表明行为者的自我战略和外部战略。自我战略是指行为体针对外部环境自己做出的相应战略选择，而外部战略则是指行为体认为外部对手可能采取的战略选择模式。[②]

马福利特和沃克又将这 6 种操作类型以更加准确的 P—1/I—1 和 P—4 取值进行划分，进而将操作代码细化为 6 种博弈类型（见图 2）。每一个博弈类型代表一种博弈偏好。行为体的自我和他者观念形成一组博弈组合，进而可以分析行为者的博弈纳什均衡解。而对于多个行为者，只要其自我和他者观念属于同一个博弈组合，我们就可以期待这多个行为体具有相同的操作观念，即在危机处理中具有相同的偏好和预期。

① Stephen G. Walker，Learning Theory and Behaviors Modification，Methuen & Co. Ltd11，New Fetter Lane，London，1984.

② 冯慧云：“防御性的中国战略文化”，《国际政治科学》2005 年第 4 期，第 1—23 页。

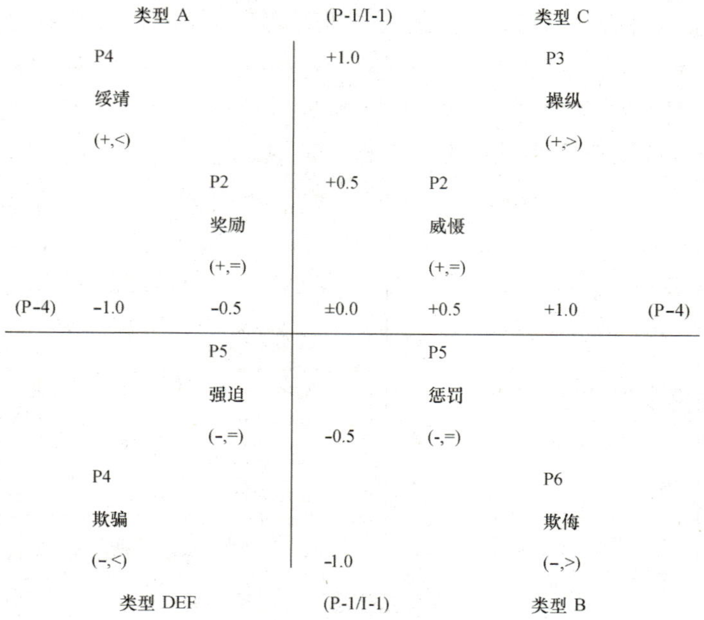

(1) If (+, <), 和解 > 僵局 > 屈服 > 主导.

(2) If (+, =), 和解 > 僵局 > 主导 > 屈服.

(3) If (+, >), 和解 > 主导 > 僵局 > 屈服.

(4) If (−, <), 主导 > 和解 > 屈服 > 僵局.

(5) If (−, =), 主导 > 和解 > 屈服 > 僵局.

(6) If (−, >), 主导 > 僵局 > 和解 > 屈服

图 2　VICS 方法的策略与战略预测①

因此，行为代码的研究一方面提供给研究者理念和操作两个方面对行为体整体数值型的评价，另一方面也为两个及其以上行为体的定量比较研究提供了可能。本文研究的行为者为联合国秘书长潘基文、美国总统奥巴马、英国首相卡梅伦。选取潘基文作为联合国的“代表”，一方面因为联合国秘书长的责任和职位决定了其在联合国的核心地位，另一方面潘基文对国际危机处理的预期可以用以证明现实主义认为大国博弈左右联合国的观点（通过对潘基

① B. Gregory Marfleet and Stephen G. Walker：A World of Beliefs：Modeling Interactions among Agents with Different Operational Codes，Palgrave Macmillan，1988.

文的行为代码与奥巴马对比），同样也能反映功能主义认为联合国具有的独立性认识（通过引入第二个参考系卡梅伦的行为代码进行分析）。同时，已有的大量国际组织和恐怖主义领导人的行为代码研究也奠定了该方法的合理性。[①]之所以选取三次国际危机，一是因为其中两次危机大致持续了1年，而叙利亚危机则持续3年，使我们能够对静态的行为代码进行对比，又能够对持续变化的行为代码进行跟踪。二是利比亚危机和叙利亚危机没有涉及第三方大国（常任理事国），而乌克兰危机则涉及俄罗斯，这对现实主义的观念能够有更完整的考察。第二个参考系选取英国首相卡梅伦的原因在于：第一，我们不得不注意到潘基文的韩国背景，美韩又是重要同盟。而英美同盟是很好的标尺以分析潘基文是否很好地“脱离”了其韩国身份，凸显其独立性。第二，更为重要的一点是，从利比亚危机后，普遍认为美英特殊关系出现裂痕，英国被指在叙利亚危机和乌克兰危机不再跟随美国而袖手旁观。因此，这使得英国在前后三个危机中形成对比，以分析潘基文是否在观念上受制于美国霸权的影响。

综上所述，本文提出以下假设：

H1：在利比亚危机、叙利亚危机和乌克兰危机中，较之于卡梅伦，潘基文的信念代码或操作代码与奥巴马更为接近（显著差异更少），则提高了我们对于潘基文处理危机方式更为迎合奥巴马的信心（支持了一部分现实主义的说法），反之则减少。

H2：在叙利亚危机三个时间段内（2011年、2012年、2013年），与卡梅伦相比，潘基文的信念代码或操作代码与奥巴马其变化趋势更为接近（每个阶段的显著差异更少），则提高了我们对于潘基文处理危机方式更为迎合奥巴马的信心（支持了现实主义的说法），反之则提高了我们对于潘基文危机处理更加具有独立性的信心（支持了建构主义的说法）。

H3：在乌克兰危机中，较之于卡梅伦，潘基文信念代码或操作代码与奥巴马更为接近（显著差异更少），则提高了我们对于潘基文处理危机方式更为迎合奥巴马的信心（支持了现实主义的说法），反之则减少。

H4：在利比亚和叙利亚危机中，潘基文的信念代码或操作代码与奥巴马、

---

① Elena Lazarevska，Jayne M. Sholl，and Michael D. Young，Links Among Beliefs and Personality Traits：The Distinctive Language of Terrorists，Palgrave Macmillan，1988；Matthew Stevenson，Economic Liberalism and The Operational Code Beliefs of U. S. Presidents：The Initilation of Nafta Disputes，1989－2002，Palgrave Macmillan，1988；G. Thies，Bankers and Beliefs：The Political Psychology of The Aslan Financial Crisis，Palgrave Macmillan，1988.

卡梅伦均产生背离（即潘基文与奥巴马和卡梅伦的差异大于奥巴马和卡梅伦之间的差异），则提高了我们对于联合国在国际危机中不断增强的“独立性”趋势的信心（支持了制度主义和功能主义的说法）。

H5：在乌克兰危机中，潘基文的信念代码或操作代码与奥巴马、卡梅伦均产生背离（即潘基文与奥巴马和卡梅伦的差异大于奥巴马和卡梅伦之间的差异），则提高了我们对于潘基文的领导风格作为“权力协调人”的信心（支持了另一部分现实主义说法）。

H6：在任何三次危机中，潘基文的信念代码和操作代码与奥巴马和卡梅伦相比都有巨大的相似或差异，则会极大地提高我们对上述结论判断的信心。

三、危机分析

（一）叙利亚危机

2011 年利比亚危机爆发后，联合国通过决议冻结卡扎菲资产，并将其移交国际刑事法院，随后又设立禁飞区。英国在整个利比亚期间被外界认为积极配合美国行动，实行经济制裁，推动禁飞区设立等等，这被认为是英美特殊关系的回暖。本文通过收集奥巴马、[①] 卡梅伦[②]和潘基文[③]的发言和问答文本进行信念代码和操作类型分析，得到以下结果：

表 1　利比亚危机中卡梅伦、潘基文、奥巴马的危机处理风格的比较（2011）

		卡梅伦 Mean Scores （N=22）	潘基文 Mean Scores （N=13）	奥巴马 Mean Scores （N=9）
哲学信念				
P−1	世界政治的本质（对抗/合作）	−0.06	0.07	−0.16

① 文本数据来自：https：//search. whitehouse. gov/。

② 文本数据来自：https：//www. gov. uk/government/organisations。

③ 文本数据来自：http：//www. un. org/apps/news/infocus/sgspeeches/search _ results. asp。

续表

		卡梅伦 Mean Scores (N=22)	潘基文 Mean Scores (N=13)	奥巴马 Mean Scores (N=9)
P—2	实现根本价值和愿望的前景（乐观/悲观）	−0.09	−0.08	−0.25
P—3	政治未来（不可预测/可预测）	0.1	0.19	0.12
P—4	对历史发展的控制力（低/高）	0.39	0.59*	0.51*
P—5	机遇的作用（作用小/作用大）	0.35	0.56*	0.45
操作信念				
I—1	实现目标的战略（对抗/合作）	0.31	0.64	0.64*
I—2	策略的选择（对抗/合作）	0.12	0.26	0.33**
I—3	危险的接受程度（不可接受/可以接受）	0.2	0.59	0.19
I—4	策略的灵活度			
	对抗/合作	0.69	0.36	0.36
	语言/行动	0.88	0.58	0.84*
I—5	手段效用			
	惩罚	0.21	0.12	0.07
	威胁	0.01	0.01	0.02
	反对	0.12	0.05	0.09
	支持	0.38**	0.6*	0.39
	承诺	0.04	0.05	0.07
	奖励	0.23	0.17**	0.36*

显著性标识说明1：*（Pr<0.01），**（Pr<0.001），2：第一列显著性表示卡梅伦和潘基文对比，第二列为潘基文和奥巴马对比，第三列为奥巴马和卡梅伦对比，后面图表类似。

提取P—1，I—1和P—4值进行操作类型分析：

（OB代表奥巴马，CA代表卡梅伦，BKM代表潘基文，i（s）表示自我意象，i（o）表示他者意象，i=｛OB，CA，BKM｝，后面图表类似）

从表1的整体上看，奥巴马与潘基文的信念代码差异达到4项，包括显著3项（Pr<0.1）：P—4，P—5，I—5支持，非常显著1项（PR<0.05）：I—5

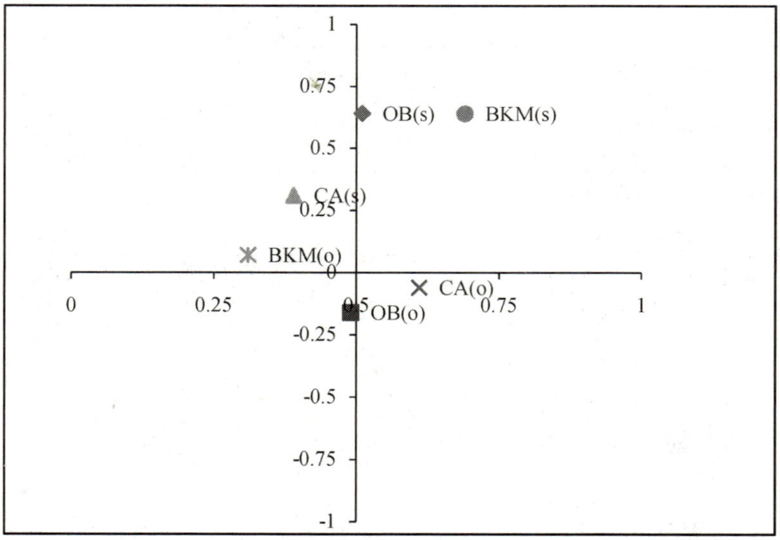

图 3　奥巴马、卡梅伦和潘基文在利比亚危机中的操作类型

奖励。奥巴马与卡梅伦的信念代码差异达到 5 项。包括显著 4 项：P—4，I—1，I—4b，I—5 奖励，非常显著 1 项：I—2。同时差异项包括非常重要的操作类型 P—4 和 I—1，可以得出利比亚危机中奥巴马与潘基文和卡梅伦在信念代码上有显著不同。而潘基文和卡梅伦的差异项仅有一项，否定 H1，降低了我们对于潘基文处理危机方式更为迎合奥巴马，即受到权力约束的信心。

从具体的差异项来看，潘基文同奥巴马和卡梅伦在 I—5 支持上都有显著不同，这显示出潘基文作为联合国秘书长在危机中更加注重合作和支持主权的合作态度。在 P—4 上奥巴马和潘基文都显示出在危机事态控制上要优于卡梅伦，同时潘基文投机倾向 P—5 显著高于奥巴马。联合国在利比亚危机中的高控制度，可能来自于对大国可能合作的期望。而事实上，利比亚危机中，英美的密切合作也符合了这一预期。奥巴马和卡梅伦相比，奥巴马在 P—4，I—1 和 I—2 上都显著高于卡梅伦，表明在利比亚危机中，奥巴马的合作态度更加明显，卡梅伦在设立禁飞区、实施经济制裁和对卡扎菲政府施压方面有更大的期望。这解释了英国在利比亚危机期间积极同美国“配合”的行为，这种现象可能仅仅只反映了表面，英国自身的诉求可能要大于同美国配合的想法。

从操作类型上看（见图 3），奥巴马和卡梅伦都属于：奖励/威慑（+，=）vs. 强迫/惩罚（—，=）的博弈组合；而潘基文属于：奖励/威慑（+，=）vs. 奖励/威慑（+，=）。根据马福利特和沃克的博弈模型，可以预期其在危机中的期望和偏好：

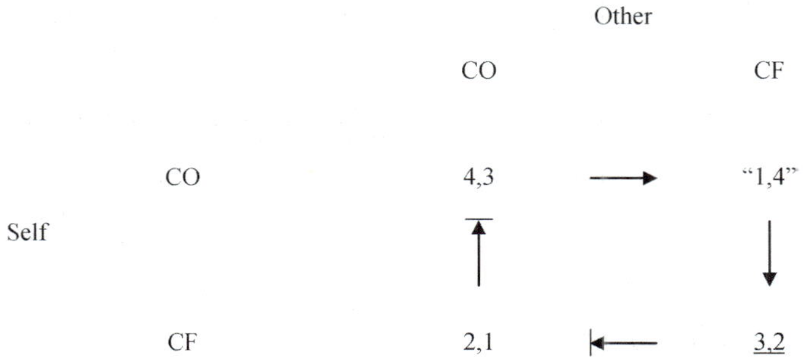

图 4　奥巴马和卡梅伦的博弈①

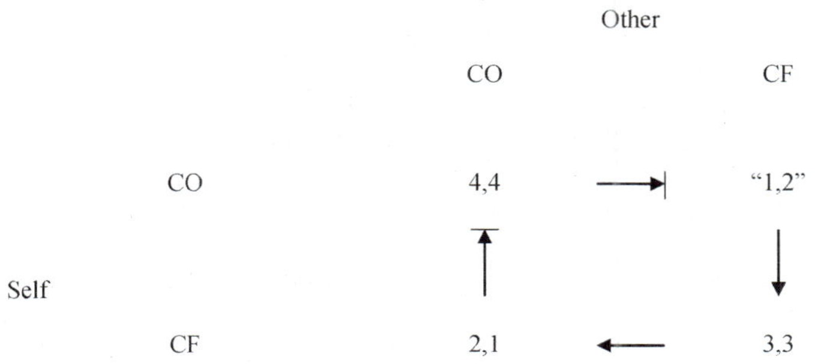

图 5　潘基文的利比亚博弈

从博弈上看（见图 4 和图 5），奥巴马、卡梅伦和潘基文都从合作 CO 转为对抗 CF。唯一的不同是，潘基文期望对抗行为将迫使利比亚卡扎菲政府由对抗转为合作，从而达到合作解（4，4）。而奥巴马和卡梅伦则没有这样的期望，相互对抗的死局（3，2）将会是最后解。因此，从操作类型上看，潘基文都表现出更大的合作态度，进而出现了部分“独立性”的期望。这提高了我们对于 H4 结论的信心。

（二）叙利亚危机

叙利亚危机在本文中涉及了一个连续的变化阶段，2011 年的爆发阶段，

① CO代表合作，CF代表对抗，箭头代表期望的行动方向，带有竖线的箭头代表期望的规避方向，“ ”代表博弈起点，下划线代表博弈终点。

2012年的间歇期，2013年的化武危机的高潮阶段。下面三个表格分别展示了2011年、2012年、2013年奥巴马、卡梅伦和潘基文的信念代码：

表2 叙利亚危机第一阶段卡梅伦、潘基文、奥巴马的危机处理风格的比较（2011）

		卡梅伦 Mean Scores （N=8）	潘基文 Mean Scores （N=3）	奥巴马 Mean Scores （N=7）
哲学信念				
P—1	世界政治的本质 （对抗/合作）	−0.65	−0.5	−0.73
P—2	实现根本价值和愿望的前景 （乐观/悲观）	−0.55	−0.28*	−0.53
P—3	政治未来 （不可预测/可预测）	0.1	0.2	0.1
P—4	对历史发展的控制力（低/高）	0.5*	0.25	0.27*
P—5	机遇的作用（作用小/作用大）	0.45	0.2	0.24
操作信念				
I—1	实现目标的战略 （对抗/合作）	0.18	0.5	−0.27
I—2	策略的选择 （对抗/合作）	−0.02	0.17	−0.27
I—3	危险的接受程度 （不可接受/可以接受）	0.32	0.47	0.14
I—4	策略的灵活度 对抗/合作 语言/行动	 0.82 0.35	 0.5 0.5	 0.73* 0.91
I—5	手段效用 惩罚 威胁 反对 支持 承诺 奖励	 0.12 0.18 0.12 0.47 0.06 0.06	 0 0 0.25 0.75 0 0	 0.36 0.09 0.18 0.18 0.09 0.09

从表 2 上看，叙利亚爆发初期，奥巴马与卡梅伦在信念代码上有 2 项显著性差异：P—4，I—4a；奥巴马与潘基文有 1 项显著性差异：P—2；潘基文和卡梅伦有 1 项显著性差异：P—4。从差异项数上看，没有非常大的差异，潘基文的信念代码似乎介于奥巴马和卡梅伦之间，但这仅略微提高了我们对 H4 论断的信心。从关键差异项 P—4 上看，潘基文同奥巴马的信念代码更为接近，都表现出相对于卡梅伦而言较低的危机控制力，但这仅略微提高了我们对 H1：潘基文的国际危机处理风格受到了权力界定的信心。有意思的是，从单项差异上看（P—2），潘基文在叙利亚危机爆发阶段，表现出相对于英美而言更低的悲观态度。而从危机控制力上（P—4），他也显著低于卡梅伦。加之潘基文与奥巴马相对较少的差异项，潘基文似乎在危机局势上更加依附于奥巴马政府的行动，这又增强了我们对于 H1 的信心。

表 3 叙利亚危机第二阶段卡梅伦、潘基文、奥巴马的危机处理风格的比较（2012）

		卡梅伦 Mean Scores （N=10）	潘基文 Mean Scores （N=8）	奥巴马 Mean Scores （N=11）
哲学信念				
P—1	世界政治的本质 （对抗/合作）	−0.45	−0.68	−0.68
P—2	实现根本价值和愿望的前景 （乐观/悲观）	−0.47	−0.54	−0.56
P—3	政治未来 （不可预测/可预测）	0.09	0.07	0.15
P—4	对历史发展的控制力 （低/高）	0.66*	0.4	0.51
P—5	机遇的作用 （作用小/作用大）	0.6	0.37	0.43
操作信念				
I—1	实现目标的战略 （对抗/合作）	0.53	0.83	0.56
I—2	策略的选择 （对抗/合作）	0.33	0.4	0.31

续表

		卡梅伦 Mean Scores (N=10)	潘基文 Mean Scores (N=8)	奥巴马 Mean Scores (N=11)
I—3	危险的接受程度（不可接受/可以接受）	0.29	0.4	0.07
I—4	策略的灵活度			
	对抗/合作	0.47*	0.17	0.44*
	语言/行动	0.74	0.48	0.69
I—5	手段效用			
	惩罚	0.09	0	0.09
	威胁	0.02	0.05	0.06
	反对	0.12	0.1	0.06
	支持	0.37	0.57*	0.41
	承诺	0.12	0.05	0.13
	奖励	0.28	0.24	0.25

从表3上，卡梅伦与潘基文的有2个差异项：P—4，I—4a，奥巴马、潘基文与卡梅伦各有一个差异项：I—5支持和I—4a。奥巴马的信念代码似乎处于潘基文和卡梅伦之间。从重要的差异项上看（P—4），卡梅伦同潘基文有显著差异，卡梅伦表现出比潘基文和奥巴马更低的危机控制力。但单项差异上看，潘基文在I—4a，I—5支持上表现出更加合作的态度，这与利比亚危机中的分析类似。然而，潘基文同奥巴马更少的差异，加之上一阶段同样的现象，加深了我们对H1结论的信心。

表4　叙利亚危机第三阶段卡梅伦、潘基文、奥巴马的危机处理风格的比较（2013）

		卡梅伦 Mean Scores (N=17)	潘基文 Mean Scores (N=21)	奥巴马 Mean Scores (N=6)
哲学信念				
P—1	世界政治的本质（对抗/合作）	−0.12	−0.56	−0.48

续表

		卡梅伦 Mean Scores （N=17）	潘基文 Mean Scores （N=21）	奥巴马 Mean Scores （N=6）
P—2	实现根本价值和愿望的前景 （乐观/悲观）	—0.21	—0 39	—0.46
P—3	政治未来 （不可预测/可预测）	0.13	0.07	0.11
P—4	对历史发展的控制力 （低/高）	0.57	0.6	0.57
P—5	机遇的作用 （作用小/作用大）	0.5	0.56	0.51
操作信念				
I—1	实现目标的战略 （对抗/合作）	0.49	0.6	0.4
I—2	策略的选择 （对抗/合作）	0.24	0.29	0.26
I—3	危险的接受程度 （不可接受/可以接受）	0.19	0.35	0.09
I—4	策略的灵活度 对抗/合作 语言/行动	 0.51 0.69	 0.4 0.48	 0.6 0.93
I—5	手段效用 0.13 0.07 0.1 0.33 0.03 0.33	 惩罚 威胁 反对 支持 承诺 奖励	 0 12 0.03 0.11 0.48 0.04 0.23	 0.07 0.02 0.11 0.54 0.09 0.17

从表4上看，到了叙利亚化武危机阶段，奥巴马、潘基文和卡梅伦在信念代码上不再存在显著的差异。通过这三个阶段，我们似乎看到了一个信念代码不断调整的过程。仅仅从信念代码上，我们似乎看到了一个英美接近，潘

基文“依附”美国的趋势。然而，我们并不知道这运动的方向是怎样的。我们提取三个表格中的操作类型，得到以下结果：

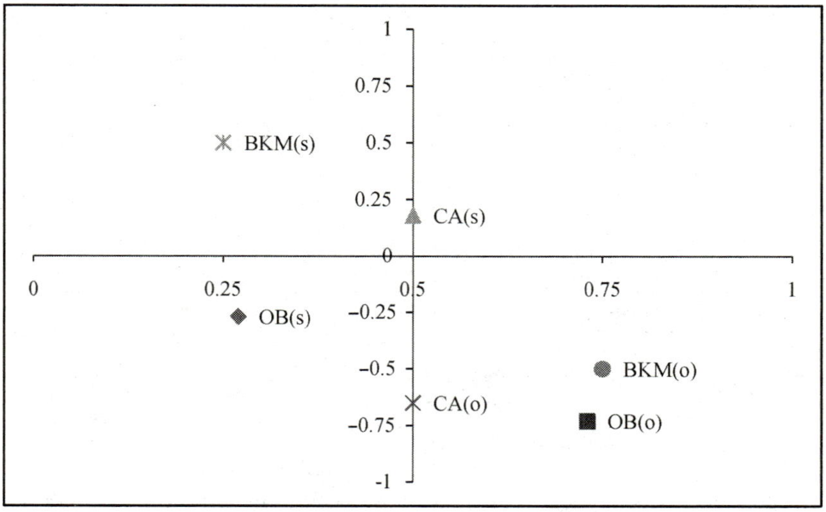

图 6　奥巴马、卡梅伦和潘基文在叙利亚危机第一阶段中的操作类型

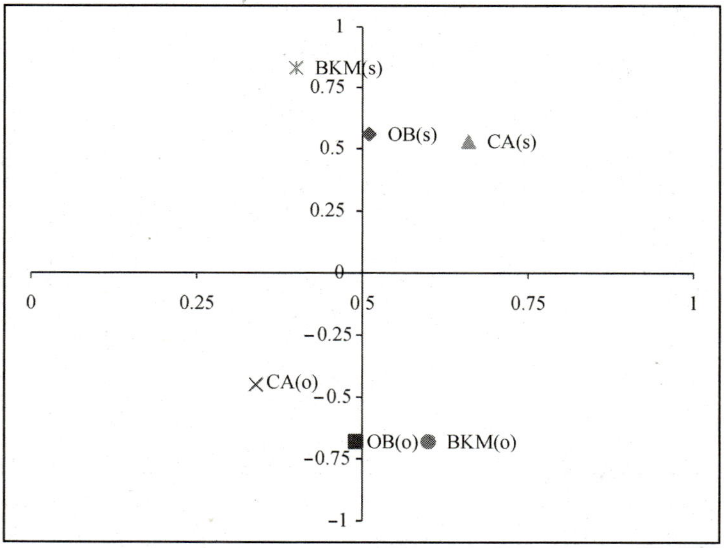

图 7　奥巴马、卡梅伦和潘基文在叙利亚危机第二阶段中的操作类型

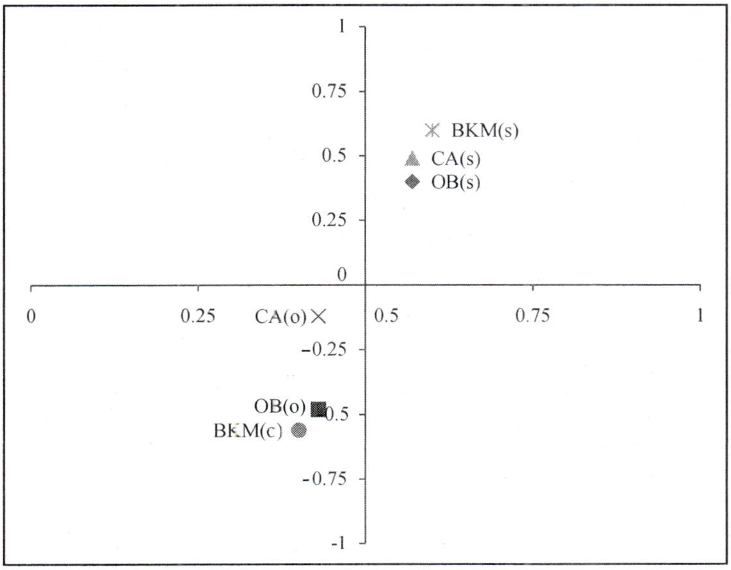

图 8　奥巴马、卡梅伦和潘基文在叙利亚危机第三阶段中的操作类型

从依次三个图上（见图 6、图 7 和图 8），我们发现一个明显的“追击”过程。卡梅伦的自我（CA（s））和他者信念（CA（o））在叙利亚危机的三个阶段中，没有太大的变化，都维持在第一象限和第三象限。而美国在三个阶段不断调整自我和他者信念，不断向卡梅伦靠近（自我信念从第二象限移向第一象限，他者信念从第四象限移向第三象限）。在整个过程中，潘基文都保持着跟随美国变化的脚步，这源于在信念代码的分析中，潘基文和奥巴马的差异始终要小于潘基文和卡梅伦的差异。这提高了我们对于 H2 的信心。美国“追逐”英国的反常行为似乎对应了在叙利亚危机中，英国不再配合美国行动，袖手旁观的行为。信念代码和操作类型共形似（H6）极大地提高了我们对 H2 的信心。

（三）乌克兰危机

2014 年爆发的乌克兰危机，由于俄罗斯的介入，迅速成为一个具有极大影响的国际危机。更为重要的是，俄罗斯在危机期间“兼并”了克里米亚地区，构成了被西方称为“对国际法和威斯特伐利亚主权体系毁灭性的破坏”，由于乌克兰危机涉及到了大国之间的对抗和博弈，同时又伴随着对国际法的巨大“破坏”，这引发了我们对于潘基文将对乌克兰危机采取何种态度的兴趣。

表 5　乌克兰危机中卡梅伦、潘基文、奥巴马的危机处理风格的比较（2014）

		卡梅伦 Mean Scores （N=36）	潘基文 Mean Scores （N=5）	奥巴马 Mean Scores （N=27）
哲学信念				
P—1	世界政治的本质 （对抗/合作）	−0.71*	−0.09*	−0.73
P—2	实现根本价值和愿望的前景 （乐观/悲观）	−0.56**	0.03	−0.61
P—3	政治未来 （不可预测/可预测）	0.08	0.18	0.16
P—4	对历史发展的控制力 （低/高）	0.54	0.53	0.11
P—5	机遇的作用 （作用小/作用大）	0.5	0.43*	0.09
操作信念				
I—1	实现目标的战略 （对抗/合作）	0.46	0.8	0.51
I—2	策略的选择 （对抗/合作）	0.23	0.33	0.18
I—3	危险的接受程度 （不可接受/可以接受）	0.27	0.71	0.12
I—4	策略的灵活度 对抗/合作 语言/行动	 0.54 0.51	 0.2 0.2	 0.49 0.63
I—5	手段效用 惩罚 威胁 反对 支持 承诺 奖励	 0.07 0.07 0.13 0.47* 0.08 0.18	 0* 0 0.1 0.8* 0 0.1	 0.16* 0.01 0.07 0.53 0.07 0.15

从表 5 上看，潘基文同奥巴马达到了 4 个差异项：P—1，P—5，I—5 惩罚，I—5 支持，同卡梅伦达到 3 个差异项 P—1，P—2，I—5 支持（其中 P—2 非常显著），而英美之间仅有一个差异项 I—5 惩罚，这提高了 H5 的信心，否定了 H3。当危机涉及多个大国利益时，潘基文很难再采取“跟随”英美的信念代码，不得不平衡各个大国的利益，从而形成权力制衡的结果。

从具体的差异项上看，潘基文在危机中表现出了相比于奥巴马和卡梅伦更加低的对抗态度（P—1），在危机处理的前景上显出格外悲观（P—2），在言语上采用更低的惩罚性词语（I—5 惩罚），更高的支持性词语（I—5 支持）。这凸显了潘基文在涉及大国的国际危机中悲观无力的态度。

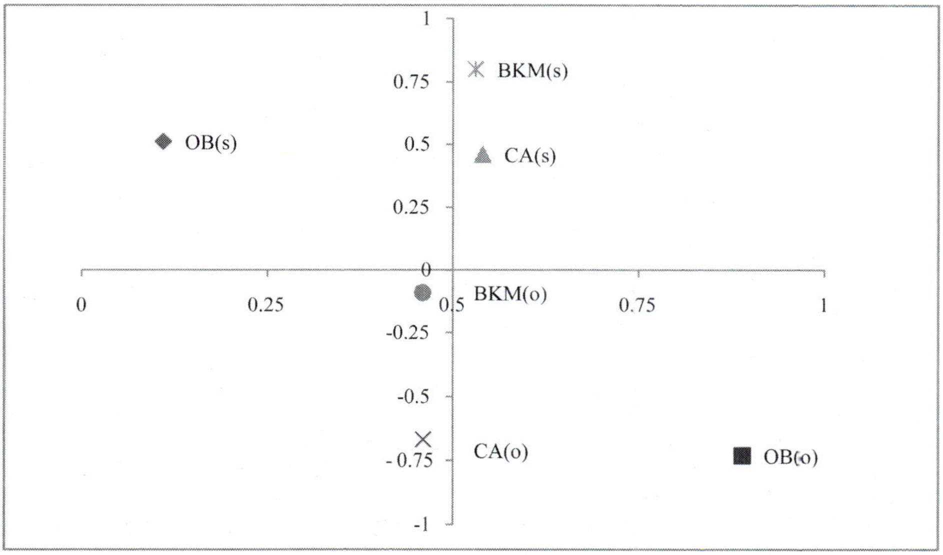

图 9　乌克兰危机中卡梅伦、潘基文、奥巴马的危机处理操作类型的比较

从操作类型上看（见图 9），潘基文无论在自我意象还是他者意象上都同奥巴马存在巨大差异，而与卡梅伦则更为接近。普遍认为英美特殊关系在乌克兰危机中降入低谷，而此时潘基文也一改叙利亚危机中“依附”美国的态度，这毫无疑问与俄国的卷入有关系。从图上看，潘基文和卡梅伦都属于：奖励/威慑（+，=）vs. 强迫/惩罚（—，=）博弈组合，而奥巴马属于：绥靖（+，<）vs. 欺侮（—，>）博弈组合。

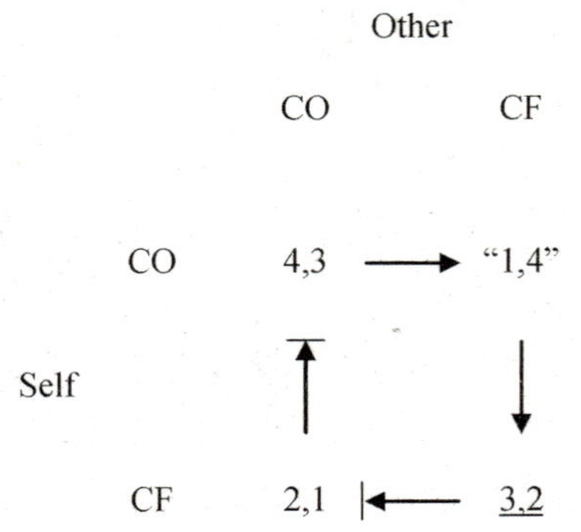

图 10　卡梅伦和潘基文在乌克兰危机第一阶段的博弈

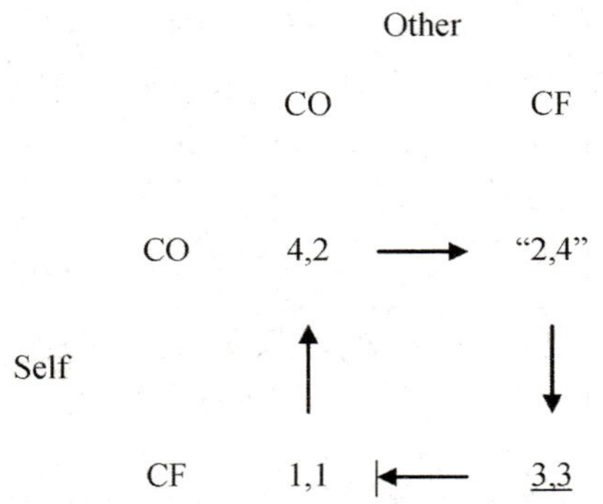

图 11　奥巴马在乌克兰危机第一阶段的博弈

虽然从博弈解上看（见图 10 和图 11），奥巴马、卡梅伦和潘基文都倾向从合作转为对抗，最后达到均衡解（CF，CF），但一旦博弈从（CF，CF）再次开始第二阶段后（见图 12 和图 13），卡梅伦和潘基文期望对抗政策能够迫使俄罗斯转变为合作政策，进而到达使双方都获益的合作解（4，3）。这意味着对于卡梅伦和潘基文而言，合作的大门始终敞开着。然而即使博弈从（CF，CF）解重新开始，俄罗斯和美国都不会改变原有的对抗策略，即要么屈服（2，4），要么对抗（3，3）。因此，在乌克兰危机期间，奥巴马表现出更加强硬的态度，推动一轮又一轮经济制裁，而卡梅伦和潘基文相对于奥巴马则显得更加倾向于合作的态度。

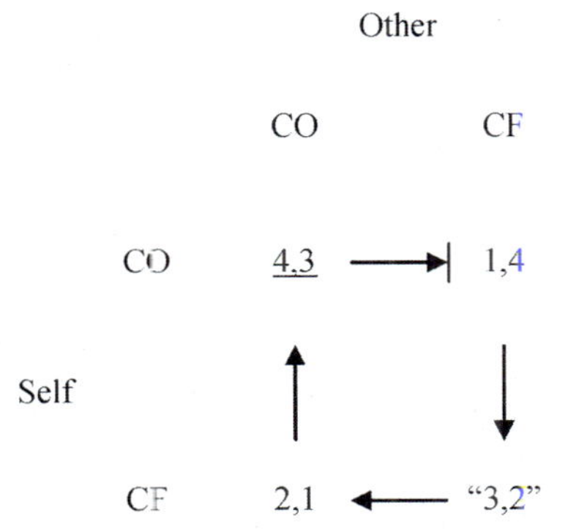

图 12　卡梅伦和潘基文在乌克兰危机第二阶段的博弈

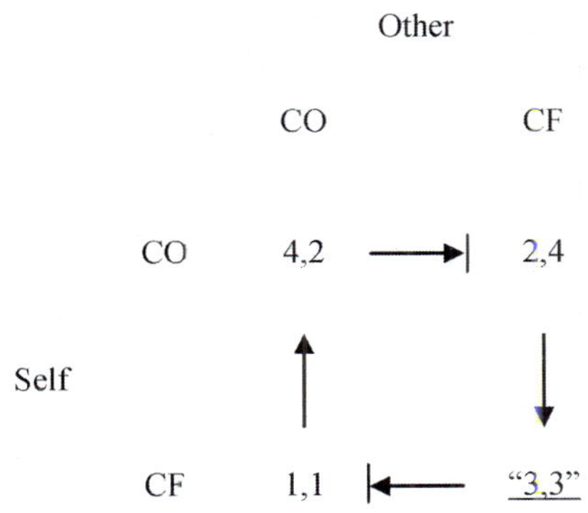

图 13　奥巴马在乌克兰危机第二阶段的博弈

四、结论

从三次危机上看，无论是否涉及俄罗斯，英美信念代码是否存在大的差距，潘基文都在三次危机中显示出了其独立的信念代码。这很大程度上支持了制度主义和功能主义的假说，联合国在国际危机处理中的确显示出了其独立性特点。我们发现关于潘基文在国际危机中是否受到美国霸权约束的论断极易受到大国关系之间的影响。在利比亚危机中，英美信念代码有巨大不同时，潘基文的危机领导风格并没有显示出权力约束的特点。而当叙利亚危机第三阶段和乌克兰危机期间，即使英美差异很小，但一旦俄罗斯介入后，潘基文也不会表现出受到霸权约束的特质。这使我们更加相信，潘基文更多是在扮演着权力协调人的角色，同时这种制衡的结果又与其表现独立性的特质存在某种共生关系，而这需要纳入普京的信念代码进行分析。

综上所述，根据三次危机研究，我们更加相信大国制衡和功能制度主义对联合国的评价可能更为准确。即使处于单极体系下的联合国秘书长的危机领导风格也不会受到美国霸权权力界定的决定性影响，联合国以其不断独立的地位制约着霸权，哪怕这种独立性可能来自于现实主义实力制衡学说——关于“权力协调人”的结果。霸权界定论可能过于武断了，权力协调人和潘基文个人的领导风格特点的综合作用可能才是更为复杂现实的写照。

保护的责任与联合国人权主流化

花勇*

2015年是保护的责任成为国际社会共识十周年。2005年超过150个国家签署了《世界首脑会议成果文件》(以下简称《成果文件》),一致同意主权国家有责任保护其人民免受种族灭绝、战争罪、族裔清洗和危害人类罪之害。[①]《成果文件》同时还要求国际社会应该继续讨论保护的责任。[②] 之后的十年里,保护的责任进展之快实属罕见,[③] 成为国际社会考虑和回应种族屠杀、种族灭绝、战争罪、反人类罪的主要方式。[④] 本文主要探讨保护的责任十年成长历程,特别是规范和制度方面的进展,总结保护的责任目前聚焦的议题。文章通过对保护的责任十年发展历程的梳理,认为保护的责任是联合国人权主流化的重要背景和动力,以"人权在先行动计划"为代表的联合国人权主流化强化了联合国整个系统的人权保护意识和能力,有助于保护的责任的具体落实。保护的责任和人权保护联系的加强,既是联合国秘书长着力推进的,也将是未来保护的责任发展的趋势之一。特别是随着潘基文重申联合国人权保护的承诺,要求将人权保护列为联合国的核心和优先事项,未来保护的责任将在整个联合国系统得到更多的重视。

---

* 花勇,华东政法大学科学研究院助理研究员、博士。

① 《2005年世界首脑会议成果文件》,A/RES/60/1,第138段。

② 《2005年世界首脑会议成果文件》,A/RES/60/1,第139段。

③ 罗艳华:"'保护的责任'的发展历程与中国的立场",《国际政治研究》2014年第3期。

④ Alex Bellamy, Reflections on the Responsibility to Protect at 10, APR2P Brief, Vol. 5, No. 2, 2015.

一、保护的责任：规范接受

保护的责任提出之初，被认为是“新兴规范”（an emerging norm）。[①] 2005年保护的责任被写入《成果文件》，标志着国际社会对保护的责任的政治承诺和道德责任。[②] 之后的十年，越来越多的国家接受和认同保护的责任。不仅越来越多的主权国家对保护的责任持支持态度，而且联合国安理会决议多次援引保护的责任。保护的责任已经赢得观念竞争上的胜利，成为国际社会思考应对人道主义灾难的主要方式。

（一）赞成保护的责任的国家越来越多，明确反对的国家越来越少

2009 年以来，联合国秘书长每年发布一份与保护的责任相关的报告，之后联合国大会组织讨论会，参会国围绕秘书长报告发表自己的看法，阐述自己的立场。从这些发言中可以看出，越来越多的国家支持保护的责任，赞成《成果文件》对保护的责任的相关规定。

2009 年 7 月第一次大会讨论和非正式互动对话会举行，代表 180 个会员国和两个观察员的 94 名发言者表达了自己的看法。多数会员国支持保护的责任，认为制止和避免种族暴行是联合国的主要目标，也是联合国的主要挑战。古巴、尼加拉瓜、苏丹和委内瑞拉反对保护的责任。伊朗、朝鲜、巴基斯坦、斯里兰卡反对国际社会干预处理人道主义罪行。

2010 年 8 月第二次非正式互动对话举行，42 个会员国、2 个地区组织、2 个非政府组织参加。34 个参会国表示支持。几乎所有发言者都强调有效的早期预警是有效预防和早期行动的必要条件。超过一半的代表赞同秘书长的报告，支持联合国改革，从而提升联合国秘书处的早期预警能力。尼加拉瓜、伊朗、巴基斯坦、苏丹、委内瑞拉持反对意见，印度、古巴、埃及发表了建设性看法，认为保护的责任共识在加深。

---

① 威胁、挑战和改革问题高级别名人小组：《一个更安全的世界：我们的共同责任》，U. N. Doc. A/59/565，第 203 段。

② Theresa Reinold，The Responsibility to Protect-Much Ado about Nothing? Review of International Studies，Vol. 36，2010，p. 60.

2011 年 7 月第三次非正式互动对话举行，43 个会员国、3 个地区组织、4 个非政府组织参加。多数会员国对秘书长的报告表示欢迎，支持持续讨论保护的责任，强调预防机制和预防工具的重要性，特别是早期预警和调解机制。成员国充分认识到地区组织在地区危机处理中的独特优势。多数国家强调武力是最后使用手段，行使保护的责任应首先考虑和平手段。多数国家承认保护的责任不再是一个争议性的概念，而是一个真正的国际规范。

2012 年 9 月第四次非正式互动对话举行，58 个成员国、1 个地区组织、2 个非政府组织参加。出席会议的代表讨论了强制性手段和非强制性手段，对巴西提出的“保护中的责任”（Responsibility While Protecting）表示欢迎。此次对话的焦点第一次聚焦在如何更好地履行保护的责任，而不是讨论是否履行保护的责任。2012 年明确反对保护的责任，只有古巴和委内瑞拉两个国家。与会者分歧的焦点集中在如何使用武力，何时使用武力。

2013 年 9 月第五次非正式互动对话举行，69 个会员国、1 个地区组织、2 个非政府组织参加。绝大多数国家重申了对保护的责任的承诺，不少国家阐述了其国内为预防种族灭绝所采取的措施。保护的责任全球之友（Group of Friends of R2P）45 个成员国作为集体第一次发言。13 个国家和保护的责任全球之友表示支持将保护的责任提上 2015 年联合国大会的议程。

2014 年 9 月第六次非正式互动对话举行，67 个会员国（代表 81 个国家）、1 个地区组织、4 个非政府组织参加。多数国家在发言中明确表示保护的责任是国际社会帮助国家履行责任的有效工具。2014 年对话展示了国际社会对保护的责任越来越多的共识。

多数国家支持《成果文件》规定的保护的责任，并且不少国家在国内开始采取措施预防种族暴行。各国对保护的责任适用罪行、宪章依据、安理会授权形成共识。现在各国讨论的焦点是如何贯彻落实保护的责任。不仅主权国家对保护的责任支持赞成，联合国安理会也多次援引保护的责任，重申和强调，《成果文件》的相关规定要求主权国家承担保护本国平民的责任。

（二）联合国安理会和主席声明多次援引保护的责任

安理会决议多次援引保护的责任，重申和强调《成果文件》的规定，特别是第 138 条和第 139 条，要求主权国家，特别是国内冲突的政府当局，包括过渡政府履行保护本国平民的首要责任；谴责有罪不罚现象，追究当事人违反国际人道法的法律责任。安理会决议强调、提醒、重申保护的责任，一方面表现出安理会已经接受保护的责任，另一方面安理会的多次援引加强了保护的责任政治话语力量。

表 1　联合国安理会决议援引保护的责任

	时间	文件代号	主题	内容
1	2006 年 1 月 27 日	S/RES/1653	大湖区和平与发展	强调大湖区各国政府负有保护其人民的首要责任
2	2006 年 4 月 28 日	S/RES/1674	武装冲突中保护平民	重申《成果文件》138 和 139 段关于保护平民免遭灭绝种族、战争罪、族裔清洗和危害人类罪之害的规定
3	2006 年 8 月 31 日	S/RES/1706	秘书长关于苏丹的报告	重申《2005 年世界首脑会议成果文件》138 条和 139 条
4	2009 年 11 月 11 日	S/RES/1894	武装冲突中保护平民	重申《2005 年世界首脑会议成果文件》武装冲突中保护平民的相关规定
5	2011 年 2 月 26 日	S/RES/1970	利比亚局势	利比亚政府有责任保护本国人民；将利比亚局势提交国际刑事法院；采取武器禁运、资产冻结等制裁措施
6	2011 年 3 月 17 日	S/RES/1973	利比亚——设立禁飞区	重申利比亚当局有责任保护本国人民；武装冲突各方负有采取一切可行步骤保护平民的首要责任；授权采取一切必要措施保护平民和平民居住区
7	2011 年 3 月 30 日	S/RES/1975	科特迪瓦局势	重申国家负有保护平民的首要责任；武装冲突各方负有采取一切可行措施保护平民的责任；授权联合国科特迪瓦行动采取一切必要手段执行保护平民的任务；实施定向制裁；调查科特迪瓦的人权暴行
8	2011 年 7 月 8 日	S/RES/1996	设立联合国南苏丹特派团	建议和帮助南苏丹政府履行 R2P；设立联合国南苏丹特派团、秘书长南苏丹特别代表
9	2011 年 10 月 21 日	S/RES/2014	中东局势	提醒也门政府负有保护本国民众的主要责任，谴责也门当局侵犯人权
10	2011 年 10 月 27 日	S/RES/2016	利比亚局势——终止禁飞区和保护平民	利比亚当局负有责任保护其本国民众，还包括外国民众和非洲移民

续表

	时间	文件代号	主题	内容
11	2012年3月12日	S/RES/2040	利比亚局势	强调利比亚当局负有保护本国民众和外国公民的主要责任
12	2011年12月19日	S/RES/2085	马里局势	协助马里当局履行保护平民的首要责任；帮助训练马里安全部队；部署非洲主导的国际支助团
13	2013年3月6日	S/RES/2093	索马里局势	确认索马里当局负有保护平民的首要责任；帮助训练索马里安全部队；授权非盟部署非盟索马里特派团；武器禁运
14	2013年3月14日	S/RES/2095	利比亚	强调利比亚政府负有保护利比亚民众和外国人包括非洲移民的主要责任
15	2013年7月11日	S/RES/2109	苏丹/南苏丹局势	确认各国负有保护平民的首要责任；武装冲突各方负有采取一切可行措施保护平民；延长联合国南苏丹特派团任务期限
16	2013年9月26日	S/RES/2117	小武器和轻武器	确认滥用小武器和轻武器已导致重大罪行，重申《2005年世界首脑会议成果文件》武装中突中保护平民的相关规定
17	2013年10月10日	S/RES/2121	中非共和国局势	强调中非当局负有保护平民的首要责任
18	2013年12月5日	S/RES/2127	中非共和国局势	要求和强调过渡政府承担保护平民的首要责任
19	2014年1月28日	S/RES/2134	中非共和国局势	要求过渡政府保护冲突中平民的首要责任
20	2014年2月22日	S/RES/2139	叙利亚	要求各方采取一切适当步骤保护平民，包括种族、宗教和职业群体的成员，强调叙利亚当局负有保护叙利亚平民的首要责任
21	2014年4月10日	S/RES/2149	中非共和国	提醒过渡政府负有保护冲突中平民的首要责任

续表

	时间	文件代号	主题	内容
22	2014年4月16日	S/RES/2150	国际和平与安全受到威胁与预防种族灭绝	确认依照相关国际法规定，各国负有尊重和保障本国公民以及本国领土内其他人权利的首要责任 承认区域和次区域安排在预防和应对可能导致种族灭绝罪、战争罪和危害人类罪的局势方面发挥重要作用，特别是注意到《非盟宪章》第4（h）条 促请各国再次承诺预防和打击种族灭绝罪和国际法所列的其他重大罪行，重申《成果文件》138条和139条
23	2014年4月27日	S/RES/2155	南苏丹	追究违反国际人道主义法以及践踏和侵犯人权行为负责者的责任，强调南苏丹政府负有保护领土内受其管辖的平民，包括使其不受危害人类罪和战争罪侵害的首要责任
24	2014年7月14日	S/RES/2165	叙利亚	重申叙利亚当局负有保护叙利亚平民的首要责任
25	2014年8月15日	S/RES/2170	恐怖主义对国际和平与安全的威胁	会员国按照国际法规定的义务负有保护本国平民的首要责任；强烈谴责大规模人道主义罪行
26	2014年8月21日	S/RES/2171	预防冲突——维护国家和平与安全	重申会员国负有责任保护本国人民不受种族灭绝、战争罪行、族裔清洗、危害人类罪的伤害；强调建设和平委员会、防止种族灭绝罪行问题特别顾问、R2P特别顾问的重要作用；重申成果文件对R2P的规定
27	2014年11月20日	S/RES/2185	联合国维和行动中的警务工作	联合国警察部门同东道国协商并与其他部门合作的情形下，支持东道国承担保护平民的首要责任
28	2014年11月25日	S/RES/2187	秘书长关于苏丹和南苏丹的报告	强调南苏丹政府负有保护平民的首要责任；支持非盟监测调查
29	2015年1月22日	S/RES/2196	中非共和国局势	中非共和国负有保护本国民众免受种族灭绝、战争罪、族裔清洗和危害人类罪的首要责任；支持欧盟中非军事顾问团；支持国际刑事法院检察官对人道主义罪行的调查；武器禁运、资产冻结

续表

	时间	文件代号	主题	内容
30	2015 年 3 月 3 日	S/RES/2206	秘书长关于苏丹和南苏丹的报告	强调南苏丹政府负有保护的责任；实施制裁
31	2015 年 3 月 26 日	S/RES/2211	民主刚果共和国局势	违反人道主义国际法的行为必须追究；刚果政府负有保护平民的首要责任；加强刚果政府和国际刑事法院合作
32	2015 年 4 月 28 日	S/RES/2217	中非共和国局势	要求中非承担保护本国居民的首要责任
33	2015 年 5 月 22 日	S/RES/2220	小武器和轻武器	确认滥用小武器和轻武器会造成重大罪行，坚决反对严重违反国际人道主义法和严重侵犯践踏人权却不受惩罚，强调各国要履行相关国际法义务消除有罪不罚现象，彻底调查和起诉战争罪、灭绝种族、危害人类罪或其他严重违反国际人道主义法的罪行 重申《成果文件》138 和 139 段保护民众不受灭绝种族罪、战争罪、族裔清洗和危害人类罪的规定
34	2015 年 5 月 28 日	S/RES/2223	南苏丹	必须追究违反国际人道主义法和侵犯践踏人权行为负责人的责任，强调南苏丹政府负有保护其领土管辖内平民的首要责任
35	2015 年 6 月 29 日	S/RES/2227	马里	铭记马里当局负有保护民众的首要责任
36	2015 年 6 月 29 日	S/RES/2228	苏丹和南苏丹	必须追究违反国际人道主义法和侵犯人权者人的责任，强调苏丹政府负有保护其领土内受其管辖的平民，包括不让他们受危害人类罪和战争罪侵害的首要责任

安理会主席声明明确强调主权国家负有保护领土管辖内平民免受种族灭绝、战争罪、种族清洗和反人类罪的伤害，提出要打击和终结有罪不罚现象，调查和起诉相关罪犯。这些都清楚地表明安理会接受和支持保护的责任。

表 2　安理会主席声明援引保护的责任

	时间	编号	主题	内容
1	2011 年 9 月 22 日	S/PRST/2011/18	维护国际和平与安全	重申国家负有保护本国平民免受种族灭绝、战争罪、种族暴行和反人类罪的责任
2	2011 年 11 月 14 日	S/PRST/2011/21	中非的圣主抵抗军	强调受圣主抵抗军影响的国家保护平民的首要责任，要求这些国家采取适当措施履行保护的责任
3	2012 年 6 月 29 日	S/PRST/2012/18	中非的圣主抵抗军	强调受圣主抵抗军影响的国家保护平民的首要责任，要求这些国家采取适当措施履行保护的责任
4	2012 年 12 月 19 日	S/PRST/2012/28	中非的圣主抵抗军	强调受圣主抵抗军影响的国家保护平民的首要责任，要求这些国家采取适当措施履行保护的责任
5	2013 年 2 月 12 日	S/PRST/2013/2	武装冲突中保护平民	安理会承认主权国家富有保护平民的首要责任 安理会重申《成果文件》规定
6	2013 年 4 月 14 日	S/PRST/2013/4	非洲的和平与安全	强调尊重国际人道法和国际人权法 强调《成果文件》规定的保护的责任的重要性 强调国际社会帮助国家履行保护的责任的重要性 提醒保护的责任特别顾问和防止种族灭绝特别顾问的重要性
7	2013 年 6 月 17 日	S/PRST/2013/8	儿童与武装冲突	终结有罪不罚和对违反人道罪行是预防和阻止针对儿童暴力犯罪的关键因素 提醒国家负有保护平民免受战争罪、反人类罪、种族灭绝、种族清洗的责任
8	2013 年 10 月 2 日	S/PRST/2013/15	中东	安理会提醒叙利亚当局负有保护平民的首要责任
9	2014 年 2 月 15 日	S/PRST/2014/3	保护武装冲突中的平民	重申主权国家担负保护的责任 提醒主权国家根据国际法规定承担保护领土管辖范围内平民的责任

续表

	时间	编号	主题	内容
10	2014 年 2 月 21	S/PRSE/2014/5	促进和加强法治，维护国际和平与安全	安理会强调主权国家打击有罪不罚的责任，调查和起诉种族灭绝、种族清洗、战争罪、反人类罪罪行的罪犯
11	2014 年 5 月 12 日	S/PRES/2014/8	中非的圣主抵抗军	强调受圣主抵抗军影响的国家保护平民的首要责任
12	2014 年 10 月 28 日	S/PRST/2014/21	妇女、和平与安全	安理会重申成员国保护平民的责任，包括难民和流离失所妇女和儿童
13	2015 年 1 月 19 日	S/PRSE/2015/3	尼日尼亚/博格圣地	重申成员国在其领土管辖范围内根据国际义务和国际法规定，负有保护平民的责任

二、保护的责任：制度保障

保护的责任不仅在观念竞争中取得胜利——国际社会应该保护平民免受种族暴行，而且也催生了多个机构，这些机构帮助落实保护的责任。这些机构主要包括三个层次：联合国、地区组织、主权国家。

（一）制度设立：联合国

联合国为帮助落实 R2P，在现有系统内新设两个机构分别负责预防和重建。2004 年联合国秘书长任命了第一任防止种族灭绝特别顾问（The Special Adviser on the Prevention of Genocide）。防止种族灭绝特别顾问的主要工作是，提高对种族灭绝原因和过程的警醒，提醒相关行为体种族灭绝风险，倡议和动员恰当行动。2008 年联合国秘书长任命了第一任保护的责任特别顾问（The Special Adviser on the Responsibility to Protect），负责进一步发展和完善 R2P 概念，负责与会员国和其他相关行为体就如何履行 R2P 进行政治对话和沟通。考虑到二者工作密切相关，联合国设立防止种族灭绝特别顾问办公室[①]为二者工作提供后勤支持和机构保障。该办公室编制了《暴行罪分析框架：一个预

① 防止种族灭绝特别顾问办公室网址：http：//www. un. org/zh/preventgenocide/adviser/index. shtml。

防工具》（framework of analysis for atrocity crimes：a tool for prevention），[①] 专门列出了暴行罪的八大特征，帮助国际社会辨别人道主义灾难，从而发布灾难预警，及早采取预防措施。

负责冲突后重建工作的是建设和平委员会（Peacebuilding Commission）。[②] 建设和平委员会2005年12月成立，内部有三个机构：组织委员会、国别组合、经验教训工作组。组织委员会是常设机构，由31个会员国组成，包括安理会常任理事国、缴纳会费最多的国家、派出维和人员最多的国家。组织委员会的职责是为建设和平委员会制定工作议程，包括中长期时间表和构建和平综合战略。国别组合主要是针对具体国家的重建问题进行讨论，成员包括被审议的冲突后国家、区域国家、地区组织、参加重建的捐助者、部队派遣国和民警派遣国、联合国实地高级代表以及相关的联合国代表、区域和国际金融机构。经验教训工作组主要总结先前重建工作的经验教训，为今后制定战略和执行战略提供建议。建设和平委员会作为政府间的咨询机构，鼓励整个联合国系统以及其他相关机构和行为体，根据建设和平委员会的咨询意见进行冲突后重建。目前建设和平委员会国别组合分别对布隆迪、中非共和国、几内亚比绍、塞拉利昂、几内亚、利比里亚制定了和平构建战略框架。

（二）制度保障：地区组织

除了联合国，非盟已经设立了多个机构和机制来应对人道主义危机。[③] 非盟在坚持国家主权原则的同时，实施“非漠视原则”（principle of non-indifference）。非盟宪章第4条（h）款规定，“根据非盟首脑会议决定，非盟有权干涉战争罪行、种族灭绝罪行和反人类罪行”；第4条（j）款规定，“非盟成员国为了恢复国内和平与安全有权请求联盟进行干涉的权利”。非盟宪章从法律上明确非盟有权对非洲国家的内部事务进行干预。为保障非盟此项权利和原则的落实，非盟于2004年5月设立了非洲和平与安全理事会。非盟及其和平与安全理事会有权在成员国国内出现严重罪行（战争罪、种族罪和反人道

---

① 暴行罪分析框架网址：http：//www.un.org/zh/preventgenocide/adviser/documents.shtml。

② 建设和平委员会网址：http：//www.un.org/zh/peacebuilding/。

③ Alex Bellamy，Reflections on the Responsibility to Protect at 10，AP R2P Brief，Vol.5，No.2，2015，p.6.

罪），或者成员国间出现侵略时实施强制干预，包括武装干预；另一方面，非盟及其和平与安全理事会有权在成员国国内出现不符合宪法的政府更迭时实施制裁，恢复正常的国家秩序和政府治理。非盟成立之后，从原先的“不干涉原则”转向“非漠视原则”，其最初的动因是为了维护非洲大陆的集体安全，但这一安全原则上的改变，为非盟干预非洲国家内部事务提供了合法性。为推动人道主义保护，非盟在2004年启动了“非洲互查机制”，号召非洲国家在自愿基础上，公开其政府管理、经济决策以及人权保护方面的情况，接受其他成员国的检查和评估。为保障人权保护得到落实，建立区域性人权保护机构，非盟2006年建立非洲人权和民族权法院。非洲人权和民族权法院对人权事务有诉讼管辖权和咨询管辖权，其判决为终审判决，个人和非政府组织可以向非洲人权和民族权法院起诉。在具体实践上，除预防性外交之外，非盟还开展了相应的强制维和行动。2003年以来，非盟相继对布隆迪内战、达尔富尔冲突、多哥政治危机、科特迪瓦内乱、索马里内战等冲突进行直接干预。

2007年《东盟宪章》通过，确立了建立区域性人权机制。宪章明确将“尊重基本自由、促进和保护人权以及促进社会正义”作为东盟及其成员国应该遵守的基本原则，首次确认“东盟应建立一个东盟人权机构”。2009年10月东盟政府间人权委员会成立。东盟政府间人权委员会旨在促进和保护东盟各国人民的人权和基本自由；维护东盟各国人民和平生活、尊严和繁荣的权利；在地区框架中促进人权，并谨记不同国家和地区所具有的特殊性以及相互尊重不同的历史、文化和宗教背景，同时需兼顾权利和责任之间的平衡。该委员会的成立，加快了《东盟人权宣言》拟定的步伐。东盟在2009年还成立了东盟促进和保护妇女儿童权利委员会（ASEAN Commission for the Promotion and Protection of the Rights of Women and Children，ACWC）。该委员会旨在促进、保护和充分实现东南亚妇女儿童的人权和基本自由。

东盟政府间人权委员会主导《东盟人权宣言》的制定。尽管整个过程充满分歧和争议，甚至遭到不少机构的批评，但2012年11月最终获得通过。① 该宣言是亚洲地区第一份具有实质意义的区域性人权宣言，《东盟人权宣言》基本上是以《世界人权宣言》为基础来制定的，确认了《世界人权宣言》规定的公民权利、政治权利、经济社会文化权利。《东盟人权宣言》重申了东盟对

① http：//www.asean.org/resources/publications/asean-publications/item/asean-human-rights-declaration-ahrd-and-its-translation? category_id=382.

《世界人权宣言》《联合国宪章》《维也纳宣言和行动纲要》以及其他国际人权机制的承诺；体现了东盟各国保护人权和个人基本自由的政治承诺。《东盟人权宣言》强调尽管主权国家一直是保护和促进人权的首要主体，但社会各界的积极参与和支持是必要的。

（三）制度内化：主权国家

主权国家不仅支持和重申保护的责任，而且在国家层面落实保护的责任。这方面最为突出的表现就是设立 R2P 专职主管（R2P Focal Point）。专职主管专门负责协调政府部门间和政府间的关系，从而预防和阻止种族暴行。具体来说，在国家层次上，促进 R2P 的履行；在国际层次上，通过 R2P 专职主管全球网络促进国际合作，处理和应对种族暴行。R2P 专职主管的倡议是在 2010 年由丹麦、加纳、保护的责任全球中心联合提起的，目前全球 47 个国家任命了 R2P 专职主管。设立 R2P 专职主管的目的就是认识到主权国家是落实保护的责任的首要主体，希望通过 R2P 专职主管的设立来促进政府部门间保护和促进人权的努力，协调各国政府预防和打击种族暴行的努力。R2P 专职主管的职责主要包括：协调政府各部门和主权国家预防和阻止种族暴行的努力，政府部门间的协调主要是培训和协同政府机构应对大规模暴行，政府间协调包括多边外交、信息共享以及国际联盟来预防和制止种族暴行；组织专门性的讨论来评价政府层面落实保护的责任的现有政策；种族暴行风险的监控和早期预警，确保风险评估和相关政策设计来及时上报给政府领导。

47 个国家的 R2P 专职主管还建立了一个全球网络，以改善政府间的合作来预防和制止种族暴行。R2P 专职主管全球网络的核心任务就是创造一个“承诺共同体”，从而提高主权国家履行保护的责任的能力。该全球网络的功能主要包括：培养和强化合作关系，不仅包括双边的，还包括全球的；有效行动动员，分析危险地区的信息，讨论处理方案，推进 R2P 专职主管和联合国的关系，包括与保护的责任特别顾问和防止种族灭绝特别顾问之间的关系，借助自身的相互联系的网络特性，动员全球反应来应对人道主义危机。R2P 专职主管全球网络每年召开一次会议。

表 3　R2P 专职主管全球网络会议

时间	主办方	参会国家	主题
2011 年 5 月	斯洛文尼亚	31	讨论 R2P 专职主管的地位和责任
2012 年 12 月	澳大利亚、哥斯达黎加、丹麦、加纳	36	R2P 专职主管分享各自的经验　讨论地区组织的作用以及需要哪些国家能力和全球能力使得该网络更有效
2013 年 6 月	加纳、丹麦	35	讨论国家层面、地区层面、全球层面 R2P 专职主管在预防种族暴行和落实保护的责任方面的作用
2014 年 6 月	博茨瓦纳、荷兰	30	聚焦国家能力建设，法治、安全部门改革、种族暴行的影响
2015 年 6 月	智利、西班牙	50	聚焦保护的责任十年历程，面临的新挑战和新威胁

三、保护的责任：实践中的徘徊

（一）联合国推动落实保护的责任

2005 年之后，保护的责任成为国际社会共识，国际社会的主要工作就是将这一政治承诺变成实际行动。国际社会的普遍观点是目前不是讨论是否存在保护的责任，而是如何落实保护的责任。这方面联合国做了许多工作，主要表现为：一是秘书长连续发布 7 份报告从不同视角阐述如何落实保护的责任；二是联合国推动人权主流化。

表 4　联合国秘书长落实保护的责任报告

时间	报告主题	主要内容
2009 年 12 月	《履行保护责任》	“保护的责任”三大支柱
2010 年 7 月	《预警、评估及保护责任》	联合国系统如何加强早期预警
2011 年 6 月	《区域和次区域安排对履行保护责任的作用》	联合国和区域组织在履行保护责任中如何协作
2012 年 7 月	《保护责任：及时果断反应》	各类回应措施以及加强干涉过程监督

续表

时间	报告主题	主要内容
2013 年 7 月	《保护责任问题：国家责任与预防》	阐述各国有责任保护本国公民，评估暴行罪的起因和发展
2014 年 7 月	《履行我们的集体责任：国际援助和保护责任》	讨论国际援助面临的挑战和应对之策
2015 年 7 月	《一个重要和持久的承诺：履行保护责任》	总结过去十年国际社会的努力，提出未来十年 6 个核心优先事项

2009 年报告确定了落实保护的责任的三大战略，明确了落实工作的方向。2010 年着重阐述如何加强早期预警，及时制止种族屠杀和大规模暴行。2011 年主要分析了地区组织在预防种族暴行中的作用，提出加强联合国和地区组织的协调。2012 年详细列举了各类危机反应措施，包括非军事回应和军事回应。2013 年强调主权国家对保护本国平民的首要责任。2014 年重点讨论如何加强国际社会援助，帮助主权国家履行保护的责任。2015 年回顾国际社会取得的成绩同时，提出了未来工作的优先事项。总体来看，秘书长报告 2009 年确定了落实保护的责任基本框架，之后分别从早期预警、地区组织、外部回应三个方面详细阐述国际社会该如何落实保护的责任。2013 年和 2014 年报告重点讨论三大支柱战略的前两个战略。2015 年在总结过去实践的基础上，提出了未来 6 个优先工作事项。这些报告不仅引导了保护的责任发展，而且主导了当年保护的责任讨论的议题，将国际社会的焦点始终放在如何落实保护的责任。尽管国际社会对秘书长的报告有不同意见，但这些意见都是围绕如何落实保护的责任。

尽管 7 份报告详细阐述了如何落实保护的责任，但具体工作的落实不仅需要持续的政治意愿，而且需要具体的行动计划。2013 年底，联合国通过“人权在先行动计划”（human rights up front initiative）竭力使人权保护在联合国整个系统主流化。该计划的实施将有助于在联合国整个系统进一步落实保护的责任。

人权在先行动计划最初来源于 2012 年秘书长内部调查委员会的一份报告，该报告主要是评价斯里兰卡冲突中联合国行动的效果。报告认为在斯里兰卡武装冲突的结束阶段，联合国行动是“系统性失败”（systemic failure），联合国失败的原因在于一旦早期的人道主义罪行演变升级为大规模暴行或者武装冲突，联合国行动就无法制止危机。正是基于对该报告结论的反思，潘基文提出人权在先行动计划。该计划的主旨思想就是使人权保护和平民保护成为联合国的核心，具体工作重点就是对早期违反人道主义和国际法的相关罪行和危机进行及时预警，防止演变升级为无法收拾的武装冲突。该计划要在联合国系统进行一场文化观念上的转变，使得人权保护和平民保护成为联合国整个系统的核心责任。该计划还要求进行机构运行方面的改革，加强各机构间的协调，促进信息分享和共享，加强对危机形势的早期预警和早期回应。具体来说包括六个方面：（1）将人权注入联合国的血液，确保联合国所有工作人员明白自身以及联合国的人权保护责任；（2）向会员国及时通报严重违反人权和国际法的信息；（3）确保危机现场行动战略的一致性，协调统筹联合国整个系统的回应能力；（4）促使联合国总部的工作程序清晰化和流程化，从而改善与现场联合国工作人员的交流沟通，方便早期行动以应对危机；（5）加强联合国人权能力，尤其是更好地协调现有的联合国人权机构；（6）开发联合国信息管理系统，专门处理严重违反人权和人道主义法的相关信息。人权在先行动计划就是要重申联合国的核心宗旨，突出人权保护的优先性。该计划意图在整个联合国系统进行改革，一方面通过培训、教育等形式使得人权保护成为联合国所有工作人员的核心价值；另一方面加强联合国各机构之间的信息共享和沟通协同，及时处理早期预警信息。该计划从三个方面有助于落实保护的责任：（1）人权在先行动计划强调平民保护，与保护的责任的宗旨是一致的；（2）人权在先行动计划通过观念和具体操作使人权保护在联合国系统主流化；（3）人权在先行动计划特别强调早期预警，这符合保护的责任具体工作要求。未来来看，秘书长的工作还是进一步推动和加强人权保护和保护的责任之间的联系，增进二者的共同点，形成平民保护的乘数效应。

（二）保护的责任落实过程中的批评

尽管保护的责任在如火如荼地推进，但批评和反思仍不断。特别是利比亚事件和叙利亚事件之后，保护的责任在实践中陷入徘徊。国际社会批评的焦点是保护的责任为霸权所左右，成为选择性干预的工具；[①] 保护的责任落实过

① Tariq Ali, "Who Will Reshape the Arab World: its people or the US?", Guardian, April 29, 2011, http://tariqali.org/archives/2047.

程中缺乏监督和事后问责。[①] 西方学者批评的焦点是保护的责任容易成为国内武装力量加大冲突的外部原因，造成“道德风险”；保护的责任难以处理好保护平民目标和外部干预力量损失最小化之间的矛盾，存在结构性问题。

阿兰·库普曼（Alan Kuperman）等学者借用经济学研究成果，提出无论是人道主义干预还是保护的责任，都存在道德风险问题。[②] 国际社会致力于确保无辜平民免受种族暴行的风险，但是，国际社会的这种努力却怂恿叛乱团体采取冒险行为，故意发动引起种族镇压的叛乱，政府当局的种族镇压导致叛乱者所期望的外部干预。在道德风险理论看来，受到威胁的平民团体是投保人，潜在的干预者（国家、国家集团、国际组织）是承保人，本来有可能避免的风险是种族暴力或其他大规模暴行。如果一旦出现种族暴力或者种族暴行，国际社会将提供担保或相应的补偿——人道主义干预。[③] 正是因为外部干预力量给反对派的承诺，反对派故意发动招致政府当局镇压的叛乱，从而最终引入外部干预。反对派故意冒险行为导致的种族暴行正是外部干预所要着力预防的。

罗纳德·帕瑞斯（Roland Paris）认为军事干预的结构性问题使得 R2P 处于两难境地。如果因为结构性问题不干预大规模暴行，R2P 会被指责为毫无用处的骗子；如果发动军事干预，R2P 会因为结构性问题受到严厉批评。[④] 帕

① Steven Ross, “The Economic Theory of Agency: the Principal’ Problem”, American Economic Review, Vol. 63, No. 2, 1973, pp. 134—139, Richard Zeckhauser, “Medical Insurance: a Case Study of the Tradeoff between Risk Spreading and Appropriate Incentives”, Journal of Economic Theory, Vol. 2, No. 1, 1970, pp. 10—26. 阮宗泽：“负责任的保护：建立更安全的世界”，《国际问题研究》2012 年第 3 期。

② Alan Kuperman, “Mitigating the Moral Hazard of Humanitarian Intervention: Lesson from Economics”, Global Governance, Vol. 14, 2008, pp. 219—240, “The Moral Hazard of Humanitarian Intervention: Lessons from the Balkans”, International Studies Quarterly, Vol. 52, No. 1, 2008, pp. 49—80, Timothy Crawford and Alan Kupereman, Gambling on Humanitarian Intervention, Moral Hazard, Rebellion and Civil War, New York: Routledge, 2006.

③ Veronika Bilkova, “Some Caution, Please: Applying the Concept of Moral Hazard to Humanitarian Intervention”, Central European Journal of International & Security Studies, Vol. 6, No. 2, 2010, pp. 125—126.

④ Ploand Paris, “The ‘Responsibility to Protect’ and the Structural Problems of Preventive Humanitarian Intervention”, International Peacekeeping, Vol. 21, No. 5, 2014, pp. 569—603.

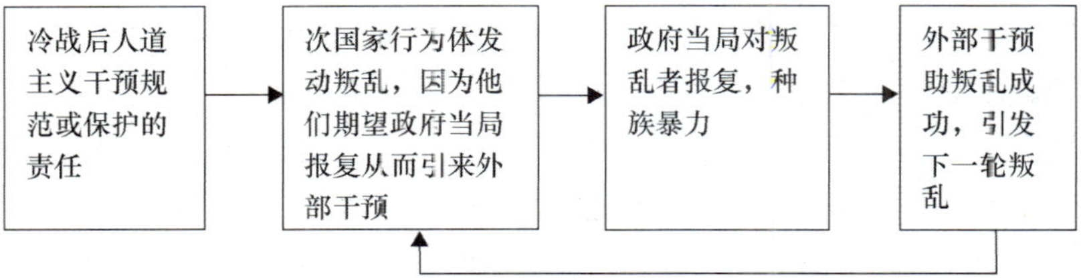

图 1　人道主义干预的道德风险及其潜在后果①

瑞斯所说的结构性问题包括五个方面：（1）混合动机问题（the mixed motives problem），人道主义干预除了利他动机之外，也存在利己动机，是二者的相互混合。（2）反事实问题（the counterfactual problem），干预者假设如果不实施干预将会造成何种恶果来论证干预的正当性，但干预者的这种反事实推理是非常困难和不准确的。（3）显而易见的伤害问题（the conspicuous harm problem），无论干预行动如何策划周全，都会造成附带伤害和意外伤亡，而且人们对干预的评价更多是从干预造成的伤害而非干预避免的伤害。（4）最终状态问题（the end-state problem），当军事干预实现最初目标——保护平民免受威胁时，如何撤离就成为人道主义干预要解决的急迫问题。主要有三种方式来解决：方式一是半永久性保护，这容易被当作占领，遭到保护国民众的反对；方式二是根除威胁根源，一旦威胁根源来自政府当局，就超出了人道主义干预的任务范围；方式三是达成危机解决协议，但协议的履行需要监督，如果干预者超越授权任务进行监督，就可能被怀疑另有企图，影响整个干预行动的效果。（5）不一致问题（the inconsistency problem），主要表现为两个方面：一是国际社会对威胁本质、原因和危急程度的认识不一致，导致国际社会对大规模暴行反应不一致；二是 R2P 内容有限和道德无限不一致，一方面仅限定四种罪行适用，强调军事干预是最后手段，另一方面 R2P 肩负防止大规模暴行绝对命令式的普遍道德义务。

（三）保护的责任目前主要议题

保护的责任已经获得观念竞争上的成功，多数国家表达了对保护的责任的

① Alan Kuperman，"Mitigating the Moral Hazard of Humanitarian Intervention：Lesson from Economics"，Global Governance，Vol. 14，2008，p. 220.

支持，重申自己 2005 年的承诺。尽管有些国家的支持是谨慎型的，但确实明确反对的国家越来越少，不少国家还在国内任命专职主管专司国内国际合作推动落实保护的责任。总体来说，目前国际社会讨论的焦点已经不是保护的责任的地位和意义，主要讨论的是如何履行保护的责任。围绕这个核心议题，国际社会的讨论可以归结为以下几个次议题：

1. 安理会否决权改革

改革安理会一直是讨论的焦点。保护的责任最被质疑的问题是，实践过程中存在双重标准和选择性运用。这种质疑和担心的核心就是安理会在处理危机事件时，经常性没有采取有效行动阻止和避免人道主义危机。苏丹、南非、新加坡等国认为安理会的不作为是造成卢旺达大屠杀等危机事件的关键因素。其他国家对安理会对待危机事件前后不一致的态度表示了担心。为消除双重标准和选择性问题，2009 年非正式互动讨论中，超过 35 个国家要求安理会五大常任理事国在处理种族暴行事件时，限制使用否决权，玻利维亚还要求取消否决权。部分国家提出要改革安理会席位，认为目前的安理会，西方大国对安理会决议的影响是过分的、不适当的。少数国家更为激进，提出保护的责任进步来自于安理会改革，以安理会改革为前提条件。2010 年继续关注该问题。2011 年非正式互动对话中，不少国家希望安理会常任理事国在不涉及自身战略利益的同时，自愿限制使用否决权。2012 年这个问题因为叙利亚事件受到极为广泛的关注，不少国家认为尽管保护的责任在叙利亚没有失败，但安理会没有履行其责任。这些国家要求常任理事国在处理种族暴行时自愿限制使用否决权。在这次非正式互动对话会上，法国提出制定限制使用否决权的行为准则，该行为准则要获得安理会常任理事国的同意。2014 年 15 个国家在发言中提出限制否决权，2013 年只有 8 个国家。法国在发言中提出自己为达成限制否决权的协议所做的工作，包括与墨西哥举行部长级会议来限制否决权的行为准则。西蒙·亚当斯（Simon Adams）在回顾保护的责任十年发展历程时，提出希望在联合国 70 周年大会上能达成限制否决权的原则性声明。

限制否决权是国际社会关注的焦点之一，这主要源于国际社会对保护的责任的担心。这种担心来自两方面：一是担心安理会的不作为，从而使得种族暴行恶化；二是担心西方大国维护自身利益的选择性运用。国际社会的要求和呼吁没有得到安理会常任理事国的积极回应，最为主要的原因就是西方大国认为这将限制其行动自由，从而无法保护和实现其国家利益。尽管法国提出要制定行为准则来限制否决权使用，但更多是象征意义的，其和墨西哥举办的部长会议，参会国家寥寥。法国的提议没有得到其他常任理事国的回应。可以预见，这将一直是保护的责任讨论的主要议题。值得我们注意的是，明确要求限制否决权的国家越来越多，这使得未来行使否决权的成本会进一步加大。贝拉米认为保护的责任未来的发展取决于安理会改革的程度。[1]

2. 非国家武装团体

成果文件的相关规定主要是针对主权国家，而且一开始提出保护的责任也主要是以主权国家为考虑对象的。在种族暴行危机中，多数对平民的威胁不是来自主权国家，而是来自非国家武装团体，比如“伊斯兰国”、博格圣地、圣灵抵抗军等。但同时，有些非国家武装团体又扮演着保护平民的角色。这就需要进一步理清保护的责任和非国家武装团体之间的关系，同时需要弄清楚预防种族暴行和反恐以及打击叛军之间的关系。

但在种族暴行中，出现了如何对待和处理非国家武装团体的问题。特别是近期“伊斯兰国”、博格圣地、圣灵抵抗军等。这些非国家武装团体武装冲突中所犯的暴行，该如何去处理和对待？针对这些非国家武装团体的打击，是否与反恐混淆在一起？如何将保护的责任与反恐区分开来？

3. 个人责任

任何种族暴行以及预防和终止种族暴行的行为都来自个人的决策，因此必须研究个人在履行保护的责任的中的责任。研究个人在什么情况下会犯下种族暴行，什么情况下政治领导人决定采取措施预防和制止种族暴行。

4. 国际刑事法院

有罪不罚现象不利于种族暴行的预防和制止，这会损害国际社会政治承诺的威信，伤害国际社会的道德情感。打击有罪不罚是未来工作的重点。国际刑事法院是最为主要的打击有罪不罚的机构，被称为“保护的责任的法律武器”。不少学者提出未来要加强国际刑事法院的作用，只有坚决打击有罪不罚，真正让种族暴行罪犯受到法律公正的审判，才能有效避免种族暴行再次发生。未来我们将会看到更多的讨论将集中在如何加强国际刑事法院方面。目前的工作更多是呼吁主权国家批准《罗马规约》，在国内培养国际刑事法律文化，接受国际刑事法院对种族暴行罪犯的指控。

---

[1] Alex Bellamy，R2P at 10：Reflections on the Responsibility to Protect at 10，APR2P Brief，Vol. 5，No. 2，2015，p. 10.

5. 保护中的责任

2011 年 11 月 9 日，巴西代表在给联合国秘书长的信中提出“保护中的责任”。在这份《保护中的责任：制定和推广一个概念的各项要素》文件中，巴西首先肯定 2005 年首脑会议文件是各国集体谈判的结果，不仅确认每个国家负有保护其人民的首要责任，而且限定了 R2P 适用的罪行、武力最后使用、使用武力依据的宪章条款。就落实 R2P 的三大支柱来说，巴西提出必须严格遵循政治上的主次之分和前后顺序关系。[①] 国际社会履行 R2P 必须以一套商定的基本原则、必备要素和程序为基础。这些原则、要素和程序包括：（1）军事行动之前，国际社会必须穷尽所有和平手段，国际社会对军事干预导致的后果要进行全面评估和分析；（2）人道主义干预期间，使用武力必须限定其法律要素、行动要素、时间要素，军事行动的范围必须严格遵守安理会或大会的文本和精神；（3）军事行动所造成的伤害不能超过军事行动所要预防的伤害；（4）加强安理会对决议解释和执行的监督和评估，确保被授权者承担军事干预行动的相应责任。[②]

“保护中的责任”最突出的特色在于：强调军事行动必须限制在安理会设定的范围内；安理会掌控决议的解释和执行，监督决议的执行；强调被授权者应该承担的责任。强调限定在安理会规定的范围内，是防止授权行动扩大化。突出安理会来掌控决议解释和执行，主要是加强安理会在决议解释和执行上的主体地位，防止决议被错误解读。明确被授权者的责任主要是对被授权者进行事后追责。“保护中的责任”具有事中监管、事后追责的功能，这是区别 R2P 的地方，也是其得到不少国家支持的原因。

四、总结

保护的责任已经取代人道主义干预成为人道主义新规范。最近十年的发展，保护的责任取得的最大成绩就是，成为国际社会思考和回应人道主义罪行的主要方式，赢得了观念斗争上的胜利。即使在利比亚危机后遭到了暴风骤雨般的批评，但明确反对保护的责任的国家寥寥无几。制度层面，不少国

① 这和联合国秘书长的观点是不一致的，潘基文认为这三大支柱同等重要，没有主次之分。参见 2009 年秘书长报告《履行保护的责任》。

② 2011 年 11 月 9 日巴西常驻联合国代表给秘书长的信，A./66/551—S/2011/701。

家设立专职主管，负责国内国外保护的责任相关的沟通联系；地区组织成立专门性机构关注和处理本地区的人道主义事务；联合国成立专门机构，负责人道主义危机预防和冲突后重建。具体实践层面，联合国人权主流化是以保护的责任为背景的，也是未来影响保护的责任发展的重要因素。针对保护的责任实践中的问题，保护的责任支持者目前主要的解决方法是，提升国际刑事法院的地位，在主权国家内部培养刑事法律文化，打击有罪不罚现象；完善“保护中的责任”。可以肯定的是，保护的责任在未来很长的一段时间内不会成为国际法，支持者们自身对此也有清醒认识，但保护的责任作为规范的力量会越来越强，不遵从的代价会越来越高。

联合国在叙利亚化学武器危机中的作用评析

顾心阳*

从2010年12月底在北非突尼斯共和国爆发的所谓“茉莉花革命”开始，一场空前的政治风暴席卷了整个阿拉伯世界，一直持续至今。东起波斯湾，西至太平洋，南抵撒哈拉，北临地中海，西亚和北非的几乎所有阿拉伯国家都逃不过这场风暴的席卷，只有海湾地区的卡塔尔和阿联酋逃过一劫。西方媒体习惯上称这场风暴为“阿拉伯之春”，阿拉伯媒体则多称之为“阿拉伯革命”，均带有强烈的意识形态色彩。“阿拉伯之春”让我们想起了那场夭折的“布拉格之春”，西方媒体语境中的“春”作为一种政治术语，多指一段政治宽松期或政治自由化趋势，但是我们看到的所谓“阿拉伯之春”带有严重的暴力倾向，与常识中和风细雨的春天大相径庭。更不用说随着时间的推移，所谓的“阿拉伯之春”并没有达到西方预期的“春”的效果，我们反而看到其负面效应越来越突出，已经从“春天”演变为“寒冬”，所以现在也有媒体称之为“阿拉伯之冬”。“阿拉伯革命”的说法则更带有主观的价值判断，相较而言，称之为“阿拉伯剧变”似乎更加中立一些。①

在近几年所有阿拉伯国家发生的剧变中，尤以叙利亚危机最为复杂难解。叙利亚危机在阿拉伯剧变中暴力程度最大，已上升为内战，且持续至今，伤亡人数也是最为庞大的。但是，与突尼斯的本·阿里政权、埃及的穆巴拉克政权、也门的萨利赫政权和利比亚的卡扎菲政权形成鲜明对比的是，叙利亚的巴沙尔政权虽然面临着比前四者更为激烈的抵抗和更为血腥的战争，却至今屹立不倒。叙利亚危机已经不光影响到整个阿拉伯世界，更成为世界各大

---

* 顾心阳，南京大学历史学院、南京大学国际关系研究院、南京大学中国南海研究协同创新中心国际关系专业2015级博士研究生。

① 参见马晓霖主编：《阿拉伯剧变》，新华出版社2012年版。

国和国际社会关注的焦点。

在叙利亚危机的演变过程中，化学武器一直是敏感话题。叙利亚拥有化学武器，而随着内战的加剧，政府可能已经控制不了这些危险的大规模杀伤性武器，若被反对派中的恐怖分子获得，后果不堪设想。叙政府也担忧反对派获得化武后使用，然后栽赃给政府军。[①] 果不其然，2013 年后，叙多次发生疑似使用化武的事件，从汗阿萨勒事件开始，一直到姑塔事件达到高潮，使叙政府几乎面临西方打击的灭顶之灾。化学武器作为违法人类基本道义的毁灭性武器，它的滥用会破坏世界的和平与安全，必将遭到全世界的关注和谴责。而联合国作为国际安全的维护者，它在解决叙化武问题上发挥着怎样的重要作用，这正是本文所要探讨的。

一、姑塔事件前的叙利亚化学武器问题和联合国的调查

2011 年叙利亚内战爆发以来，虽然西方国家和叙利亚反对派指责叙利亚政府军已经多次使用化学武器对付反对派并累及无辜平民，但联合国相关机构的调查结果并不支持西方的说法。

（一）汗阿萨勒事件与联合国的反应

2013 年 3 月 19 日，叙利亚政府指责反对派在当天阿勒颇西南部的汗阿萨勒（خانالعسل）村使用了含有化学物质的火箭弹并造成人员伤亡，这是叙内战爆发以来首次有报道的使用化学武器的事件。对此，叙反对派予以驳斥，称是叙政府使用化武后的栽赃，双方各执一词。[②] 汗阿萨勒事件发生后，3 月 20 日，叙政府向联合国秘书长潘基文提出请求，希望联合国就相关指称开展专业、公正和独立的调查。3 月 21 日，潘基文宣布成立“联合国调查叙利亚化学武器问题真相小组”，并任命曾经为联合国核查伊拉克生化武器特别委员会工作的瑞典科学家阿克·塞尔斯特罗姆（AkeSellström）担任调查小组组长。

① “化学武器现身叙利亚冲突”，2013 年 3 月 21 日，人民网—国际频道：http://www.people.com.cn/24hour/n/2013/0321/c25408-20858833.html。

② 同上。

4 月 8 日，潘基文在出席《禁止化学武器公约》第三次审议大会之后举行的记者会上宣布，负责调查叙利亚化学武器问题的调查小组已做好相关准备工作，可随时部署。① 然而，叙政府表示难以接受调查小组在叙全境展开调查，相关工作因此陷入僵局，② 而潘基文则一直在呼吁叙政府允许调查小组进入叙利亚。③

西方国家支持叙反对派，同时为了反制叙政府，3 月 21 日，就在潘基文宣布成立叙化武调查小组的同一天，亲反对派的联合国安理会两大常任理事国英国和法国也向潘基文秘书长提出请求，要求利用相同的调查机制对其所指称的另外三起使用化学武器事件展开调查，而潘基文则要求叙利亚和英、法两国就其指称提供更多补充材料。④ 这样，叙政府与亲反对派的西方国家在联合国的斗争就此展开。

4 月 25 日，美国白宫致信国会称，根据该国情报界的评估，叙政府已小规模使用化学武器，尤其是沙林毒剂。潘基文秘书长的发言人 4 月 26 日就此发布记者通稿称，联合国无法就以某个国家的情报为基础做出的评估进行评论，但潘基文对美政府信中的评估非常重视，联合国纽约总部的资深顾问一直在就这些最新动态与美政府保持联络。⑤ 4 月 29 日，潘基文会见了他任命的"叙利亚化学武器问题真相调查小组"负责人塞尔斯特伦，会见前他向记者表示，对美国有关叙政府使用化学武器的情报非常重视，并再次呼吁叙政府允许调查小组入叙。4 月 29 日是"化学战受害者纪念日"，潘基文敦促在国际社会解决叙利亚使用化学武器指称之时，所有涉及这一问题的有关各方履行自己的责任，使化学武器这种致命武器得到恰当的管理。潘基文在当天还就

---

① "潘基文：联合国叙利亚化学武器问题调查组已准备好前往叙利亚"，2013 年 4 月 8 日，联合国：http://www.un.org/zh/focus/northafrica/newsdetails.asp?newsID＝19573&criteria＝syria。

② "联合国调查组将赴叙利亚调查化武使用问题"，2013 年 7 月 12 日，人民网—国际频道，http://world.people.com.cn/n/2013/0712/c1002－22173564.html。

③ "潘基文关注叙利亚化学武器的消息　呼吁该国允许联合国调查组入境"，2013 年 4 月 26 日，联合国：http://www.un.org/zh/focus/northafrica/newsdetails.asp?newsID＝19690&criteria＝syria。

④ "反制叙利亚政府　英、法要求调查叙利亚境内其他三起使用化学武器指称"，2013 年 3 月 22 日，联合国：http://www.un.org/zh/focus/northafrica/newsdetails.asp?newsID＝19492&criteria＝syria。

⑤ "潘基文关注叙利亚化学武器的消息　呼吁该国允许联合国调查组入境"，2013 年 4 月 26 日，联合国。

“化学战受害者纪念日”发表书面致辞，称叙境内使用化学武器的行为是“滥杀无辜、严重违反道义”的。[①]

针对西方的指控，叙利亚常驻联合国代表巴沙尔·贾法里（بشار جعفري）4月30日在纽约总部举行的记者会上表示，敌对情报机构正在就化武问题制造事端，企图诬陷叙政府，并透露4月29日有反对派武装极端分子在该国伊德利卜省的萨拉基卜（سراقب）市用化学物质袭击人群，许多人显现出受到化学武器攻击的迹象。[②]

叙政府在国际上并非孤立无援，其最大的支持者是俄罗斯。7月9日，俄罗斯常驻联合国代表丘尔金大使向潘基文转交了俄专家对叙境内化学武器调查的分析结果。他随后对媒体发表谈话说，汗阿萨勒事件中的一枚装有沙林毒气的自动推进武器是叙反对派武装发射的。针对俄方说法，叙反对派和美国都表态拒绝接受。[③] 7月10日，丘尔金对美国指责俄阻挠联合国进入叙利亚调查使用化学武器的说法予以驳斥。[④]

可以看到，汗阿萨勒事件发生后，联合国成为成员国内亲叙政府和亲反对派的两派国家斗争的场所，而联合国虽能够恪守中立，不偏不倚，却因拿不出令人信服的调查报告而无法制止这种争吵。

（二）联合国叙问题调查委员会的报告及叙化武调查小组获准入叙

虽然调查叙利亚化学武器问题真相小组暂时不能进入叙利亚，但联合国针

---

① “潘基文表示认真对待美国最近提出的叙利亚军队使用化学武器的情报”，2013年4月29日，联合国：http：//www. un. org/zh/focus/northafrica/newsdetails. asp? newsID=19700&criteria=syria。

② “叙利亚驻联合国代表：敌对情报机构正在就化学武器问题制造事端诬陷叙利亚政府”，2013年4月30日，联合国：http：//www. un. org/zh/focus/northafrica/newsdetails. asp? newsID=19715&criteria=syria。

③ “联合国调查组将赴叙利亚调查化武使用问题”，2013年7月12日，人民网—国际频道。

④ “俄罗斯代表反驳美国指责俄阻挠联合国进入叙利亚调查使用化学武器”，2013年7月11日，联合国：http：//www. un. org/zh/focus/northafrica/newsdetails. asp? newsID=20125&criteria=syria。

对叙利亚危机还设有一个“阿拉伯叙利亚共和国问题独立国际调查委员会”。[①] 该委员会是由联合国人权理事会授权成立的，虽然未能获准进入叙利亚，但可以通过对相关人员的访问对叙化武问题展开调查。[②]

2013 年 5 月 5 日，叙问题调查委员会委员卡拉·德尔蓬特（Carla del Ponte）表示，叙反对派有极大的嫌疑使用沙林神经毒气，这得到了一些毒气袭击受害者的证实，同时她还表示，她所在的委员会目前没有发现叙利亚政府军使用化学武器的证据。[③] 而针对德尔蓬特的讲话，委员会主席保罗·塞尔吉奥·皮涅罗（Paulo Sérgio Pinheiro）5 月 6 日发表声明称，该委员会尚未就叙利亚冲突的任何一方使用化学武器问题做出结论性发现，因此当前无法就相关指称做出进一步评论。皮涅罗还提醒冲突各方，国际人道主义法禁止在任何情况下使用化学武器。[④] 8 月 16 日，该委员会又向人权理事会提交报告，强调对于叙境内使用化武的指控无法得出结论。[⑤] 也就是说叙问题调查委员会并没有发现叙政府军使用化武的证据，反而是反对派使用化武的嫌疑很大，虽然没有最终结论，但无疑是对亲反对派的西方国家的打击。

随着时间的推移，叙化武调查小组的入叙工作也有所进展。7 月，叙利亚常驻联合国代表贾法里宣布，叙政府将邀请调查小组组长塞尔斯特罗姆以及联合国裁军事务高级代表安格拉·凯恩（Angela Kane）前往叙利亚。秘书长发言人办公室的通报对此予以确认，并表示联合国方面已接受访问叙首都大马士革的邀请。而潘基文早些时候曾发表声明，对叙政府同意继续就调查化武问题与联合国调查小组进行磋商表示欢迎。[⑥] 7 月 24 日，凯恩与塞尔斯特罗

---

① “关于调查委员会，联合国人权”：http://www.ohchr.org/CH/HRBodies/HRC/IICISyria/Pages/AboutCoI.aspx。

② “联合国再次延长叙利亚国际调查委员会授权”，2013 年 3 月 22 日，新华网：http://news.xinhuanet.com/world/2013－03/22/c_115129597.htm。

③ “联合国调查称叙反对派使用化学毒剂‘嫌疑大’”，2013 年 5 月 6 日，中国新闻网：http://www.chinanews.com/gj/2013/05－06/4791404.shtml。

④ “叙利亚问题调查委员会称尚未就该国使用化学武器问题得出结论”，2013 年 5 月 6 日，联合国：http://www.un.org/zh/focus/northafrica/newsdetails.asp? newsID＝19742&criteria＝syria。

⑤ 《叙利亚问题独立国际调查委员会的报告》，第 22 页，2013 年 8 月 16 日，联合国：http://www.un.org/zh/focus/northafrica/A－HRC－24－46.pdf。

⑥ “联合国调查组将赴叙利亚调查化武使用问题”，2013 年 7 月 12 日，人民网—国际频道。

姆抵达大马士革。[①] 8月13日，秘书长发言人发布记者通稿称，叙化学调查小组已经完成了所有必要后勤安排，一旦叙利亚政府确认同意合作模式之后，调查组将立即出发。与此同时，凯恩继续在与叙政府磋商，以尽快就确保调查小组在叙开展适当、安全和高效工作的必要合作模式达成协议。[②]

8月14日，叙化武调查小组与叙政府就调查方式等达成一致。[③] 8月18日下午，小组成员到达叙利亚首都大马士革，19日开始调查工作。[④] 可就在小组成员到达后才三天，姑塔事件爆发。

叙化武调查小组能够成功进入叙利亚，是联合国努力争取的结果，成果来之不易，叙危机的解决出现了曙光，但很快就被新发生的姑塔事件给打断了。

二、姑塔事件发生后联合国的反应及叙利亚化学武器销毁工作的开始

2013年8月21日，也就是联合国调查叙利亚化学武器问题真相小组抵达叙利亚开展调查后3天，叙反对派指责政府军当日在首都大马士革市郊姑塔地区发动的军事攻势中使用了化学武器，并导致数百人死亡。叙利亚政府对此予以否认，称这是企图转移联合国调查组视线的一种伎俩。[⑤] 这就是叙利亚内战以来规模最大的化学武器袭击事件——姑塔事件。事件发生后，联合国各个机构和成员国迅速做出了反应。

---

① “联合国裁军代表及叙利亚化学武器调查组负责人抵达大马士革”，2013年7月24日，联合国：http：//www. un. org/zh/focus/northafrica/newsdetails. asp? newsID=20199&criteria=syria。

② “发言人：联合国化学武器小组完成后勤安排只待叙利亚政府同意合作模式”，2013年8月13日，联合国：http：//www. un. org/zh/focus/northafrica/newsdetails. asp? news ID=20306&criteria=syria。

③ “联合国调查叙利亚化学武器问题真相小组即将出发赴叙”，2013年8月15日，新华网：http：//news. xinhuanet. com/world/2013－08/15/c _ 125172931. htm。

④ “联合国化武调查小组抵达叙利亚”，2013年8月19日，新华网：http：//news. xinhuanet. com/world/2013－08/19/c _ 116987456. htm。

⑤ “潘基文对大马士革郊区据称使用化学武器最新报道表示震惊”，2013年8月21日，联合国：http：//www. un. org/zh/focus/northafrica/newsdetails. asp? newsID = 20369&criteria = syria。

（一）联合国对姑塔事件的谴责

姑塔事件发生当日，秘书长潘基文及时通过发言人发表声明，对相关报道表示震惊。他重申，任何一方在任何情形之下使用化学武器都是违反国际人道主义法的行为。安理会在当天下午就姑塔事件举行了紧急磋商。[①] 8 月 23 日，联合国与阿拉伯联盟叙利亚问题联合特别代表卜拉希米表示，姑塔事件是“令人发指的行为”，已使得叙利亚问题成为对和平与安全构成的最大威胁。[②]

9 月 16 日，联合国叙问题调查委员会向人权理事会正式呈交了叙利亚侵犯人权问题最新调查报告，并表示继续就确定姑塔事件肇事者进行调查。委员会主席皮涅罗表示，使用化学武器是一项战争罪行，在等待联合国叙利亚使用化学武器调查小组的报告之时，由他所领导的委员会将继续就找出这些事件的肇事者进行调查，并根据授权向人权理事会提供报告。[③]

（二）叙化武调查小组对姑塔事件的调查报告及叙化武销毁工作的开始

8 月 23 日，潘基文决定对姑塔事件进行彻底、公正、迅速的调查。为此，联合国正式致信叙政府，以确认其是否能按此前商定的合作方式，为已经抵叙的联合国调查叙利亚化学武器问题真相小组提供合作。潘基文还指派联合国裁军事务高级代表凯恩前往大马士革，推动对事件的调查。凯恩于 8 月 24 日抵达大马士革。[④] 8 月 25 日，叙利亚政府与凯恩达成协议，同意调查小组就

---

① “潘基文对大马士革郊区据称使用化学武器最新报道表示震惊”，2013 年 8 月 21 日，联合国。

② “联合特别代表卜拉希米：叙利亚对世界和平与安全构成最大威胁”，2013 年 8 月 23 日，联合国：http：//www. un. org/zh/focus/northafrica/newsdetails. asp? newsID=20389 & criteria= syria。

③ “叙利亚国际人权调查委员会誓言将寻找化学武器事件肇事者”，2013 年 9 月 16 日，联合国：http：//www. un. org/zh/focus/northafrica/newsdetails. asp? newsID = 20515&criteria = syria。

④ “联合国副秘书长凯恩即将抵叙推动化武调查”，2013 年 8 月 24 日，新华网：http：//news. xinhuanet. com/world/2013－08/24/c _ 125237634. htm。

新一轮指控前往姑塔地区调查，并在附近地区停火。[①]

8月26日，小组成员前往姑塔地区进行调查，小组的车辆却遭到武装分子的袭击，[②] 但小组还是坚持完成了当日的调查。而针对小组遇袭事件，潘基文指示凯恩向叙政府及反对派双方提出严重抗议，要求避免袭击再次发生，保证调查小组能安全工作。[③] 8月30日，潘基文向安理会五个常任理事国通报了调查小组的工作进展，[④] 会上潘基文承诺联合国的调查会“公正可信”，他还呼吁给和平一个机会，用政治手段解决叙利亚危机。[⑤] 8月31日，小组成员结束第一阶段调查离开叙利亚，前往“禁止化学武器组织”总部所在地荷兰海牙。[⑥] 小组携带在叙境内采集的样本当日抵达海牙，将尽一切努力加快样本的分析工作，一旦拿到实验室的分析结果，将尽快向潘基文报告调查的初步结论，而凯恩则回到纽约联合国总部向潘基文汇报情况。[⑦]

9月15日，调查小组向潘基文秘书长正式呈交了姑塔事件的初步调查报告。根据安排，这份报告只确定是否发生了使用化学武器的事件，但不会对是谁使用了化学武器做出定论。[⑧] 报告确定，姑塔事件中存在使用化武的情况。[⑨] 报告公布后，美英法阵营与俄就肇事者问题各执一词。俄罗斯则认为西

---

① “叙利亚与联合国就实地调查叙化武新指控达成一致”，2013年8月25日，中国新闻网：http：//www. chinanews. com/gj/2013/08—25/5203303. shtml。

② “联合国化武调查小组车辆遭袭　巴沙尔称西方国家指控有违常识”，2013年8月26日，新华网：http：//news. xinhuanet. com/world/2013—08/27/c＿125251631. htm。

③ “联合国化武调查小组遭袭后完成当天调查”，2013年8月27日，新华网：http：//news. xinhuanet. com/world/2013—08/27/c＿125251631. htm。

④ “潘基文就叙利亚问题会晤安理会常任理事国代表”，2013年8月31日，新华网：http：//news. xinhuanet. com/world/2013—08/31/c＿125287388. htm。

⑤ “联合国承诺叙利亚化学武器调查‘公正可信’”，2013年9月1日，新华网：http：//news. xinhuanet. com/world/2013—09/01/c＿125292196. htm。

⑥ “联合国调查小组完成对叙最新化武传闻实地调查”，2013年8月31日，新华网：http：//news. xinhuanet. com/world/2013—08/31/c＿125287355. htm。

⑦ “联合国化武真相调查小组抵达海牙”，2013年9月1日，新华网：http：//news. xinhuanet. com/world/2013—09/01/c＿125291257. htm。

⑧ 《联合国叙利亚化学武器调查小组正式向潘基文秘书长呈交调查结果报告》，2013年9月15日，联合国：http：//www. un. org/zh/focus/northafrica/newsdetails. asp? newsID＝20514 &criteria＝syria。

⑨ 《联合国叙利亚化学武器调查小组有关8月21日发生在大马士革姑塔地区的使用化学武器指控的调查报告》，2013年9月13日，联合国：http：//www. un. org/zh/focus/northafrica/ cwinvestigation. pdf。

方国家的观点证据不足，片面不可信。[①]

9月25日，小组成员重返叙利亚进行第二阶段的调查，[②] 他们只负责对使用化武情况进行调查，核查和销毁化武的工作则交给禁止化学武器组织。[③] 在禁化武组织销毁化武的同时，调查小组将会就调查结论形成一个最终报告提交潘基文。10月1日，禁化武组织的第一批核查人员抵达叙利亚，开始了核查和销毁工作。[④⑤]

（三）安理会决议的通过与叙化武危机的"软着陆"

美国本欲借姑塔事件武力干涉叙利亚内战，由于俄罗斯的反对，安理会无法通过，便计划绕开联合国对叙利亚政府实施有限打击。但美国国内民众反战情绪高涨，国会内部也有不少反对声音，于是奥巴马政府暂停了军事打击计划并同意俄罗斯政府的建议——让叙利亚政府交出并销毁所有化武，还要立即加入《禁止化学武器公约》，否则将面临联合国的制裁。联合国对此表示欢迎。9月12日，叙利亚总统巴沙尔签署命令，加入《禁止化学武器公约》。[⑥]

9月27日晚，安理会一致通过一项有关叙利亚化武问题的决议，决定对叙利亚境内的所有化学武器进行核查和销毁工作，这是叙利亚内战爆发以来安理会通过的第一项涉叙决议。[⑦] 10月14日，叙利亚正式成为禁化武组织成

① "叙利亚化武调查报告公布美英法阵营与俄就肇事者问题各执一词"，2013年9月16日，联合国：http：//www.un.org/zh/focus/northafrica/newsdetails.asp？newsID＝20518&criteria＝syria。

② "联合国化武调查小组重返叙利亚调查"，2013年9月26日，新华网：http：//news.xinhuanet.com/mil/2013－09/26/c_125449023.htm。

③ "联合国化武调查小组25日将重返叙利亚调查"，2013年9月25日，新华网：http：//news.xinhuanet.com/2013－09/25/c_117491735.htm。

④ "联合国化武调查小组离开叙利亚"，2013年9月30日，新华网：http：//news.xinhuanet.com/2013－09/30/c_117578985.htm。

⑤ "潘基文：叙利亚使用化学武器冒犯人类普世价值"，2013年12月14日，人民网—国际频道：http：//world.people.com.cn/n/2013/1214/c1002－23839340.html。

⑥ "叙拟签署《禁止化学武器条约》联合国及美俄表示致力政治解决冲突"，2013年9月13日，联合国：http：//www.un.org/zh/focus/northafrica/newsdetails.asp？newsID＝20508&criteria＝syria。

⑦ "安理会一致通过决议决定核查和销毁叙利亚的化学武器"，2013年9月27日，联合国：http：//www.un.org/zh/focus/northafrica/newsdetails.asp？newsID＝20610&criteria＝syria。

员。目前，叙化武销毁工作初步进展顺利，即使是一度试图对叙进行军事打击的美国亦对此予以积极评价。叙利亚化武危机暂告一个段落，实现了法律意义上的“软着陆”。[①]

三、联合国与叙利亚化学武器危机的相互影响

叙利亚化学武器危机作为叙利亚内战的组成部分，也是整个阿拉伯剧变过程中的重要事件，不但对于叙利亚本国，还对中东乃至整个世界具有重大影响。联合国作为试图解决叙利亚内战问题的主要国际组织之一，不但对叙化武危机构成了影响，也会反过来受到叙化武危机的影响。

（一）联合国对叙利亚化学武器危机的影响

诚然，联合国在解决叙化武危机的过程中扮演了重要角色，没有联合国的调停和介入就没有危机的“软着陆”，可以说是联合国促成了此次危机的和平解决，但是联合国本身对危机的影响其实是有限的。

首先，联合国专门处理危机的机构，即秘书长任命的调查叙利亚化学武器问题真相小组，其主要职责是调查是否存在使用化学武器的事实，但到底是政府军还是反对派武装使用了化武则不在调查之列，所谓“真相”不过如此，所以作用有限，反而招来各成员国，主要是亲叙政府与亲反对派的两方的互相指责。因为联合国没有专门的情报机构，姑塔事件等化学武器袭击事件是已经发生了的事件，联合国只能根据各成员国的情报来判断到底是冲突中的哪方使用了化武，一旦情报相互矛盾，作为最具权威性的政府间国际组织，联合国也不能偏袒任何一方，所以结论只能停留在是否使用了化武，而不能轻易判定哪方使用了化武。

其次，参与解决叙化武危机的联合国其他机构，包括秘书处、秘书长、联合国与阿拉伯联盟叙利亚问题联合特别代表、联合国裁军事务高级代表、阿拉伯叙利亚共和国问题独立国际调查委员会等，其主要任务是协助叙化武调

---

① “叙利亚国家概况”（最近更新时间：2015 年 7 月），中华人民共和国外交部官方网站：http：//www. fmprc. gov. cn/mfa _ chn/gjhdq _ 603914/gj _ 603916/yz _ 603918/1206 _ 604810/。

查小组的工作顺利地开展，并就叙化武危机的进展发表看法，本身对危机的影响十分有限。尤其是秘书长潘基文和联合国阿盟叙问题特别代表卜拉希米两人，本来能够凭借他们的个人威望对叙化武危机乃至整个叙利亚问题的解决有所推动，但无奈叙冲突双方对他们都有看法，认为他们有所偏袒，而且他们的影响力确实有限，所以他们的活动至今未对叙内战的进程造成实质性影响，只是停留在口头斡旋、谴责、声明上，最多在国际舆论和道义上对叙冲突双方造成轻微的压力。

第三，联合国要与其他国际组织协调合作解决叙化武危机，而叙化武的核查和销毁主要是由禁止化学武器组织承担的。禁止化学武器组织是一个于1997年成立的国际组织，总部设于荷兰海牙，与联合国密切合作，系为执行《禁止化学武器公约》而创立，主要任务是“对所有现存化学武器的销毁进行核查并采取措施确保不再继续制造化学武器”，它“向受到化学武器攻击或威胁的缔约国提供援助和保护”，“也促进在和平发展化学方面的国际合作”。① 由于《化学武器公约》缔约国自动成为禁止化学武器组织的成员，② 而公约草案是在1992年9月3日由联合国牵头的日内瓦裁军会议上签署，并于同年11月30日在第47届联合国大会上通过成为正式公约的，③ 而且联合国秘书长为公约的保存人，④ 所以为执行《禁止化学武器公约》而创立的禁止化学武器组织虽然并非联合国的下属机构，但与联合国在政策和实际问题上进行合作。由于联合国本身没有专门负责化学武器核查和销毁的机构，本身对叙化武的核查与销毁工作影响不大，所以这些工作都由禁化武组织来承担，但联合国的牵头作用还是要肯定的。2013年10月11日，挪威诺贝尔委员会公布，“因其对消除化学武器的多方努力”，将2013年诺贝尔和平奖颁授给禁化武组织，授奖词的用语极具针对性，其中包括“最近在叙利亚发生的事件中，化学武器再度被滥用”，显然是对叙化武危机的及时回应，也是对禁化武组织工作的

① 禁止化学武器组织：http：//www. opcw. org/cn/。

② “怎样成为成员国”，禁止化学武器组织：http：//www. opcw. org/cn/about-opcw/member-states/how-countries-become-member-states/。

③ United Nations Treaty Collection，Convention on the Prohibition of the Development，Production，Stockpiling and Use of Chemical Weapons and on their Destruction，https：//treaties. un. org/Pages/ViewDetails. aspx? src = TREATY&mtdsg _ no = XXVI － 3&chapter = 26&lang=en，Accessed 10 March 2014.

④ “《禁止化学武器公约》第23条‘保存人’”，禁止化学武器组织：http：//www. opcw. org/cn/chemical-weapons-convention/articles/article-xxiii-depositary/。

肯定。①

第四，联合国安全理事会是全球安全治理的重要力量，它决定了武装干涉叙利亚内战是否合法，以及对叙化武进行核查和销毁工作。但安理会内部，尤其是大国如美、俄在地缘政治上的矛盾严重制约了安理会的作用，最后有关叙化武问题决议的通过也是大国博弈、互相妥协的结果。安理会的作用更多地体现为一种合法性的来源，但并非必要，之前美英等国多次绕开安理会对他国进行武装干涉，比如科索沃战争和伊拉克战争，完全置联合国和安理会于不顾，只把它当作可以利用的令箭，不能利用则不用。在这次叙化武危机中，美国也差点绕开安理会单独动武，若不是俄罗斯力挺，叙利亚也难逃厄运。所以说，联合国和安理会主要是大国的政治舞台和对话平台，必须依靠大国才能发挥作用，其本身的影响力其实是有限的，大国有时甚至有能力单干，这在联合国的历史上一再上演，安理会也没有办法扭转这一尴尬的局面。

（二）叙利亚化学武器危机对联合国的影响

虽然联合国对叙利亚化学武器危机的影响有限，但反过来叙化武危机对联合国影响却是巨大的。

叙化武危机的爆发以及联合国在解决危机过程中的作用，再次让国际社会看到了联合国的无力。联合国既不能让冲突双方实现停火，又无力阻止化武袭击事件的发生，只是在事件发生后做出口头声明和谴责，斡旋也无济于事，根本无益于问题的根本解决。这次事件的发生，也再次让世人看到了联合国内部的分裂。针对这次事件，联合国内部明显分为两个对立的派别，一派是支持叙利亚政府的俄罗斯和伊朗等国，另一派是支持叙反对派的以美英法为首的西方国家加上沙特阿拉伯、卡塔尔等阿拉伯国家。剩下的则是保持中立的大多数国家。由于内部的分裂，联合国根本不能很好地发挥作用，其被大国绑架的特性也暴露无遗。甚至还有国家公开对联合国和安理会表达不满，2013 年 10 月 18 日沙特阿拉伯外交部发表声明称，因联合国安理会在处理国际冲突中不作为，该国拒绝接受刚刚当选的联合国安理会非常任理事国席位。声明中指“联合国安理会在处理诸如巴以问题、叙利亚流血冲突和中东大规

① Official press release from Nobel prize Committee，Nobel Prize Organization，11 October 2013，http：//www.nobelprize.org/nobel_prizes/peace/laureates/2013/press.html.

模杀伤性武器等问题上持双重标准，未能真正行使其维护世界和平的责任”。[1]这是比较有意思的，因为安理会恰恰是因为内部有两派互相牵制才没有在叙化武问题上偏袒任何一方，沙特却是支持叙反对派并向反对派武装提供武器、人员和资金援助的，其本身的作为就加剧了叙利亚的冲突，这次居然将责任推卸给了安理会，所以说沙特的声明是“贼喊捉贼”。当然，沙特的做法表明，联合国和安理会之所以在叙利亚问题上作用有限，就是有了像沙特这样不负责任的国家的存在，而沙特的声明毕竟是对联合国及其安理会已经十分有限的声誉的又一次不小的打击。

四、解决叙利亚问题的前景展望

综上所述，在叙利亚化学武器危机爆发之后，尤其是姑塔事件发生后，联合国确实为了解决危机做出了不少努力，主要有派调查小组赴叙对化武问题进行调查，通过决议决定对叙化武进行核查和销毁，并配合禁止化学武器组织展开核查和销毁工作，使此次危机实现“软着陆”，堪称联合国解决国际和地区重大安全问题的典范。但也应该看到，联合国本身对危机的解决影响有限，主要是依靠大国，尤其是美、俄两国互相妥协才促成了危机的和平解决。在叙化武危机的爆发及其解决的过程中，联合国再次体现出其历史上经常出现的对重大问题的解决无力及内部分裂，对联合国的威信又是一次不小的打击。只要联合国作为主要大国的政治舞台的现状没有改变，它就会一直受大国所左右，能够发挥实质性作用的机会存在，但并不太多，世人对于联合国的过高期望往往会落空。

叙利亚化学武器危机只是叙利亚内战的一个组成部分，内战爆发至今，叙利亚政府军已经挽回颓势，守住了大部分大城市和人口，而在没有外力的直接武力支持下，反对派则基本没有胜算。如此反对派就没有了与叙利亚政府讨价还价的筹码，不得不无条件坐下来谈判了。旨在解决叙利亚问题的国际会议已经举行过多次，叙利亚政府与反对派已经开始面对面地坐下来谈判，虽然双方在关键问题上不能达成一致，导致会谈一再中断，但从以前互不让步拒绝谈判到现在能够坐下来谈判总是一种进步，也让国际社会看到了叙利

[1] “沙特拒绝担任安理会非常任理事国”，2013 年 10 月 18 日，新华网：http：//news.xinhuanet.com/world/2013－10/18/c _ 117782386.htm。

亚危机和平解决的曙光。不管会谈成功与否，叙利亚政府已经处于有利的位置，这对叙利亚内战的最终结束无疑是利好。即使叙利亚问题不能和平解决，也总比极端分子上台强。在这一过程中，联合国的作用是有限的，就像联合国在叙利亚内战爆发这么多年的一贯表现那样，联合国除了解决了化武危机外，在解决整个叙利亚内战方面发挥的作用实在是很难令全世界爱好和平、寄希望于联合国及其安理会的人们能够满意的。但如果能够少流血，总比多流血强，联合国还是有发挥作用的余地的。

联合国作为全球安全治理的重要平台，虽然短期内还无法改变被大国所左右的现实，但它可以作为世界上最具权威性及合法性的国际组织对大国产生一定的影响，在舆论和道义上督促大国为解决叙利亚危机而努力，并对叙利亚危机有关各方居中调停，这也是联合国在现阶段能够做到的最有实际效果的事。

2014 年叙利亚的新一届大选结果显示巴沙尔总统再次当选，支持叙利亚反对派的西方国家拒不承认选举的合法性和选举结果，叙利亚内战至今仍在继续，并且出现了“伊斯兰国”极端组织的狂飙突进，国际社会面临前所未有的挑战。好在面对“伊斯兰国”对全世界的和平与安全构成越来越严重威胁的情况下，世界各国已经意识到叙利亚内战不能再继续下去，叙利亚政府和反对派也已经坐下来谈判，其目标就是先结束内战，共同应对“伊斯兰国”的威胁。不管叙利亚内战是否能早日结束，战争的结果，包括对抗“伊斯兰国”的结局会如何，联合国也应该提前对叙战后的重建工作进行规划，并且在内部对打击“伊斯兰国”问题达成一致，捍卫联合国创建以来一直维系至今的相对平稳的国际秩序。

叙利亚危机是阿拉伯剧变的组成部分，它日益成为影响中东乃至全世界的重大问题。联合国的各成员国，尤其是安理会的常任理事国，都是在国际社会具有重要影响力的大国，各大国的态度对于叙利亚危机的解决具有重大影响。如果各大国在有些问题上能够达成一致，则危机容易解决；而如果在另一些问题上各大国无法达成一致甚至针锋相对，则危机就不容易解决。相信如果各大国能够摒弃意识形态和现实利益的对立，真正地为叙利亚人民着想，必定能找到解决问题的方法，让冲突双方放下武器，实现国家的和平与人民的安定。

“宪政秩序”理念与《联合国宪章》的诞生——对联合国成立过程中美国政策的考察*

侯自强**

在70年的发展历程中，尽管联合国的作用广受争议，但联合国基本按照其创立者所设计的制度平稳运行，这主要体现在《联合国宪章》的宗旨与原则没有发生颠覆性变化。本文的研究问题来自于对联合国创立之初的历史考察：为什么联合国运用了一个类似国内政治文件的名称“宪章”，其主要创立者是否比照国内治理模式进行设计，这一设计相对于原有的国际秩序模式有什么优势，而创立者的设计是通过怎样的途径实现的？

一、战后国际秩序的相关理论及评价

在战争之后建立的秩序一般有两种不同形式：第一种是霸权秩序，当战胜国取得压倒性胜利之后，可以通过战争期间建立的绝对优势地位主导或是直接决定战败国的命运，并通过强大的政治和军事压力维持这种优势地位（比如罗马帝国对欧洲的统治）；第二种是均势秩序。如果只是惨胜而没有形成绝对优势地位的条件下，战胜国只能通过建立同盟关系压制战败国，维系脆弱的优势（比如俾斯麦建立的欧洲均势）。

霸权（稳定）理论认为，霸权国家的实力可以促使其他国家主动或是被动

* 本研究获得了外交学院“外交学国家重点学科建设项目”的资助。

** 侯自强，外交学院外交学与外事管理系讲师。

地参与霸权主导的秩序体系。在这种霸权体系下，国际关系往往会呈现出一种类似等级秩序的状态。国家根据实力大小可以分成不同等级。国际体系的秩序来源于体系内处于最高等级的霸权国意志。在这一秩序下，无政府状态被削弱，而等级制秩序则有所体现。[①] 均势理论则认为，秩序和相应的制度与规则是无政府状态下权力态势调整的结果，国际体系的秩序与规则根植于体系的权力结构。通常情况下，国家之间（尤其是大国之间）形成均势后，国际体系会根据这种均势局面形成一种相对稳定的秩序，各国将依据这种秩序形成一种基于默认原则的规范。[②]

无论是均势还是霸权（稳定），结盟都是重要的手段。由于结盟（特别是政治关系的结盟）会暂时固定缔盟各方的权利与义务以联合抵制新的权力中心的形成（促成均势的形成），因此如果权力分配发生变化，结盟关系中各方的地位也会发生变化，并相应改变各自的行为方式。历史经验表明，结盟关系不能及时地与权力结构同步改变。其原因是，结盟关系的改变有赖于政治家敏锐的政治嗅觉和成熟的结盟政策，即政治家需要准确把握权力结构变化的方向与本国利益的变化。一旦政治家缺乏这种嗅觉或是无法熟练运用各种形式的结盟政策，那么结盟关系就有可能向错误的方向发展并影响均势的稳定性。

由于霸权和均势模式具有局限性，美国更加热衷于通过构建一种“好”的

---

① 有关霸权理论可参见 Robert Gilpin. War and Change in World Politics. （New York: Cambridge University Press，1981）；Stephen Krasner，“State Power and the Structure of International Trade”，World Politics，Vol. 28，No. 3（April 1976），pp. 317－347；Robert Keohane，“The Theory of Hegemonic Stability and Change in International Economic Regims，1967－1977”，Change in International System：Essays on the Theory and Practice of International Relations，eds. Ole R. Holsti，Randolph M. Siverson，and Alexander L. George，（Boulder，CO.：Westview Press，1980），pp. 131－162；George Modelski，“The Long Cycle of Global Politics and the Nation-State”，Comparative Studies in Society and History，Vol. 20，No. 2（April 1978），pp. 214－235。

② 均势理论可参见 Kenneth Waltz，Theory of International Politics（reprinted edition），（Beijing：McGraw-Hill Education Co. and Peking University Press，2004），chapter 6；Martin Wight. “The Balance of Power”，Diplomatic Investigations，ed. Herbert Butterfield and Martin Wight，（Cambridge：Harvard University Press，1966），pp. 151－161；Inis L. Claude. “The Balance of Power Revisited”，Review of International Studies，Vol. 15，Issue 2，（April 1989），pp. 77－85；Stephen M. Walt，“Alliance Formation and the Balance of World Power”，InternationalSecuirity，Vol. 9，No. 4（Spring 1985），pp. 3－43。

多边国际制度来实现对国际秩序的主导，而不是通过单一的结盟政策加入霸权或均势的体系。在第二次世界大战之后，尽管秉承了国际联盟设计理念，但是，由于对国际联盟已经基本丧失希望，美国的出发点已经不是在原有国际联盟的基础上进行改革，而是准备进行新的制度设计。美国坚持认为有效的、基于国际合作的宪政秩序是解决国际争端的良好方法。

在设计战后的国际组织过程中，美国通过一种宪政秩序的方式将主要国家捆绑在一起。与其他国家企图扩大在制度内自由度的做法不同，美国的政策首先将自己置于这套制度之下，再将尽可能多的国家涵盖进来，成为一种具有较强合法性、约束力的制度。从《大西洋宪章》开始，这种普遍性的带有强制性的制度逐步完善，并最终成为一个新的国际组织——联合国。

二、国际制度的宪政秩序概论——以国际联盟为例

在国内政治环境下的宪政秩序中，所有成员就基本行为规则达成一致，并都会遵守这些规则；在此基础上制定管理机制和争端解决机制。一般而言，如果宪政制度相对完善，那么社会争端多数只会在制度内部进行解决而不会涉及对制度本身的怀疑。因此，早在十多年前就有学者将国内政治中的宪政概念借鉴到国际政治中，提出了国际政治中的“宪政秩序”概念。[①] 总体来看，国际政治中的宪政秩序包含三种重要特征：合法性、对权力利益的约束以及规则制定权的竞争。

（一）合法性：普遍性原则

在讨论宪政秩序的时候，首先需要对一组概念进行区分：合法性（legitimacy）与合法律性（legality）。前者更多地是表示一种事物或状态被多数人认定为事实并接受；而后者则表示符合现行的成文法律条文。本文所探讨的是指秩序的合法性，而非合法律性。

在战争结束后，战胜国一般希望将自身的实力转化成为一种可以持续的优

① 有关宪政秩序的论著参见 G. John Ikenberry，After Victory：Institutions，Strategic Restraint，and the Rebuilding of Order after Major Wars，Princeton，NJ：Princeton University Press，2001，Chapter 1—3。

势地位。从历史上看，如果战胜国制定的秩序无法被战败国接受，那么这一秩序的合法性就不高，也就缺乏稳定性，极易遭到战败国的挑战（例如德国对凡尔赛—华盛顿体系的挑战）。因此，对于战胜国而言，如果想建立长久稳定的战后秩序，就必须建立一个战败国接受并也愿意参与其中的秩序。宪政秩序是一种高度制度化的秩序模式，在这一秩序模式下，所有参与者都可以按照一套规则行事。因此，相较于传统的均势和霸权秩序，宪政秩序模式对于小国或是战败国更加具有吸引力。如果大多数国家（无论大国或小国、战胜国或战败国）选择加入这一秩序，就意味着这一秩序为国际社会普遍接受，因此也就具备了合法性基础。这也就是为什么美国在第一次世界大战结束后要将战败国（主要是德国）也纳入国际联盟。不过，相对战败国而言，国际联盟对战胜国的吸引力反而不足。英国和法国希望利用国际联盟加强与美国的关系，以确保美国介入欧洲安全事务。这两个国家并没有真心想要与德国在同一秩序之下共事，只是将国际联盟看作处理德国的附属品而已。

宪政秩序的第一个基本要求就是能够将尽可能多的国家纳入秩序之下。参加秩序的同时，各国需要接纳其他国家（尤其是敌对国家）进入这一秩序内。

（二）稳定性：对权力与利益进行约束的原则

在战争结束后，对于战后出现的新的权力格局与利益分配的认识与处理是考验一个秩序模式能否长久的另一个重要尺度。在这一问题上，如何对秩序实现低成本的维护则是战胜国主要面临的难题。

随着现代科技的发展，战争的结果往往是两败俱伤，因此战胜国试图利用霸权或是均势秩序维持自己优势地位变得越来越困难，利用权力要素（主要是军事力量）保持优势地位需要极高的成本。这种成本极容易将战胜国的优势慢慢蚕食，因此这种依靠权力要素建立的优势地位是暂时的。当这种优势地位消耗殆尽的时候，原先的战败国或是体系内的新型大国就有可能挑战这种秩序。

从短期来看，宪政秩序将约束战胜国获得的利益与优势地位，对战胜国意味着边际收益的降低。但是从长期来看，战胜国可能获得一种额外的收益：在实力地位下降的情况下，仍可以利用宪政秩序保证领导地位。

近代以来，一般在战争结束后，战胜国往往会在一段时期成为国际秩序的主导国。如果主导国能够在战后秩序上对国际和平与稳定提供必要的承诺和担保，那么这对于其他参与秩序的国家来说是一种强心剂。然而，由于战胜国有实力提供对国际秩序的承诺，同样也有实力背弃这些承诺，因此其他国家由于担心被领导国抛弃，就会对是否接受领导国的领导持怀疑态度。正如科黑所讲："主导国家在构建国际秩序上有选择余地，但是在合适的解决办法上存在限制。其他国家不会完全恪守在多边秩序的范围内行动，除非他们相信主导国家打算与之共命运。并且，对于大国来说，通过赢得其他国家自愿的服从以减轻自己的负担是符合自身利益的。"[①] 那么战胜国将如何让其他国家自愿接受自己设计的秩序呢？根据普沃斯基的描述："除非越来越多的权力回报受到制度化的抑制，否则失败者将必然会在第一时间发起挑战，因为选择继续等待将不能确保他们获胜。"[②] 所以，必须保证在这一秩序下，战胜国的权力优势只能是暂时的，战败国的弱势地位不是永久的。换句话说，用暂时的妥协与忍让换取广大成员的理解与接受，让其他成员自愿地接受领导是维持体系稳定的不二法门。

历史上，在战争之后形成的国际秩序中，都隐约体现了国际社会对权力和收益进行制约的特点。只不过随着历史的发展，这些制约逐渐形成制度化。1648 年形成的维斯特伐利亚体系明确了民族国家的主权地位，对于神权和哈布斯堡王朝的权力是一种制约。1713 年西班牙王位继承战结束后各方签订的乌德勒支条约中，英国借助自身实力优势阻止了法国、奥地利和西班牙的合并，抑制了哈布斯堡王朝与波旁王朝的权力，只不过这一次是战胜国有意识地利用王位继承、领土变更的方式抑制权力。随后，1815 年的维也纳体系基本沿用了这种做法，主要对象变成了法国。但是到了 1919 年，由于资本主义的全球化发展，这种约束权力的做法拓展到全球范围。虽然这一次美国提出的以宪政秩序为基础的国际联盟没有获得成功，但是 1945 年成立的联合国进一步完成了国际联盟的使命——通过一种宪政秩序的方式维护国际社会的和平与稳定。

总体来看，对于权力与利益的制约在每次重要战争之后都曾经出现。其发展的基本规律是，从无意识到有意识，从低制度化到高制度化。当然，在这

---

① 彼特·科黑："从地方选举到全球秩序：国内政治和多边合作"，约翰·鲁杰主编，苏长和等译：《多边主义》，浙江人民出版社 2003 年版，第 181 页。

② Adam Prezeworski, Democracy and the Market, New York: Cambridge University Press, 1991, p. 36. 转引自约翰·伊肯伯里，门洪华译：《大战胜利之后：制度、战略约束与战后秩序重建》，北京大学出版社 2008 年版，第 29 页。

些制度中不能排除霸权与均势战略的作用，但是随着制度设计的逐渐完善与成熟，这些制度对于维护和平和解决争端的作用也逐渐提高。

（三）竞争性：规则制定权竞争的原则

宪政秩序的前两个特征主要是为了解决战胜国与战败国之间的矛盾，但是战胜国之间的矛盾往往也是一个国际秩序稳定与否的关键。例如，日本在第一次世界大战之后以战胜国的身份参与国际秩序的建构，但是却在十多年后成为了反秩序的重要力量，这不得不说是因为战胜国之间的矛盾没有处理好。

霸权、均势的秩序模式大多围绕着物质性权力要素展开，这些因素主要涉及具体利益的分配，例如人口、土地、金钱等。一般来说，物质性权力要素所设计的具体利益往往都是零和性质的，非此即彼的，因此在无政府状态下的国际体系中，追求相对优势的心态让国家都会最大限度地寻求增加自己的利益，减少其他国家利益。那么，当总收益没有增量的时候，各国之间的纠纷就会出现巨大分歧，因为再也不能在不减少既得利益者收益的前提下增加其他人的收益。也就是奥尔森的集体行动逻辑的陷阱。这种理论可以解释法国总参谋长福煦元帅在看到凡尔赛和约时的感叹，“这根本不是和平，而是20年的休战”。

为了避免这种对抗性矛盾，宪政秩序提供了另一种竞争：规则制定权的竞争。这种竞争主要围绕国家行为的一般规则的探讨，在这一层面上讨价还价的结果是接受一套行为规则，而非实际利益的划分。只要规则确定下来，国家再利用这一规则为自己的国家利益服务。一旦各国接受了同一套行为规则并形成相关制度，那么规则就会生效，对所有参与国都形成制约。在这一秩序下，战胜国之间往往会在保证自己优势的前提下做出妥协，以换取其他国家对整个秩序原则的接受。此举并不会对战胜国的利益有实质性的影响，但是却可以对其他国家形成吸引力，最大程度上解决因利益分配不均而引起的矛盾。如果各国都同意加入这一秩序，那么必然产生在这一制度下的相互承诺与权责划分，也就形成了一种稳定的相互交往的模式和程序。长此以往，只要这种模式和程序还在运转，各国就会对彼此的行为有更加确定的预判，从而增加了合作的可能。总之，如果各国了解制度的运行方式，深知相互竞争只不过发生在一个稳定的、可以预判的程序之中，而降低直接发生冲突的可能，那么各国都愿意在这一制度下进行合作，进一步增强了这一秩序的稳定性。

(四)宪政秩序:一种可供选择的模式——国际联盟的初步尝试

通过以上三点的论述,我们基本可以解释为什么冷战后国际体系的权力格局虽发生重大变化,但冷战期间的很多国际制度(如联合国等)仍可以维持运转。与之相反,国际联盟却随着凡尔赛—华盛顿体系的崩塌而消亡。

在第一次世界大战之前,欧洲国家间的交往以“协调”为主。当然,这种“协调”状态并不意味着国家间冲突减少,相反,这一体系形成的早期,欧洲国家之间也爆发了多次短暂的战争,如1848－1849年撒丁、教皇国、那不勒斯王国与奥地利的战争,1853－1856年克里米亚战争,1864—1871年的三次德意志统一战争等。但是,相比起20世纪的世界大战,这一时期战争的规模较小,造成的连锁反应较少。在德意志统一完成之后,欧洲主要国家的争夺开始转向世界其他大洲的众多“殖民地”。换句话说,欧洲国家之间的协调状态基本确保了欧洲国家内部的冲突处于可以控制的状态。这种状态无法掩盖体系的根本矛盾:新老殖民主义国家之间对于殖民地争夺的矛盾。在这一矛盾的国际体系中,无政府性成为了制止冲突的最大障碍。第一次世界大战轻易打破了维也纳体系的权力结构,欧洲协调的弊端凸显。

由于看到了“协调”方式的弊端,美国在第一次世界大战结束前后试图使用一种新的方法来限制国际体系的“无政府性”,国际联盟承载了美国这一美好的设想。从制度设计上来说,国际联盟几乎囊括了当时世界上的最主要国家,让欧洲长期以来形成的“协调”方式制度化,体现了某种程度上的“普遍性”原则。在巴黎和会期间,面对法国“彻底肢解德国”的企图,美国比较成功地联合英国限制了法国的企图,从而保证了国际制度对战胜国的约束,而国际联盟的集体安全条款(尽管美国最终没有加入)也希望确保国际制度约束力的有效性。当然,国际秩序的规则竞争中,美国至少表面上获得了一定程度的国际威望,特别是在中国等广大饱受殖民主义侵害的国家当中。相对于欧洲传统的协调与利益交换,美国的设计理念具有很强的竞争优势,给予了国际社会众多成员参与国际事务决策的机会与权利。

英国外长奥斯汀·张伯伦曾说过:“麻雀吵架时,国际联盟大显身手;老鹰搏斗时,国际联盟则束手无策。”第一句说的就是国际联盟成立后第一个十年的现实，而第二句则是国际联盟成立后第二个十年的现实。[①] 国联在第一个十年中比较成功地处理了一些中小国家之间的争端。[②] 另外，相对于安全问题，国际联盟在社会福利领域取得了很多成就，如传染病预防、劳工权利、根除奴隶制等。然而，在第二个十年中，国际联盟在处理德国、意大利和日本对国联秩序的挑战问题上没有显示出“宪政秩序”应有的有效性。当英法回归到“协调”与“绥靖”之后以及第二次世界大战的爆发，宣告了国联宪政秩序的破产。

总体上说，“超前”的国际联盟仍然是建立在对战利品分赃的基础上形成的一种秩序，没有解决国际体系权力结构中的根本矛盾。特别是在当时的国际体系权力结构中，美国仍然没有形成独当一面的影响力；英国和法国仍然凭借广大的海外殖民地延续着殖民霸权的惯性；德国与新成立的苏联游离于这一体系的边缘却拥有挑战国际体系稳定的潜力。

尽管如此，国际联盟也留给了后人丰富的遗产。例如，国联的机构基本上被后来的联合国所采纳；国联主导的众多国际法文件（例如 1928 年的《非战公约》）成为联合国宪章等二战后国际秩序的重要理念。

三、联合国成立过程中美国的政策：推行“宪政秩序”的尝试

许多历史学家理所当然地认为，“美国例外论”是美国外交关系的根源，美国在与外部世界交往时所有做得好的方面都可以追溯到这一理想主义的根源，所有坏的方面都可以追溯到美国人假仁假义的态度中所隐含的自高自大和伪善。声明自己在世界上的独特地位可能是美国最古老的政治传统之一，[③] 因此美国建国后在对外关系上始终坚持一种“特殊”的使命，那就是利用美国“榜样”的力量来改造世界，而美国最为自豪的“榜样”力量就是脱胎于欧洲并被逐渐完善的“宪政秩序”理念。

---

① 贾烈英著：《构建和平：从欧洲协调到联合国》，时事出版社 2013 年版，第 94 页。

② 如上西里西亚问题、阿尔巴尼亚的划界问题、奥兰群岛问题、港口城市梅梅尔问题、摩苏尔问题、维尔纽斯问题、哥伦比亚与秘鲁边境问题、萨尔问题等。

③ 周琪：“‘美国例外论’与美国外交政策传统”，《中国社会科学》2000 年第 6 期，第 89 页。

第一次世界大战之后是美国利用“榜样力量”改造世界的初步尝试。以威尔逊为代表的理想主义者们对世界秩序形成了一个明确的认识：“美国和欧洲并不因同情而合为一体，而是为自由宪章而捆绑在一起。自由宪章表明，美国原则与其他人类原则没有任何不同之处。”① 换句话说，在美国看来，世界和平有赖于围绕一个普遍性的宪章建立起来的国家联盟，通过这个国家联盟解决国际争端，维护世界和平。在这一宪章之下，国家的行为都要受到一定的约束，如果国际社会的主要国家都受到这一制度的约束，那么一些传统的安全问题与领土纠纷也就不会成为困扰各国的难题。这一原则也成为国际联盟的重要遗产——宪政秩序。

（一）宪政秩序设想与美国的政策惯性

基于对国际体系权力结构与国际社会主要需求的认识，美国将国内的宪政秩序融入了国际秩序的设计理念，这在第一次世界大战后草创国际联盟时期就有所体现。在设计战后的国际组织过程中，美国希望通过一种多边国际制度的方式将主要国家捆绑在一起。在这一过程中，与其他国家企图扩大在制度内的权益与自由度不同。美国反而希望使用一种类似稳固的多边国际制度将尽可能多的国家涵盖进来，并使其成为一种具有较强合法性、具有约束力的争端解决机制。

在第二次世界大战之后，美国秉承了国际联盟的设计理念原则。同时，美国进一步坚定了“普遍性”原则，即未来的国际秩序是基于全球层面进行考虑，而不是松散而没有效力的联合体。这种想法主要源于美国的利益在全球范围的扩展。在战争期间，美国领导人就公开强调美国的利益已经扩展到全球。1944 年底，罗斯福曾经电告斯大林：“在这次世界大战之中，无论军事问题或是政治问题，都无不令美国关心。”② 霍普金斯在 1945 年访问莫斯科期间向斯大林重申美国是全球性大国，美国的利益是全球性质而非仅限于南北美

---

① H. W. V. Temperley，AHisory of the Peace Conference of Paris，Vol. 1. H. Frowde，Oxford University Press，1920. p. 197. 转引自约翰·伊肯伯里，门洪华译：《大战胜利之后：制度、战略约束与战后秩序重建》，北京大学出版社 2008 年版，第 117 页。

② 罗伯特·达莱克，陈启迪等译：《罗斯福与美国对外政策 1931—1945》，商务印书馆 1984 年版，第 678 页。

洲和太平洋。[①] 美国国务卿赫尔在1940年1月1日的公开演讲中就表明："如果和平到来，我们将以对自己最有利的方式迎接它。我们将利用我国的道德和物质影响力引导并创造一个基于规则的稳定的世界秩序。"[②]

（二）英国、苏联和中国对美国设想的态度

1943年2月，美国国务院着手起草新的国际组织基本文件，期间国务院的研究人员编写了7本小册子，这7本小册子涵盖了成立一个新的国际组织需要解决的问题，这些内容奠定了未来国际组织基本文件的雏形。[③] 8月14日，国务院提交了关于成立一个"普遍性国际组织"的建议草案。其中，开篇就说明了国际组织的基本准则"避免战争、建立国家之间的行为准则、推动全世界人民的自由、尊严和福祉。任何承认章程的国家都可以成为成员"。[④] 不过，在推行这些设计的过程中，美国面临了很多困难与挑战。

1. 英国的态度

1941年，《大西洋宪章》确定了成立普遍国际组织的问题。1942年，英国外交部曾经向内阁提出一份"四大国计划"的建议书，主张大国（英国、美国、苏联和中国）应作为战后国际组织决策者。但是，丘吉尔以为时尚早为由没有采纳这份建议。1943年5月22日，英国首相丘吉尔在美国驻英使馆会见来访的美国副总统华莱士一行时向美国提出了初步设想：欧洲、亚太、西半球三个大区各设立一个地区理事会，地区理事会之上只设立一个协调机构，四大国将直接参加各自所在地区理事会的工作。[⑤] 英国的提议主要是为了

---

① 克里斯托弗·莱恩，孙建中译：《和平的幻想：1940年以来的美国大战略》，上海人民出版社2009年版，第68页。

② Cordell Hull，The Memoirs of Cordell Hull，Vol. I. New York：The Macmillian Company，1948，p. 731.

③ 这7本小册子的内容分别是：（1）国际组织的组成、权力、基本决策程序等；（2）其他技术性部门，如经济、社会、健康、文化等；（3）如何成立一个永久性的国际组织；（4）如何解决争端，维护和平；（5）在一个普遍性国际组织中如何划分各部门的权力；（6）秘书处及其组成人员的问题；（7）国际司法机构。

④ Department of State，Postwar Foreign Policy Preparation：1939－1945. ed.，Harley Notter，Washington DC：Government Printing Office，1949，p. 526.

⑤ FRUS，1943，Conferences at Washington and Quebec，"American-British Lucheon Meeting，1：15 p. m. Memorandum Prepared by the British Embassy Structure of a postwar settlement through world and regional councils"，pp. 167－169.

继续发挥英国在欧洲和亚太地区的传统主导地位。

2. 苏联的态度

1941 年 12 月，苏联与波兰两国就倡议建立新的国际组织。苏联和波兰的宣言中强调：只有民主国家联合在一个持久联盟之上，维护和平的任务才能完成；同时，尊重以盟国的集体武装力量作为后盾的国际法基础，必须让盟国武装力量成为国际组织的核心。不过，在德黑兰会议期间，斯大林表示，他也同意英国的观点，不愿意成立一个普遍性质的世界组织。他举例说："欧洲国家一定会拒绝中国介入欧洲的事务，因此应该以各地区的组织取代一个全球组织。"[①]

另外，针对战后国际组织的权力问题，苏联也与美国存在很大的分歧，最主要的分歧就是苏联能否在未来国际组织中"自由"地行事。在对未来国际组织安全事务决策的设计中，美国最早提出了"四警察"设想，即由美国、苏联、英国、中国 4 个国家承担维护世界和平的职责，这就成为日后联合国安理会常任理事国及其所拥有的否决权的源头。1944 年 12 月 5 日，美国与苏联、英国商讨安理会否决权时曾经提议，争端一方不能对议案进行投票。不过由于苏联坚持拥有不加限制的否决权，此问题留待之后的雅尔塔会议解决。

3. 中国的态度

中国对于国家主权的独立与完整有更加迫切的需求，也更希望能有一个权威的国际组织有效维护世界和平，惩罚侵略。"九一八事变"后，中国力求通过国际联盟惩罚日本的侵略行为就是一个典型事例。不过，由于当时的国际联盟未能为中国主持公道，因此中国更加希望新的国际组织能够更加具有权威性。1938 年中国政府的"抗战建国纲领"中就明确提出了"对国际和平机构充实其权威"的诉求。1943 年，宋美龄访美期间就向美国明确表示了对美国设想的信任，同意以四个大国协商的方式探讨战后秩序的构建问题。霍普金斯的回忆有这样一段表述："接着纵谈了她（宋美龄）对战后世界的看法，其中首要重点是，让我们（美国）确信，中国将在和平会议上与我们站在一道。这是由于中国信任罗斯福同他的政策，并愿意出于这种信任而预先做出许诺。……应当立即采取某种步骤，使四大国一起商谈战后的事务，总统应

① FRUS，1943，The Conferences at Cairo and Tehran，"Roosevelt-Stalin Meeting，Novermber 29，1943，2：45 p. m."，p. 531.

当担任这一小组的主席。”[①] 也就是说，中国赞同由美国牵头组织四大国一同协商战后的秩序。同年4月，宋子文访美期间也表示反对英国提出的设立地区理事会，认为这无疑是为地区强权政治背书。中国对新的国际组织的设想主要源于中国的切身经历，因此中国的建议更多地反映了广大被压迫和被侵略国家的意愿。中国认为，新的国际组织应该是普遍的、稳定的且有效的。上述这些观点与美国建立有效国际组织的立场相一致。

由此看来，主要大国当中只有中国与美国的立场基本一致，英国和苏联的立场与美国都有一定距离。

（三）美国对英国、苏联的回应与分歧的解决

1. 针对英国

1943年8月，美国国务院呈送罗斯福的一份备忘录显示，美国力主建立一个普遍性的国际组织，“区别于丘吉尔提出的地区性组织，应该把全部欧洲都纳入到一个由美国、苏联和英国共同主持的世界组织之中。英国提议的地区组织将难以逃脱以地区为中心的各种贪欲、奴役他人和野心勃勃的传统意识。同样，地区组织也会让区域内的大国享有更大的权力，从而无法在世界范围内形成有效的秩序”。

在魁北克会议前，美国国务院再次将汇总好的美国表态口径呈送罗斯福，强调“为了恢复世界公平正义与繁荣，联合国家的主要任务是成立一个世界组织以维护和平”。[②] 罗斯福与丘吉尔在加拿大魁北克举行会议的公报显示，除了讨论了关于自由法国运动的问题以及尽速开辟第二战场的问题之外，关于战后世界秩序的问题也成为会谈的重要任务。在这份公报中，美国重申了建立一个普遍国际组织的倡议，认为英国的提议与美国的倡议相距甚远。鉴于美国的坚持，英国不得不放弃了原先的地区理事会的方案。在会上，美国提出了一份由美国、英国、中国和苏联共同发布的宣言草案，并获得了英国的初步同意。这份草案将在以后交由四大国共同商讨，作为构建战后秩序的基础，也是《联合国宪章》的最早雏形。

---

① 舍伍德，福建师范大学外语系编译室译：《罗斯福与霍普金斯：二次大战时期白宫实录（下）》，商务印书馆1990年版，第335页。

② FRUS，1943，Conferences at Washington and Quebec，“The Acting Secretary of State to the President”，p. 703.

2. 针对苏联

魁北克会议结束后，美国就开始着手筹备10月在莫斯科举行的外长会议。其中，关于成立一个新的国际制度是美国筹备会议的重要内容。1943年8月，斯大林同意了就战后秩序问题在莫斯科举行外长级别的会谈。9月12日，根据罗斯福的授权，赫尔做了一份关于战后政策的广播讲话。在这份讲话中，赫尔提出了国务院制定战后政策的工作计划以及人员安排，并提出了美国政府在未来国际会议中的政策立场，也是美国国务院第一次具体提出如何构建战后秩序。在这份讲话中，赫尔强调："各国必须准备好在一个有效的、有组织的和平体系内承担各自的义务。"[①] 这一立场表明，美国将逐步构建一个有组织的世界和平体系。

根据国务院提交的建议草案，罗斯福在德黑兰会议期间强调了"建立一个基于联合国家成员的大型国际组织，这一组织将定期召开会议并向一个更小的机构提供建议"。当斯大林询问该组织是仅仅限于欧洲还是全世界时，罗斯福坚定地回答"这是一个全球性的组织"。[②]

而针对苏联的"自由"行事问题，对否决权的限制体现了上文提及的"对战胜国权力限制的思想"。在雅尔塔会议上，三国又进行了分析与探讨。1945年2月6日，雅尔塔会议举行第三次全体会议，会上斯退丁纽斯分析了美国提出限制否决权使用的原因："首先，维护世界和平需要常任理事国一致同意，这一原则是必要条件；其次，在新的国际组织中，需要制定相关规定保证所有国家（无论大小）的意见都能得到公平的对待。这一点对于美国人民来说非常重要。"[③] 由此可见，虽然美国对于否决权的使用与苏联等大国持相同立场，但是，美国还是希望否决权需要受到一定的制约，以争取国际社会其他国家的支持。

3. 四大国态度的基本统一

正是由于美国更多地希望在反法西斯阵营的主要国家（苏联、英国、中国）和其他国家之间寻求一个中间地带，才确保未来国际制度能够得到最广泛国家的支持。

---

① Cordell Hull, The Memoirs of Cordell Hull, Vol. II, p. 1255.

② FRUS, 1943, The Conferences at Cairo and Tehran, "Roosevelt-Stalin Meeting, Novermber 29, 1943, 2: 45 p. m.", p. 530.

③ FRUS, 1945, Conferences at Malta and Yalta, "Third Plenary Meeting, February 6, 1945, 4 p. m.", p. 662.

国务卿赫尔在9月12日指出，根据富布莱特议案精神，美国将与其他政府就战后秩序的具体安排进行协商，这一精神将代表全世界人民的愿望。他希望本次会议“将尽早落实我们的设想，更为重要的是，我们战后秩序设计的方案也符合国会法案的精神”。国务院的政策研究小组在研究了第一次世界大战之后凡尔赛华盛顿条约体系的问题之后得出结论，美国必须充分参与到未来盟国政府的和平计划之中，美国将承担维护世界和平的责任。[①] 会议结束后，赫尔返回华盛顿向国会报告会议进程和结果。他强调，如果战争能最终取得胜利，本次会议中四大国以及其他国家之间的协议将成为日后人类免遭当前悲剧的重要基础。本次会议确定了所有以和平为名义向敌人作战的国家都可以参与未来秩序的构建。另外，盟国中的所有国家都将拥有同样的追求和平、安全、世界秩序的权利。为此，每个国家根本利益的实现有赖于与其他国家的充分合作。[②]

1944年8月，中国、英国和苏联三国代表团应美国邀请研讨如何落实四国之前发布的普遍安全宣言的内容。敦巴顿橡树园会议的一个重要成果是：同意采用“联合国宪章”作为联合国组织根本文件的名称。赫尔对此评论说：联合国应该成为新国际组织的名称，因为在这个名称之下已经有40多个国家开始与法西斯国家作战并希望取得胜利。所以，这个名称可以在战争结束之后继续使用，作为合作的旗帜。[③] 此外，就国际组织的基本文件的名称，由于俄文翻译“宪章”有些困难，所以苏联曾建议使用“规约”来代替，但是在美国和英国的力主下，“宪章”成为新组织的基本文件名称。

四国于10月9日发表了“关于建立普遍性国际组织建议案”，并征求盟国讨论。这份建议案包括了新的国际组织名称、宗旨原则、会员国、机构设置、国际争端解决机制等内容。由于获得了四大国领导人和政府的重视，因此本次会议的成果“关于建立普遍性国际组织建议案”具有很强的可操作性。这份建议案基本确定了新国际组织（联合国）的基本框架与运行机制，为其后进一步制定联合国宪章打下了基础。

---

① Department of State，Postwar Foreign Policy Preparation：1939—1945. ed. Harley Notter，Washington DC：Government Printing Office，1949，pp. 189—190.

② Department of State，Postwar Foreign Policy Preparation，pp. 198—199.

③ Cordell Hull，The Memoirs of Cordell Hull，Vol. II，p. 1683.

(四)《联合国宪章》在争论中诞生

在法国拒绝了作为联合国制宪会议发起国的邀请之后，中苏美英四大国向相关国家发出了参与制宪会议，并将之前会议的建议与原则提交制宪会议。雅尔塔会议的公报中显示："三国将尽快与盟国一道，建立一个普遍性国际组织，以维护和平与安全。三国认为，要通过所有爱好和平的各国人民的紧密而持续的合作来防止侵略并消除引起战争的政治、经济和社会原因，而成立这样一个组织是十分必要的。"

由于美国与其他三个大国基本达成了一致，1945 年 4 月 25 日召开联合国制宪会议其实只是一个程序性过程：根据之前几次会议精神与原则具体制定联合国宪章。但是其中也出现了一些波折。

旧金山大会的一般性辩论结束后，大会确定以敦巴顿橡树园会议的建议案作为制定宪章的母本，还包含了雅尔塔会议的决议、中国的提议以及已经收集到的其他国家的 27 条建议案。专门委员会会议是针对橡树园会议建议草案的具体修正和补充，因此对于敲定宪章具有重要意义。其中第二专门委员会的讨论最为复杂曲折。

第二专门委员会的主要职责是研究国际组织的"（全体）大会"的职责问题，包括全体大会的议程与职责（政治安全领域的权力、经济社会领域的权力）以及托管问题。

首先，关于大会职责问题。由于安全理事会的权力过大，且基本由五大国掌握，因此许多中小国家希望增加大会的职权，以限制安理会的权力，认为联合国大会应有权力讨论任何问题并有权就此向会员国或向安理会提出建议。在这一问题上，美国默许了这些国家的要求，此举可以将安理会的部分权力转移到联合国大会之中，苏联则表示反对。经过妥协，委员会保留了安理会在强制性决议上的垄断地位，大会则不能做出强制性决议。然而，大会的权力也有所扩大，特别是在向安理会的建议权上进行了扩充。大会拥有的权力增加了两项内容："讨论本宪章范围内之任何问题或事项，或关于本宪章所规定任何机关之职权；并除第 12 条所规定外，得向联合国会员国或安全理事会或兼向两者，提出对各问题或事项之建议。"和"对于其所认为足以妨害国际间公共福利或友好关系之任何情势，不论其起源如何，包括由违反本宪章所载联合国之宗旨及原则而起之情势，得建议和平调整办法，但以不违背第 12

条之规定为限”。另外，经过讨论，经济和社会理事会的地位获得提高，进而提高了新的国际组织在促进经济、社会、文化、教育等问题的合作方面的作用。

其次，关于托管问题。在这一问题上，基本形成两种意见。中国、苏联以及一些中小国家认为，托管的最终目的是完成被托管地区的“独立”和“自治”，然而，英国、法国等老牌殖民国家则反对这一原则。美国在这一问题上的立场显得有些摇摆。在商讨建立国际组织原则问题的莫斯科会议中，美国曾经提议将殖民地改为国际托管以促使殖民体系的瓦解，但是由于遭到英国的抵制而搁置起来。然而，在第二次世界大战结束前夕，在与日本作战的过程中，美国在太平洋上攻城略地，占领了大量岛屿。由于付出了很大牺牲，军方强烈要求继续占领这些岛屿。这种压力促使美国对国际托管制度的立场发生了变化，开始转而支持英国和法国的立场。不过，美国支持使用托管制度，只不过降低了托管制度的终极目标。一方面，美国可以利用托管制度继续摧垮英、法的殖民统治；另一方面；则可以维持其在太平洋上业已形成的战略地位。正如杜鲁门指示美国代表中所说：“托管制度服从如下目标，一是保持美国战略与军事的权利，二是确保太平洋和世界其他地区的和平和安全，三是促进从属领地居民的社会、经济和政治权利发展。”①

经过妥协，关于托管问题最终达成的协议基本达到了美国的预期。首先，民族自决原则成为联合国的宗旨之一，延续了美国第一次世界大战结束后的主张；其次，托管理事会的地位上升，达到了美国继续弱化殖民体系的目的；最后，也是最为重要的一点，托管地区的领土被分为战略防区与非战略防区，关于前者的托管协定由安全理事会核准或修订，而后者则由大会核准或修订。这就无形中让安理会中的大国拥有了继续占领被托管地区的权利，那么美国就可以继续占领太平洋上的岛屿。

1945 年 6 月 20 日，各专门委员会的工作告一段落。翌日，制宪会议的指导委员会和执行委员会将各专门委员会提交的宪章文本交由一个调整委员会进行最后的修改。这次修改不涉及宪章文本的内容，只对语言文字和章节安排进行调整。6 月 25 日晚，本次制宪会议全体大会一致通过了联合国宪章和国际法院的规约。至此，联合国宪章的各语言版本（中文、英文、俄文、法文和西班牙文）正式交由各国代表团签署。

---

① 哈里·杜鲁门，李石译：《杜鲁门回忆录》（第一卷），三联书店 1974 年版，第 49 页。

1945 年 6 月 26 日，联合国宪章的签字仪式在旧金山退伍军人大礼堂举行。由于本次大会规定，所有参会国的全体正式代表均有权签署宪章，且每一种语言的版本都需要签字，因此整个签字仪式很漫长。首先签字的是作为即将成立的联合国安理会常任理事国的中国、苏联、英国和法国，按照英语首字母排序的原则，中国代表团首先签字。作为中国代表团代理首席代表，顾维钧是第一个在联合国宪章上签字的人，其后，包括中国共产党代表董必武在内的其他中国代表陆续签字。随后，其他国家代表陆续签字。作为东道主，美国代表团最后签字。最终在宪章上签字的一共是来自 50 个国家的 153 名正式代表。根据宪章最后一章的规定，宪章文本还需要各签字国根据各国法律程序予以批准，只有获得全体签字国半数以上的批准，该宪章才生效。各国的批准书统一交由美国政府保存。与此同时，各国代表团签署《参加联合国国际组织会议各政府所议定之过渡办法》，决定成立联合国筹备委员会，为日后联合国的运转开展各项筹备工作。

随后，根据过渡办法，联合国筹委会正式运转，各国代表团各选派一名代表参加筹委会。在联合国正式机构运转之前，筹委会作为过渡机构存在，为联合国第一届大会的举行拟定工作规划和各项具体工作规章。一俟联合国秘书长上任，联合国筹委会就解散，由联合国秘书处正式开展工作。不到半年，1945 年 10 月 24 日，美国政府宣布，经过统计，所有签字国中已有超过半数的国家提交批准书，《联合国宪章》正式生效。至此，联合国才完成了所有成立的步骤。1946 年 1 月 10 日，第一届联合国大会在伦敦举行，联合国的各个职能部门和组织机构正式运转。

四、对美国政策的评估：《联合国宪章》中“宪政秩序”的体现

从《联合国宪章》的文本来看，联合国的设计理念基本体现了宪政秩序的一些特征。

（一）成员国数量众多体现了普遍性原则

从秩序的合法性来说，联合国的设计得到了国际社会大多数国家的赞同。

在大西洋宪章签署后，很多国家都附议了这一宪章，并在 1942 年 1 月根据大西洋宪章的精神签署了联合国家宣言。随着越来越多的国家参与到与法西斯国家的战斗之中，参与联合国组织创建的国家越来越多。51 个国家成为联合国的创始会员国，除了尚未独立并接受托管的地区，联合国涵盖了当时世界上大多数地区。当然，作为战败国，日本和德国也在联合国成立后被接纳为联合国会员国。[①]

（二）各国相互制约体现了对权力利益的约束

从联合国草创的过程来看，美国希望对战胜国回报进行限制，使联合国不再成为战胜国大肆攫取利益的场所。例如：根据大西洋宪章的精神，战胜国将不会利用战争作为获取领土的手段，这一精神同样也载入了《联合国宪章》。因此，原有的战胜国对战败国的压榨将不再出现，用牺牲实质性收益为代价换取秩序的稳定。这种方法有效地解决了国际联盟在处理战败国时期的教训，避免战败国由于受到过分压榨而再次铤而走险。

首先，联合国草创的设想来源就是美国对自己国内政治和经济体制的传承与借鉴，以及对国际联盟经验教训的总结。作为主要创始国，美国首先主动接受国际制度对其权力的限制，以赢得其他国家的接受。这种做法的好处是，从道义上让美国处于秩序的核心地位，从而使美国成为这场规则制定游戏的赢家，而其他国家基本上都是围绕美国的建议而采取行动。

其次，美国希望权力集中在主要国家手中：苏联、英国和中国接受了美国提出的大国一致的基本原则。除了获得了必要的权力回报之外，他们还必须接受这一秩序的约束。这样，美国设计的秩序一方面给予主要国家足够权力，另一方面也将他们固定在了美国主导的国际秩序之下。

最后，这种秩序之下，美国运用制度的约束力量，形成了对大国的制约机制。在《联合国宪章》的制定过程中，关于大国合作的基本原则被反复讨论和修正，尽管最后难以避免地留下了强权政治的余毒，但是比起第一次世界大战之后的国际秩序来说，联合国的有效性显然超过了国际联盟。

---

① 日本于 1956 年被接纳为联合国成员国；联邦德国和民主德国于 1973 年同时被接纳为联合国成员国。

（三）美国与其他国家的竞争集中在“规则制定权”

在战争结束前夕，各国除了就势力范围、领土等传统利益问题讨价还价，也着重对战后秩序的相关规则进行探讨，甚至在某些会议上已经成为主要战胜国（美国、英国、苏联和中国）角力的重点内容。从联合国创建过程中的数次国际会议来看，在莫斯科会议、开罗会议、德黑兰会议、敦巴顿橡树园会议到最后的旧金山制宪会议中，参会各国对于宪章的每一个条款都不放过，讨论集中在新的国际组织的成员、议事规则、决策程序等核心问题上。各国都希望在新国际制度的规则上做出有利于本国的设计。然而，对宪章内容的探讨类似于制定法律的过程，需要经过广泛而仔细的研究。美国在这场竞争中处于领先地位是源于其对于战后国际秩序的研究非常充分。早在战争爆发之初国务院就成立了专门机构研究战时和战后的国际秩序安排，因此美国能够比其他国家更早提出完整的、切实可行的方案。

五、不完美的“宪政秩序”：《联合国宪章》中的问题

联合国的宪政秩序存在一定的局限性。美国设计的规则虽然表面上获得了成功，但是也存在一些无法回避的问题。

首先，效力与平等是《联合国宪章》中最大的一组矛盾。联合国对于制裁侵略具有比国际联盟更强的权威。《联合国宪章》第七章对于和平之威胁、和平之破坏及侵略行为的应对办法是弥补国际联盟执行力不足的有效手段，然而这些进步实际上是以牺牲平等性为代价的。从制度上看，联合国大会并没有赋予实际权力，其会议周期一般以年计算，因而进一步削弱了其活力与效力。相比一下，安理会可以随时召开紧急会议讨论，而且宪章也将其作为联合国的一个执行部门，并同时在安全事务上拥有很高的权威。大国一致原则长期以来被广大中小国家所诟病。虽然表面上某议案在安理会需要得到 15 个成员国的 9 票赞同方可通过，体现了少数服从多数的原则，[①] 但实际上由于否

---

① 联合国创始国有 11 个理事国，包含 5 个常任理事国和 6 个非常任理事国，因此最初设计的安理会投票方案是：只要获得 7 票赞成同时 5 个常任理事国不投否决票，议案就可以通过并执行。

决权的存在，一旦一个常任理事国表示反对，那么这个议案将被直接封杀，而无法进入下一步讨论或决策程序。尽管在《联合国宪章》第六章“争端之和平解决”中规定“任何争端之当事国，于争端之继续存在足以危及国际和平与安全之维持时，应尽先以谈判、调查、调停、和解、公断、司法解决、区域机关或区域办法之利用，或各该国自行选择之其他和平方法，求得解决”。但是实际上这一规定的基础是建立在当事方“通情达理”的先验条件下，无法改变大国依靠自己意愿解释和运用否决权，其平等性也就无从谈起。

其次，由于无法摆脱权力以及意识形态因素的影响，很多国家往往利用《联合国宪章》的一些规则制造对立。例如，1949 年中国革命胜利后，退居台湾的国民党政权仍然在联合国“代表中国”，而已经对中国大部分领土和人口进行有效统治的中华人民共和国政府却被挡在联合国大门之外。在此情况下，美国利用宪章的规定屡次阻止新中国恢复其在联合国的合法权利，进而导致联合国在很长一段时间内不得不面临这一尴尬的局面：在联合国代表中国的是一个偏安一隅的残存政权。另一方面，新中国认为联合国宪章的部分条款与自身的外交政策相冲突，因此在相当长的一段时间内不承认也不接受联合国的宗旨与原则。另一个例子是，大国一致原则本应该是维护世界和平最有力的武器，但是随着美苏关系从战时的盟友转变为敌对，这一原则也变得苍白无力，逐渐成为两大集团假公济私、互相遏制的工具，弱化了争端解决与维护和平的功能。

联合国安理会定向制裁的困境与出路*

王佳**

恐怖主义和恐怖主义行为对国际社会的和平与安全造成了严重的危害。2014 年以来，“伊斯兰国”① 恐怖主义组织“异军突起”，在中东、非洲、南亚、中亚、东南亚等地肆虐、扩张，构成了恐怖主义活动的“新版图”。2015 年 11 月 13 日晚，巴黎多处遭遇严重恐怖主义袭击。此次恐怖袭击由“伊斯兰国”策划实施，代表了“伊斯兰国”活动方式的转变和猖獗。② 事件发生后，联合国安全理事会在所发表的声明中以最强烈的言辞对这一野蛮和怯懦的恐怖主义袭击事件予以谴责，向遇害者家属以及法国政府表示深切的同情和慰问，并强调将这一恐怖袭击事件的肇事者绳之以法的必要性。③

联合国安理会从国际和平与安全的角度审视恐怖主义，通过联合国集体安全制度对抗恐怖主义，在打击恐怖主义方面的作用是独特而举足轻重的。④ 安理会主要通过出台反恐决议的方式来防止和制止恐怖主义，并建立专门的反

* 本文由“中央高校基本科研业务费专项资金”资助（supported by “the Fundamental Research Funds for the Central Universities”），项目名称为“联合国安理会反恐决议实施问题研究”，项目批准号为 3162014ZYQDZD01。

** 王佳，外交学院国际法系老师。

① “伊斯兰国”全称为“黎凡特伊斯兰国”（Islamic State of Iraq and the Levant，ISIL）或伊拉克和沙姆伊斯兰国（Islamic State of Iraq and Al—Sham，ISIS），该组织使错综复杂的中东乱局进一步恶化，对地区和国际社会构成了极大的威胁。参见严帅：“伊拉克和黎凡特伊斯兰国”，《国际研究参考》2014 年第 7 期，第 23 页。

② Frank Gardner：Paris attacks：Islamic State militants change tactics，http：//www. bbc. com/news/world-europe—34824375（last visited November 15，2015）.

③ “潘基文秘书长、安理会、联大主席一致谴责巴黎特大恐怖袭击事件”，联合国，http：//www. un. org/chinese/News/story. asp? NewsID=25117。

④ 邵沙平主编：《国际法专题研究》，中国人民大学出版社 2009 年版，第 167 页。

恐制裁机制以实施决议。值得注意的是，安理会的反恐决议是以直接制裁掌权者为主要手段的，比如，决议附制裁名单，对名单中所列的人施以资产冻结和禁止旅行的制裁措施。这种制裁措施就是定向制裁（targeted sanction），即打击的目标是那些在安理会决议中被点名的掌权政治人物或实体，主要内容是冻结资产并阻止他们的金融交易，因为其行为正是实施制裁的缘由。所以定向制裁决议附综合名单，名单中的人物或实体即为制裁的对象。定向制裁有别于大规模的制裁，自 1997 年在对安哥拉反政府武装的制裁决议中得以适用以来，这种制裁方式逐渐以其灵活性、副作用小等特点而得到认可，并基本取代了大规模制裁措施。当然，定向制裁措施也并非完美，即所谓的“聪明制裁”不“聪明”。不过，根据《联合国宪章》第五章的规定，安理会决议对联合国会员国具有约束力，所以安理会通过的决议应该得到实施。[①] 而由于国际社会是一个松散的平面化社会，所以最终承担实施决议的责任的是会员国。目前，不论是定向制裁决议本身的作用，还是联合国会员国对其的实施，都无法达到令人满意的效果，从而影响了对恐怖主义的打击力度，也影响了安理会决议的权威性。因此，对定向制裁本身及其实施问题加以检讨是有必要的。

一、定向制裁的发展

制裁（sanction），是安理会在冷战结束后常用的一种维护世界和平与安全的措施。《联合国宪章》第七章第 41 条构成了制裁的理论基础，该条规定，安全理事会得决定所应采武力以外之办法，以实施其决议，并得促请联合国会员国执行此项办法。此项办法得包括经济关系、铁路、海运、航空、邮、电、无线电及其他交通工具之局部或全部停止，以及外交关系之断绝。20 世纪 90 年代初期，制裁措施一般是大规模的，如对整个国家施以禁运、断绝关系的制裁等。但是，这种制裁措施带来了极大的副作用，因为它对一国统治层的影响还不及对无辜平民的影响大，因而大规模制裁被讽刺地称为“安理

① 《联合国宪章》第五章第 25 条规定，联合国会员国同意依宪章之规定接受并履行安全理事会之决议。

会的大规模杀伤性武器”，或者“安理会的种族灭绝工具”。[①]

在批判的浪潮下，安理会对制裁措施进行了改革，定向制裁应运而生。1997年的安理会关于安哥拉局势的第1127号决议是定向制裁的首次登场，决议“禁止……指定的安盟所有高级官员及其成年直系亲属入境或过境……暂时取消或吊销发给指定的安盟高级官员及其成年直系亲属的所有旅行证件、签证或居留许可证”。[②] 这是旅行禁止措施的具体采用。此后，安理会第1173号决议又加强了对安盟的打击，决议“决定所有境内存放安盟组织或依照第1127（1997）号决议第11段指定的安盟高级官员或其直系成年亲属的资金和金融资源，包括其财产衍生的或产生的任何资金的国家，除安哥拉外，都应要求其境内持有这种资金和金融资源的人和实体冻结这种资金和金融资源，并确保这种资金和金融资源不直接或间接提供给或有利于安盟组织或依照第1127（1997）号决议第11段指定的安盟高级官员或其直系成年亲属”。[③] 这是资产冻结措施的具体采用。

对于“伊斯兰国”，安理会同样采取了定向制裁的方式予以打击。安理会于2014年8月15日通过第2170号决议，将与“伊斯兰国”和“胜利阵线”有关的赛义德·阿里夫（Said Arif）等6人列入“基地”组织制裁名单，他们将受到国际旅行禁止、资产冻结、武器禁运等制裁。[④] 2015年2月12日，为遏制“伊斯兰国”的猖獗之势，安理会又通过第2199号决议，“强调制裁是《联合国宪章》规定的一个维护与恢复国际和平与安全、包括反对恐怖主义的重要工具，着重指出必须把各项有关决议……迅速和有效的加以执行”。[⑤] 安理会认识到买卖石油、绑架索赎、境外捐款和地下金融网络是“伊斯兰国”获得资金支持的主要帮助，于是要求采取多层面战略来打击“伊斯兰国”，并要求各国采取行动。

尽管定向制裁的实施卓有成效，并被安理会一再采用，但对其批判的声音从未断绝。2005年，联合国大会在世界峰会成果文件中呼吁安理会“确保将

---

① Jeremy Matam Farrall，United Nations Sanctions and the Rule of Law，Cambridge University Press，2007，p. 5.

② United Nations Security Council，Angola，S/RES/1127（1997），28 August 1997.

③ United Nations Security Council，Angola，S/RES/1173（1998），12 June 12 1998.

④ United Nations Security Council，Threats to international peace and security caused by terrorist acts，S/RES/2170（2014），15 August 2014.

⑤ United Nations Security Council，Threats to international peace and security caused by terrorist acts，S/RES/2199（2015），12 February 2015.

个人或实体列入或排除出制裁名单时，都有公平和透明的程序保证，同时保证人道主义例外的存在”。[①] 同时，根据制裁委员会的报告，超过 50 个国家表示综合名单的点名和除名程序缺乏透明度和程序正当性。[②] 一些国家甚至因此不愿提名制裁对象。

以上种种情况的出现并不出人意料，因为在设计之初，定向制裁主要就是作为一种外交政策工具，它的核心在于通过直接打击掌权者而非普通民众来达到政策目标，人权问题在当初并没有被列入到考虑范围之内。然而，随着定向制裁被普遍采用，被打击对象的范围不断扩展，他们的基本权利问题愈来愈引人注目。目前，欧洲、美洲和亚洲的一些地区性和国内法院开始处理以定向制裁的被打击对象为原告的案件，欧洲法院甚至在判决中指出了定向制裁措施的程序错误，并要求撤销欧盟对定向制裁决议的执行规定。因此，一些会员国不得不面临两难境地，究竟是要违反本国法院的判决，还是违反根据《联合国宪章》第七章实施安理会决议的义务?[③] 这无疑大大制约了定向制裁的发展，并使得许多国家在实施决议时犹豫不决。因此，目前困扰定向制裁的问题主要在于，地区性和国内法院对涉及定向制裁措施问题的审理以及会员国的实施不力。

二、对定向制裁的法律挑战

自定向制裁出现以来，已经在地区性和国内法院中引发了 30 多件诉讼。其中，成功的诉讼的突破口主要在于正当程序问题、制裁措施的合比例性以及基本人权问题方面。[④] 就正当程序问题而言，欧洲法院于 2008 年的“卡迪案”中判决撤消了欧盟执行安理会第 1267 号决议[⑤]的规定，原因是制裁措施缺乏正当程序保障，如获得审判和司法救济权。

---

① United Nations General Assembly Resolution 60/1，24 October 2005，para. 109.

② The Third and Fourth Reports of the 1267 Monitoring Team，http：//www. un. org/Docs/sc/committees/1267/1267mg. htm.（last visited November 15，2015）.

③ Thomas Biersteker & Sue Eckert，Addressing Chanllenges to Targeted Sanctions：An Update of the “Waston Report”，UN Academia，October 2009，p. 4.

④ Thomas Biersteker & Sue Eckert，Addressing Chanllenges to Targeted Sanction，p. 9.

⑤ “安理会第 1267 号决议旨在制裁塔利班和基地组织”，参见 United Nations Security Council，Afghanistan，S/RES/1267（1999），22 October 1999。

卡迪（Kadi）是一名沙特阿拉伯公民。2001 年，根据安理会的决议，1267 号决议制裁委员会将卡迪与成立于瑞典的巴拉卡特国际基金（Al Barakaat International Foundation）列名于制裁名单上。1267 号决议制裁委员会的点名程序被称为“无反对”程序，即联合国的任何一个会员国以及国际组织或区域性组织可以提出嫌疑人，如果 5 天内其他成员国或组织没有表示反对或者保留，则点名完成。基于以上程序，制裁委员会的制裁名单人数超过 500 名。由此可见，1267 号决议的点名程序事实上基于政治互信，而非法律标准，制裁委员会并没有将列入制裁名单的事实通知于被制裁人的义务。同时，即使点名错误，被制裁人也不能直接向制裁委员会提出除名的要求，他们只能依赖于他们的国籍或住所所在地国为他们提出除名的要求。被制裁人同样也无法向联合国要求获得独立复审。卡迪与巴拉卡特国际基金就是在这样的情况下被点名的。为实施安理会决议，欧盟理事会通过了第 881/2002 号规定，冻结了制裁名单上所列自然人和法人的资金和经济资源。资金遭冻结的卡迪和巴拉卡特国际基金遂向欧洲联盟初审法院提起诉讼，要求撤销第 881/2002 号规定，因为该规定侵犯了公平听证权、尊重财产权和有效司法审查权等权利。

初审法院判决原告败诉，称欧盟机构必须遵守《联合国宪章》的义务，而后者效力高于所有条约，包括那些保护人权的条约，只有强行法除外。[①] 然而，当本案被上诉至欧洲法院时，原判决被推翻。欧洲法院指出，尽管点名程序旨在实现重要的集体利益，但却不能因此而舍弃程序方面的保障，如被制裁人获得审理的权利以及被告知制裁理由的权利。第 881/2002 号规定完全没有体现程序保障，因此该规定没有能够尊重被制裁人的辩护权，特别是获得审理的权利，并由此带来了有效司法复审的空缺。[②]

总体而言，欧洲法院不愿意评价联合国的制裁措施，并且承认《联合国宪章》义务的优越性，却没有遵循初审法院将其绝对化的理论。事实上，欧洲法院采取了两分论的分析方法，即将制裁区分为联合国层面和欧盟层面。欧洲法院不评论联合国层面的制裁问题，而只评论后者，并指出后者必须尊重

---

① Giacinto della Cananea，“Case Law：Global Security and Procedural Due Process of Law Between the United Nations and the European Union：Yassin Abdullah Kadi & Al Barakaat International Foundation v. Council”，Columbia Journal of European Law，summer，2009，pp. 511－513.

② Kadi，3C. M. L. R. 41（2008），p. 352.

人权标准。因此，欧洲法院要求欧盟理事会在3个月的期限内改正点名程序的不足。这份判决在国际社会掀起了轩然大波。很多人担心，如果欧盟可以通过司法途径选择性地履行联合国的义务的话，那么其他地区或国家的司法机构也有可能效仿这一先例，从而影响制裁措施的作用，甚至对《联合国宪章》义务的履行产生负面影响。事实上，除了欧洲以外，美洲、亚洲等地的法院都受理了有关定向制裁措施的案件，那么定向制裁措施的法律困境很可能从欧洲蔓延至其他地区。

更加令人担忧的是，卡迪案以及其他司法判例所带来的影响不仅在于法律层面上，还扩散至政治层面上。在瑞士，上议院接受了一项动议，动议要求于2010年起暂停对1267号决议制裁名单上的满足特定条件的人的制裁措施，具体条件有该人被列于制裁名单上已经超过3年而未经法院审判以及该人无法获得独立机构的救济等。① 在荷兰，为修改宪法而设的国家委员会指出，1267号决议制裁机制正是未在法治规则下制定的国际法规则的例证。② 在德国，定向制裁措施被尽情嘲笑。一个非政府组织将“老大哥奖”（Big Brother Award）授予欧盟理事会，因其实施定向制裁以打击恐怖主义。这些声浪不仅打击了联合国会员国实施安理会决议的积极性，并且影响了联合国制裁措施的公信力。

三、定向制裁在国内的实施

安理会决议只有经过各国在国内实施才能真正发生作用。从实践上说，国际法在国内的具体实施方式并非统一的。以条约为例，就国际法层面而言，长期以来，国际法只要求缔约国善意履行国际义务，在条约法中即“条约必须遵守”，并不具体规定缔约国采取什么样的履行义务的方式。就国内法层面而言，实施途径大致可以分成两类：一类是在原则上做出规定，将条约作为国内法的一部分在国内法律秩序中直接予以适用，而不需要制定新的国内法，这种方式也被称为“并入”（adoption）；另一类是制定新的国际法，赋予条约

① Motion 09.3719 Submitted to the Council of States by Dick Marty and passed unanimously in the Upper Chamber, September 8, 2009.

② Advice Council of State, Parliamentary Records II 2007/03, April 14, 2008, para. 4.2.3.

规则以国内法效力，使条约规则在国内予以适用，这种方式被称为“转化”(transformation)。[①] 安理会决议并非《国际法院规约》第 38 条所规定的国际法的传统渊源，因而，在实施问题上，各国就更没有统一的做法了。本文将以第 1267 号决议体系为例分析国家对定向制裁措施的实施，因为该决议体系建立了制裁委员会，各会员国要向该委员会提交有关实施情况的报告，这些报告是分析实践中出现的问题的极佳资料；而且 1267 号决议是一个核心决议，在这一决议通过后，安理会又通过一系列辅助的决议来协助该决议的实施，这一决议体系有着很重大的影响。

对于定向制裁决议在国内的实施问题，各国首先要在立法上做出修正或者纳入决议，然后进一步在执行中切实实施决议。从报告的情况来看，各国在立法措施上有不同的做法。这是因为，首先各国对于国际法在国内的适用就有着不同的规定；其次，各国还会依照本身情况的不同而选择不同的立法措施。比如说，对于大多数国家而言，资助恐怖主义活动的行为已经是一种犯罪行为，因而不须进一步制定立法，而对于那些尚未有这种规定的国家，如哥斯达黎加和越南等，可能采取对本国刑法进行修改或者颁布临时法规的方式。[②]

事实上，在定向制裁决议实施中出现的最大的问题是，1267 号决议体系中没有对恐怖主义的定义，也没有对资助恐怖主义活动的定义，而各国对这一问题的理解不同，所以造成了各国立法也大相径庭。这样的不统一将对决议的有效实施造成根本的障碍。举例来说，比利时决定对本国立法不加以修改或者补充，因为其认为国内现行的反洗钱立法包含了资助恐怖主义活动的行为。[③] 但是，反恐委员会主席就此指出，资助恐怖主义活动的行为可以通过合法的途径实施，而并不一定都通过洗钱的方式。[④]

在综合名单的问题上，只有极少数国家（如安哥拉、白俄罗斯）自动纳入

---

① 邵沙平主编：《国际法》，中国人民大学出版社 2010 年版，第 34 页。

② Report Submitted by the Republic of Costa Rica Pursuant to Security Council Resolution 1455 (2003), S/AC. 37/2004/ (1455) /33, at 4; The Socialist Republic of Vietnam Report Submitted to the Committee Established under Resolution 1267 (1999) of the United Nations Security Council Pursuant to Paragraphs 6 and 12 of Resolution 1455 (2003) of the Security Council, S/AC. 37/2003/ (1455) /77, at para. 9. 3.

③ Second Report of Belgium on the Implementation of Security Council Resolution 1373 (2001), S/2003/526, at 6.

④ Report by the Chair of the Counter-Terrorism Committee on the Problems Encountered in the Implementation of Security Council Resolution 1373 (2001), S/2004/70, at 5.

了名单，即综合名单自动成为国内法的一部分。[①] 绝大多数国家（如阿根廷、塞浦路斯、巴西和俄罗斯等）还是选择通过颁布政府命令的方式使之在国内法上生效，还有一些国家根本不认为有必要纳入综合名单，比如几内亚认为名单仅是通知各国政府要进行相关法律行动的事实说明，越南则认为法律的重要特点是对一般的主体采取适当的措施，而非对指定的个人或实体采取特别措施，所以综合名单不具有成为国内法的资格。[②]

此外，各国的国内宪法条款对于相关立法措施也有很大的影响，阿尔及利亚的报告就表达了定向制裁决议对宪法中基本权利和自由条款侵蚀的担忧，[③] 所以不愿意引渡本国公民，这将对国际司法合作产生不利影响，从而导致决议的实施不畅。另外，安理会还进一步要求国家对恐怖主义分子采取措施，不论罪行发生在何处。如果一个国家的国内法中没有对域外恐怖主义行为的管辖权的规定，那么就很难按决议的要求采取措施了。

将决议中设定的义务纳入国内法体系中是实施决议的重要前提，但却并不能保障实施的顺利进行。事实上，执行问题是一个更加复杂的问题，因为它还牵涉了国内司法机关和执行机关的相关活动。正如反恐委员会主席抱怨的那样，国家常常只是批准反恐公约，却并未通过适当的措施来执行它们。[④] 对定向制裁决议的实施也面临着同样的问题。尽管在英国、加拿大等国的报告中提到了令人惊讶的资产冻结的数目，但却基本没有提供执行措施的相关信息。[⑤]

---

① Report of the Republic of Angola Pursuant to Paragraph 6 of Security Council Resolution 1455 (2003) S/AC. 37/2003/ (1455) /3, at 4; Report of the Republic of Belarus on the Implementation of Security Council Resolution1455 (2003) S/AC. 37/2003/ (1455) /25, at 2.

② Report of the Republic of Guinea Submitted Pursuant to Paragraph 6 of Resolution 1455 (2003), S/AC. 37/2003/ (1455) /78, at 2; The Socialist Republic of Vietnam Report Submitted to the Committee Established under Resolution 1267 (1999) of the United Nations Security Council Pursuant to Paragraphs 6 and 12 of Resolution 1455 (2003) of the Security Council, S/AC. 37/2003/ (1455) /77, at para. 2. 1.

③ Supplementary Report Submitted by Algeria to the Counter-Terrorism Committee Pursuant to Security Council Resolution 1373 (2001), S/2003/723, at 4.

④ Report by the Chair of the Counter-Terrorism Committee on the Problems Encountered in the Implementation of Security Council Resolution 1373 (2001), S/2004/70, at 6.

⑤ Report of the United Kingdom Pursuant to Paragraphs 6 and 12 of Resolution 1455 (2003), S/AC. 37/2003/ (1455) /19, para. 12, (£334, 428. 14). Report of Canada Pursuant to Security Council Resolution1455 (2003), S/AC. 37/2003/ (1455) /20, at 12 (CAN $340, 000).

为什么各国在执行中存在问题呢？主要原因是，在大多数国家，资产冻结措施一定是要在法院做出有罪判决后才能实施的。针对这个理由，反恐委员会指出，如果让国内司法介入到安理会决议的执行中，等于赋予国内法院的法官以对安理会决议的否决权。①

除此之外，在执行决议中存在的另一大问题是如何打击以合法形式进行的资助恐怖主义活动的行为，因为非法的方式尚可以通过国内的洗钱法来处理，而各国却缺乏处理合法形式的行为之经验。众所周知，资助恐怖主义活动的行为往往并非通过刑事犯罪活动，而是借助非营利性慈善机构或者非正式的银行体系——如哈瓦拉（hawala)。② 伊朗、俄罗斯等国在报告中指出已经在国内禁止非正规性的银行体系；③ 荷兰要求非正规性的银行进行登记；④ 阿联酋试图将非正规银行纳入到正规银行体系中。⑤ 但是，印度却在报告中指出，要求登记哈瓦拉是一种自相矛盾的做法，因为哈瓦拉体系的本质就是秘密性并建立在互信的基础上的。⑥

此外，有些国家在报告中指出，由于本国力量不足，无法有效执行决议，

---

① Third Report of the Analytical Support and Sanctions Monitoring Team Appointed Pursuant to Resolution 1526（2004）Concerning Al-Qaida and the Taliban and Associated Individuals and Entities，S/2005/572，9 Sept. 2005，at para. 48.

② 哈瓦拉是独立于传统银行金融渠道的非正统、非主流的汇款系统。哈瓦拉一词的阿拉伯语含义是指“约定好的票据”或“交易用的账单”，后来这个词又进入了印地语，并增加了“信任”、“介绍”、“推荐”等新含义。目前很难说出哈瓦拉的确切出现年代，但有一点可以肯定，那就是它源于阿拉伯地区以及南亚地区。由于哈瓦拉系统开放、便捷、不需账单凭证或文字记录，顾客可以是匿名的，这对罪犯或恐怖分子而言非常有吸引力。恐怖主义分子常通过哈瓦拉筹集、转移资金，购买武器，招募恐怖分子。参见徐飞彪：“黄金暗道哈瓦拉”，《世界知识》2005 年第 23 期，第 52—53 页。

③ Supplementary Report of the Islamic Republic of Iran to the Security Council Counter-Terrorism Committee Pursuant to Paragraph 6 of Security Council Resolution 1373（2001），S/2003/266，at 4；Information Provided by the Russian Federation in Response to the Additional Questions and Observations Prepared by the Counter-Terrorism Committee of the Security Council in Connection with the Supplementary Report of the Russian Federation Submitted in Accordance with Security Council Resolution 1373（2001），S/2003/839，at 6.

④ Fourth Report of the Netherlands on the implementation of Security Council Resolution

⑤ Third Report of the United Arab Emirates on Additional Information Submitted to the Security Council Committee Established Pursuant to Resolution 1373（2001）Concerning Counter-Terrorism，S/2003/1211，at 7.

⑥ Fourth Report of India to the Counter Terrorism Committee，S/2004/451，at 8.

太平洋群岛国家甚至不能履行提交报告的义务，因为它们还要利用本国有限的资源做诸如解决饥饿等更重要的事情。[①] 当然，还有一些国家指出，各国现在正在经历“报告疲劳症”，因为国家要向各种委员会提交各种各样的报告。[②]

另外，在移民和边界控制方面，一些国家在报告中指出无法利用现有的计算机系统或数据库有效执行决议，而这并不仅是国家的问题，安理会也应为此承担责任。因为许多国家都指出安理会的综合名单中信息提供不足，使得它们很难确定名单中的个人，特别是在名字相同或者翻译不同的情况下。如果名单中所列的名字太过常见的话，更会造成麻烦。[③]

四、定向制裁的出路

由上文可见，当定向制裁被广泛采用之后，一系列的问题就出现了。应该说联合国在此之前从来没有想到自己也能够侵犯人权，[④] 但是定向制裁措施的应用却置联合国于如此尴尬之地位上。不过，更加尴尬的是，定向制裁措施还在地区性法院和国内法院引起了多起诉讼。欧洲法院尽管没有直接评价安理会的行为，但是却指出欧盟实施安理会定向制裁决议的规定应该修改，这事实上间接地对安理会决议进行了不利评论。所以，定向制裁措施的正当程序缺失问题将不仅影响定向制裁本身的作用与发展，还将对安理会决议的效力造成影响。所有这些问题的症结在于，定向制裁措施本身是安理会选择的一种维持世界和平与安全的政策工具，但是定向制裁措施却运用了“准司法”的手段，直接影响了个人的权利与义务。以上种种问题造成了会员国在实施

---

① The letter dated 1 Dec. 2005 from the Chairman of the Security Council Committee established pursuant to Res. 1267 (1999) concerning Al-Qaida and the Taliban and associated individuals and entities addressed to the President of the Security Council, S/2005/761, at 3—4.

② 反恐委员会的主席也承认，向反恐和制裁的各委员会提交无尽的报告使得各国开始质疑报告的目的究竟是什么。参见安理会于 2006 年 5 月 30 日举行的“恐怖主义活动对世界和平与安全造成的威胁”会议中的讨论，UN Doc. S/PV. 5446。

③ Report Submitted by France Pursuant to Security Council Resolution 1455 (2003) Concerning Sanctions against Al-Qa'idah. S/AC. 37/2003/ (1455) /37, at 3.

④ Frédéric Mégret & Florian Hoffmann, "The UN as a Human Rights Violator? Some Reflections on the United Nations Changing Human Rights Responsibilities", Human Rights Quarterly, Vol. 25, 2003, p. 314.

定向制裁措施时各行其是，进一步钳制了定向制裁措施的有效性，因此定向制裁的未来改革应该结合上述问题展开。

（一）加强正当程序

正当程序（due process）是一项重要的法律原则，该原则最早适用于刑事处罚领域，后来扩展到了行政行为及其他公权力行为。20 世纪 40 年代，正当程序原则在世界范围内得到认可。1948 年的《世界人权宣言》第 8 条规定："任何人当宪法或法律所赋予他的基本权利遭受侵害时，有权由合格的国家法庭对这种侵害行为作有效的补救。"第 10 条规定："人人完全平等地有权由一个独立而无偏倚的法庭进行公正的和公开的审讯，以确定他的权利和义务并判定对他提出的任何刑事指控。"《公民权利和政治权利国际公约》则在第 14 条中对正当程序原则进行了规定："在判定对任何人提出的任何刑事指控或确定他在一件诉讼案中的权利和义务时，人人有资格由一个依法设立的合格的、独立的和无偏倚的法庭进行公正的和公开的审讯。"欧洲、美洲和非洲的人权公约也都规定了正当程序原则。在对各人权公约进行综合分析后，可发现正当程序原则的要求主要有以下几个方面：第一，任何人在被采取不利措施前获得通知的权利；第二，被采取不利措施的任何人在合理期限内获得审理的权利；第三，被采取不利措施的任何人获得律师协助的权利；第四，被采取不利措施的任何人获得救济的权利。

不过，值得我们注意的是，尽管正当程序原则的适用范围在不断扩展，但是它仍然主要在刑事惩罚领域发挥作用，各人权公约亦是在刑事惩罚方面对正当程序进行了规定。定向制裁措施并不是一项刑事惩罚，它主要是一项预防性的政治决策，所以如果要将正当程序原则的要求全面适用于定向制裁是不现实的。因为安理会是一个政治机构而不是司法机构，制裁不是法律判断而是政治决策。也就是说，我们不可能要求定向制裁达到刑事诉讼中的正当程序标准，否则定向制裁的预防性等特性无法发挥。但是，我们不能不看到，定向制裁措施的实施确实给被制裁人带来了人身自由和经济方面的影响，所以它事实上已经带有"准司法性"。因而，在定向制裁措施中也要保证一定程度的正当程序。也就是说，在定向制裁方面，应该满足正当程序的关键要求，而非全部要求。

安理会对正当程序问题十分关注，并在对定向制裁措施的改革中一再弥补正当程序的不足。作者认为，在定向制裁措施中，应该保障的正当程序权利包括三项：其一为被制裁人获得相关通知的权利；其二为被制裁人申述观点、提供证据的权利；其三为被制裁人获得复审的权利。第一项权利和第二项权利可以通过安理会所设立的联络点实现。自安理会第 1730 号决议设立联络点以来，其发挥着接受被制裁人请求，通知被制裁人除名程序期限与决定以及联络被制裁人的国籍国或住所地国的作用。联络点的作用可以加强与扩展，以实现对第一项和第二项权利的保护。对于被制裁人获得复审的权利，由于安理会并非国际法院，亦非行政复审机构，所以在现阶段很难提供有效的复审。然而，尽管安理会在复审问题方面左右为难，但地区和国内司法机构已经开始对定向制裁措施加以审查，以上机构的审查结果并不乐观，甚至将从根本上削弱定向制裁的作用，并有损于安理会的权威。因此，安理会有必要设立单独的复审机构，如监察处或检察官办公室。复审机构专门处理对定向制裁措施而提出的复审要求，并直接向安理会报告，以保证其公正性。

（二）发展决议实施指南

定向制裁决议在国内的实施路径不统一，首先是各国在实施国际法上的不同传统造成的，即使是在条约和国际习惯等传统国际法渊源的实施问题上，各国都有不同的做法，更不用提安理会决议了。其次，各国的国情不同。比如，在立法上，有的国家已经建立了有关反洗钱、反资助恐怖主义的较完备的法律体系；在执行上，有的国家对打击恐怖主义活动颇有经验，而且国内民众也支持进行此类活动。而有的国家一方面对打击恐怖主义毫无经验，另一方面国内民众又对美国主导的反恐战争有强烈反感，国家虽然在反恐的大趋势下对定向制裁决议表示支持，却在实施中犹犹豫豫。因此，如何保证联合国全部会员国参加到安理会做出相关决议的过程中，并达成政治共识是一个重要的问题。再次，安理会决议对相关问题没有下定义，如恐怖主义和资助恐怖主义活动，这就可能造成各国在实施决议中扩大或缩小恐怖主义活动的范围。而为了解决这个问题，安理会通过了太多的决议来保证实施，但是规范的增多并不代表着能达到一致的执行后果，相反还会带来自相矛盾和混乱的实施后果。最后，安理会对决议的实施没有监督权导致会员国在实施中各行其是。显然，在没有监督和制约的情况下，仅凭国家提交一些书面报告显然是没有用的。既没有指导，也没有任何的纠正，国家在实施中出现不同的问题是可以理解的。所以，只有有了适当的监督机制，才能让国家提交的报告上的“纸面的事实”转变为“执行的事实”，而这将是一个任重而道远的目标。[①]

为了尽可能地减少决议实施的不畅，安理会应该首先在决议中对相关问题（特别是关键术语）做出界定，从而防止各国在理解上出现歧义。另外，安理会也应该总结各国在决议实施过程中的实践经验，并根据良好的实施机制和经验发展出一套决议实施指南。这样，才能对各个国家形成指导性的规范，以避免各行其是的现象出现。

五、结论

安理会所采取的定向制裁措施是一次旨在维护世界和平与安全的创举，在反恐等领域发挥了重要的作用。但是，定向制裁措施本身的政策工具性与其采取的手段的法律性之间产生了冲突，从而影响了制裁措施的效用发挥。所以，安理会应该对定向制裁措施的特性加以深刻认识，从而对其加以大刀阔斧的改革，以实现其效用的最大化。

目前中国对定向制裁决议常常是通过外交部发文通知其他相关机构和金融性机构来实施，这一路径只是在没有相关立法的情况下的权宜之计，因为外交部是否是适格的决议实施主体以及外交部文件是否有效力都可以被质疑。况且，作为安理会常任成员国，中国有必要在遵守决议方面发挥带头作用，而目前这种“无法可依”的状态实在不能令人满意。事实上，如今不仅世界各主要国家对安理会决议实施问题有相关立法，连中国香港地区都有专门的《联合国制裁条例》，一旦安理会通过制裁决议，特别是定向制裁的决议，香港地区就会依照该条例通过专门的“规例”建立制裁机制。为此，中国应该参照相关国家的立法和实施实践，在国内确立安理会制裁决议实施的立法和机制。

---

① “关于‘纸面的事实’和‘执行的事实’的提法”，请参见 Cardenas，“The United Nations Security Council’s Quest for Effectiveness”，25 Michigan J Intl L（2004）1341，p. 1343。

美国单边制裁与联合国制裁机制：以伊朗为例

刘玮哲*

一、制裁概述

制裁有两个主要的分类，分别是全面制裁（comprehensive sanctions）与定向制裁（targeted sanctions）。前者指过去针对国家的制裁一直被视为无差别且全面禁止（blanket bans），但缺点是延伸了不少人权问题，普遍让制裁国视为不管用的政策工具。到20世纪90年代，国际社会逐渐发展出定向制裁（targeted sanctions），这种制裁目标不再是该国的经济而是针对特定的个人和团体，减缓了受制裁国平民受冲击的程度，并降低制裁可能造成的人道危机，同时也增加了制裁的正当性。

定向制裁施行的形态有三类：第一类是对出口或进口的限制措施，包括武器、油和天然气。这类措施同时可防止受制裁国取得特定的技术、货物；第二类是金融制裁（financial sanctions），例如禁止资金移转、冻结资产；第三类是对个人颁布入境禁令（travel bans），禁止个人进入及穿越欧盟各国。

表1　依目的分类的制裁

依目的分类的制裁（Sanctions classification according to purpose）			
		要求可行性（Request feasibility）	
		高	低

* 刘玮哲，台北东吴大学法学院法律系法律研究所国际法组硕士生。

续表

直接的实质损害（Direct Material Impact）	高	胁迫（coercing）	约束（constraining）
	低	标志（Signaling）	

数据来源：Francesco Giumelli，“How EU sanctions work：A new narrative”，Chaillot Papers，2013，pp. 18—20。

制裁相比于动用军事力量，显得较有弹性且成本较低，制裁常被视为介于外交和动用军事的外交手段，主要在于逼迫受制裁国改变政策方向和迫使其重回谈判桌。从目的分类来看，学者 Francesco Giumelli① 将其分为胁迫（coercing）、约束（constraining）、警示（signaling）。胁迫在于改变制裁对象的行为，经由制裁造成制裁对象的损失进而创造出让制裁对象从事特定政策的诱因；约束则是打击制裁对象的能力（capacity），以利制裁国达成目标；警示则是不求对制裁对象造成实质损害，而是冀求国际或国内的舆论力量（existence of audiences）促成受制裁国或对象政策转向。

从以往制裁的案例可以发现，制裁有五大功能：第一是冲突管控，代表案例是对阿富汗以及利比亚的制裁；第二是推动民主与人权，例如白俄罗斯与乌兹别克斯坦的案例；第三是冲突后制度重塑，例如战后的前南斯拉夫地区和几内亚；第四是防扩散，对伊朗的制裁是代表案例；第五是打击恐怖主义，例如基地组织及其附属组织。

二、伊朗革命与 1979 年人质危机

20 世纪 70 年代中期，伊朗在工业化与西化的过程中与美国保持稳定的关系，尽管国内有马克思主义政党和伊朗人民党存在，外加库德族、阿拉伯人、阿塞拜疆族不时的族群暴动，伊朗政府仍能有效地掌控全国。当时的统治者伊朗国王巴勒维（Mohammed Reza Pahlavi）拥有庞大的现代化军队和训练有素的秘密警察“萨瓦克”（SAVAK）协助维系政权。20 世纪 50 年代到 60 年代初期，在美国中央情报局和英国秘密情报局军情六处协助下，将伊朗巴勒

① Francesco Giumelli，“How EU sanctions work：A new narrative”，Chaillot Papers，2013，pp. 18—20.

维政权打造成亲西方的区域强权。[①]

20 世纪 60 年代末期，随着伊朗的石油收益稳定成长，对伊朗的财政独立有莫大的帮助，伊朗逐渐发展成区域重要的角色。正当英国 1968 年从东苏伊士撤出、美国专注于越南、激进主义浪潮席卷阿拉伯、波斯湾周围阿拉伯国家的分裂，伊朗成为唯一的强权能填补区域稳定的真空。

当巴勒维 1969 年 10 月访问华盛顿，美国总统尼克松希望将区域安全问题的负担移转到伊朗，扶植伊朗成为美国在中东的代理人，故贩卖大量的武器给与巴勒维政，交换条件是伊朗政府允诺提供美国在中东的盟国以色列石油。

美国总统卡特在 1977 年新年夜访问伊朗之际，对巴勒维政权赞扬溢于言表，称伊朗是"全世界区域中麻烦最多的稳定岛屿"。但在卡特访问后的数个月，巴勒维政权面临大规模的暴动，约在一年之后，巴勒维政权被基于伊斯兰律法的政权所取代。

巴勒维从 1953 年执政以来一直走的是反左派路线，并尝试将伊朗现代化，运用石油收益推动财政与土地改革，打击贵族反对势力。巴勒维尽管允许内阁的运作，但不时罢黜与其意见不合的首相，在 1953 年到 1957 年间实行军事统治，甚至在 1961 年到 1963 年间中止伊朗议会的运作。巴勒维政权常被诟病是仰赖专制统治、人治、秘密警察维系政权，尤其常以恢复波斯帝国荣耀为宣传，号召人民服从其政权。在巴勒维统治之下，伊朗人民不享有集会与言论自由，议会沦为橡皮图章。

在 1975 年伊朗经济恶化后，国内的伊朗人民党和左翼团体逐渐崛起、中产阶级的自由主义者渴望赢得政治权利、传统主义者对国内急剧的社会变迁感到愤怒，尤其是传统主义者包括伊斯兰宗教领袖在内对长期受控制以及对女性平等权利的趋势表达不满。尤其在 1977 年初，巴勒维推动一系列人权政策的改革以换取美国对伊朗独裁政权的支持。在此之后，包括允许言论表达自由、立法明定拘禁前须经由法院程序、特赦政治犯等。但到 1977 年底，却导致国内对巴勒维政权的批评声浪高涨，最终演变成国内动乱，巴勒维于是展开镇压。美国对此并未谴责，部分原因是美国总统卡特要求巴勒维支持他

---

① John W. Young and John Kent，"International Relations since 1945：A Global History"，Oxford University Press，2003，pp. 341—345.

提出的“戴维营和平进程”。[①]

1977 年 10 月伊朗国内动乱死灰复燃，基本教义派领袖霍梅尼（Ayatollah Ruhollah Khomeini）鼓动伊斯兰武装学生在大学组织反政府暴动。1978 年 1 月，巴勒维政府批评霍梅尼在圣城库姆（Qom）煽动群众暴动，加上左派恐怖分子作乱，零星冲突不断，但随后局势逐渐稳定。西方观察家在此时认为巴勒维政府能安然度过这次危机，形容左派分子比传统主义者更危险。到了 1978 年 8 月霍梅尼向支持者喊话，呼吁全面推翻巴勒维政府，甚至不惜与非伊斯兰团体合作。巴勒维政府在 9 月 8 日对德黑兰颁布戒严令，到了 10 月，骚乱已蔓延全国，全国的石油业几乎全部停摆，此时巴勒维尝试与传统主义者妥协，包括关闭赌场和着手反贪并停止审查制度的运作，可惜为时已晚。

美国政府此时向巴勒维政府提供了“机载警报和控制系统”的机密装备，但对国内情势稳定已于事无补。在不少伊斯兰人眼中，美国代表的是无神唯利主义者，并认为伊朗当前的问题是由美国所造成的。伊朗局势的急速变化，使美国措手不及，美国政府误判问题的严重性，导致伊朗局势失控，难以挽救。

到了 1978 年 12 月，伊朗宗教节庆引起了新一轮的暴力冲突和暴力镇压。随后巴勒维尝试移交政权给人民内阁，到 12 月 31 日，温和派政治领袖巴赫蒂亚尔（Shapour Bakhtiar）在知悉巴勒维将离开伊朗的情况下出任总理。随后在 1979 年 1 月 16 日，巴勒维遭放逐，伊朗皇室正式遭废除。1979 年 2 月 1 日，霍梅尼重返德黑兰建立了伊朗共和国，开启了伊朗的神权统治时代。

这次革命被外界称为“伊朗革命”。这波浪潮由动荡的波斯湾和中亚国家所点燃，破坏了美国的区域布局，伊斯兰基本教义派显然在国际上成为新兴的力量。

1978 年年底，在伊朗的外商公司遭示威者攻击，美国大使馆也不能幸免于难，迫使美国政府撤回使馆员工，从原本的千余人缩减剩百人以下。美国政府与霍梅尼的支持者多次接触，包括 1979 年 9 月时任美国国务卿万斯与伊

---

① “戴维营协议”（Camp David Accords）是有关中东问题的一项重要协议，因会议举行地点为美国总统休养地戴维营而得名。1978 年 9 月 6 日，在时任美国总统卡特的邀请下，美国、埃及和以色列三方在戴维营举行最高级会议，与会的三国首脑有美国总统卡特、埃及总统萨达特及以色列总理梅纳赫姆·贝京。在持续 12 天的会议后的 9 月 17 日，埃以双方签署了《关于实现中东和平的纲要》和《关于签订一项埃及同以色列之间的和平条约的纲要》两份文件，即著名的“戴维营协议”，埃以双方并在第二年正式签署了和平条约。

朗外交部长雅兹迪（Ibrahim Yazdi）会面。但是美国政府仍基于 1979 年 10 月巴勒维罹癌须接受治疗的人道理由将其转送至美国。此举引来伊朗民众的不满，在 1979 年 11 月 4 日开始包围美国在伊朗大使馆长达两个礼拜，最终民众控制了整个大使馆，53 名大使馆员工沦为人质。

伊朗政府的纵容导致局势失控，部分人认为伊朗此举在于维持革命的热潮，是预先计划好的行动，巴勒维入境美国只是个煽动民众的借口。1980 年 4 月美国曾动用军队营救人质，但最终以失败收场，一架直升机坠毁 8 名士兵罹难。[①] 美国国务卿万斯下台以示负责，卡特声望跌至低点，批评声浪排山倒海而来，认为卡特无力应付危机，卡特最终在 1980 年 11 月的总统大选中丢掉了总统宝座，连任失利，里根胜出成为新任美国总统。在阿尔及利亚居间斡旋之下，美伊最终让步，以美国解除对伊朗资产管制的条件下，在卡特任期最后一天即 1981 年 1 月 20 日，伊朗释放全部人质，人质危机解除。

三、美国对伊朗单边制裁

美国首次对伊朗制裁起因于 1979 年美国驻德黑兰大使馆外交人员被劫持，美国总统卡特颁布了一道行政命令查封伊朗在美国的财产，并对外宣称：伊朗情势对美国国家安全、外交政策和经济造成异常威胁。1983 年受伊朗资助的真主党攻击驻扎在贝鲁特的美军，造成 241 名美国海军陆战队阵亡。随后美国总统里根将伊朗列入“支持恐怖主义国家”名单，伴随而来的结果是禁止美国对伊朗提供财政援助以及限制军民两用货品对伊朗的买卖。

随后因伊朗寻求获得大规模毁灭性武器以及支持恐怖主义，总统克林顿颁布了两道行政命令禁止所有美国公民与伊朗投资和贸易。1996 年克林顿签署《伊朗和利比亚制裁法案》，对投资伊朗能源部门金额超过门坎的公司施加制裁。《伊朗制裁法案》（因 2006 年对利比亚的制裁解除）在性质上是辅助性制裁，意味着即使公司不设在美国本土仍会因为威胁美国而受制裁，也就是如果公司选择与伊朗能源部门有商业来往，也代表同时不得与美国有生意的往来。欧洲国家认为这个法案是境外制裁，欧盟甚至威胁向世界贸易组织申诉，随后美国让步同意搁置该能源的境外制裁，以换取欧盟承诺与美国合作对抗伊朗发展大规

① F. Gregory Gause，“The International Relations of the Persian Gulf”，Cambridge University Press，2010，pp. 54—58.

模毁灭武器的计划。在2001年“9·11”恐怖袭击事件爆发后，美国总统乔治·布什也曾签署行政命令和立法，打击恐怖主义和洗钱集团的资助者。

其中《伊朗和利比亚制裁法案》于1996年通过，作为美国国会对总统制裁政策的更广泛介入，增加美国运用制裁对抗目标国和恐怖主义。该法案增补对现存的出口控管和外国增产控管进行第二轮的制裁，包括抵制外国公司对利比亚和伊朗石油产业的大规模投资。国会通过《伊朗和利比亚制裁法案》的目的是希望将美国对利比亚和伊朗制裁的惯例成文法化，限制总统对制裁政策的控制，并确保美国有效执行联合国安理会第748号和883号决议，禁止对利比亚贩卖飞机零件和金融交易。《伊朗和利比亚制裁法案》也反映了美国国会欲对第三国投资利比亚和伊朗石油、天然气的公司施加制裁，在没有国会批准下，美国总统难以更改对利比亚和伊朗制裁的境外适用规则。①

《伊朗和利比亚制裁法案》引起了美国贸易伙伴和外商公司极大的争论，该境外条款针对外国国籍人的管辖，相较于其他美国的制裁法，代价极高。也就是不论外国公司在何处与利比亚或伊朗能源部门或武器制造商进行大规模投资或贸易，即违反《不扩散核武器条约》。不像其他制裁法律，美国财政部往往统御调查和执行，《伊朗和利比亚制裁法案》是由美国国务院对执行法案享有独占的权限。另外对已经投资利比亚和伊朗发展计划的非美国公司不需要撤资，《伊朗和利比亚制裁法案》没有溯及既往的效果。

2006年，《伊朗和利比亚制裁法案》增修条款排除了与利比亚的外商投资与贸易，不在制裁之列。但伊朗的部分仍未更动，制裁仍适用于对伊朗投资与贸易的外商。在2006年8月5日之后，只要在任何12个月之内投资伊朗4000万美元以上就可视为直接明显地帮助伊朗发展石油产业，美国总统可对其实施经济制裁。据估计，每年对美国的投资额的冲击约为2000万美元。

在2006年增修法案通过以前，对与利比亚外贸与投资的限制包括任何对利比亚经由出口、转让或其他方式，投资或交易商品、提供服务和技术给利比亚都在安理会决议文第748号和883号禁止之列，② 禁止对象是对利比亚获取的化学、生化、核子武器以增强其军事能力，或对利比亚开发油气资源、或对利比亚维持航空事业有显著帮助者。非美国公司从伊朗和利比亚购买的

---

① Kern Alexander, “Economic Sanctions Law and Public Policy”, Palgrave Macmillan, 2009, pp. 106－111.

② Kern Alexander, “Economic Sanctions Law and Public Policy”, Palgrave Macmillan, 2009, pp. 106－109.

油气产品或其他货品，并不在制裁之列，但对利比亚获取的化学、生化、核子武器以增强其军事能力，或对利比亚开发油气资源，或对利比亚维持航空事业有重大帮助者，都在联合国决议禁止之列。

表 2　美国对伊朗制裁

类型	年份
针对伊朗的立法	
《两伊武器防扩散法案》(Iran-Iraq Arms Non-Proliferation Act)	1992
《伊朗和利比亚制裁法案》(Iran and Libya Sanctions Act)	1996
《伊朗不扩散法案》(Iran Non-Proliferation Act)	2000
《伊朗自由支持法案》(Iran Freedom Support Act)	2006
《对伊朗全面制裁、问责和剥夺权利法》(Comprehensive Iran Sanctions，Accountability and Divestment Act)	2010
《2012 年美国国防授权法第 1245 章》(Section 1245 of NDAA 2012)	2011
《削减伊朗威胁及保障叙利亚人权法》(Iran Threat Reduction and Syrian Human Rights Act)	2012
《伊朗自由和不扩散法案》(Iran Freedom and Non-Proliferation Act)	2013
针对伊朗发布的行政命令	
12170 号行政命令（冻结伊朗财产）	1979
12205 号行政命令（禁止与伊朗部分商业交易）	1980
12211 号行政命令（禁止与伊朗部分商业交易）	1980
12613 号行政命令（禁止从伊朗进口）	1987
12957 号行政命令（禁止投资伊朗石油业）	1995
12959 号行政命令（禁止与伊朗商业贸易）	1995
13509 号行政命令（对伊朗限制出口）	1997
13553 号行政命令（冻结侵犯人权者资产）	2010
13574 号行政命令（依伊朗制裁法案执行制裁）	2011
13590 号行政命令（对牵涉伊朗石油业的公司制裁）	2011
13599 号行政命令（冻结伊朗设在美国机构的财产）	2012
13606 号行政命令（冻结侵犯人权者的财产）	2012
13608 号行政命令（禁止与逃避制裁者商业交易以及禁止入境美国）	2012
13622 号行政命令（延展能源和金融制裁）	2012
13628 号行政命令（延展制裁）	2012
13645 号行政命令（制裁伊朗汽车和货币）	2013

数据来源：Gary Samore，"Sanctions Against Iran：A Guide to Targets，Terms，and Timetables" Harvard Kennedy School，June 2015，p. 30。

四、联合国与经济制裁

联合国宪章的起草者，对联合国设立了两个主要组织，第一是联合国大会，第二是安全理事会。大会有权通过无拘束力的决议建议各会员国采取经济制裁，而安理会则有权透过有拘束力的决议和无拘束力的建议施行制裁。①

大会首次建议制裁的决议是在1946年做出，针对西班牙和佛朗哥将军（General Franco）领导的法西斯政府。随后，大会和安理会通过了许多谴责南非种族隔离政策的决议，建议各国对南非实行武器禁运和贸易限制的制裁措施。虽然这些决议中的建议在性质上属于无法律约束力，但成功引起全世界对南非隔离政策对人权造成的侵害和对区域和平与安全威胁的关注。

安理会的功能和权力写在宪章第五章。安理会的主要责任在于维持国际和平与安全，宪章赋予安理会得基于第六到八章、第十二章采取行动履行其责任。安理会有责任依宪章第六章以和平方式解决争端，依宪章第七章对和平之威胁、和平之破坏及侵略行为采取行动，包括依宪章第八章得采区域安排维持国际和平与安全，或依宪章第十二章的国际托管制度执行特定功能。

有关于安理会制裁权力的法源基础规定在宪章第七章，从宪章第39条到第51条，宪章第七章授予安理会得采取行动维持或恢复国际和平与安全。第39条和第41条是制裁适用的关键条文。宪章对何谓构成和平之威胁、和平之破坏和侵略行为并没有详细的定义，起初的设计是为了给予安理会在判定特殊的情况有最大的弹性，在宪章第五章中，安理会有专属的权力判定何谓是对和平构成威胁的行为，而这判定的过程可视为适用制裁措施的触发器。

宪章第41条概述了安理会响应和平之威胁、和平之破坏和侵略行为的数种强制措施，包括经济关系、铁路、海运、航空、邮、电、无线电及其他交通工具之局部或全部停止，以及外交关系之断绝。

宪章第41条在字面意义上是授予安理会有更广的权力动用非军事的制裁以确保其决议有效执行，但在实践上，宪章第41条必须与第39条连动，意味着只有在安理会判定存有和平之威胁、和平之破坏和侵略行为之后才可采取制裁。

---

① Kern Alexander, “Economic Sanctions Law and Public Policy”, Palgrave Macmillan, 2009, pp. 23—28.

当安理会发动制裁时，所有联合国会员国有法律的义务去执行安理会的制裁措施。此法律义务来自于宪章第25、103条以及第2条第5项，依宪章第25条，联合国会员国同意依宪章之规定接受并履行安全理事会之决议，联合国会员国必须遵照和施行联合国的制裁措施。宪章第103条亦要求各会员国以宪章下义务应居优先，意味会员国不得以先前的法律义务为借口规避履行安理会的决议。宪章第2条第5项则要求各会员对于联合国对于任何国家正在采取防止或执行行动时，各会员国对于该国不得给予协助，也就是在安理会依第41和第42条采取行动时，各会员国不得提供协助。[①]

安理会基于《联合国宪章》第六章与第七章有权通过各种形式的决议文。在经济制裁方面，安理会可依宪章第六章采建议，或依第七章做出有拘束力的决议。宪章第六章，是建立在争端和平解决的基础上，授权安理会可促请各当事国调查、建议适当调解的程序和方式，以及对各方做出建议。

宪章第七章，主要是处理有关于和平之威胁、和平之破坏及侵略行为，是安理会专有的权力。但在适用宪章第七章前有个前提，宪章第39条提及，安理会必须先断定和平之威胁、和平之破坏及侵略行为是否存在，并容许安理会得对此做出建议或决议。安理会可依第七章做出不包含武力使用的措施，例如经济制裁或包含武力使用的措施。若安理会断定有和平之威胁、和平之破坏和侵略行为发生，可授权各会员国在多边协调的基础下实行经济制裁。

鉴于宪章第39条对何谓和平之威胁、和平之破坏和侵略行为定义并不清楚，部分专家认为，安全理事会可依其职权断定何者符合上述行为。在实践上，安理会实行经济制裁必须经过理事会中15个国家代表中的9个同意。安理会在1996年第一次实行经济制裁，目标是南罗得西亚（South Rhodesia）[②]的白人政府。南罗得西亚案是安理会对国际经济制裁的法律架构的第一次测试，产生了不少问题，其中各国不同的法律体系，导致各国对安理会决议如何在国内法适用和解释有不同看法。另外对相同的当事方和商业交易客体、各国互助和重叠的管辖权也产生了问题。尤其对南罗得西亚的比邻国家，例如南非，有效施行经济制裁遭遇极大的困难。

进入20世纪90年代后，安理会经济制裁的施行仍遭遇困难。在1990年的第一次伊拉克战争（或称科威特战争），在对伊拉克和受占领的科威特适用

① Jeremy Matam Farrall, "United Nations Sanctions and the Rule of Law", Cambridge University Press, 2007, pp. 62—68.

② 英国在非洲南部的一个殖民地，即现在的津巴布韦。

经济制裁的初期阶段产生了不少问题。在伊拉克入侵科威特之后，美国政府对伊拉克和科威特实行了制裁，随后安理会在 1990 年 8 月 6 日颁布了第 660 号决议，要求各国冻结伊拉克和科威特在其境内的所有资产，并要求各国采取适当措施保护科威特合法政府和其所属机构的资产。除此之外，要求各国对科威特和伊拉各施加经济制裁，安理会本决议文受大多数欧洲国家、美国、日本和加拿大所遵循。

在各国采用不同立法技术的情况下，经济制裁的互补性和全面施行就产生了困难。举例来说，加拿大在 1990 年 8 月 3 日对伊拉克和科威特实行了金融制裁，之后随着安理会第 661 号决议文的颁布，加拿大根据《联合国法案》（United Nations Act）冻结了伊拉克和科威特的资产并实行了贸易禁运。加拿大的制裁不仅对加拿大的公民和公司适用，对加拿大企业在第三国的分公司同样适用，但对外国子公司并不适用。美国制裁则涵盖较广的范围，包括设在国外的分公司以及子公司。与加拿大和美国不同，瑞士、英国、法国、日本以及欧共体的制裁法规不对境外适用。

从 2006 年到 2010 年，安理会通过 6 个决议，以伊朗的核和弹道导弹计划为制裁目标。特别是 1929 号决议提及“伊朗敏感的核扩散活动资金来源与伊朗能源部门收益有潜在连结”即可施加制裁，藉此欧盟对伊朗石油和天然气部门进行制裁，并对伊朗石油实施禁运。

随着伊朗在纳坦兹（Natanz）和阿拉克（Arak）建造铀浓缩设备和重水厂的秘密计划被揭露，德法英三国在 2003 年遂与伊朗展开谈判，但在 2005 年伊朗新总统埃玛丹加（Mahmoud Ahmadinejad）上任后，四方谈判破裂，伊朗重启铀浓缩计划。到了 2006 年，国际原子能机构正式将伊朗不遵循国际义务的事实提交至联合国安理会，之后经 2006 夏天另一轮谈判破裂后，安理会对伊朗采取了第一轮的制裁措施。

其中 1737 号决议对伊朗制裁机制是安理会在 2006 年 11 月对伊朗发动制裁，尝试阻止伊朗成为核武器国家。2006 年 7 月，安理会对伊朗决定继续核浓缩相关活动以及不继续与国际原子能机构合作表达严重关切，安理会认为伊朗提出的核计划存有核子扩散风险，而在《联合国宪章》下安理会的主要责任是维持国际和平与安全，防止情势恶化有其必要性。①

依宪章第 40 条，安理会要求伊朗遵循国际原子能机构理事会的要求采取

---

① Jeremy Matam Farrall，“United Nations Sanctions and the Rule of Law”，Cambridge University Press，2007，pp. 458－461.

行动，并要求伊朗中止所有核浓缩和加工的活动，包括研究和开发。安理会并警告，若在2006年8月31日前伊朗没有达成安理会的要求，将依宪章第41条采取适当的措施迫使伊朗照办。

5个月之后，安理会颁布了1737号决议，谴责伊朗拒绝依原子能机构委员会的要求采取行动，另一方面，伊朗的核计划导致核扩散的风险，在安理会要求无效后，为了维护国际和平与安全，依宪章第41条对伊朗采取制裁措施。

1737号决议的制裁机制由针对性经济制裁、金融制裁和旅行制裁所组成，在针对性经济制裁方面，各国必须采取必要措施防止供给、出售或转让予伊朗核浓缩、加工或重水相关活动和核武器发展的零件。禁运的详细零件列表与安理会对朝鲜的1718号决议相同，一部分零件是关于核计划，另一部分的零件是关于弹道导弹。安理会也提到1737号的制裁委员会可就核浓缩、加工和重水相关的活动增列制裁清单。然而，安理会亦要求各国须限制本国提供相关零件给伊朗，并要求各国防止对伊朗提供任何技术援助、训练、金融援助或服务，以及与供给、贩卖、转让、制造或与制裁相关零件的任何金融移转或服务。依安理会的金融制裁，各国须依1737号决议中附件中所选定的个人或实体，予以冻结资金、其余的金融资产或经济资源，以及依制裁委员会所增列援助伊朗核子活动直接有关或相关的个人或实体予以制裁。

关于行政、监督和执行制裁，在行政部分交由制裁委员会和国际原子能机构总干事负责。制裁委员会的主要功能是：（1）向各国探询制裁执行的信息；（2）向国际原子能机构探询信息，确保其对伊朗的技术援助不会违反制裁的相关规定；（3）对可疑违反制裁的活动采取适当措施；（4）决定免于制裁的项目；（5）决定针对性经济制裁的增列清单；（6）依出入境和金融制裁选定额外的个人和实体目标；（7）公布制裁执行的指导方针；（8）就制裁效率强化定期报告做出建议与观察。在国际原子能机构总干事权责的部分，包括就伊朗是否完全和持续地中止一切禁止的核子活动以及是否遵照原子能机构理事会所要求采取行动，进行报告。

表3　联合国安理会对伊朗制裁决议文整理

日期	安理会决议	主要内容
2006	安理会第1696号决议	要求伊朗中止所有核浓缩与加工相关的活动，包括研发活动； 呼吁所有国家阻止移转任何对伊朗核浓缩与加工、弹道导弹相关活动有帮助的零件与技术

续表

日期	安理会决议	主要内容
2006	安理会第 1737 号决议	要求伊朗与国际原子能总署合作； 命令伊朗中止所有核浓缩和加工相关的活动以及重水方案； 命令所有国家阻止转让与核浓缩、加工、重水、核武器发展与国际原子能机构关切事项有关的原料、技术或财政援助。另禁止各国从伊朗进口； 冻结与伊朗敏感性核和导弹活动直接相关的个人所属资金； 禁止与“敏感性核子扩散活动”技术合作
2007	安理会第 1747 号决议	要求各国就涉及核研究的特定个人，一旦入境即通知联合国； 禁止伊朗武器进口； 禁止对伊朗政府转让财产或贷款
2008	安理会第 1803 号决议	要求各国就入境涉入核研究的个人通知联合国，并防止其入境它国； 对核武器和弹道导弹的原料施加制裁； 对核发展相关的贸易施加金融制裁
2008	安理会第 1835 号决议	对上述决议文的制裁名单再确认
2010	安理会第 1929 号决议	禁止各国对伊朗铀矿、铀浓缩或加工以及弹道导弹技术投资； 对伊朗革命卫队所属或控制的个人和实体、传统武器、弹道导弹，涉及弹道导弹和核武器的产业发动额外的制裁
2015	安理会第 2224 号决议	延长第 1929 号决议文制裁清单至 2016 年
2015	安理会第 2231 号决议	加强对弹道导弹和传统武器的禁运。弹道导弹制裁将在《联合全面行动计划》过渡日解除，传统武器制裁将在《联合全面行动计划》生效后五年后解除； 联合国安全理事会在《联合全面行动计划》生效日后的第十年结束对伊朗核问题的审议

数据来源：Stanly Smith，“A Comprehensive Timeline of the Iran Deal”，LAWFARE，July 21 2015。

五、伊朗情势最新发展

2013 年 6 月，伊朗新任总统鲁哈尼（Hassan Rouhani）走马上任，为美伊两国破冰创造了机会。两国总统在 2013 年秋季的联合国大会会面，这是 34 年来两国领导人首次有直接的互动。随后“P5＋1”（联合国常任理事国五国加德国）的外交部长与伊朗外交部长在 10 月会面。11 月 7 日，各国谈判人员草拟了一份内部协议要求美国等国中止对伊朗的经济制裁，换取伊朗限制其核计划的进行。11 月 24 日，“P5＋1”与伊朗达成《联合行动计划》，内容是伊朗若对其核发展计划做出有意义的限制，“P5＋1”即可对伊朗解除制裁，解除以 6 个月为限。之后双方又同意延展《联合行动计划》期限两次，直到 2015 年 6 月 30 日为止。

经过长达 20 个月的谈判，2015 年 7 月 14 日“P5＋1”最终在维也纳与伊朗签署《联合全面行动计划》，[①] 取代过渡性质的《联合行动计划》，其目的在于限制伊朗继续从事敏感性的核子活动以换取制裁的解除。在铀浓缩部分，伊朗在纳坦兹和佛多设有铀浓缩设备，目前伊朗约有两万个离心机（centrifuges），依《联合全面行动计划》，10 年内离心机的数量将限制在 5060 台以下，在 15 年内伊朗的铀存量将减少 98%，浓缩比例在 3.67%的水平。

除此之外，研发活动只能在纳坦兹进行，限于 8 年。15 年内禁止在佛多的铀浓缩活动，相关的设备将移转到“核子、医学和科技中心”，其余的 1044 座离心机将制造放射性同位素，投入医学、农业、工业和科学使用。

伊朗在阿拉克设有重水核子设备，重水反应炉使用过后的核燃料含有钚可用来制造核武器，因为具有高危险性，诸大国原先要求伊朗拆解，目前伊朗同意的方案是重新设计反应炉，使其不能制造任何武器层级的钚，所有使用过后的核燃料将送至伊朗境外直到反应炉重新运作。在 15 年内，伊朗不得建造其余的重水反应炉或囤积重水。

白宫对《联合全面行动计划》防止伊朗秘密建造核子设备有绝对的信心，包括国际原子能机构将持续监督伊朗公告的核子设备位置，并对裂变材料是否移转到秘密地点生产炸弹进行查证。伊朗也同意依国际原子能机构《保障协定》的附加议定书，允许检查人员进入任何他们视为可疑的地点。在可疑的军事单位方面，国际原子能机构的检查人员也可要求进入，但伊朗若不同意，可向仲裁小组申诉。

联合国、美国和欧盟对伊朗的制裁，对伊朗造成严重的打击，自从 2012 年以来，因制裁伊朗已造成超过 1600 亿美元的石油出口损失。对此，在对伊朗解除制裁后，伊朗可重获在海外遭冻结超过 1000 亿美元的资产，并可将石油销售到国际市场，并运用全球的金融体系进行贸易。但前提是，必须在国际原子能总署确认伊朗完全实施《联合全面行动计划》后，制裁始告解除。

---

① Kenneth Katzman, “Iran Sanctions”, Congressional Research Service, August 4, 2015, pp. 60－64.

若伊朗违反《联合全面行动计划》协议内容，制裁将立即恢复。

另“P5+1”和伊朗将另设联合委员会，由8位委员组成，监督《联合全面行动计划》的施行情况。若联合委员会无法解决争议，可提交至联合国安理会。另伊朗也同意联合国对伊朗的武器禁运持续至多5年，若国际原子能机构认为整个过程顺利，将可提早解除禁运，至于弹道导弹科技进口禁令将持续维持至多8年。

六、结语

尽管奥巴马对外声称《联合全面行动计划》是美国的外交胜利，但风险是共和党控制的众议院和参议院与奥巴马关系极差，扬言要阻挠这次协议，美国的坚实盟友以色列也正积极发动游说美国国会否决条约的批准。

而联合国安理会的制裁机制，在宪章第39条判定和平之威胁、和平之破坏及侵略行为定义并不清楚，导致有政治力介入的疑虑，另外全面经济制裁在经济和社会方面产生不少争议，全面经济制裁对受制裁国的人民产生了巨大的影响，花费了大量的社会和经济成本。之后制裁虽大多倾向对个人或实体的针对性制裁，减少对平民的冲击，但仍难以完全执行，进而达成制裁的目标。

应对和解进程中搅局者的策略选择：基于冷战后联合国经验的初步分析

申文*

调停是当今和平解决国内/国际冲突的重要方法之一，被广泛应用于冲突解决的实践当中。调停同时也是一个和解的过程。和解进程中最大的风险来自调停的搅局者（Spoilder）。一般认为，调停的搅局者是认为和平可能威胁其利益（具体如权力或战争中所得的经济收益）而破坏此进程的当事方。现实中，搅局者不仅破坏当前进行的谈判，阻碍和平协定的签署，甚至进入和解进程，签署和平协议之后，妨害协定的执行而成为“内部的搅局者”。联合国作为最权威的国际组织，以维护世界和平为根本使命，《联合国宪章》第六章第33款明确规定调停是和平解决国际争端的方法。在长期的维和实践中，联合国积累了丰富的调停经验。本文将总结和分析搅局者问题，进而总结联合国既有的应对搅局者的策略，以期初步形成应对搅局者的策略匹配。

一、关于搅局者问题研究的简要回顾

调停的根本目的是为了解决冲突，实现和平。和解进程（peacemaking process）是第三方调停人介入冲突开展调停行动的阶段。调停的搅局者就是出

* 申文，复旦大学国际问题研究院联合国与国际组织研究中心博士生。

于某些目的，在和解进程中实施“搅局行为”（Spoilding）的一方或者多方。最早提出搅局者问题并进行系统研究的学者是斯特德曼（Stephen J. Stedman）。根据他的研究，和解进程的搅局者是指担忧由谈判促成的和平损害其权力、价值及利益，而采取暴力手段破坏进程的领导人或有关方。[①] 斯特德曼认为，搅局者问题是进入和平进程后才存在的问题。和平进程具体是指，至少有两个正在交战的集团公开承认或者签署一份和平协定后的态势。[②] 斯德特曼对搅局者的分类模型研究是他研究的核心。根据搅局者与和平协议的关系，他区分了内部搅局者（insider）和外部破坏者。前者是指已签订了和平协定或者表达了和平的意愿，但不兑现承诺，采取破坏行为的人或集团。后者指的是未能被纳入和平进程（主动抵制或者被动排除），使用暴力破坏和平进程的个人或者集团。从搅局者的目标及意愿（或者政治倾向的）的角度，他将破坏者分为三类：有限的搅局者，贪婪的搅局者，完全的搅局者。其中，有限的搅局者的目标有限，例如获取合法性的认可，维持集团的生存，分享权利；完全的搅局者的目标是获得全部权力，且在和平进程中拒绝改变这一目标；贪婪的搅局者位于破坏者谱系的中端，介于有限的搅局者和完全的搅局者之间，其基本目标与有限的搅局者一致，但是与有限的搅局者不同的是，基于对受益和风险的计算，在和平进程中改变目标。

斯特德曼开创性的研究在冲突研究中得到了广泛的引用，也引发了许多质疑。激进的学者否定搅局者这一概念，认为此概念在研究和平进程中的行为体时不太有用，对搅局者的讨论是没有意义的。他们指出，这一概念模糊了一个事实，那就是被贴有“搅局者”标签的行为体，并不是持续地做出破坏行为。[③] 有学者明确指出搅局是一种情景行为（situated action），[④] 即所谓的破坏行为是搅局者视具体情势而做出的反应。还有否定者认为，从认知的角度来看，搅局者这一概念具有很强的主观性，即不同的观察者对行为体的的认知存在差异，对其具体的举动也存在不同的解读。在一方看来一个合理的要

---

① S. J. Stedman，Spoiler Problems in Peace Processes，International Security，22：2（1997）：p. 5.

② Ibid，p. 7.

③ Meera Sabaratnam，Book Review of Challenges to Peacebuilding：Managing Spoilers during Conflict Resolution.

④ Edward Newman and Oliver P. Richmond eds.，Challenges to Peacebuilding：Managing Spoilers during Conflict Resolution，Tokyo：United Nations University Press，2006，p. 9.

求，另一方可能视为破坏性的行为。[①] 尽管存在否定的声音，但因在冲突研究领域，在何为和解进程失败等重大问题上具有较好的解释力，关于搅局者问题在冲突研究领域依然是核心议题，近年来相关讨论持续不断。相对于否定者而言，更多的学者对搅局者问题采取了批判性继承、补充、修正的姿态。目前，主要学者从定义及分类的角度对斯特德曼的理论提出了批判及补充。

从定义上看，斯特德曼界定了搅局者研究的几个基础性的问题，即哪些行为体、为什么、在何阶段、以什么方式进行破坏和平进程的行为。但是他的界定存在局限与漏洞，后继的研究对此进行了修正和补充。第一，关于搅局者的范围上，他将冲突放置在了一个相对封闭的冲突环境下，搅局者被设定为内部卷入冲突各方，例如境内恐怖分子、敌方割据武装、民族分离运动等。但是，内战并不是一个封闭的“斗兽场”，实际情况更为复杂。现实中存在大量的境外行为体支持的国内破坏者的案例。区域及国内冲突受到国际形势和外部行为体的影响甚至被其塑造。[②] 境内外任何破坏和平进程的国家、集团及个人都可能成为搅局者。第二，关于破坏者使用的手段上，斯特德曼明确指出，搅局者妨害和平进程的手段是暴力，既有的文献通常也默认破坏和平的方式是暴力。的确暴力是最为常见的冲突形式，但现实中非暴力的破坏行为是存在的。麦蒂金（Roger MacGinty）等人通过对北爱尔兰和平进程的考察，证实了政治、经济方法在破坏行为中的运用。[③] 搅局者之所以被冠以破坏之名，本质上是因为其举动妨害了和平，在破坏手段上，应该有着更为宽泛的理解，而使用非暴力手段破坏和平进程的行为体也是搅局者。第三，在搅局者何时破坏和平进程问题上，斯特德曼指出，进入和平进程后搅局者均可能发起破坏行为。谢德（Juliette R. Shedd）、扎尔哈（Marie-Joëlle Zahar）等人的研究更精确地指出破坏发生的时机。扎尔哈的研究关注被纳入和平进程内

---

① Edward Newman and Oliver P. Richmond eds., Challenges to Peacebuilding: Managing Spoilers during Conflict Resolution, Tokyo: United Nations University Press, 2006, p. 9.

② 国家、跨国集团、境外民族分离团体可能成为破坏者，在1983—2009年斯里兰卡内战、亚美尼亚民族冲突等案例中，境外民族的影响显著。在苏丹，世界或者区域大国都曾扮演过搅局者的角色。

③ Roger Mac Ginty, “Northern Ireland: A peace process thwarted by accidental spoiling”, in Edward Newman and Oliver P. Richmond (eds.), Challenges to Peacebuilding: Managing Spoilers during Conflict Resolution (Tokyo: United Nations University Press, 2006) p. 153 根据这项研究指出民族统一党（Democratic Unionist Party）在北爱和平进程中间就扮演过“和平的搅局者”这一角色，他们利用政治干涉和平进程。

的搅局者，试图回答在什么情况下内部搅局者会发动暴力破坏。他的研究假设内战中的所有行为体都存在成为搅局者的潜力，当驱使这些“搅局者”们接受和平的动力失效的时候，武力将被使用。这一动力可能是物资，也可能是对后冲突时期的权利分配，还有可能是调解过程中的失信。① 谢德、布雷斯韦特等的研究指出了谈判进程中可能出现的破坏时机问题，前者考察了1996年的车臣和平进程，其结论是在和平协定签署前夕最可能出现破坏行为。② 后者审视了1970—2007年之间巴勒斯坦对以色列发动的袭击与巴以谈判及以色列大选之间的关系。其结论支持了谢德的结论，并做了进一步补充。他认为民主大选后是进行破坏的好时机。③ 他们的研究拓宽了对破坏行为发生节点的认识。第四，搅局者的范围有所扩大，搅局者的行为动机更具多样性。对于国内冲突各方而言，获取政治权利、自然资源、赢得生存权是其主要动机。对于境外的民族分离运动而言，其动机可能是谋求民族自治、成立民族国家。而内部领导层的动机则更为复杂。皮尔曼（Wendy Pearlman）对搅局者内部政治结构的分析拓宽了这方面的研究。④ 第五，关于搅局者的分类。斯特德曼确定了两种分类：一是根据搅局者是否参与和平协定，将其分为内部与外部的搅局者；二是依据破坏者的能力及目标，将其分为有限、贪婪及完全的破坏者。斯特德曼关于破坏者的分类争议最大。有学者批判其内外搅局者之分，忽略了潜在的搅局者；对有限、贪婪及完全搅局者的三分法的批评者或认为其无益于政策制定，或认为其是一种静态的划分，不能体现搅局者变化的事实。还有学者指出，三类搅局者的划分只关注了搅局者的表象，而忽略了搅局者内部的权力分配及决策机制对搅局者行为的影响。⑤

---

① Marie-Joe¨ lle Zahar’，“Understanding the violence of insiders：Loyalty，custodians of peace，and the sustainability of conflict settlement”，in Edward Newman and Oliver P. Richmond（eds.），Challenges to Peacebuilding：Managing Spoilers during Conflict Resolution（Tokyo：United Nations University Press，2006，pp. 40－59.

② Alex Braithwaite，Ballots，Bargains，and Bombs：Terrorist Targeting of Spoiler Opportunities，International Interactions，36（2010），p. 294.

③ “Juliette R. Shedd，When Peace Agreements Create Spoilers：The Russo-Chechen Agreement of 1996”，Civil Wars，Vol. 10，No. 2，June 2008，pp. 93－105.

④ Wendy pearlman，Spoilding insider and out：international contestation in and the Middle east peace process，International Security，Volume 33，Number 3，Winter 2008/09，pp. 79－109.

⑤ Wendy Pearlman，Spoilding insider and out：international contestation in and the Middle East peace process，p. 80.

诸多研究以及现实表明斯特德曼最初提出的关于破坏者的定义存在漏洞与不足。虽然大量文献表明做出全面的定义存在很大困难，甚至会使搅局者这一概念问题化，但是鉴于本文的一个目标是探讨应对搅局者的策略，作为策略所指向的行为体，赋予其一个明确的定义是必要的。本文在进一步做出相关探讨之前，整合上述讨论，做出新的定义如下：和解进程中的搅局者是出于任何可能的动机，以使用包括暴力在内的各类手段破坏和平进程的一切行为体。

二、联合国：调解进程中的管理者及其应对搅局者的策略

与搅局者相对的是和解进程中的管控者（custodian）。和解进程中的管控者，一般是指负有监督、管控实施和平协定职责的调解方。在实践中，许多国际行为体，如国际组织、国家、个人都可能扮演管理者的角色。基于不同的管控能力及影响力，可以对最主要的管理者国家及国际组织做粗略划分：国际组织可分为世界性的国际组织及区域性的国际组织；国家可以进一步分为全球大国、地区大国及一般国家。一般认为，自冷战结束以来，联合国是首要管控者。①

（一）联合国作为和解进程管控者的优势与缺陷

和解进程是一个长期复杂的政治过程。参与到和平进程的调解，或者说担负起和平进程管理者的角色，需要大量物质、道义、政治等资源的投入。在实践中管理者在人员、资金、物资、国际信誉上的投入不一而足。有学者指出，长期处于和平进程中的冲突或危机地区，往往意味着没有压倒性的力量可以统一全局。管理者面临的局势可能是复杂的争端现象，这为调停成功增加了难度。相关统计表明，冷战结束以来，只有44%的危机通过调解达成了正式协议（包括达成后又被撕毁的协定，如阿鲁沙协定等）。有学者指出，能

① S. J. Stedman，Spoiler Problems in Peace Processes，p. 12.

力和意愿是潜在的调解人决定是否参与和平进程的两个主要考察因素。① 较大的风险及较低的调解成功率使得许多行为体在对付出—收益进行权衡后不愿意参加到调解进程中，而高成本又使得一些行为体无力参与到调解或管理进程中。综合上述因素，众多行为体都不愿意参与到和平进程的调解或者管理中来，所以和平进程的管理者是兼具能力及意愿于一身的行为体。

联合国是最具世界影响力及权威性的国际组织。历史赋予其最为重大的使命之一就是维护和平，制止战争。《联合国宪章》第 2 条第 3 款规定，各会员国应以和平方法解决其国际争端，避免危及国际和平、安全及正义。② 冷战结束之后，世界性的战争及冲突爆发的可能性极大降低，而地区性以及更多的国内战争频发。扮演管理者的角色，以调解的方式实现地区和解，是联合国维护和平的具体举措。这是联合国的义务，可谓“分内之事”。与此相对，国家和个人参与到调解行动中更多地融入了利益得失的考量。很难想象一个国家或个人会不带任何的利益动机参与到意向和解进程之中。因此，从意愿角度来看，联合国作为管理者的意愿要高于国家和其他国际行为体。③

联合国还更具有公平和公正性。管理者在对国际和国内冲突进行管控时，需要秉持公平和公正的态度。具体而言，就是在和解进程中对冲突各方秉持中立，即不带偏好，保持公正。这一点在冲突管理的实践中尤为重要。冷战结束以后，联合国能够逐步成为最主要的冲突管理者，除去其自身具备较强的维和能力、高度的权威性与合法性之外，最为重要的原因在于联合国能够在和解实践中保持中立，从而被各方接受与信任。大量的冲突管理实践表明，不公正、带有利益偏好的管理者参与到和平进程中，往往会引发更为复杂的局势。从搅局者的角度看，被一方或者多方认定不公正的调停者，可能会加剧冲突者之间、冲突与管理者之间的不信任，甚至成为搅局者实施破坏行为的借口。国家参与到和解进程带有一定的利益诉求，这就难以保持公正与中

---

① 张春研究了国际调解的供求状况，他认为能力和意愿是理解行为体提供调解的两个关键。本文赞同这一观点。见张春：“国际调解的供需关系分析——以埃塞俄比亚与厄立特里亚冲突（1998—2000）的调解为例”，《世界经济与政治》2007 年第 1 期，第 55—60 页。

② 《联合国宪章》。

③ 当然，这并不是说联合国不考量任何因素，一味以维和促发之名参与到一切和平进程。相反，参与和平进程后获取成功的几率，是否获得冲突各方的介入邀请，以及大国特别是五大常任国的态度等因素，都微妙且深刻地左右着联合国对地区国内冲突的参与情况。

立，容易做出偏袒、帮助特定一方的行为。[1] 最为极端的情形是，管理者直接卷入冲突之中，从一个管理者沦落为搅局者，破坏和平进程。

作为一个管理者，联合国具备如下几方面能力和优势：一是能够取得最广泛的国际支持与合作；二是具有成熟的调停经验和较为完善的制度；三是能够支配较丰富的人力和物质资源。

首先，联合国具备和拓展了最广泛的会员基础与调停范围。自1945年成立至今，作为唯一以维护世界和平与安全为宗旨的政府间国际组织，已经有193个国家成为会员国。会员国有义务遵守《宪章》的规定，践行和平的理念，以和平的方式解决国家间争端。由于一些区域还没有区域组织，一些国家也可能不属于任何区域安排或组织，故联合国的成员范围大于单个或所有区域组织的成员范围。[2] 因此，从这个角度看，联合国的调停范围是最大的，接受其和解理念的国家和地区是最多的。甚至，地区以及国内冲突的各方都承认联合国的和解理念，以此表明其合法性。

其次，联合国还是制度最为全面、经验最为丰富的调停者。依照《联合国宪章》的规定，安理会、联大以及秘书长有权间接或直接开展调停行动，[3] 从安理会指派斡旋委员会参与调停，到联大任命调停人参与调停，再到秘书长独立开展调停行动（或秘书长指派的特别代表）；从联合国独立开展调停，到联合国与区域组织、国家、甚至个人联合、协作开展调停行动——联合国发展了全面、多样的调停制度。不仅如此，自调停作为和解方法被写入《联合国宪章》70年时间里，联合国切实将其作为解决冲突的手段、程序运用到实践中去，积累了丰富的经验和案例。与一般国际和区域组织以及国家相比，联合国的调停更成熟，能够总结出更为有效且普遍适用的经验策略，并在部署各类维和行动以及执行和平协议方面具有广泛的知识专长。

最后，在人力和物资的支配上，联合国具有相对的优势。与大国甚至是中等国家相比，联合国能够支配用于开展国际间行动的资源无疑是有限的。考

---

① 实践中，以调停为名，偏袒一方的的案例不少，叙利亚在黎巴嫩内战中，印度在斯里兰卡内战中，尼日利亚在利比里亚内战中均偏袒一方的行为，成为搅局者。

② 秘书长关于加强调解及其支助活动的报告，附件：不同调解国际行为体的比较，第19页，s/2009/189。

③ 安理会和联大直接参与调停的比较典型的案例是：安理会于1947年8月做出决议，要求荷兰和印尼以和平的方式解决冲突，并于同年11月指派斡旋委员会作为其代表参与荷、印的解决；联大于1948年做出决议，任命联合国调停人直接参与到巴勒斯坦问题的解决上。

虑到联合国财政常常受制于会费的拖欠，联合国在这方面的确短板更为明显。在实践中，与联合国其他繁重的任务如人道主义援助、维和行动等相比，联合国在预防以及和解冲突领域的投入也是偏低的。尽管如此，在过去的近30年中，联合国在本领域的人力和物资投入还是高于其他政府间国际组织、政府机构以及非政府组织，显示出相对的优势。联合国近年的发展表明，无论是联合国的内部调停机构，如2006年隶属秘书处政治部的调解支助股的设立，调停专家团队的发展，以及驻外机构调停职能的增加，联合国的调停投入不断提升。[①] 安理会第1625（2005）号和大会第2171（2014）号决议均表示要加大对调停行动的投入。

毋庸置疑，联合国在和平解决冲突方面占据着道义的制高点，有着较为全面的制度与方法，形成了较为成熟和普适的经验与策略，拥有相对充裕的人力和物质资源。可以说，联合国作为调停者有着明显的优势。尽管如此，其劣势也是明显的，突出的表现是内部的机制设计和外部新形势的挑战。

首先，内在权力机制缺陷。依照联合国奠基者们的设计，安理会处于联合国安全事务的中心地位。安理会有权决定是以集体乃至武力的方式应对武力冲突，还是以和平的方式消弭严重危害和平的情势。因此，无论是大会依照宪章第11条第2款提出调停建议，依照11条第3款提请安理会注意情势，还是秘书长依照宪章第99条潜在的权力开展调查、调停行动，都离不开安理会的支持。但是，安理会长期以来都是大国政治博弈的中心。开展调停行动决议的做出以及秘书长“悄悄的”调停行动的前提之一是至少不能损害五大国的利益。实践中，应对搅局者则需要面对搅局者背后的力量，即斯特德曼所

① 近十几年联合国加强调解能力的努力大致可为内部组织、调停团队、国际（国内）合作、具体调解技术等几个建设方向。内部组织方面，联合国于1992年、2005年、2006年分别成立秘书处政治部、建设和平委员会、调解支助股（隶属政治部）等特殊部门加强调解的组织机构力量。目前形成了安理会、联合国大会为授权机构，秘书长为领导机构，秘书处政治部为具体负责部门，人权高专办、维和部为重要参与部门，其他机构予以相关协助的内部组织架构。在调停团队方面，秘书长、秘书长特使（私人代表）、区域办事处、驻地特派团、国家工作队（驻地协调员）、调解专家形成了金字塔形的多方位多层次的调解梯队。在国际（国内）方面，联合国长期重视非盟、伊盟等区域、次区域组织，国家、国际知名人士（独立调解人）的调解合作，近年来大量的国内调停实践使得联合国日益关注市民团体、民间社团、宗教组织、宗教（部落）领袖、妇女等行为体的作用，在近几年涉及预防外交、维和、调解的安理会决议、秘书长报告中均提出要重视上述行为体，加强与其的合作。

谓的“应对搅局者最大的阻力可能来自背后的雇主”。[①] 对于联合国而言，虽然近年来的相关决议均表示要支持联合国及区域组织开展调停活动，[②] 可是一旦大国与搅局者之间存在利益纠葛，而采取调停行动又将影响其利益，是难以想象他们会支持调停行动的，甚至意味着涉及调停的决定及行动都难以做出和开展。如何取得国际社会的一致支持，特别是大国的一致支持，是联合国开展调停行动的基础。2011 年以来，叙利亚内战造成地区冲突的恶化与泛化，就是大国意见分裂的产物。此外，联合国的内部管理机构繁杂、制度混乱、外部执行力效率较低的情况，也影响到联合国在执行调停行动时的效力。

其次，冷战结束后特别是新世纪联合国面临的新形势。冷战结束至今已过去近 30 年，其间国际形势发生了重大的变迁，这些变化给联合国在全球治理的各方面带来了巨大的挑战。在冲突领域，一个最为明显的特征是，一些冷战期间受到压制的地区冲突有所升级，冲突频率加大，而一些在冷战期间冲突多发的区域出现冲突频率降低。同时，国内间冲突和战争数量开始明显增加，并显出“溢出效应”。[③] 一些长期处于内战的国家对周边乃至世界的安全产生重大的影响，成为不安之源。而与国内冲突与战争相生的恐怖主义、毒品走私、人口贩卖、人道危机等问题更是加重所在国家、地区的社会问题，给联合国的治理带来多层次的负面效应及负担。冷战结束后，欧洲的南斯拉夫内战，亚洲的阿富汗内战，非洲的索马里内战，乌干达、布隆迪等国的内部种族冲突，以及 2010 年以来利比亚内战、叙利亚内战都是如此。但是，囿于冷战期间所形成的理念，以安理会为核心的安全机制通常仅仅视国家间冲突为全球安全威胁的首要来源，同时“不干涉内政”的原则又使得联合国不能过多介入国内冲突，因而在国内冲突面前反应迟缓。往往直到国内冲突演化为地区危机时联合国才采取措施，而此时冲突所造成的损害已经超出可控

---

① S. J. Stedman, Spoiler Problems in Peace Processes, p. 16.

② 近十年来涉及调停的决议主席声明主要有：2003 年 5 月 13 日（S/PRST/2003/5）、2005 年 9 月 20 日（S/PRST/2005/42）、2009 年 4 月 21 日（S/PRST/2009/8）、2011 年 9 月 22 日、（S/PRST/2011/18）和 2013 年 4 月 15 日（S/PRST/2013/4）的主席声明，2014 年 8 月 21 日（S/RES/2171）。

③ 陈冲：“国际冲突调停的理论与方法争鸣”，《当代亚太》2011 年第 3 期，第 137 页。

范围。1994 年 4 月爆发的卢旺达及布隆迪种族屠杀便是一起血的教训，[①] 事件进而引发东非大湖地区的动荡。亲身经历过本次危机的达莱尔将军表示：发生在卢旺达的屠杀其实只需要 5000 名装备精良、授权明确的联合国部队就能够制止。[②] 虽然 2005 年联合国公报中明确提出了“保护的责任”，[③] 但是作为一个正在形成中的规范，如何开展，如何平衡“保护的责任”与“不干涉内政”原则，依旧是存在较大争议的问题。

（二）联合国应对搅局者的策略

冷战结束后，以联合国为首的管理者在和解进程中形成了几个主要的管控搅局者的策略，分别是：诱导（inducement）策略、同化（socialization）策略（或称社会化策略）、高压（coercion）策略。这些策略都是抽象性的概念，在实践中有具体的表现形式。例如诱导策略，在执行时可能是给予搅局者一定经济援助，也可以是在协议中添加某项体现其权益的条款。高压策略在实际中可能是经济制裁，也可能是“火车不等人”（调解人坚持某方是否参加，都推进某一策略）。[④] 实践中，单一地使用某一策略较少，更多的是综合使用某几项策略。

1. 诱导策略

诱导策略是管理者满足搅局者所提出的利益要求，以引导其参与和平进程或者使其履行条约义务。斯特德曼认为，搅局者的要求应该是具有道义性质的，如出于恐惧而要求更有力的保护；如要求公正而争取应有的利益；再如

---

① 卢旺达种族屠杀爆发前，已有各种证据表明胡图族极端派对图西族及胡图族温和派的种族清洗蓄谋已久。冲突爆发后，联合国的安全机制在这场巨大的国内种族清洗前失灵。安理会直到胡图激进派对图西族和胡图族温和派的种族清洗爆发一个半月之后才决定增加联合国驻卢旺达援助团人数至 5500 人，并扩大其行动授权。结果局势失控，持续了 100 多天，仅仅在卢旺达就有 100 万人被杀。

② http://news.sina.com.cn/w/2004－04－06/14283100255.shtml.

③ “保护的责任”（responsibility to protect）是加拿大“干预与国家主权国际委员会”于 2001 年在提交给联合国的同名报告中首次提出的一个概念，其大意是指当一国当局无力在本国避免大屠杀、战争罪行、种族清洗以及反人类罪行时，国际社会可以行使“保护的责任”，对该国内政进行干涉。

④ 秘书长关于加强调解及其支助活动的报告，第 10 页。

呼吁求正义而谋求合法地位。[①] 联合国使用诱导策略典型的案例有1993—1994年的莫桑比克国内冲突，1992年的安哥拉危机，以及1994年的卢旺达种族清洗。在莫桑比克案例中，诱导策略多次使用并取得了成功。而在1992年的安哥拉的危机和1994年的卢旺达危机中诱导策略的使用是为了使得搅局者停留在谈判之中，即便搅局者已经重新开启战争。需要指出的是，诱导策略的使用不是无限制和无条件的，不恰当地尤其是过度地迎合搅局者的需求，不仅使策略失效，还有可能导致管理者失去对局势的控制。一个教训便是在1989—1993年柬埔寨和平进程中，由于联合国柬埔寨过渡当局（UNTAC）不恰当地、过度地满足一个亲越南的政治派别柬埔寨国（state of Cambodia）的要求，最后导致这一政治派别独大，开始忽视甚至破坏由联合国柬埔寨过渡当局监督执行的巴黎和平协定。

2. 同化策略

同化策略是改变搅局者的行为，使其遵守一系列准则的策略，其实质是一种偏好的塑造。斯特德曼指出，实行同化策略首先需要为有意遵守和平或愿意参加和平进程的冲突方树立一系列准则或规范。[②] 准则和规范通常是一些重大的道义规范，如保障平民安全、禁止虐待俘虏、遵守民主竞争规则等。在这里，准则既是冲突方需要遵守的制度，又是研判冲突方行为的标准，如其要求是否合理，其行动是否在许可的范围之内等。继而，作为管理者的调停人还需要具备两种能力，即物质上的控制力和智力上的教化说服能力。具体而言，前者是管理者使用物质手段，对冲突方进行奖惩，以使其处于规范之内；后者是管理者向冲突方灌输准则的观念，以使其内化为一种价值观，自觉遵守的能力。价值观的灌输还需要区分冲突方的内在阶层对冲突方的精英领导阶层，以劝说等方式进行，对冲突中的普通民众以教育为主。同化政策的目的在于以综合性的手段改变冲突方的行为习惯及认知，使其忠于和平进程。

3. 高压策略

高压策略是使用威胁或者“大棒”的手段，改变或者削弱搅局者的行为，使其遵守协定或者阻碍和平进程之外的搅局者破坏和平进程。高压策略常见的手段有高压外交、经济制裁、军事行动等。其中军事行动方面，1999年北约轰炸前南斯拉夫的塞尔维亚是典型案例。近年来的联合国实践表明，定向

---

① S. J. Stedman, Spoiler Problems in Peace Processes, p. 12.

② S. J. Stedman, Spoiler Problems in Peace Processes, p. 15.

制裁在一些局势下取得了很好的效果。[①]

联合国在冷战后的调停实践中还发展出了两类新的高压策略，一个是“火车不等人”（departing Train），另一个是“撤出”（withdreal）策略。前者的大意是，调停人设定好既定的和平进程的时间表，待时间一到，不论某方是否参与，和平进程都将继续。取名“火车不等人”意在既定的和平进程不因任何一方而拖延。该政策首次成功的使用是在1989—1993年的柬埔寨和平进程应对红色高棉的方法之中，并取得了良好的收效。[②] 实践表明，没有参加和平进程的冲突方可能因为参与和平进程的好处更为明显而态度有所改观。因某一冲突方拒绝参与和平进程而收回援助则是十分危险的，这不仅不利于后续的调解工作，还无意中提高了一方的地位和合法性。“撤出”策略是指，管理者撤离和平进程，取消对冲突各方的国际援助。撤出策略使用的前提是冲突各方均已加入和平进程中。“撤出”是作为一种惩罚政策，其潜在逻辑是和平进程中管理者提供的利益大于各方未进入和平进程之前获取的利益，“撤出”造成的后果会影响冲突方的态度。联合国在1992年的卢旺达危机及1995年的波斯尼亚危机中曾经使用。但是，正如斯特德曼指出的那样，“撤出”策略是一项生硬的手段，它不仅惩罚了搅局者，也损害了遵守和平协议的集团。

以上我们分析了联合国作为管理者的优势和缺陷，以及联合国在实践中已经发展出并得到检验的策略。但是，在应对搅局者的进程中，需要对搅局者有进一步了解，并进行策略的匹配。

三、搅局者：分类及匹配策略

前文中已经指出，斯特德曼在那篇开创性的文献中定义了搅局者，这引起了一些学者的争议与批评。我们也已经根据事实对搅局者做了本文的定义。为了应对和平进程中的搅局者，制定更有效的、具有针对性的行动策略，对

---

① 近年来，安理会在苏丹的达尔富尔、刚果民主、科特迪瓦等地区的定点制裁实践取得了良好的效果。

② 联合国柬埔寨过渡政府设定好了战后和平安排及进程，红色高棉拒绝参与和平进程而被排除在随后的权力体系之中。联合国过渡政府这方面则较好地完成了权力的过渡，实现了和平进程。红色高棉则因为没有及时搭上“火车”，未能进入过渡政府，被边缘化，最终在自我削弱中消亡。

搅局者做出清晰的了解及区分是必要的。

斯特德曼对搅局者对策的分析是建立在搅局者的三个分类模型之上。他以目标及能力为指标对搅局者做出了三类区分：有限的搅局者，贪婪的搅局者和完全的搅局者。根据他的描述分析，我们认为有限的搅局者的目标是有限的，也是容易满足的；贪婪的搅局者是一群机会主义者，他们视局势的变化而对目标做出变更，管理者必须小心应对其提出的要求在和平进程中的变化；完全的搅局者目标是完全夺取权力，只有达到这个目标，其要求才能得到满足。在斯氏对搅局者做出区分，不仅是为了更好地认识搅局者，而且更重要的是服务于策略的匹配，但是这项分类在多方面引发了争议和批评。

有学者指出关于斯特德曼的分类存在一些问题，以至于减少了搅局者这个概念的精确性以及作为政策制定工具的效用。[①] 总结既有文献并对斯特德曼的分类进行分析，我们认为其分类有如下一些问题。首先，这项分类是模糊的，内在逻辑也存有冲突。仔细分析斯特德曼的分类可以发现，从根本上看，斯氏的分类只有有限的搅局者和完全的搅局者。贪婪的破坏者不过是有限搅局者的变体，它和有限的搅局者一样，出于自身的利益、意志及意识形态等因素设有最低目标，只不过它和有限搅局者相比更加灵活和变通，在变化的局势中为了争取更多的利益而转化或者提高目标。在实践中，有限的搅局者是极少数的，大多数行为体更像贪婪的搅局者，在保有目标底线的同时，随着形势的变化而做出策略及目标的改变。贪婪者是常态，有限者是个例。此外，根据斯氏的分类，完全者的目标是为了全部夺取政权，因此他们被纳入和平进程更像是一种战术性的妥协，一有机会他们就可能为实现目标而推翻协定，是不可能退化成为有限者及贪婪者的。但是事实上，斯氏也指出随着搅局者内部的权利变化等因素，搅局者的目标是有可能出现变化的。[②] 例如，红色高棉和泰米尔猛虎组织。其次，这项分类也是静态的。和平进程中，国内及地区政治局势受到内部及外部多方因素的影响，任何一个因素的变化，都有可能引发此消彼长实力及地位的变化。在此体系之中的争端各方亦是动态的行为体，他们也会随势做出目标的调整。随着实力及地位的改变，有限及贪婪搅局者有可能转变为完全的搅局者，完全的搅局者也可能沦落为有限的搅局者。最后，他的分类涵盖面不足。凯利就指出这个分类无法解决“不叫的狗”

① Greenhill, Kelly M, Major, Solomon, The Perils of Profiling: Civil War Spoilers and the Collapse of Intrastate Peace Accords, International Security, Vol31, NO. 3, 2007, p. 3.

② S. J. Stedman, Spoiler Problems in Peace Processes, p. 11.

的问题，即那些使用非暴力手段破坏的潜在搅局者至少应该列入其中。

那么是否还要分类？如何深入认识搅局者以制定应对的策略？目前大致存在两类不同的声音。一类学者持分类无效论，其基本观点是，对搅局者进行分类是无用的，这无法帮助调停者制定有效的策略。另外一些学者认为分类是有效的，但是应改变分类的标准。扎哈尔指出，应对搅局者不应该以其目标和意愿为标准进行分类，而应该对冲突的背景进行分类，或者说依据不同的背景而对搅局者再区分。[①] 凯利认为若想制定有效的策略，能力才是分析搅局者的关键。

本文认为，在应对搅局者的问题中，对其进行区分，方便进行初步的策略匹配是十分必要的。本文进而认为，斯特德曼以目标和意愿为基础分类对认识搅局者富有价值，但其三类分析框架在进行策略匹配时是低效和模糊的。综合考虑环境因素，以内外—能力为基础的分析模式是本文尝试建立分类搅局者及提供应对策略的一个初步设想。

（一）内外之分及应对外部搅局者的策略

首先，内外之分不仅仅是一种简单的和平进程内的冲突方和和平进程外的冲突方之区分，此类区分的意义还在于，是调停者能否有效地管控冲突各方的分水岭。基于利益和风险的估算，内部搅局者发动破坏行为的成本要高于外部搅局者。国际援助丧失、被排除出权利分配等因素，都使得内部搅局者行为相对受控，采取破坏行为的可能性要减低。相对而言，外部搅局者发动破坏行为的顾忌要小得多，其动机则更为充分。丽莎·布雷兹（Lisa Blades）等人通过对中非地区苏丹、马里以及西撒哈拉等国家和地区政治暴力的研究，指出在一些和平进程中，暴力的多发是因为采取了排他性的谈判模式，即调停方或和解方只与部分威胁显著的搅局者进行对话和谈判，这提高了未纳入谈判进程的搅局者使用暴力攻击的可能性。而采取包容性的谈判框架，将更多的冲突方纳入和谈进程，则减低了搅局者使用暴力的可能性。[②] 在调停者设

---

① Marie-Joelle Zahar，SRSG Mediation in Civil Wars：Revisiting the “Spoiler” Debate，Clobal Govenrance，16（2010），pp. 265－280.

② Lisa Bladyes And Jennifer De Maio，Spoiling the Peace? Peace Process Exclusivity and Political Violence in North-Central Africa，Civil Wars，Vol. 12，Nos. 1－2（March-June 2010），pp. 3－28.

定和平进程时，建立一个具有广泛包容性的和平进程要优于选择或者排他性的模式。2009 年联合国秘书长关于加强调解及其支助活动的报告也指出，应该建立更有包容性的调解进程。因此，应对冲突的各方首先应该具有包容性，即最大程度地将既有的冲突方融入和解进程。决定谁该被融入调解进程，及如何将其融入调解进程是十分重要的。[①] 在此基础上区分内部搅局者和外部搅局者，并对其实施不同的应对策略。

根据扎哈尔的分析，[②] 不愿意被纳入和平进程的冲突方主要有以下几类：一是持激进的意识形态的组织团体，暴力反抗就是其宗旨的一部分。对这类组织集团而言，放弃暴力抗争就是政治上的自杀。其典型代表是巴勒斯坦的哈马斯和秘鲁的“光辉革命”。在和平进程面前，他们是难以被诱导或者同化的；二是完全通过暴力等极端的手段取得物质利益，以保证生存的组织团体。对其而言，一旦被融入和解进程（特别是未能规定和解后利益分享的和平进程），他们将失去赖以存在的经济来源。这类组织的典型代表是哥伦比亚的贩毒游击队；三是认为和解谈判进程不能满足其要求而做出战略性抉择的组织集团。他们通常将拒绝合作作为一种战略选择。综合看来，在包容性和平进程中，应对外部搅局者不适合使用引导策略和同化策略。外部搅局者往往在意识形态和物质需求上对破坏行为有着根深蒂固的诉求。引导策略难以使其进入和解进程，同化策略难以改变其既有的意识形态。因此，对外部搅局者应该使用高压策略，特别是“火车不等人”及定点制裁策略。近些年的实践表明“火车不等人”和定点制裁等具体的策略取得了较好的效用。“火车不等人”策略的优点在于：第一，有利于团结和平进程内部。以和平为共同的目标，团结和平进程内部各方，一致反对外部搅局者，促使外部搅局者改变态度；第二，在道义上，“火车不等人”通过正式宣告和平进程来明确合法性：参与和平进程，遵守和平协定即为合法，不参与和平进程甚至是破坏和平进程即为非法。从战争经济中获益是搅局者的动力之一，也是他们拒绝进入和解进程的重要因素。作为高压策略的重要手段的定点制裁，其作用在于，减少或者改变搅局者对于破坏行为的经济依赖，使他们无法从诸如黑市、贩毒、贩卖人口、走私等行径中获益，进而迫使其重新返回谈判桌来。

---

① marie-Joelle zahar, SRSG Mediation in Civil Wars: Revisiting the “Spoiler” Debate, Clobal Govenrance, 16 (2010), p. 273.

② Marie-Joelle Zahar, “Reframing the Spoiler Debate in Peace Processes”, in John Darby and Roger McGinty, eds., Progressing towards Settlement (London: Palgrave, 2004).

需要进一步指出的是，高压策略的使用需要有惯性和持续性。“火车不等人”的策略一方面团结内部，孤立了外部搅局者，但是另一方面有可能招致外部搅局者更为激烈的破坏行为，作为调停方需要坚持和解援助，保护遵守和平协定的冲突方。作为和解进程管理者的联合国在调动资源及争取国际社会的一致态度的能力方面就显得十分重要。定点制裁方面，制裁可能需要一段时间才能奏效，所以也需要管理者坚持和持续。

（二）能力之分及应对内部搅局者的策略

在采取包容性的和解进程，并区分内外搅局者之后，应对外部搅局者应采用高压策略。而应对内部搅局者应该依照实力的高低进行区分，继而采用不同的策略进行应对。

本文认为实力是分析国内冲突各方行为的关键，“实力才是解释搅局者进退的答案”。[①] 按照否定搅局者概念的观点，一切冲突方都是搅局者，一旦有条件他们就会为谋求更多的权力和利益而采取行动，成为所谓的搅局者。这里的条件就是实力。斯特德曼对搅局者的分类是基于行为体的目标和意愿（或者政治偏好），这在一定程度上与实力维度有重合。大量的事例表明，一些搅局者基于自身实力而明确目标或改变目标。依照实力来明确应对破坏者的策略，其优势在于：第一，实力决定了破坏行为的烈度、方式及对象等因素，实力强的搅局者可能采取更全面、更具有破坏力的行为，因而成为管理者的主要应对对象；第二，实力而不是目标，从根本上影响搅局者对于调停者及和解进程的态度。实力越强的搅局者越不服从管理者的管控，实力弱的搅局者越有可能采取积极合作的态度以争取调停者的支援与保护。从谈判的角度看，冲突一方若认为他们有能力单方面达成目标，他们就不会选择在谈判桌上与冲突方及调停人协商，而是凭借实力采取破坏行动。[②] 这里需要强调的是，调停者的实力也是决定搅局者合作与否的另一个重要因素，即有力的联合国才能有效地使搅局者采取合作的姿态。

---

① Greenhill，Kelly，The Perils of Profiling：Civil War Spoilers and the Collapse of Intra-state Peace Accords，p. 11.

② Suzanne Werner，“The Precarious Nature of Peace：Resolving the Issues，Enforcing the Settlement，and Renegotiating the Terms”，American Journal of Political Science，Vol. 43，No. 3（July 1999），pp. 912－934.

以实力作为制定应对搅局者策略因变量的基本逻辑是：应对实力越强的搅局者使用越具有强制性的策略。首先，应对实力弱的搅局者，诱导策略是较为合适的。此类搅局者愿意融入和平进程或者和平协议，表明和平进程基本满足了他们的需求。适当的引导目的在于确保其生存和合理要求在得到满足的情况下继续忠于和平进程。其次，对中等实力的搅局者应使用同化为主的策略。中等实力的搅局者与贪婪的搅局者具有很大的相似性，他们的实力首先确保其在冲突中得以生存，甚至从冲突中获益。在和平进程中他们的实力能够保证其权利得到体现，但他们的实力不足以使得他们在和解进程中占有支配或主导地位。他们对于“中等”地位是矛盾的，因此一定的物质或政策诱导难以满足其“胃口”，不足以使其忠于和平进程，而仅仅使用“大棒”政策，又有可能使其升级破坏行为。作为一种融合了奖惩措施，以改变冲突方行为偏好为目的的同化策略，适用于应对此类搅局者。通过长期的同化策略以建立其对和平进程的忠诚。再次，我们认为，应对强大的搅局者应使用高压策略。以实力为基础的策略观将所有的冲突方都视为潜在搅局者，但是最具有实力的几个冲突方无疑是最具威胁的。这也是一些排他性或者选择性的和平进程仅仅针对几个主要的冲突方进行调解和谈判的重要原因。对最具实力的冲突方而言，融入和平进程一般是策略性暂时妥协，和平不是其首要考虑因素，取得全局性的胜利，甚至完全消灭其他竞争对手才是其根本目标。使用武力或者“火车不等人”策略是重要的策略选择。但是，联合国多数情势下是弱势的，没有大国来执行行动，它自身没有强制执行力，使用武力是不现实的。因此，加强其他和平冲突方的自卫能力，削弱此类搅局者的物质来源，或者加大维和人员的部署是可行性的选择。

（三）策略之外的重点

应对搅局者问题时，明确搅局者的实力强弱，匹配适用的策略是重要的一个方面，调停者有足够的能力执行策略则是另一个重要方面。正如上文所述，联合国在调解领域具有经验、道义、人员与物资方面的优势，也是联合国作为调停者实力的体现。尽管如此，联合国也存在深刻的机制缺陷和观念滞后等问题。如下几个问题可能影响联合国的能力的效用：第一，国际社会的支持和重要国家的合作。联合国是由国家组成的的国际组织，在管控区域和国内层面的搅局者问题上，国际社会和重要国家的支持与合作至关重要。一般而言，国际上如果可以采取一致连贯的行动来支持和平进程及应对搅局者问题，使得外部国际行为体不向搅局者提供武器、金钱及政治庇护等，局势就在控制之下；而分裂的国际社会不仅使得联合国难以开展调停行为，还将刺激冲突各方的破坏行为，使局势失控。① 2012 年以来的叙利亚局势就是典型案例，分裂的国际社会要对日益恶化的叙利亚局势担负主要责任。第二，联合国有效调停行动的连贯性和持续性。调停行动是一个长期的政治过程，而应对搅局者的策略，需要管理者持续连贯地予以执行，才能取得实效。联合国应对搅局者成功的案例中，确保稳定调停负责人是策略持续连贯的保证。在莫桑比克和柬埔寨的案例中，秘书长的特别代表意大利的阿耶洛（Ajello）及日本的明石康（Yasushi Akashi）在对搅局者做出了正确判断的基础上，实施了连贯和持续的策略，是这两次任务成功的重要因素。与此相对的是，1994—1995 年的布隆迪种族冲突以及 2012 年持续至今的叙利亚危机，期间调停人多次更换，难以形成连续的对策，同时错失了几个重要的调停时机。联合国已经意识到，秘书长特别代表及高级斡旋官员轮换，会妨碍政策的连续性和对局势的有效判断，搅局者有可能利用这一漏洞。② 第三，明确破坏行为的内在动力来源。皮尔曼的研究表明从内部组织机构和决策机制了解搅局者行为的重要性。③ 的确，明确搅局者偏好产生的内在原因意义重大。对于策略制定者而言，需要弄清搅局者行为偏好的产生是基于领导层还是其代表的普通群体，破坏行为的决策权是由领导层的哪个派别做出。认真评估搅局者的内部情况，有利于做出更有针对性的策略。

四、总结

本文梳理了有关搅局者的文献，认为斯特德曼提出搅局者问题在定义和分类上均存在瑕疵。在已有文献的基础上予以总结和提炼，提出了本文对搅局

---

① 参见秘书长关于加强调解及其支助活动的报告。

② Perspectives of the UN & regional organizations on preventive and quiet diplomacy，dialogue facilitation and mediation，published by Organization for Security and Cooperation in Europe (OSCE)，February 2011，p. 19.

③ 参见 Wendy，pearlman，spoiling insider and out：Internal political contestation and the Middle East peace process。

者的定义，进而初步分析了原有搅局者分类存在的问题，提出了应对搅局者行为的基本框架。联合国作为冷战后最为重要的和解进程的管控者，具有经验、道义、人力物资方面的相对优势，也面临着先天性机制缺陷和新的冲突局势带来的问题。联合国在长期的调解中形成了若干既有的策略：诱导、同化及高压。在确定了内外一能力的分析框架之后，我们认为，在形成包容性和平进程的条件下，应对和平进程外的搅局者采用高压的策略。对于和平进程中的搅局者，我们认为应依据实力的大小采取不同的策略。作为一种尝试性的分析，本文初步认为对和解进程内的搅局者依照高中低的能力，应分别采取高压、同化及诱导策略。

缺少大国的支持与合作，联合国就成为缺少执行力的弱势调停者。因此要发挥好联合国的优势，取得国际社会的支持，特别是大国的合作，是重要前提。确保有效策略实施的连贯和和持续性是保障运用策略取得收效的另一个因素。此外，我们认为对搅局者破坏的内在动机进行考量也是一个重要方面。

中国的联合国维和行动25年：历程、问题与前瞻

吕蕊*

从1989年中国维和人员参加联合国纳米比亚维和行动开始，[①] 在此后25年的历程中，中国的维和行动为维护世界和平和国际公益做出了卓越的贡献，中国维和人员恪尽职守、不辱使命的风范赢得了同行的赞誉和联合国的肯定。回顾和展望中国的联合国维和行动有助于推动国际维和事业。

一、中国的联合国维和行动的特征和动力

1989年中国首次向联合国纳米比亚援助团派遣20名文职选举监督员，揭开了中国参加联合国维和行动的序幕。在25年的时间里，中国的联合国维和行动取得了举世瞩目的成就，引起了国际社会的广泛关注和热议。

综观25年中国的联合国维和行动，我们不难发现以下特征：军民并重是中国参与联合国维和行动的第一个特征。维和军事行动侧重于冲突隔离、停火监督等军事冲突和应急事件的管控。1990年，中国人民解放军向联合国中东维和任务区派遣5名军事观察员。1992年，中国向柬埔寨派遣成建制的维和工程兵部队。2012年1月中国首次向南苏丹派驻安全部队。截至2014年12

* 吕蕊，同济大学政治与国际关系学院讲师。

① 中国参加联合国维和行动的起点有两种不同观点：一种观点认为1988年中国加入联合国维和特委会为中国参加联合国维和行动的起点，理由是维和特委会是联合国维和机构，参加机构的活动就等于参加维和行动；另一种观点主张1989年中国加入联合国纳米比亚维和行动为中国参加联合国维和行动的起点，认为参加维和实际行动才是中国的联合国维和行动的真正起点。本文选用后者。

月，中国参加了31项维和行动，累计派出官兵2万余人次。中国向7个任务区派遣人数共计1569人次。目前有1800多名官兵在联合国10个任务区和联合国维和部队执行维和任务。近几年中国参与两次重大的维和行动是2013年的马里维和与2014年的南苏丹维和。其中马里维和中国派驻395名维和民事和军事人员。[①] 在南苏丹维和中，中国派驻700名士兵组成的步兵营，这是中国首次派出成建制的维和作战部队。[②]

维和警察也是中国的联合国维和行动的重要组成部分。维和民事行动侧重于民事管理，主要承担灾难救助、医疗救护、大选监督等维和任务。1999年，中国政府正式宣布派遣维和警察参与联合国维和行动。2000年1月，中国首次派遣15名民事警察到东帝汶执行联合国维和任务。2004年中国向海地派驻125名队员组成的警察防暴队，这是中国首次派出成建制武装性质的维和警察队伍。截至2014年6月30日，中国公安部累计派出2032人次赴波黑、科索沃、阿富汗、海地、利比里亚、苏丹等8个联合国维和任务区执行维和任务，目前仍有177名中国维和警察在联合国总部、南苏丹和利比里亚任务区执行维和任务。

全面参与是中国的联合国维和行动的第二个特征。经过25年的努力，中国维和人员足迹遍及四大洲，亚洲的柬埔寨、东帝汶、阿富汗、伊拉克、科威特、黎巴嫩，欧洲的波黑、科索沃，美洲的海地，非洲的西撒哈拉、刚果（金）、马里、利比里亚、苏丹、南苏丹、塞拉利昂、几内亚、利比亚都留下了中国维和人员的足迹。从维和行动的参与层次来看，中国派出军事观察员、工兵、医疗、运输、防暴队、维和警察和作战部队等人员，参与军事观察、扫雷排爆、医疗救护、修桥修路、社会维稳和解除武装等行动。截至2012年12月，中国维和部队新建、修复道路8700多公里，桥梁270座，排除地雷和各类未爆物8900多枚，运送物资60多万吨，运输总里程930多万公里，接诊病人7.9万人次，帮助东帝汶、海地、刚果（金）等国家承担民事治安任务，维护所在地的秩序和稳定。[③] 中国维和人员的良好表现为中国在国际上树立了

① “直击中国首批赴马里维和部队”，人民网，http：//world. people. com. cn/n/2014/0430/c1002－24961831. html。

② “走进中国首支联合国维和步兵营先遣分队”，国际在线，http：//gb. cri. cn/42071/2015/03/03/3245s4887051. htm。

③ “联合国维持和平行动”，新华网，http：//news. xinhuanet. com/ziliao/2003－04/02/content _ 810710 _ 6. htm。

威武之师、文明之师、和平之师的光辉形象。[①] 鉴于维和形势发展、任务的长期性和中国维和人员的一贯良好表现，任务区体制成为中国参与联合国维和行动的重要形式。按照任务区体制，中国能够拥有自主安排人员轮换等权限。当前局势动荡的南苏丹、黎巴嫩和海地等国都设有中国的任务区。

短时间内取得突出成就是中国的联合国维和行动的第三个特征。相对于联合国开展维和行动 66 年的漫长历程来讲，中国在参加联合国维和行动的 25 年中进步巨大。到目前为止，中国的联合国维和行动派出 2.5 万多人次维和人员，在联合国 115 个维和派出国中，中国维和人数已经跃升为世界第 12 位。中国的维和摊款比例位居世界第 6 位，是世界上摊款最多的发展中国家。[②] 中国还是派遣工兵、运输和医疗人员最多的国家，当前中国是安理会常任理事国中派遣维和人员最多的国家。[③]

中国的联合国维和行动取得相当大的成就，其原因在于：第一，中国对联合国维和行动的认知发生了根本变化。中国在朝鲜战争中同美国领导的联合国军直接交锋给中国对联合国维和行动的认知带来很大的负面影响。由于冷战期间联合国维和行动大多被美国所控制，维和行动具有美国干涉他国内政的意味。因此中国将联合国军看作是帝国主义的警察部队。对于维和行动，中国经历了从 20 世纪 70 年代揭露其罪行、冷静观察，到 80 年代末期认同并赞扬联合国维和行动所具有的和平性质的转变。90 年代，随着冷战结束以及和平发展成为世界主题，中国寻求参加联合国维和行动并在其中发挥重要作用。1990 年中国向联合国维和行动派遣军事观察员和 1992 年中国政府派驻柬埔寨维和部队，揭开了中国维和历史的序幕。[④]

中国对联合国维和行动的态度的根本改变主要原因在于：首先，中国对联合国维和行动的认知发生根本变化。以前，中国长期被隔离在联合国机制之外，这直接影响了中国对联合国维和行动的认知。1971 年恢复中华人民共和国在联合国的合法席位后，中国成为能够在联合国机制内发挥作用的大国，

---

① "China's Contribution to UN Peacekeeping Grows", May 30, 2009, http://www.voanews.com/english/news/a-13-2009-05-30-voa17-68687462.html.

② "联合国维和行动"，新华网，http://news.xinhuanet.com/ziliao/2003-04/02/content_810710_5.htm。

③ "国防白皮书：中国武装力量的多样化运用"，中国国防部网站，http://www.mod.gov.cn/affair/2013-04/16/content_4442839_4.htm。

④ 赵磊："中国对联合国维持和平行动的态度"，《外交评论》2006 年第 4 期，第 80—84 页。

对联合国维和行动的认知也逐渐改变。[①] 其次，改革开放后中国对国际体系的认知发生积极变化。尽管世界银行、世贸组织、联合国大多是由美国在第二次世界大战后创设，但它们是国际经济贸易和安全机制的基石。反对美国不意味着反对国际机制，加入机制也不等同于亲美，因此成为中国对国际机制的客观而主流的看法。而参加联合国维和行动成为中国比较深入地融入国际安全机制的有效途径。[②] 再次，国际安全需求增加需要中国的参与。冷战结束后，除了大国竞争、核扩散、恐怖主义之外，国内战争、种族清洗和部族冲突等问题也成为危及世界和平和地区安全的重大威胁。中国意识到作为安理会常任理事国应当在维护世界和平和地区安全方面身先士卒，承担义不容辞的责任和义务，向国际社会提供安全公共产品，对世界和平和安全做出更多贡献。只要国际社会有需求，联合国有授权，中国都愿意在联合国维和行动的框架下出人出力。

第二，维和行动是中国承担国际公益的重要表现，彰显了中国负责任的大国形象。随着中国的和平发展和经济增长，中国在国际事务中的自信心也同步增强。一方面，参与联合国维和行动也提升到中国国家形象建设和发挥国际影响力的战略高度。中国愿意向国际社会提供更多安全公共产品，而联合国维和行动只是其中的重要形式；另一方面，国际社会对安全需求不断扩大，需要包括中国提供更多的安全公共产品。国际社会特别是饱受苦难的国家对中国提供安全公共产品的要求也在同步上升。联合国秘书长潘基文访华时特别提出，希望中国在联合国维和行动做出更多的贡献。这样在安全公共产品问题上，中国有能力和意愿供给与国际社会的需求汇合在一起。中国人民解放军副总参谋长张庆生表示："中国是热爱和平的国家，中国也是负责任的国家。在解决涉及国际和平与安全的重大问题上，维持和平是中国的使命，也是中国的基本信条。"作为负责任的大国，中国将支持并积极参加联合国的维和领域行动，为维护世界和平做出积极贡献。[③] 参与维和25年，中国政府参与维和主动性与中国军人恪尽职守的职业精神提升了中国的国际形象，彰显了中国是愿意提供国际公益的负责任大国。

---

① 冯继承："中国参与联合国维和行动：学习实践与身份承认"，《外交评论》2012年第1期，第61—68页。

② 唐永胜："中国与联合国维和行动"，《世界经济与政治》2002年第9期，第41页。

③ 《2010年中国的国防》白皮书，中国国防部网站，http://www.mod.gov.cn/reports/201101/bpsz/2011-03/31/content_4235224.htm。

第三，中国国内对联合国维和行动的系统性支持。2002 年，中国加入联合国维和待命安排机制后，高度关注维和行动，形成了完善的联合国维和行动的支持体系。在领导机制上，军队维和行动由中央军委统一领导，总部负责筹划各军区和兵种具体负责。维和警察工作由公安部全面负责，为此公安部专门成立了维和警察事务领导小组，下设领导小组事务办公室，全面负责全国维和警察的选拔、培训、派遣和对外交流。[①] 在协调机制上，中国在维和行动上基本形成了外交部统筹，国防部和公安部分管军事和民事的管理和协调机制。在维和人员的动员征召方面，中国严格按照联合国维和行动的要求，在军区和公安部体系内选拔优秀人才参与维和行动，并形成 8 个月定期轮换的维和制度。在培训交流机制方面，2000 年成立的中国维和民事警察培训中心和 2009 年成立的中国国防部维和中心，标志着中国维和培训和部署前强化集训的正规化和规范化。[②] 2014 年 6 月，潘基文访问国防部维和中心，表明联合国充分肯定中国的维和培训工作。[③] 良好的机制为中国全方位参与联合国维和行动提供了制度保障。

第四，中国维和人员敬业自律的职业操守。无论是拆弹排爆的工兵还是架桥修路的工程兵，无论是日夜兼程的运输兵还是与死神近距离接触的军事观察员和医护人员，中国维和人员都做到了恪尽职守、默默奉献。中国维和人员在与受援国民众的交往中做到了严格自律、尊重习俗。特别是中国的工程师和医生爱岗敬业的职业精神和操守得到了当地民众的认可和尊重。[④] 中国维和人员还自觉省出钱物捐助救济当地灾民，增进了中国维和人员与当地居民的友谊。[⑤] 在维和行动中，先后有 17 名中国维和人员为热爱的维和事业献出

① “中国开展维和警察工作简况”，中国公安部网站，http：//www. mps. gov. cn/n16/n983040/n1372264/n1372612/1501400. html。

② “中国维和民事警察培训中心 2000 年挂牌成立”，中国公安部网站，http：//www. mps. gov. cn/n16/n983040/n1372264/n1372567/1501170. html。

③ “联合国秘书长潘基文首次参观中国国防部维和中心”，中国新闻网，http：//www. chinanews. com/gn/2013/06－19/4945944. shtml。

④ Bonny Ling，“China’s Peacekeeping Diplomacy”，China Right Forum，No. 1，2007，pp. 47－49，http：//hrichina. org/sites/default/files/oldsite/PDFs/CRF. 1. 2007/CRF－2007－1 _ Peacekeeping. pdf.

⑤ “中国第十一批驻刚维和工兵分队踊跃向巴基斯坦灾区捐款”，中国国防部网站，http：//news. mod. gov. cn/action/2010－09/01/content _ 4189817. htm。

了自己宝贵的生命。[1] 中国维和人员以自己的实际行动成为中国公共外交的新大使。[2] 与其他国家不时传出性丑闻和腐败丑闻相比，中国维和人员是迄今无人违规、无人退返的“零违规部队”。[3] 中方人员在维和任务中所展现的遵规敬业、不辱使命的优良素质得到了同行和联合国的高度赞誉，并赢得了联合国维和一级勋章、荣誉勋章、和平勋章等多项集体和个人奖项和荣誉。[4] 中国海地维和人员被联合国誉为“联合国的优秀员工和优秀的中国大使”。[5]

二、中国维和行动面临的挑战和自身存在的问题

尽管中国的联合国维和行动在过去25年内取得了重大成就，但是国际和平行动自身的发展，联合国框架下对和平行动的调整，以及中国维和行动存在的问题对中国维和行动的未来发展具有很大的影响，能否正确应对这些挑战和问题将直接影响中国未来维和行动的成果和效率。

（一）中国如何应对多主体参与的国际和平行动

联合国维和对应的是世界和地区大国、国际非政府组织、宗教组织等多主体参与的维和行动。一方面，联合国维和行动不是万能药水，地区局势和国内冲突纷繁复杂，凭借联合国一己之力难以解决全世界发生的所有冲突和突发事件。即使在联合国主导的维和行动中，联合国维和人员也不可能事无巨细地包办从冲突隔离、停火监督、解除武装到伤员救治、人员安置和心理安

① “联合国维持和平行动：为和平殉职的中国维和人员”，新华网，http://news.xinhuanet.com/ziliao/2003－04/02/content_810710_7.htm。

② “China's Contribution to UN Peacekeeping Grows”，May 30，2009，http://www.voanews.com/english/news/a－13－2009－05－30－voa17－68637462.html.

③ “中国第八批赴黎维和医疗队被评为‘零违规部队’”，中国国防部网站，http://news.mod.gov.cn/action/2011－12/23/content_4330598.htm。

④ “我国第八支赴苏丹维和警队启程”，中国公安部国际合作局网站，http://www.mps.gov.cn/n16/n2009301/n2009418/2157582.html。

⑤ “联合国授予中国第六支赴海地维和警察防暴队125名队员和平勋章”，中国公安部国际合作局网站，http://www.mps.gov.cn/n16/n2009301/n2009418/2157596.html。

抚等所有方面和细节。而且维和行动复杂微妙，一些易被忽视的细节往往会决定维和行动的成败。因此在特定领域吸收更多功能性主体就显得尤为重要。事实证明，维和行动的参与主体越多，多个主体配合越协调，维持和平行动就越成功。当前，以非盟、欧盟为代表的获得联合国授权的地区组织，[①] 以法德等受邀大国为代表的大国参与已经深入到地区冲突之中。[②] 一些国际组织、国际非政府组织、宗教组织也在特定的联合国维和行动中发挥重要作用。另一方面，在多主体参与的维和行动中，以美国为代表的少数霸权大国推行的“先政权更迭再建设和平”对国际和平行动造成了重大伤害。美国和北约在阿富汗和伊拉克实行的做法，尽管打着国家改造的旗号，但并不是为了实施国际公益和善举，而更像是美国拓展霸权利益和战后善后的行为。美国依托北约和国家集团，未经联合国授权的单边行为对国际维和事业具有巨大的破坏性。这种绕开联合国另起炉灶，体系外架空联合国的做法显然是在同联合国维和行动分庭抗礼，挑战联合国和平行动的主导权和话语权。

对此，中国既要正视多主体参与未来国际维和行动的趋势，认可多个行为主体在国际维和行动中所发挥的积极作用，同时也要强调联合国的主导作用和联合国授权的重要意义，同个别霸权国家在体系外架空联合国拓展霸权和战略利益的行为做斗争。另外中国还应当筹措探讨让上海合作组织、中国红十字协会等以独立或平等身份参与国际和平行动的可能性。

（二）中国要密切关注联合国体系内和平行动的发展和演变

维和行动只是联合国和平行动的重要组成部分。中国的联合国维和行动不能只关注维和行动本身，而需要关注和平行动的多元变化。由于维和行动本身在很大程度上只是扬汤止沸，难以消除战争和苦难本源的消极特性。联合国的统计数据表明，约一半摆脱冲突的国家在和平协定签署后5年内又重新陷

---

① 参与维和行动的国家大多在非洲，而且非盟作为了解当地政治经济和风俗习惯的重要组织，近些年非盟在索马里、布隆迪、苏丹承担着多项地区维和任务。关于非盟的维和行动及其影响，参见 Tim Murithi，“The African Union’s Evolving Role in Peace Operation”，African Security Review，Vol. 17，No. 1，2011，pp. 70－84，http：//www. issafrica. org/uploads/17NO1MURITHI. PDF。

② Colum Lynch，“France and U. N. Plan Mali Peacekeeping Force”，Foreign Policy，February 5，2013，http：//foreignpolicy. com/2013/02/05/france-and-u-n-plan-mali-peacekeeping-force/.

入冲突。为了保证这类国家不再罹患战火，联合国积极谋求通过建设和平行动来实现标本兼治，致力于消除战争和动荡的根源。为此联合国从建设和平行动以及寻求维持和平与建设和平之间的衔接入手解决问题。首先，2005年联大安理会建立了与建设和平行动相关的三大机构——建设和平委员会、建设和平支助办公室、建设和平基金，目的是汇聚各方之力支持冲突后国家的和平进程。① 当前联合国确定和平建设优先解决的问题包括：DDRR行动②、强化受援国的法制和安全部门改革；支持受援国的政治和解过程；支持受援国在基础设施、健康教育、难民回归等方面服务的基本保障；支持受援国政府恢复公共行政和公共金融的基本职能；支持受援国经济复兴计划和国家再建等。③

其次，联合国寻求维和行动与建设和平行动的对接。维持和平行动与建设和平行动之间存在联系，但也存在差异，因此弥合两者之间的差距提上了联合国的议程。联合国在2010年之后先后制定了《维和人员在早期建设和平任务中的贡献战略》④《联合国维和行动：过渡期与退出战略》⑤ 等文件，重点探讨维和行动与建设和平行动，特别是在过渡期内如何衔接的问题。这些文件的基本思路是让维和人员在过渡期或建设和平行动的前期阶段，更多地履行建设和平行动应当承担的责任和义务，创造和维持建设和平使命所需的政治空间，消除国家与社会之间的不信任并加强联系纽带，以便让后续的建设和平行动更为顺畅。维和人员承担的建设和平职责是：促进政治对话和冲突管理，协调建设和平地区的民事，DDRR行动，促进法治，离散人口重新安置，帮助修复公共基础设施，提供交通、空运、通信等后勤保证，推进政治进程，

---

① “联合国建设和平委员会”，http：//www. un. org/zh/peacebuilding/。

② DDRR是指解除武装（Demobilization）、复员（Disarmament）、战后重建（Rehabilitation）、重返社会（Reintegration）。

③ “ The Report of the Secretary-General on Peace Building in the Immediate Aftermath of Conflict”，A/63/881 — S/2009/304，June 11，2009，pp. 6 — 8，http：//www. unrol. org/files/pbf _ 090611 _ sg. pdf.

④ “The Contribution of United Nations Peacekeeping to Early PeaceBuilding”，June 27，2011，pp. 1 — 26，http：//www. operationspaix. net/DATA/DOCUMENT/6797 ~ v ~ The _ Contribution _ of _ United _ Nations _ Peacekeeping _ to _ Early _ Peacebuilding _ a _ DPKO _ DFS _ Strategy _ for _ Peacekeepers. pdf.

⑤ “Security Council Commits Itself to Improving Transition，Exit Strategies for United Nations Peacekeeping Operations”，February 12，2010，pp. 1—15，http：//www. un. org/press/en/2010/sc9860. doc. htm.

建立民主机构和选举制度，促进人权等等。[①]

有鉴于此，在重点参与联合国维和行动的同时，中国也要密切关注联合国框架下和平行动的发展动向，以便适时调整，让中国自己的维和行动更有效也更契合联合国的维和行动，为世界和平和地区稳定做出积极贡献。

（三）中国的联合国维和行动存在的问题

第一，西方媒体对中国的联合国维和行动横加指责和批评。西方国家和媒体罔顾中国对联合国维和事业做出的贡献，把中国的维和行动描绘成别有用心的精心筹划，如中国的维和行动是为了开展公共外交，是填补权力真空等等。[②] 其中最具诋毁色彩的指责：一是公共外交说，指责中国的维和行动是为了剥削非洲、攫取资源而进行的先导型外交。[③] 二是台湾挂钩说，指责中国将维和与台湾问题挂钩，以阻挠安理会通过 2.5 亿美元维和经费为条件要挟利比里亚同台湾断交。[④] 三是海外利益保护说，认为中国向南苏丹派驻维和步兵营是为了保护中国在南苏丹的石油权益。[⑤]

---

① “Peacekeeping and Peace Building：Clarifying the Nexus”，September 2010，pp. 1－4，http：//www. securitycouncilreport. org/atf/cf/%7B65BFCF9B－6D27－4E9C－8CD3－CF6E4FF96FF9%7D/PKO%20Peacebuilding%20Peacekeeping%20Nexus. pdf.

② Colum Lynch，“China Filling Void Left by West in UN Peacekeeping”，The Washington Post，November 24，2006，http：//www. washingtonpost. com/wp-dyn/content/article/2006/11/23/AR2006112301007. html.

③ 中国在参与的维和行动中中方人员的占比，以及中国与该维和行动东道国的经贸关系，对该国的出口多少，对中国分配维和力量起到重要作用。在与其有经贸关系的国家，中国对维和的参与规模要大得多。在其拥有经济利益的国家，北京对维和的贡献较大。Bonny Ling，“China Peacekeeping Diplomacy”，International Relations and Institutions，No. 1，2007，pp. 47－49，http：//iso. hrichina. org/sites/default/files/PDFs/CRF. 1. 2007/CRF－2007－1_Peacekeeping. pdf。

④ “关于中国维和行动与台湾问题挂钩的报道”，参见 Ben Yumo Wang，“The Dragon Brings Peace? Why China Became A Major Contributor To United Nations Peacekeeping，” Stimson Spotlight，July 12，2013，http：//www. stimson. org/spotlight/the-dragon-brings-peace-why-china-became-a-major-contributor-to-united-nations-peacekeeping-/；杨梦瑜：“利比里亚转与大陆复交”，BBC 中文网站，2003 年 10 月 12 日，http：//news. bbc. co. uk/chinese/simp/hi/newsid_3180000/newsid_3185300/3185318. stm。

⑤ “俄称中国首次出兵海外保护油田，已做战斗准备”，《环球时报》，http：//news. qq. com/a/20140912/028397. htm? tu_biz=v1。

西方对中国的指责完全是捕风捉影。首先，中国较多地参与非洲维和行动与联合国以非洲维和为重心的政策相关。受种族矛盾、部族冲突、资源争夺的影响，非洲国家的局势动荡不定。当前联合国维和行动75%集中在非洲，联合国维和经费中约70%也用于非洲。[①] 作为全面参与联合国维和行动的国家，中国必将更多地介入联合国非洲维和行动。除了南苏丹外，中国在非洲参与维和行动的布隆迪、西撒哈拉、埃塞俄比亚、厄里特里亚、科特迪瓦和莫桑比克等国都是世界上最贫穷和最动荡的国家。这些国家经济崩溃，外汇匮乏，长期靠输血式外援生存，远谈不上与中国建立正常的经贸往来。这种只付出无回报的行为难以称作先导型外交。其次，维和行动的调配权在联合国而不在中国政府。联合国维和是任务导向型的，只要获得受援国的邀请或同意，维和决议便得以通过。联合国将根据维和任务统一调配资源和人员。任务决定权和资源分配权统一由联合国统管而非各国政府做主。只要决定参与联合国维和行动，中国维和人员就将被派驻到世界各地，甚至与中国断交的国家。这是中国参与维和使命必须遵守和服从的义务，[②] 同时也能够解释中国在利比里亚、海地和南苏丹的维和行动。再次，中国的维和行动从未与台湾问题挂钩。利比里亚与中国复交是因国内动力而非中国的外交压力。由于国内派系的不同政见和台湾当局的干扰，利比里亚与中国的外交关系分分合合，相当复杂，先后在1977年、1993年、2003年与台湾断交而同中国大陆建交。2003年10月，亲台的查理斯·泰勒总统流亡国外，利比里亚新政府决定与台湾断交。[③] 与此相关，海地现在仍然与台湾保持“外交关系”，但是中国大陆受命联合国早在2004年就向海地派驻维和人员，中国从未阻挠或附加条件，可见维和使命而非台湾问题才是中国参与维和行动的重要考量。最后，决定向南苏丹派驻步兵营是中国应联合国邀请，遵照安理会第2155号决议授权做出的。步兵营不是媒体宣扬的作战部队而是安全部队，他们执行的维和使命是监督停火，为当地人道主义救援和经济建设提供必要保护，[④] 维和人员

---

① 席来旺：“中国提出联合国维和建议”，《人民日报》2009年1月30日。

② “外交部组织外国记者采访赴海地中国维和警察部队（答问实录）”，中国网，http://www.china.com.cn/chinese/2004/Sep/671048.htm。

③ “Taiwan Play down Liberia Blow”, BBC News, October 13, 2003, http://news.bbc.co.uk/2/hi/asia-pacific/3186334.stm.

④ “中国拟向南苏丹派遣700人维和步兵营，配备装甲车”，中国新闻网，http://www.chinanews.com/mil/2014/09－25/6630409.shtml。

并不卷入南苏丹各方的武装冲突。[①]

第二，中国的维和立法相对滞后，难以满足维和行动的发展和需要。中国参与联合国维和行动基本遵循联合国授权和所在国要求的原则，在此基础上征召派遣维和军事或民事人员。与日本、韩国的维和法相比，中国在维和法律方面尚存在较大缺陷。中国参与维和行动的法律依据是《国防法》《人民武装警察法》《突发事件应对法》和《军队参加抢险救灾条例》等适用于国内行动的法律法规。随着中国更多地参与联合国维和行动，与维和行动和人员相关的问题不断出现。显然这些并非针对维和行动出台的法律存在明显的不适用性。维和人员的自我保护、中国与维和行动受援国的法律关系、维和人员涉及的民事和刑事纠纷处置、维和人员的退役安置等问题亟需在法律上做出界定和规范。

目前中国只有 2012 年通过的《中国人民解放军参加联合国维持和平行动条例》，但是法规的局限性十分明显：首先，条例的适用对象不够广泛，仅限于参与维和的军事人员，广大参与维和行动的警察、民事人员和志愿者并不在条例的涵盖范围之内；其次，条例的属性是行政法规，其效能远不能与法律相提并论。特别是作为与国际完全接轨的维和行动而言，国际通行的惯例是依照各国的《维和法》为准绳，所以在维和法律上与国际接轨同等重要。法律滞后与维和问题突出之间的矛盾将督促中国出台或完善相关的法律法规。其出台或完善方向，或是在现有《国防法》中增补涉外非战争军事行动内容，或者专门制定涉及维和行动的职责目标、军政关系和组织协调的《涉外非军事行动法》。

第三，中国在维和参与中存在重行动轻咨询的倾向。从维和机制和流程来看，各国的联合国维和行动参与行为呈现两极分化：一极为美国、德国和挪威等发达国家组成的梯队，他们对联合国维和的贡献更多地集中在咨询、指导甚至领导决策领域，较少参与联合国的战地行动；另一极是印度、巴基斯坦和孟加拉国等国组成的梯队，他们的注意力更多在战地层面，派遣维和人员是他们联合国维和行动的主要参与方式。

尽管中国在联合国维和行动中参与决策，但中国的维和贡献更多地体现在具体的维和行动上，在咨询指导上参与程度不高。中国向联合国派驻维和高级军官和高级文职人员明显不足。除在西撒哈拉担任维和特派团司令的赵京

① “2014 年 6 月 5 日外交部发言人洪磊主持例行记者会”，中国外交部网站，http：//www. chinaconsulatechicago. org/chn/fyrth/t1162553. htm。

民之外，中国高级战地指挥官后继乏人。[1] 此外输出维持和平理念、管理理念和专业技能应当是中国维和输出和对外交流的重要内容。例如，中国维和工兵创造的“零伤亡”扫雷排爆技术和医疗人员抗击埃博拉病毒经验值得向世界宣传和输出。因此，要提高中国在联合国维和体系中的作用和地位，中国就要通盘设计对联合国维和行动，以便更全面更深入地参与维和行动。

三、中国的联合国维和行动的未来发展和前景

目前，联合国维和行动也在进行深刻的改革，并遇到美国霸权主义的挑战。尽管如此，通过中国所坚持的和平发展道路，向世界展现中国热爱和平的形象，展望未来中国参与联合国维和行动的大致轨迹和路径，我们应当攻坚克难，奋发有为。

第一，从发展趋势来看，中国的联合国维和行动只能加强而非弱化。首先，国际社会对安全公共产品的需求增加，中国作为世界大国不断提供需求责无旁贷。冷战后尤其是“9·11”事件后，地区局势的动荡大幅增加了国际社会对安全公共产品的需求。除了巴以等传统问题外，南苏丹、利比里亚、叙利亚和伊拉克也在成为新的动荡之源。动荡的国际形势需要强有力的维和行动，而联合国维和在提供国际安全公共产品中所占据的重要地位将得以强化。在这种情况下，坚定不移地参加国际维和行动将是中国长期坚持的基本任务。随着中国的和平发展，中国对提供安全公共产品和参与全球治理变得更加自觉，同时国际社会对中国在国际和平与安全领域的作为也充满期待，因此中国将寻求全面参与联合国维和行动。其次，中国要为世界和平做出贡献。中国的和平发展需要稳定的国际环境，联合国维和行动能够让中国为历经战火和灾难蹂躏的国家和人民远离战乱重建和平，为更稳定和更和平的地区安全发挥负责任大国应尽的义务和责任，向世界传递热爱和平的期盼。[2] 最后，联合国维和行动是中国开展多边外交的重要抓手。除地区安全问题外，

---

① “访联合国维和部队首位中国司令赵京民”，新华网，http://news.xinhuanet.com/newscenter/2007－12/06/content_7212027.htm。

② He Yin, “China's Changing Policy on UN Peacekeeping Operations”, Institute for Security and Development Policy, 2007, pp. 48－54, http://www.silkroadstudies.org/new/docs/Silkroadpapers/2007/YinHe0409073.pdf, p. 11.

大国强权和霸权主义也是对世界和平的重大威胁。中国加强联合国维和行动就是同美欧等国在联合国体系外的行动做斗争，起到加强联合国权威、平衡单边主义和促进多边议程的作用。

第二，中国维和行动未来的拓展方向。首先，继续全方位参与，在联合国维和行动中积极发挥中国的作用。多层次参与已成为中国的联合国维和行动的努力目标，如中国维和医疗人员远赴利比里亚和塞拉利昂抗击埃博拉病毒。[①] 2014 年 9 月，中国外交部部长王毅在联合国维和行动高级别会议上表示，中国将向联合国驻南苏丹特派团增派 700 人的维和步兵营。这是中国首次派出步兵营参加维和行动。中国正在考虑向联合国维和行动派遣直升机，这将是中国航空兵首次参加维和行动。中国还将向联合国派遣刑侦和法医等民事警察参与维和行动。[②] 这些举措表明了中国拓展维和行动的努力和决心。其次，在维和改革上创立议程设置，提出中国的前瞻性建议，争当联合国维和改革的倡导者。针对日益迫切的联合国维和改革，中国外交部部长王毅（2014 年）、外交部副部长张义山（2003 年、2004 年）、前驻联合国大使刘振民（2009 年）、公使腊翊凡（2009 年）也多次阐述中国的倡议或建议。[③] 综合建议包括：（1）坚持哈马舍尔德三原则，谨慎处理受援国制度建设和国家治理问题；（2）开源节流，拓展联合国维和资源，提高维和行动的效率；（3）加强非洲维和能力建设，倡导鼓励非盟在维和上发挥更大作用；（4）维和部门扁平化，加强组织协调能力。中国将更加积极地参与联合国的维和改革。最后，加强中国同联合国维和机构的机制性合作。联合国维和不仅体现在维和行动上，也体现在向联合国维和部门输送高素质的官员和管理者上，以提高联合国体系的运营效率。因此，中国应当建立联合国维和人员培养体制，

① 常诚、卢大伟、孙文轩：“驻利维和医疗分队：白求恩精神照亮埃博拉阴霾”，中国国防部网站，http：//news. mod. gov. cn/action/2014—10/08/content _ 4541874. htm。

② 王毅：“让蓝盔闪烁和平的光芒”（在联合国维和行动高级别会议上的讲话），中国外交部网站，http：//www. mfa. gov. cn/mfa _ chn/zyxw _ 602251/t1195558. shtml。

③ 关于中国的维和建议和发言，参见“张义山联大发言提出改革完善维和行动四点主张”，人民网，http：//www. fmprc. gov. cn/ce/ceun/chn/zgylhg/jjalh/alhzh/whxd/t40386. htm；席来旺：“中国提出联合国维和建议”，《人民日报》2009 年 1 月 30 日；“中国支持各方广泛协商共推联合国维和行动改革”，中国网，http：//www. china. com. cn/international/txt/2009—08/06/content _ 18282860. htm；《2014 年第 69 届联大中方立场文件》，http：//be. chineseembassy. org/chn/zgyw/t1188603. htm；王毅：“联合国维和行动需要与时俱进”，中国外交部网站，http：//www. mfa. gov. cn/mfa _ chn/zyxw _ 602251/t1195523. shtml。

鼓励中国官员、专业技术人员和学者参加联合国维和部、政治事务部工作，提高中国在联合国职能部门和高级文职以及军事职务上的份额，呼吁中国军政学界在联合国维和行动中担任国际民事人员和联合国志愿者。

第三，寻求维持和平与建设和平的衔接。如何处理维持和平与建设和平两者的关系将是中国必须关注的问题。维持和平与建设和平优劣并现，但总体上建设和平在弥补维持和平的消极被动反应、预防性、治标不治本方面具有重要价值。这也是国际社会将建设和平视为维持和平升级版的主要原因。既然中国参与联合国维和行动的初衷是帮助受援国消除冲突，重建和平，那么中国就有必要关注标本兼治的和平建设。

在理论上，中国应当关注西方关于和平建设和国家建设的理论与实践，辩证吸收其中的养分，这对探讨具有中国特色的和平行动具有重要的意义。在实践上，建设和平对于中国来说并不陌生。中国维和人员执行的DDRR行动、大选监督和秩序维持都属于建设和平范畴。中国尽管支持联合国在多边体制下推行的建设和平行动，反对美国推行的单边建设和平行动，但是联合国建设和平委员会从机制到实际行动远不能令国际社会满意。中国在2008年就提出，建设和平委员会是连接和平与发展的重要纽带，但应重视受援国开展的速效项目与长远发展相结合；尊重受援国意见，确定优先领域；发挥好协调作用，加强与联大、安理会和经社理事会等机构的合作。① 中国支持建设和平委员会在未来建设和平中发挥更大的作用。

第四，提供安全公共产品与获取国家收益相结合值得中国借鉴。冷战后日本、韩国和德国等国家积极探讨以非传统议题拓展传统利益，借助联合国维和行动、盟国和平建设、打击索马里海盗锻炼远距离投放能力，拓展国家利益和国际空间。② 他们将国家利益与国际公益合二为一的做法已成为国际的通行惯例，而且这一趋势在未来还将强化。在这方面中国也有必要遵循国际惯例拓展自己的海外行动。事实上，国际护航打击海盗、湄公河联合执法和马航失联飞机搜救已经成为中国合理拓展国际空间的重要尝试。在这方面，维和行动为中国维和人员在复杂的气象水文、地形地貌、种族宗教环境下提高生理和心理调适能力提供了良机。人数规模、持续时间和涵盖层次上的优势

---

① 《第63届联合国大会中国立场文件》，中国外交部网站，http：//www. fmprc. gov. cn/mfa _ chn/ziliao _ 611306/tytj _ 611312/zcwj _ 611316/t512750. shtml。

② 赵建明、吕蕊：“冷战后韩国海外军事行动述评”，《外交评论》2010年第1期，第141—154页。

让联合国维和行动在中国的海外行动中占据着核心地位。可以预见，联合国维和行动与反恐合作、突发事件应急和国际救灾抢险等行动一起，将成为中国加强同国际社会交流与合作和维护世界和平稳定的重要抓手。①

第五，寻求同多个维和行为主体的参与和合作。以联合国、地区组织、地区大国三位一体、国际组织的国际维和行动将成为趋势。以非洲国家联盟为例，地区组织的维和作用在逐渐加大，2014 年法国在马里的维和行动也在积极开展。有鉴于此，中国一定要加强同这些地区组织、地区大国和国际组织的多层次联系和合作，致力于恢复维和受援国的安宁和稳定。中国还要拓展自身维和的行动平台和行动深度，考虑将上海合作组织、中国红十字会和其他功能性志愿组织推介出去，充当中国对外维和行动的单独或平行主体，有效补充以中国政府为主体的维和行动。

第六，加强对外宣传力度，向国外媒体传递中国维和行动的正能量。中国作为参与联合国维和行动的大国，在联合国维和中扮演着重要角色。中国政府参与维和行动和践行负责任大国的决心，中国维和人员恪尽职守和不辱使命的职业精神并未得到国际社会特别是西方国家的认可。首先，对于西方带着有色眼镜看待和质疑中国维和行动，我们要理解西方与中国在政治制度、文化价值观、和平发展道路上存在认知差异，同时也要充分利用各种机会和平台促进对中国维和行动的理解。中国要坚持事实胜于雄辩、行动胜于言辞，利用自己的维和行动改变西方的认知。其次，我们要坚决同以意识形态划线刻意抹黑中国的外国宣传做斗争，在不同场合以适宜的方式反击西方国家和媒体的攻击。最后，我们要积极宣传和介绍中国的联合国维和行动。中国应当利用中国在美欧等落地的电视节目，借助访谈节目、媒体、互联网、户外广告，以及制作播放喜闻乐见和细致入微的节目宣传和介绍中国维和行动。成百上千中国维和人员在为世界和平和地区稳定挥洒汗水和鲜血的过程中从不缺乏真情实感，所缺乏的是中国如何将真情实感和中国热爱和平、维护和平的理念传递给西方民众，这是中国维和也是中国对外宣传的难点所在。不管怎样，维和对外宣传应当像中国维和行动那样，虽然面临艰难险阻，但矢志不渝，永不放弃。

---

① 《2010 年中国的国防》白皮书，中国国防部网站，http：//www. mod. gov. cn/reports/201101/bpsz/2011－03/31/content _ 4235224. htm。

联合国应对斯里兰卡内战危机的问题与挑战

高骏*

一、斯里兰卡内战冲突背景

斯里兰卡素有“印度洋上的明珠”之美誉，国名“斯里兰卡”更有着“神圣土地”的美好含义，然而前后历时近30年的内战却一直令这片乐土饱受折磨。斯里兰卡民主社会主义共和国人口约2100万，主体民族为僧伽罗人，说僧伽罗语，并且绝大多数信仰佛教；其次为泰米尔人，讲泰米尔语，信仰印度教；另外有穆斯林、马来人、伯格人、维达人以及其他少数族群。① 1948年获得独立以后，不同规模的民族冲突一直没有间断，斯里兰卡政府出台了带有民族主义倾向的政策，最终导致泰米尔人激进组织走向军事化，并演变成武装暴动。

《印斯和平协议》（1987年7月29日）签订前的谈判是在斯里兰卡政府与泰米尔族各武装组织之间进行的。《印斯和平协议》签订后，绝大多数斯里兰卡泰米尔族武装组织遵照规定，放弃了独立建国的主张，采取与斯里兰卡政府合作的立场，同时将组织改为政党，唯有“猛虎组织”拒绝放下武器，继续与政府对抗。因此，《印斯和平协议》签订后的斯里兰卡民族冲突主要表现为斯里兰卡政府与“猛虎组织”之间的冲突和斗争。

“猛虎组织”全名为“泰米尔伊拉姆猛虎解放组织”（Liberation Tigers of Tamil Eelam，LTTE）。早在20世纪70年代初，泰米尔人成立了“泰米尔联

---

* 高骏，北京外国语大学国际关系学院外交学专业硕士研究生。

① 赵定成：“斯里兰卡各民族间的关系”，《民族译丛》1987年第5期。

合解放阵线”（Tamil United Liberation Front），推崇甘地主义并主张以非暴力手段达到建立独立的泰米尔国家。1976 年从该组织中分离出去以建立独立的“民族国家”为使命的“猛虎组织”，其根本主张是使用武装斗争和暴力恐怖等手段，达到在斯里兰卡东北两省建立泰米尔独立国家的目的。[①] 在其不断发展壮大的过程中，先后除掉了泰米尔伊拉姆解放组织、泰米尔伊拉姆人民解放阵线和泰米尔伊拉姆人民革命阵线的总部，成为在 20 世纪 80 年代初泰米尔武装组织中实力最强、人数最多的组织，号称有 1 万人的规模。到 1986 年底，“猛虎组织”已控制整个贾夫纳半岛，建立起 29 个乡村政权，成立了 113 个法庭，并准备在 1987 年元旦宣布建国。作为反政府武装，“猛虎组织”在将近 30 年的内战期间，暗杀了多名国际国内政要，并在斯里兰卡国内以及周边国家制造了多起自杀性爆炸袭击，一度同时进行着三场“战争”：在斯里兰卡北部地区与政府军进行正面冲突、东部地区进行游击战以及散落全岛各地的恐怖主义爆炸。“猛虎组织”被多个国家和国际组织定性为“恐怖组织”，[②] 这不仅使为达成和平协议的多次努力付诸东流，[③] 也使联合国人道主义机构的工作难以开展：多名联合国职员在内战期间以及结束后不久被斯里兰卡政府宣布为“不受欢迎的人”，[④] 甚至有政府高官指责联合国人道主义事务副秘书长约翰·霍尔姆斯为“恐怖分子”。[⑤]

在挪威政府的斡旋下，斯里兰卡政府与“猛虎组织”于 2002 年签订和平协议，并重开谈判，尽管和平状态并不长久，但却是斯里兰卡内战当中具有重大意义的转折性事件。对于和平协议签订前的内战进程，中国国内已有多位学者发表文章和著作进行梳理，对重大事件也有专门论述。[⑥] 和平协议签订

---

① 曹兴：“僧泰冲突与‘猛虎组织’”，《世界民族》2002 年第 6 期。

② 美国、英国、印度等国家以及欧盟都将猛虎组织列为恐怖主义组织，但联合国安理会 1267 委员会并没有将其列入恐怖主义组织名单。

③ Bergh of Peace Support & Conciliation Resources report, Mediating Peace with Proscribed Armed Groups, http://www.berghof-peacesupport.org/publications/RLM_USIP_Report_Dudouet.pdf.

④ The Guardian-“Sri Lanka orders UNICEF official to leave”, http://www.theguardian.com/world/2009/sep/06/sri-lanka-expels-unicef-official.

⑤ Reuters-“Top Sri Lankan official calls U.N. aid chief ‘terrorist’”, http://in.reuters.com/article/2007/08/15/idINIndia—28991720070815.

⑥ 曹兴：《僧泰冲突与南亚地缘政治》，民族出版社 2003 年版。书中对僧泰冲突的历史由来和 2003 年前的冲突演进介绍得尤为详细。

以后发生的一系列事件，又将斯里兰卡重新推回到内战深渊。

2002年2月，挪威政府试图促成双方达成停火协议，并派出监督停火小组，这是国际社会对和平结束斯里兰卡的最后尝试。停火协议一度确实减少了冲突的次数和规模，但双方也都借此机会巩固了各自立场，政治诉求愈发明晰，这期间也始终有侵犯人权的记录。[①] 在将近24个月的履行停火协议期间，发生了一系列事件，使整个趋势更倾向于军事而非政治的解决方案。其中包括在2004年3月泰米尔人民解放组织（TMVP）从'猛虎组织”当中分离出来并与政府组成联盟；2005年斯里兰卡大选当中获得民族主义联盟支持的马新达拉贾帕克萨总统胜出，使得政府战略更加趋于军事化；[②] “9·11”事件之后国际社会对于采用恐怖手段的组织愈发采取强硬态度，而此间“猛虎组织”并未间断针对平民的袭击，这使得其在政治上被国际社会愈发孤立。2006年5月，欧盟宣布将“猛虎组织”加入其恐怖组织名单，[③] 这一举措严重影响了和平进程，并导致“猛虎组织”驱逐了来自欧洲国家的监督停火小组成员。

2002年到2008年期间，和平进程主要由挪威等国进行斡旋，联合国在政治层面参与较少且不占据主动地位。联合国人权机构对于斯里兰卡境内违反人权的情况不断发出呼吁，包括针对斯里兰卡政府、“猛虎组织”以及泰米尔人民解放组织都存在的强制失踪、杀害平民的行为，以及针对“猛虎组织”和泰米尔人民解放组织招募童军的指控，并对斯里兰卡政府军将在北部瓦尼地区发起攻势提出预警。这当中的一些报告颇有先见之明。2007年12月，秘书长关于人权和国内流离失所者问题特别代表指出“将来很可能在东部出现人民大规模地流离失所”，并提到“在东部对峙的双方都存在将平民作为人盾的行为，并存在对于目标不加区分的炮击”。[④]

尽管发出了警告，但整个机构并未引起重视。从2003年到2007年，斯里兰卡人权事务特别报告员发出一系列呼吁，要求联合国在斯里兰卡部署人权

---

① Report of the Special Rapporteur on extrajudicial, summary or arbitrary executions, mission to Sri Lanka 28 November to 6 December 2005（E/CN. 4/2006/53/Add. 5, 27 March 2006）.

② Sri Lanka: the failure of the peace process, International Crisis Group Report, 28 November 2006.

③ Council of the European Union-Declaration by the Presidency on behalf of the European Union concerning listing of the LTTE as a terrorist group—31 May 2006.

④ 人道主义事务副秘书长同时也是联合国紧急情况救济协调员。

特别机制，却始终未能达成。2007 年和 2008 年两年中，为提出适应当时情势的政策和战略指导文件，联合国政治事务部就联合国应对战略进行分析，提出联合国的目标包括：达成政治解决冲突的方案；提名特使；建立针对人权领域的实地存在；追究过往侵犯人权及违反国际法行为的责任。2007 年，联合国政策委员会①审议了斯里兰卡的情势，随后联合国分别派出人道主义事务协调办公室（OCHA）主管（分管人道主义事务的副秘书长）、人权高专办（OHCHR）主管（分管人权事务的副秘书长）以及秘书长关于人权和国内流离失所者问题特别代表对斯里兰卡进行访问，并表达联合国对局势的关切和解决建议。然而斯里兰卡政府拒绝了联合国提出的大部分倡议，包括由人权高专办主管提出在当地设立行动组的意见，联合国随后也未提出相应的替代方案。

2009 年 5 月“猛虎组织”首领普拉巴卡兰被击毙，② 这场前后进行了将近 30 年的内战终于宣告结束，但关于斯里兰卡的人权状况仍不断引起国际关注，各方声音仍不绝于耳。

二、冲突最后阶段联合国机构的应对

来自联合国总部各机构的努力也从未停止，针对斯里兰卡局势，总部方面组成了多个协调机构为解决斯里兰卡问题设立框架。其中包括：斯里兰卡国家层面 2008—2012 年发展援助框架；2008 年、2009 年分别做出两次共同人道主义行动计划；由联合国政治事务部发起的统揽有关斯里兰卡事务的联合国总部协调机制（起初该机制由一位助理秘书长负责，但随着情形恶化转而由副秘书长出面负责，并在任期内多次对斯里兰卡进行访问）。除此之外，联合国政策委员会和人道主义事务执行委员会都将斯里兰卡的议题提上日程，并成立了斯里兰卡事务跨机构工作组。

在斯里兰卡内战结束阶段，联合国人权机构、国际人权组织以及部分成员

---

① 政策委员会是联合国秘书处最高级别的决策机制，该委员会主席为联合国秘书长，成员由选定部分联合国部门的负责人组成。

② New York Times-“Tamil Tigers Confirm Death of Their Leader”，http：//www.nytimes.com/2009/05/26/world/asia/26lanka.html? _r=0.

国均认为存在严重的侵犯人权行为。① 但随着战争的进展，作为对峙中一方的泰米尔“猛虎组织”被政府军彻底清除，使得其人权纪录无法追究；而另一方面，斯里兰卡政府的官方报告以及总统本人的对外声明当中，都否认对于斯里兰卡政府军在战争中存在侵犯人权行为的任何指控。②

在战争的最后阶段，由于斯里兰卡政府和“猛虎组织”双方都采取措施限制国际组织人员、媒体记者进入交战地区以及划定的“非交火区”，这使得获取侵犯人权行为证据十分困难。针对个别在互联网上流传的视频，联合国人权特别报告员菲利普·阿尔斯顿曾成立专家组进行调查，但调查结果也被斯里兰卡政府否认。③ 关于是否存在侵犯人权行为的争论，由于各方各执一词且没有确凿证据，本文将不涉及有关争论，而是试图深入探讨发生人道主义危机时，联合国机构与驻在国之间的行为及影响，以及联合国各机构彼此间协调以及与总部间协调工作存在的弊端。

斯里兰卡政府于 2007 年正式发动对瓦尼地区的军事行动，这也是最后一片仍处在“猛虎组织”控制之下的地区。④ 在政府军看来，他们的军事行动才是一次真正的“人道主义”行动，目的在于“解救”被“猛虎组织”控制的无辜平民。⑤ 其后的 18 个月当中战斗日趋激烈，期间斯里兰卡政府逐步限制非政府机构进入冲突地区，随着 2008 年 9 月战斗进入最后阶段，斯里兰卡政府正式通知联合国将不再保护联合国工作人员的人身安全。⑥ 随后的三个星期之内，联合国机构从瓦尼地区撤出了全部国际职员，但部分联合国当地雇员在撤出时被“猛虎组织”强迫留在当地。⑦

---

① Report of the Secretary-General's Panel of Experts on Accountability in Sri Lanka, p. iv, http://www.un.org/News/dh/infocus/Sri_Lanka/POE_Report_Full.pdf.

② World Socialist Web Site "Sri Lanka president rejects fresh war crimes evidence", http://www.wsws.org/en/articles/2013/03/12/sril-m12.html.

③ 与联合国斯里兰卡人权状况特别报告员利普·阿尔斯顿（Phillip Alston）访谈（2013 年 9 月 6 日，纽约）。

④ “瓦尼地区”指的是斯里兰卡岛北部大约 7650 平方千米的地区，包括马纳尔（Mannar）、穆拉帝武（Mullaitivu）、瓦武尼亚（Vavuniya）以及基利诺奇（Kilinochchi）地区大部分。

⑤ 与斯里兰卡驻联合国机构副代表，时任斯里兰卡政府军第 53 师师长席尔瓦将军（Shavindra de Silva）访谈（2013 年 7 月 30 日，纽约）。

⑥ 联合国官方网站新闻，“联合国在斯里兰卡北部的大部分工作人员已经转移”，http://www.un.org/zh/focus/srilanka/newsdetails.asp? newsID=10452。

⑦ Gordon Weiss, The Cage, New York: Bellevue Literary Press, p. 92.

瓦尼地区的当地居民恳求联合国机构不要撤离，并提到“不少人来到基利诺奇是因为有国际组织在这里，他们认为国际组织会提供某种程度的保护”、“担心一旦国际组织撤走，政府军就会炮击这里，到时将会有巨大的人员伤亡”以及“联合国机构一旦离开，将无人见证这里将会发生什么”。①

这一次转移使得联合国更加难以提供人道主义援助以及监督事态发展，也无法通过实地存在的方式对平民提供保护。2008 年 10 月联合国与政府和“猛虎组织”就人道主义援助达成协议，尽管在行动开销、执行以及后勤方面存在很多顾虑，但仍要每周派遣车队到瓦尼地区。

2009 年 1 月 15 日，政府军夺取贾夫纳半岛，形势日益严峻，联合国机构仍决定按计划于 16 日派遣第 11 批车队进入瓦尼地区。车队包括 58 辆装满食物的卡车和 5 辆小车，由 6 名国际职员、5 名当地雇员以及司机负责运送。尽管之前已经得到政府军和“猛虎组织”的认可，整个车队还是在瓦尼地区耽搁了近两个星期，离开的时候“猛虎组织”拒绝让斯里兰卡籍的联合国职员及家属离开，② 另有两名国际职员不顾危险自愿留在了那里。由于持续的流离失所、水灾、粮食歉收等因素，被困在斯里兰卡政府军和猛虎组织冲突地区的 20 多万平民面临严重的粮食危机，但由于安全限制，原定于 2 月 5 日的救援车队未能成行。③ 在此之后，联合国终止了从地面进行人道主义援助的尝试。

从 2009 年早些时候，联合国对在斯里兰卡工作的重点进行了调整，从之前努力避免在交火区出现大规模平民伤亡，转而呼吁双方允许平民离开交火地区并试图鼓励双方进行谈判。然而，这一想法在没有安理会明确支持的情况下，很难将其付诸全面实施。④

最初统计伤亡人数并不属于联合国机构的监督权限，但在 2009 年 1 月份，联合国机构提出了可靠证据表明炮击导致大量平民伤亡。第 11 次人道主义援

---

① 与联合国人道主义事务协调员办公室职员左拉·多维尔（Zola Dowell）访谈（2013 年 6 月 24 日，纽约）。

② UN News-“Sri Lanka：UN calls on Tamil rebel to ensure free passage for world body' s staff”，http：//www. un. org/apps/news/story. asp? NewsID ＝ 29622&Kw1 ＝ sri ＋ lanka&Kw2＝&Kw3＝#. U31oDidW47o.

③ “粮食署：斯里兰卡北部冲突区 20 多万人面临粮食危机”，联合国新闻，http：//www. un. org/zh/focus/srilanka/newsdetails. asp? newsID＝11159。

④ 与联合国人道主义事务协调员办公室职员左拉·多维尔（Zola Dowell）访谈（2013 年 6 月 24 日，纽约）。

助车队留在当地的两名国际职员带回了大量第一手材料，并出席了2009年2月3日向各国使团通报情况的会议。在科伦坡的联合国职员自发地通过与还留在瓦尼地区的同事及其亲属的联系开始收集伤亡数字，并对那里的安全状况表示关切。这一行为受到了联合国协调办公室和人道主义事务协调办公室的支持，并专门成立了危机行动组以整合来自其他机构的信息。

2月5日联合国秘书长与斯里兰卡总统拉贾帕克萨通了电话，秘书长对冲突导致的大量平民伤亡表示担忧，并指出政府军应在保证平民生命安全的前提下进行军事行动。[①] 同一天，秘书处政治事务部高级别官员抵达斯里兰卡进行为期三天的访问，这次访问是为了达成三项目标：评估终止大规模平民伤亡的可能；迅速结束战斗；设法支持一项长期的稳定与和解计划。

2月7日，驻地协调员向斯里兰卡政府写信说明了联合国正在收集平民伤亡信息的情况，并表示必须立即给予人道主义关注。斯里兰卡外交部在收到信之后几小时内就与驻地协调员以及国家工作队另外三名官员进行了会晤，据称当时气氛非常紧张，外交部否认了关于平民伤亡的情况，并要求联合国重新确认伤亡信息并检讨收集方法。

3月13日，副人权高级专员将一份声明草稿发给几位联合国总部高级官员征询意见，秘书长办公厅主任、人道主义事务副秘书长以及驻地协调员分别向人权高专办回信提出修改意见，意见主要集中在两点：（1）声明中的伤亡数字不确凿，难以在质询下进行辩护；（2）与斯政府关系敏感，有关国际法责任方面过分强硬的措辞将给人道主义援助带来麻烦。但政治事务部对声明内容表示支持，人权高专办遂于14日将其发表，附上了危机行动组收集到的数据并表示支持数据的可靠性，信上说“由于政府和泰米尔伊拉姆猛虎解放组织的行动可能构成国际罪行，牵涉个人的责任，其中包括战争罪和反人类罪”。

在战争的最后阶段，联合国发出了多份声明和报告，指控“猛虎组织”造成大量人员伤亡并犯有侵犯人权和违背国际法的罪行，但只有前面提到的这一份声明例外，信中指明政府对平民伤亡负有责任。这封信也给驻地联合国官员带来麻烦，他们表示不希望因为批评斯里兰卡政府而导致人道主义援助受限，直到2009年3月，他们都一直试图接触从瓦尼地区撤出的国内流离失

① UN News-“Ban calls Sri Lanka’s president as humanitarian crisis worsen in conflict zone”, http://www.un.org/apps/news/story.asp? NewsID = 29312&Kw1 = sri + lanka&Kw2=&Kw3=#.U3y_-SdW47o.

所者（IDP）并努力争取人道主义停火以使平民撤离冲突地区。为达到这两项目的，联合国随后停止对斯里兰卡政府进行批评。尽管如此，后来联合国官员未能获准前往难民营，人道主义停火也未能实现。

在此期间，英国电视四频道播放了一段斯里兰卡政府军处决俘虏的视频，视频显示有赤身裸体的俘虏被蒙住眼睛后由政府军士兵从身后将其枪决。① 斯里兰卡人权事务特别报告员曾就此事去信质询斯里兰卡政府，反而遭到对方指责，认为其立场同情恐怖主义。②

斯里兰卡政府坚决否认有关平民伤亡的内容，同时也注意到联合国总部不同机构间的态度分歧，于是采用联合国高级官员的说辞来反驳人权高专的声明，使联合国进一步丧失话语权。2009 年 3 月 25 日，政府发表声明，声称“（驻地协调员）说他无法确认伤亡人数”，认定伤亡数字来源不可靠，其中“2/3 的伤亡都发生在非交火区域”的说法毫无依据。事后人道主义事务副秘书长对此进行澄清，声明伤亡数字来源于一份内部工作文件，信息并不完全可靠，并且由于限制平民进入交战地区，无法对伤亡数字进行评估。3 月 26 日斯政府再次发表声明，声称“联合国系统无法证实其发布的伤亡人数……副秘书长所说的 2800 名平民身亡以及 7000 平民手上的数字并不被联合国系统支持”。③ 联合国驻斯里兰卡机构不得不在网站上发表声明对此进行解释，表示副秘书长引用的数字来自于一份内部工作文件，其内容依据现有信息进行整理，但尚无法获得完整、可靠信息作为支持。

4 月下旬，联合国训练研究所公开了由卫星拍摄的瓦尼地区照片，显示有大量平民伤亡，并发现实地情况并非如斯政府宣称的那样，炮击并未停止，斯里兰卡政府方面要求联合国驻斯里兰卡机构对此给出解释。5 月 4 日，联合国驻斯机构给斯里兰卡灾难应对和人权部部长的信中对此事一笔带过，并说有关图片的分析和评论并不公正，此信后来在没有得到联合国方面同意的情况下被政府单方面公开。④ 同一天驻斯机构还发表一份声明，提到副秘书长约

---

① Channel 4 news-“Fresh footage reveals new evidence of Sri Lanka executions”，http：//www. channel4. com/news/fresh-footage-reveals-new-evidence-of-sri-lanka-executions.

② 与联合国斯里兰卡人权状况特别报告员利普·阿尔斯顿（Phillip Alston）访谈（2013 年 9 月 6 日，纽约）。

③ 参见斯里兰卡总统秘书处官方网站，http：//www. priu. gov. lk/news _ update/Current _ Affairs/ca200903/20090326un _ gives _ unverified _ idp _ casualty _ figures. htm。

④ Daily News-“UNOSAT images and comments on civilians in NFZ”，http：//archives. dailynews. lk/2009/05/07/news01. asp.

翰·霍尔姆斯明确此前公开的伤亡数字来自联合国内部文件，信息并没有经过完全、可靠的评估，仅仅用作供有关机构和外交团体参考。①

随着瓦尼地区形势的不断恶化，平民伤亡报告不断增加。按照对信息甄别的要求，需要同时获得来自三个独立渠道的信息才能确认死亡人数，对此联合国职员感到信息收集愈发困难。一些安理会成员国抱怨他们很少从秘书处收到有关瓦尼地区人权与人道主义状况的信息，秘书长办公室的高级官员也表达了相同忧虑，由于没有来自联合国方面的信息，他们的信息来源只能依靠“人权观察”等非政府组织，而这些通常不足以令外交官们信服。

2009 年 5 月初，“猛虎组织”已接近完败，尽管其部分领导人还在组织摩托爆炸向政府发动袭击，但已有成员开始同联合国官员进行接触，希望能安排投降事宜。秘书长办公室主任向政府提出希望作为担保人安排“猛虎组织”在冲突地区投降事宜，被政府拒绝后联合国方面未继续跟进此类事情。到 2009 年 5 月 18 日，大部分“猛虎组织”领导人被击毙，政府方面声称他们大多数在交火中丧生，甚至有可能是被“猛虎组织”方面的人员击毙。

冲突的最后几个月里，平民中出现严重营养不良、冲突后心理创伤以及严重的外伤。政府军在当地建立了多处营地，并扣留了大约 28 万人，由安全部队对平民进行检查和筛选，以防其中混有“猛虎组织”成员，有关营地内存在人权问题的报告不断出现。联合国国家工作队曾依据 2009 年 3 月 9 日的简报等文件提出要有联合国的外交团队进行实地考察，但并未提及有关平民失踪的问题。一些联合国官员表示在与斯政府交涉与营地有关的问题时，他们面临两难抉择：要么坚持国际准则坚决反对政府在营地内的做法，要么对人权问题视而不见以保证多数流离失所者获得最低生存条件，驻地机构选择了后者。

在整个冲突的最后阶段，无论是在安理会、人权理事会或联合国大会各会员国，从未就斯里兰卡问题召开过任何一次正式会议，安理会也未将斯里兰卡问题排上议程，仅仅举行过几次“非正式对话会议”，既没有书面记录，也未达成任何成果。秘书处的高级官员仅在会上发表了提前准备好的声明，强调当地人道主义状况的严重性，没有提及政府应承担的责任，也没有说明政府和“猛虎组织”之间的关系问题以及由此产生对人道主义援助的阻碍。与此同时，斯里兰卡政府方面通过驻联合国代表不断与各成员国通气，展示政

① “Sri Lanka：Statement on casualty figures”，UN Country Team in Sri Lanka，http：//reliefweb. int/report/sri-lanka/sri-lanka-statement-casualty-figures.

府军在保护人权、遵守国际法方面的作为和成就。[①] 对于具体伤亡情况，仅在2月27日的会议上副秘书长提到“每天有几十人丧生并有大量人员受伤”，但并未使用由驻地机构收集到的伤亡数字，也没有指出其中部分伤亡是由政府军造成的。安理会直到冲突结束前三天才发表了唯一一份有关声明。人权理事会方面，在冲突的最后几个星期里，一部分成员国召集了16个理事国试图召开有关斯里兰卡的特别议程。2009年5月19日随着“猛虎组织”领导人被击毙，政府军宣布获得战争胜利，这场历时近30年的战争最后阶段的状况令人惨不忍睹。

三、对“保护的责任”的施用条件的质疑

鉴于人道主义危机频发的现状，2001年12月由“干预与国家主权国际委员会”首先提出“保护的责任”理念。在历时几年的讨论与协商之后，《2005年世界首脑会议成果文件》对此概念做出明确的界定，随后于2009年在秘书长关于“施行保护的责任”报告当中又做了更加明确的表达。“保护的责任”概念的三个支柱包括：每一国家均有责任保护人民免遭灭绝种族、战争罪、族裔清洗和危害人类罪之害；国际社会有责任鼓励和帮助一国履行其责任；国际社会有责任使用适当的外交、人道主义和其他手段，保护人民免遭这些罪行之害，如果一个国家显然无法保护其人民，国际社会必须随时准备根据《联合国宪章》采取集体行动保护人民。[②] 该理论的提出与发展都与联合国紧密相关，联合国既是它的提出平台，又是使该理论获得进一步完善、发展的重要力量。

然而对于“保护的责任”理念应当于何种情势下施用以及如何施用，国际社会仍然没有定论。在应对斯里兰卡危机当中，呼吁施用“保护的责任”的声音在国际社会早有出现，国际危机组织领导人加拉特·埃文斯2007年就提出联合国人权高专办以及各国政府应当考虑对斯里兰卡人权状况进行干预，对此，斯里兰卡国防部回应道“不啻是想在国际社会羞辱斯里兰卡并干预其

---

① 与斯里兰卡驻联合国代表，时任斯里兰卡外交部部长秘书帕利得·柯霍纳（PalithaKohona）访谈（2013年7月5日，纽约）。

② 2005年联合国世界首脑会议成果文件（A/RES/60/1）。

内部事务”。[①] 在2013年9月进行的关于“保护的责任”的非正式讨论当中，尽管秘书长潘基文在发言中强调“保护的责任”的概念已经被许多国家所接受，并其报告中提出了具体施行的手段，[②] 但在各国的发言当中不难看出，对“保护的责任”的概念仍然存在争议，一些国家在发言中还明确强调，当前主权国家仍然是国际社会的主体，国际秩序自《威斯特伐利亚条约》之后并没有太大变化。[③]

抛开在概念上对“保护的责任”的批评和争论不谈，斯里兰卡的案例也对“保护的责任”的适用标准和可操作性提出了挑战。三个支柱当中最重要的其实是最后一项“当国家无法或不愿意履行其责任的时候，国际社会可以通过联合国保护人民免遭种族灭绝、战争罪、族裔清洗和危害人类罪之害”，然而在斯里兰卡案例中始终存在对“国家意愿”无法进行证明的困境：人权特派员菲利普·艾尔斯顿认为斯里兰卡政府军存在不经审判就处决战犯的行为，然而他提出作为证据的视频却被鉴定为造假；在冲突的最后阶段斯里兰卡政府以“无法保障安全”为由要求各国记者以及国际组织职员离开冲突地区，随后国际社会便断绝从冲突地区获得证据的可能性；唯一留在冲突地区的国际组织是红十字与红新月联合会，但据称它是以在国际上保持沉默而得以继续在冲突地区工作；最后由于冲突一方的“猛虎组织”被多个国家和国际组织认定为恐怖主义组织，冲突期间的平民伤亡归结于恐怖组织所为。在缺少证据的情况下，任何形式的干预行为都无法获得足够的合法性，更谈不上采取进一步的行动，这种“关门打狗”式的反叛策略对“保护的责任”提出了挑战。

另一方面，“保护的责任”要求国际社会通过联合国对平民进行保护，无论何种形式的干预都需要安理会对冲突情势形成较为统一的看法。但在之前的论述中提到，斯里兰卡案例中安理会成员国始终没有形成一致意见，甚至对于是否将斯里兰卡问题正式列入议事日程都存在分歧。由此看出，如果冲

---

① Damien Kingsbury, Sri Lanka and the Responsibility to Protect, New York: Routledge, 2012, p. 125.

② Secretary- General's remarks to General Assembly informal interactive dialogue on “The Responsibility to Protect: State Responsibility and Prevention”, 11 September 2013, New York.

③ Statement by Ambassador H. E. Dr. PalithaKohona on General Assembly informal interactive dialogue on “The Responsibility to Protect: State Responsibility and Prevention”, 11 September 2013, New York.

突地区与大国关系密切或者冲突情势难以被国际社会认定的情况下，通过联合国实现“保护的责任”的任务也存在难度。

四、结论

斯里兰卡内战冲突是研究联合国应对人道主义危机行为非常特殊的案例。由于斯里兰卡内战时间跨度久，冲突不同阶段的国际形势、国际舆论环境都在发生着变化，联合国也不断提出有关集体安全的新理念。通过前文的叙述可以看出，在应对斯里兰卡人道主义危机过程中，联合国机构和联合国框架下的许多机制都受到了各方面的严重挑战。

联合国作为多边协调机构受到挑战：安理会、人权理事会以及安理会的专门机制面对危机无法有效沟通，对于议事日程和危机情势难以达成共识，从而无法及时、有效地汇聚国际社会各方力量，共同对危机做出反应。

联合国秘书处在应对危机中暴露出诸多问题：负责人道主义事务、政治事务、人权事务的部门各自为战，对于同一信息的处理和应用缺乏协调，不能发出统一的声音；秘书处与安理会及各成员国在应对危机期间缺乏有效的信息共享机制，缺少为秘书长做出正确决策的支持。

联合国驻在国机构从以发展类事务为重心到应对人道主义危机转型不力：联合国驻地协调员的多重汇报机制效率低下；驻地机构没有应对危机的应急人员补充机制，驻地协调员缺少来自专家的建议；驻地机构在与驻在国关系上应对不力，在保持人道主义援助渠道畅通和追究国际法责任的双重任务上难以拿捏“划线”标准。

斯里兰卡人道主义危机还对联合国框架下的多项机制和理念提出了挑战。

作为分裂组织一方的“猛虎组织”被世界上多个国家标签为“恐怖组织”，这种恐怖主义标签化的现象，以及恐怖主义标签对冲突政治解决进程以及人道主义救援行动的影响，都是当前联合国机构以及国际人道主义组织关注的问题：在面对武装力量“恐怖主义化”的过程中，部分成员国倾向依据政治判断推动将其列入联合国的恐怖主义组织制裁名单，进而将其推向联合国的制裁机制，包括冻结财产、限制领导人入境、武器和贸易禁运等；联合国的政治事务部为了推动和谈进行，并防止武装力量领导人进一步极端化，通常会抵制这一进程，他们更倾向于制造较为宽松的谈判环境以最大限度做争取和平的努力；人道主义机构，比如联合国人道主义事务协调员办公室，以及其他各类国际人道主义组织，受到武装力量“恐怖主义标签化”的做法影响最大，由于一旦某组织被定义为恐怖主义组织，为其提供资金、物资等都将被视为“资助恐怖主义”行为，而事实上由于绝大多数恐怖主义组织都具有多重身份，通常在当地具有较大影响力，有的甚至已经建立起基层政权，一旦切断资金和物资往来，人道主义援助将完全无法送达受影响的平民手中，同时有关国际人道主义组织还会受到法律牵连，这一做法对于人道主义援助是灾难性的。

笔者在纽约进行访谈以及参与斯里兰卡有关的学术活动中了解到，斯里兰卡内战被视为抵制“保护的责任”行为的反面典型。“保护的责任”这一概念具有三个基石，而其最重要的第三点里明确提出：当一国没有能力或者没有意愿保护本国国民的时候，国际社会应当肩负起保护世界公民的责任。[①] 这一提法自 2005 年之后不断升温，并在对利比亚危机的应对当中被视作其理念的具体实践，获得国际上的广泛认可。然而在利比亚危机结束两年后，利比亚并没有出现预期中的好转局面，这令国际社会的质疑之声不断出现。2013 年 9 月份纽约进行的关于“保护的责任”非正式对话当中，成员国代表对其理念认识分歧仍然很大。在斯里兰卡内战结束阶段，由于缺少可靠的证据证明政府“没有能力或者不愿意保护平民”“保护的责任”中所提到的进行国际干涉的条件无法得到满足。

联合国人权事务特别报告员报告的有效性和可靠性缺乏保障：在缺乏来自联合国总部以及各成员国的政治支持的前提下，特别报告员的报告口吻难以拿捏。批评对象国太过严重将会遭到其强烈抵制，甚至限制入境，进而降低报告可靠性；对侵犯人权现象不闻不问或者过分依赖政府方面回应的话，报告将失去根本意义。

斯里兰卡内战自 2009 年结束到现在已经过去 7 年时间，然而这个岛国尚未完全摆脱战争的阴影，岛上仍然偶尔爆发暴力冲突，民族歧视问题在一些地区仍然十分严重，战后和解依然前途未卜。2014 年 3 月 27 日人权理事会通过决议要求成立对斯里兰卡战争责任追究的机制。2015 年斯里兰卡大选后，新总统西里塞纳向联合国人权理事会承诺将以更合作的态度配合对内战期间人权状况的调查，9 月份人权理事会大会上专门讨论有关斯里兰卡问题的报告

① 2005 World Summit Outcome，United Nations General Assembly，Sixtieth session A/60/L. 1，40 pages.

并要求成立调查机构。可见斯里兰卡问题仍然没有离开议事日程，还在吸引国际社会的关注。

20 年前的卢旺达事件早已给联合国敲响警钟，然而十多年之后在斯里兰卡危机当中，我们看到联合国机构以及相关机制出现的问题仍未得到解决。自联合国成立以来 70 年的人类历史当中，大规模的人道主义危机仍然不断发生，联合国在应对各种挑战的过程中不断自我完善和改进。面向未来，联合国必须尽快解决当前存在的问题，通过改革使整个机构以及相关机制更好地适应世界的变化和发展。

联合国与国际刑事法院的诉讼主体问题——比较分析埃及情势、中非第二情势和巴勒斯坦情势

沈寒*

国际法庭上的诉讼主体问题与国内法庭的不同，因为国家虽具有人格但只是一个抽象的主体，必须由自然人组成的政府代表。在国际刑事法院（International Criminal Court），新近的埃及情势和中非第二情势反映出了法院此前未遇到过的困境，即当一国内存在多个政权时，哪一政权能够代表该国参与诉讼。这一问题的出现与当前的国际形势密不可分——冲突从以往的国与国之间越来越多地演变为一国之内，由此产生多政权并立的局面。① 本文将从国际刑事法院的埃及情势和中非第二情势出发，考察国际组织中政府代表权以及政府承认、有效控制等相关概念，并分析它们之间的联系。作为辨析，本文也将考察巴勒斯坦情势，指出其中的国家资格问题与政府代表权问题不同，国际刑事法院在这两个问题上的态度存在细微差异。

一、埃及情势

（一）案情及判决

2012年6月30日，埃及首位民选总统穆罕默德·穆尔西（Mohamed

* 沈寒，北京大学法学院国际法硕士研究生。

① 例如2011年起的叙利亚内乱、2014年起的乌克兰内乱以及2015年起的也门内乱等。

Morsi）上台。2013 年 6 月 30 日，在穆尔西执政一周年之际，埃及爆发大规模游行示威。许多民众不满穆尔西任内对于政治、经济和社会问题的处理方式，要求推翻穆尔西政权，提前举行总统选举。7 月 4 日，埃及军方解除了穆尔西的总统职务，任命埃及最高宪法法院院长阿德勒·曼苏尔（Adly Mansour）为临时总统。

2013 年 12 月 13 日，穆尔西及自由与正义党（合称“申请人”）根据《国际刑事法院规约》（以下简称“《罗马规约》”）第 12 条第 3 款向国际刑事法院提交声明，接受国际刑事法院对自 2013 年 6 月 1 日起发生在埃及领土上的犯罪行为的管辖权。[①] 2014 年 4 月 23 日，检察官经初步审查后拒绝启动调查，理由是申请人不具有代表埃及表达接受本法院管辖权的必要权威或全部权力（full powers）。检察官进一步分析认为，联合国礼宾和联络处的“国家元首、政府首脑与外交部部长列表”（The UN Protocol List）显示，2013 年 7 月埃及任命了新总统阿德勒·曼苏尔（Adly Mansour）和新总理贝卜拉维（Hazem El-Beblawi），12 月联合国大会也接受了埃及新外交部长法赫米（Nabil Fahmy）的国书，这都表明联合国成员国不再认为穆尔西政府是埃及在联合国的代表政府。鉴于联合国秘书长保管《罗马规约》，这亦意味着穆尔西自 2013 年 7 月起不再能够代表埃及向国际刑事法院交存加入申请书。尽管非洲联盟集体拒绝承认埃及新政府，但这不等同于继续承认穆尔西政权。至于“有效控制”（effective control）原则，[②] 检察官分析认为，由于穆尔西政府无论于签署声明时还是提交声明时都不具有对埃及任何领土的有效控制，本案不属于同时存在具有有效控制与保留国际条约缔结能力两个政权的情形。[③]

2014 年 5 月 23 日，申请人根据《法院条例》第 46 条第 2、3 款，请求院长和/或预审分庭庭长分派预审分庭相应的权力以审查检察官的不启动调查决定。[④] 9 月 1 日，申请人再次提交审查请求，理由是：院长 6 月 6 日拒绝申请

---

① Declaration under Article 12（3） and Complaint regarding International Crimes Committed in Egypt, Egypt, December 13, 2013.

② 检察官：“有效控制”检验是指控制一国领土、享有大部分人民的习惯性服从、根据合理预期将会长久统治的政权被视为国际法上的该国政府。

③ Decision on the “Declaration under Article 12（3） and Complaint regarding International Crimes Committed in Egypt”, ICC-OTP-CR—460/13, April 23, 2014.

④ Request for review of the Prosecutor's decision of 23 April 2014 not to open a Preliminary Examination concerning alleged crimes committed in the Arab Republic of Egypt, and the Registrar's Decision of 25 April 2014, Egypt, May 23, 2014.

人审查请求的回信表明，该决定是由院长独自做出的，预审分庭庭长没有参与考虑。[①] 9 月 10 日，预审分庭庭长决定将审查请求分配给第二预审分庭。[②] 9 月 12 日，第二预审分庭做出最终决定，鉴于检察官的不启动调查决定是根据《罗马规约》第 51 条第 1 款第 a 项做出的，根据《罗马规约》第 53 条第 3 款第 a 项，由《罗马规约》第 51 条第 1 款第 a 项做出的决定仅在依第 14 条提交情势的缔约国或依第 13 条第 2 款提交情势的安全理事会提出请求的情况下，预审分庭才可以复核，因此不予考虑申请人的审查请求。[③]

（二）法律问题初步分析

埃及情势主要涉及国际刑事法院诉讼主体问题中的政府代表权问题。该案对此问题的分析全部来自于检察官的不启动调查决定，尽管之后申请人提出审查检察官决定的请求，但预审分庭没有对决定中的实质问题进行审查，而是基于程序事宜驳回了申请人的诉请。

检察官的不启动调查决定存在以下几个特征：

第一，检察官做出决定的主要依据是穆尔西政府不具有代表埃及的全部权力。关于“全部权力”的含义，检察官依据的是《维也纳条约法公约》第 2 条第 1 款第 c 项和第 7 条第 1 款中关于“全权证书”的解释，以及联合国法律顾问的《全权证书指南》。[④] 根据这些文件，全权证书是指一国主管当局所颁发，指派一人或数人代表该国谈判、议定或认证条约约文，表示该国同意受条约

---

① Re-filing before the President of the Pre-Trial Division of the "Request for review of the Prosecutor's decision of 23 April 2014 not to open a Preliminary Examination concerning alleged crimes committed in the Arab Republic of Egypt, and the Registrar's Decision of 25 April 2014", Egypt, September 1, 2014.

② Decision assigning the "Request for review of the Prosecution's decision of 23 April 2014 not to open a Preliminary Examination concerning alleged crimes committed in the Arab Republic of Egypt, and the Registrar's Decision of 25 April 2014' to Pre-Trial Chamber II", ICC-RoC46（3）—01/14—1, September 10, 2014.

③ Decision on the "Request for review of the Prosecutor's decision of 23 April 2014 not to open a Preliminary Examination concerning alleged crimes committed in the Arab Republic of Egypt, and the Registrar's Decision of 25 April 2014", ICC-RoC46（3）—01/14—3, September 12, 2014.

④ Full Powers Guidelines, LA41TR/221/Full Powers Guidelines/2010, February 3, 2010.

拘束，或完成有关条约之任何其他行为之文件。该定义是在首先存在一“主管当局”的情况下检验何人（自然人）能够代表该国，但没有解决如何判断主管当局的问题，而后者正是本案所涉及的核心问题。

第二，检察官提到了“国家元首、政府首脑与外交部部长列表”，认为这明确表示所有联合国成员国都不再认为穆尔西政府能够代表埃及。检察官的言下之意是遵循联合国就政府代表权的判断，但从法律逻辑上，联合国判断政府代表权与成员国是否承认该政府是否等同？联合国框架下的政府代表权与政府承认是什么关系？检察官在决定中忽视或混淆了这一点，本文将在第四部分着重分析。

第三，检察官分析认为，联合国秘书长保管《罗马规约》意味着穆尔西不再能够代表埃及向国际刑事法院交存加入申请书。这里的逻辑也值得推敲。首先，申请加入与声明接受管辖是两回事，前者是交存保管机关即联合国秘书长，[①] 而后者是寄存于书记处，[②] 穆尔西政府不能够交存加入申请书（如果是），无法推断出其提交的接受管辖声明无效。其次，联合国秘书长作为一保管机关为何能影响到国际刑事法院加入申请书的交存，这令人疑惑。根据《维也纳条约法公约》第77条第2款，若一国与保管机关就该机关履行职务发生争议，保管机关应将此问题提请签署国及缔约国注意，或于适当情形下，提请有关国际组织之主管机关注意。本案中，如果穆尔西政府与联合国秘书长在是否接受穆尔西政府的加入申请书问题上存在争议，恰当的做法应当是联合国秘书长提请国际刑事法院缔约国的注意，而非直接拒绝埃及加入《罗马规约》。

第四，检察官简要论述了有效控制问题。检察官在根据有效控制的含义检验了穆尔西政府的情况后，认定穆尔西政府于签署声明时和提交声明时均不存在有效控制。检察官的分析就此为止，然在国际法上更重要的问题是，当有效控制的政府与国际承认的政府（或联合国认可的政府）不一致时，谁具有在国际刑事法院的代表权。另一个与在国际刑事法院上诉讼更相关的问题是有效控制的判断时点。由于穆尔西政府经检验认为于签署声明时和提交声明时均不存在有效控制，因此检察官未就此问题进行阐明。

总的来说，检察官在政府代表权问题上表现出对联合国态度的极大尊重。

---

① 《罗马规约》第125条第3款。

② 《罗马规约》第12条第3款。

尽管检察官没有明确说该问题全由联合国来判断，但其做出决定的实质原因，都指向了联合国的立场。

二、中非共和国第二情势

（一）案情及判决

中非共和国是一个多民族的国家，自2001年起，政治不稳和武装冲突一直扰动着这个国度。2001年10月，中非共和国成为《罗马规约》缔约国。2012年8月，反政府武装组织“塞雷卡”（Séléka）出现，其代表东北部的穆斯林和其他不满时任总统弗朗索瓦·博齐泽·扬古翁达（Francois Bozizé Yangouvonda）的族裔团体。同年12月，塞雷卡发动军事政变，取得对中非共和国近一半领土的控制。2013年3月，塞雷卡占领首都班吉，推翻原政府，博齐泽被放逐。4月，中非全国过渡委员会（临时议会）成立。8月，塞雷卡领导人米歇尔·乔托迪亚（Michel Djotodia）就任临时总统。9月，乔托迪亚宣布解除塞雷卡。一部分人被并入中非共和国武装部队（CAR Armed Force），一部分人拒绝归并，塞雷卡仍事实上存在。2014年1月10日，中非全国过渡委员会为早日结束冲突，决定解除乔托迪亚总统一职；乔托迪亚随即辞职。1月20日，中非全国过渡委员会推选原班吉女市长凯瑟琳·桑巴·潘沙（Catherine Samba-Panza）为临时总统。①

然而，宗派之间的暴力行动并没有因为乔托迪亚卸任而终止。2014年7月，塞雷卡领导人会议任命乔托迪亚为该组织政治局主席。截至2014年8月，过渡政府在班吉以外地区仍大量缺乏管控，塞雷卡在中非共和国16个省中的8个省保持控制并发挥政府功能。②

2014年5月30日，过渡政府（申请人）向检察官提交情势，请求检察官

① Situation in the Central African Republic II Article 53（1）Report，The Office of the Prosecutor，ICC，September 24，2014.

② Ibid.

调查自2012年8月1日起发生在中非共和国领土上的犯罪行为。[①] 9月24日，检察官决定启动调查。[②]

（二）法律问题初步分析

检察官在检查了案件管辖权、可受理性和司法利益后，得出结论决定启动调查。检察官并没有就政府代表权问题展开讨论。结合案件背景并对比埃及情势，有以下几点值得探讨：

首先，申请人即潘沙政权是否具有对中非共和国的有效控制并不明确。检察官的情势报告显示，过渡政府在班吉以外地区大量缺乏管控，而由前任总统乔托迪亚担任政治局主席的塞雷卡在中非共和国16个省中的8个保持控制并发挥政府功能。如果根据“有效控制”的定义，过渡政府不具有长久统治的预期和对全国大部分领土的控制，难以被评价为有代表性的政权。但另一方面，过渡政府常常是在联合国呼吁或参与下组建的，[③] 在时间上有早熟的属性；它是各政权协商妥协的产物，所以难以形成对全境领土的有效控制。从这个意义上讲，不应套用“有效控制”标准去检验过渡政府的代表性问题。

不过，在埃及情势中，面对曼苏尔临时总统组成的过渡政府，检察官还是提及了“有效控制”问题。如果认为中非第二情势中，申请人在向国际刑事法院提交情势时不具有对中非共和国的有效控制，具有有效控制的政权是塞雷卡，那么这即构成“同时存在具有有效控制与保留国际条约缔结能力两个政权的情形”。在此情况下，检察官启动调查的决定似乎表明，当一国内有效控制的政权与联合国认可的政权不一致时，联合国认可的政权具有在国际刑事法院上的政府代表权。这再次印证了国际刑事法院遵循联合国判断的观点。

---

① Referral of the Central African Republic，annexed to the Decision Assigning the Situation in the Central African Republic II to Pre-Trial Chamber II，ICC－01/14－1－Anx1，June 18，2014.

② Situation in the Central African Republic II Article 53（1）Report，The Office of the Prosecutor，ICC，September 24，2014，para，269.

③ 例如，2004年，联合国秘书长派遣特使卜拉希米参与伊拉克过渡政府的组建；2011年，联合国利比亚问题高级别会议呼吁加快组建过渡政府；2012年，联合国—阿盟叙利亚问题联合特别代表卜拉希米呼吁叙利亚组建过渡政府。

三、巴勒斯坦情势

（一）案情及判决

在2012年11月29日联合国大会67/19号决议给予巴勒斯坦非成员观察员国地位①以前，巴勒斯坦一直以观察员身份参加联合国的会议和工作。②2009年1月22日，巴勒斯坦（申请人）根据《罗马规约》第12条第3款向国际刑事法院提交声明，接受国际刑事法院对自2002年7月1日起发生在巴勒斯坦领土上的犯罪行为的管辖权。③2012年4月3日，检察官做出拒绝启动调查的决定，理由是：当申请人是否构成国家存在疑问时，具有评判能力的是联合国秘书长、联合国大会以及《罗马规约》缔约国大会，④而在本案中，联合国大会给予巴勒斯坦的地位是"观察员"而非"非成员国"；巴勒斯坦已被130多个国家和国际组织承认为国家这一事实并不能影响巴勒斯坦在国际法上的法律地位。⑤

（二）法律问题初步分析

巴勒斯坦情势涉及的是国际刑事法院诉讼主体问题中的国家资格问题，与埃及情势和中非第二情势中的政府代表权问题并不相同。在这一问题上，国际刑事法院明确提出是由联合国判断，而不像在埃及情势中那样，尽管实质上遵循联合国的判断，但在表述上还是以"全部权力"标准为依据、以联合国立场为参考。国际刑事法院在这二者上的态度差异，是否反映了联合国在确认国家资格和确认政府代表权问题上的能力差异？本文将在第四部分对此

---

① Status of Palestine in the United Nations，UN/A/RES/67/19，December 4，2012.

② Observer Status for the Palestine Liberation Organization，UN/A/RES/3237（XXIX），November 22，1974.

③ Declaration Recognizing the Jurisdiction of the International Criminal Court，Palestine，January 21，2009.

④ 《罗马规约》第112条第2款第g项。

⑤ Situation in Palestine，The Office of the Prosecutor，ICC，April 3，2012.

进行尝试分析。

四、比较分析与延伸探讨

埃及情势和中非第二情势反映了当前国际形势的一个显著特征，即冲突由国与国之间向一国内转移。这就频频产生一国内多政权并存的局面，由此引致政府承认、国际组织中政府代表权等问题。政府承认问题与国际组织中政府代表权问题不尽相同：尽管两者都关涉确认哪一政权具有代表国家的资格和权力，但前者是指某一国家对一国内政权代表性的确认，涉及他国政府是否愿与该政权开展外交活动；而后者是指国际组织对一国内政权代表性的确认，涉及该政权向国际组织派出的代表的活动是否等同于国家行为。《奥本海国际法》指出，单纯具有国家资格不意味着具有国际社会成员的资格；[①] 这区分了国与国之间和国家在国际组织中两个层面。国际组织对一国内政权代表性的确认有时被称为“集体承认”，[②] 但这不应与政府承认混淆。如联合国自身所言，由于联合国既非国家亦非政府，所以不具有承认国家或政府的能力。[③] 联合国秘书处于1950年发布的一份备忘录建议，政府代表权问题不应与承认问题联系起来。秘书处指出，“一贯的实践使各成员国明确下列两点：(1) 成员国可以正当地投票接受它所不承认的或者与之没有外交关系的政府的代表；(2) 这样的投票不包含承认的意思，也不是表示愿意建立外交关系”。[④] 从这个意义上讲，埃及情势中检察官根据“国家元首、政府首脑与外

---

① Lassa Oppenheim, International Law: A Treaties, Vol. I, 3rd ed., ed. Ronald F. Roxburgh (New Jersey: The Lawbook Exchange, Ltd., 2005), p. 134.

② See e. g. Hersch Lauterpacht, Recognition in International Law (New York: Cambridge University Press, 2012), p. 167; Malcolm N. Shaw, International Law, 6th edition (New York: Cambridge University Press, 1920), pp. 465—466; Ti-Chiang Chen, The International Law of Recognition, ed. L. C. Green, (New York: Frederick A. Praeger, Inc., 1951), pp. 221—223.

③ "About UN Membership", Member States of the United Nations, http://www.un.org/en/members/about.shtml (accessed: August 20, 2015).

④ Memorandum on the Legal Aspects of the Problem of Representation in the United Nations, Transmitted to the President of the Security Council by the Secretary-General (Lie), Security Council Document S/1466, March 8, 1950.

交部部长列表”断言“所有联合国成员国都不再认为穆尔西政府能够代表埃及”是存在一定问题的。

国际刑事法院与联合国的关系主要体现在《罗马规约》第15条、《国际刑事法院和联合国间关系协定谈判草案》(以下简称“《关系协定》”)序言、第3条和第5条。一方面，如《关系协定》序言所述，在与联合国系统的关系上，国际刑事法院是一个独立的常设机构。另一方面，《罗马规约》第15条规定，检察官在分析资料、决定是否启动调查时，可以请求联合国机构提供进一步资料。这些资料理论上可以包括联合国有关政府代表权的文件，例如“国家元首、政府首脑与外交部部长列表”。《关系协定》第3条规定，为了方便有效履行各自的责任，联合国和国际刑事法院将酌情在彼此之间密切合作，并就共同关心的事项咨询对方意见。协定第5条规定，联合国和国际刑事法院应尽量实现最大程度的合作，以在收集、分析、公布和传播与共同关心的事项有关的资料方面避免不必要的重复，酌情合力确保这些资料尽可能有用和尽可能得到利用。在这里，“与共同关心的事项有关的资料”主要是指审查大会、国际刑事法院上的诉讼以及国际法院相关事宜等方面的资料。[①] 即使认为，联合国在有关政府代表权的文件属于“与共同关心的事项有关的资料”，国际刑事法院也只有“咨询”和“尽可能利用”的注意，没有严格遵循的义务。

尽管如此，国际刑事法院在实践上还是采取了遵循联合国判断的态度；从理论上分析，遵循的做法也大有益处和必要。从诞生之初，国际刑事法院面对的就是一个以联合国为重心、以《联合国宪章》为基础法律文件的国际体系。在这个“世界宪政秩序”中，如果国际刑事法院不遵循联合国的立场，国际刑事法院可能难以获得国际社会的支持，这将使得国际刑事法院的工作成果被无视。[②] 无论政府承认问题还是国际组织中政府代表权问题都关乎对一国内政权代表性的确认，这是一个颇具政治色彩的判断；作为司法机构的国际刑事法院，将此决定权留给联合国或许是比较明智的做法。这种谨慎的尊重政治机构决定的原则在发达的宪政体系中随处可见，例如美国最高法院运

① William A. Schabas, The International Criminal Court: A Commentary on the Rome Statute, (New York: Oxford University Press, 2010), p. 77.

② Report of the Court on the Status of Ongoing Cooperation between the International Criminal Court and the United Nations, Including in the Field, ICC-ASP/12/42, October 14, 2013, para, 61.

用的“国家行动”(古巴国家银行诉桑巴迪诺案[①])和“政治问题”(贝卡诉卡尔案[②])原则。[③]

相反，如果国际刑事法院另辟蹊径对政府代表权作判断，虽然可以将此代表权的范围限定为在国际刑事法院框架下，而与联合国框架下的政府代表权相分离，但这仍可能产生实质性矛盾。试想，如果国际刑事法院认可了一个非联合国认可的政权的代表权，就会威胁或至少给联合国的判断结果带来疑问。一个非联合国认可的政权为了得到一定程度的国际认可，可能会借助国际刑事法院谋取代表权，这就易产生类似“挑选法院”的情况。

巴勒斯坦情势反映的是自1988年巴勒斯坦全国委员会宣布建立巴勒斯坦国以来关于巴勒斯坦国际地位的历史遗留问题。前述分析已经发现，国际刑事法院在政府代表权问题与国家资格问题上的态度不尽相同：在前一问题上，国际刑事法院先以“全部权力”标准为依据做出拒绝启动调查的决定，然后以联合国态度为佐证，含蓄地表达了对联合国立场的遵循；而在后一问题上，国际刑事法院明确指出应由联合国来判断。这一差异可能源于以下两项考虑：第一，从联合国的权力角度来看，《联合国宪章》要求缔约方都是国家，[④] 这意味着联合国应有判断国家资格的能力；一实体一旦被联合国接纳为成员，即表明具有了国家资格，除非特殊情况，该资格将长久有效。相反，在政府代表权问题上，首先，《联合国宪章》并未做任何规定；其次，联合国在每年大会前期都要由全权证书委员会审查代表的证书，[⑤] 这说明对政府代表性的确认存在时间和空间上的限制。第二，从国际刑事法院的职责角度来看，国际刑事法院作为一个司法机构，有权力及必要解决谁是能够在此代表一国参与诉讼活动的政权，这是为了其本身的运作，即确认是否接受该政权所提交的情势或加入书。根据埃及情势，国际刑事法院确立的判断标准是“全部权力”。但是，如果国际刑事法院要去独立判断一实体的国家资格，则不免走得太远。

---

① Banco Nacional de Cuba v. Sabbatino，376 U. S. 398 (1964).

② Baker v. Carr，369 U. S. 186 (1962).

③ [美] W. 迈克尔·赖斯曼：“联合国的宪政危机”，万鄂湘、王贵国、冯华健主编：《国际法：领悟与构建——W. 迈克尔·赖斯曼论文集》，法律出版社2007年版，第416页。

④ 《联合国宪章》第4条第1款。

⑤ “Credentials Committee”，General Assembly of the United Nations，http://www.un.org/en/ga/credentials/credentials.shtml.

“有效控制”一直是领土争端、[①] 政府承认[②]和国际组织中政府代表权问题中的重要元素。在政府承认问题中，与其并列者还有“托巴主义/正统主义”（Tobar Doctrine/Doctrine of Legitimacy）、“执政合法性”[③] 等。国际刑事法院在埃及案处理政府代表权问题时提出了“有效控制”这一命题，但没有就实质问题，即当根据“有效控制”标准与其他标准判断政府代表性所得结论冲突时何者优先，发表意见。联合国在这方面的立场似乎显示，有效控制并非确认某一政权有无代表权的决定性因素。例如，1991 年，经由选举产生的阿里斯蒂德总统被海地军警政权推翻，尽管新政权完全控制了海地，但是国际社会一直支持阿里斯蒂德，拒绝承认海地的事实上政府的合法性，相反还逐步增加制裁，直至 1994 年阿里斯蒂德重新掌握权力；[④] 2011 年 9 月 16 日，联合国大会投票通过了利比亚全国过渡委员会取得利比亚在联合国大会席位的决议，[⑤] 尽管利比亚全国过渡委员会于事实上的统治尚未完全建立。

---

① 国际法院在以下案件中依据有效控制原则做出判决：1953 年，法国和英国“明基埃和埃克荷斯岛屿争端案”；1992 年，萨尔瓦多和洪都拉斯“陆地、岛屿、海洋边界案”中的岛屿部分；2002 年，印度尼西亚和马来西亚“利吉坍西巴丹岛主权争端案”；2007 年，尼加拉瓜诉洪都拉斯“领土海洋争端案”中的岛屿部分；2008 年，马来西亚和新加坡“白礁、中礁和南礁主权案”中的白礁岛部分。

② 例如，在蒂诺科仲裁案中，独任仲裁员塔夫脱指出，蒂洛科政府在授予英国某公司石油开发特许权时，对哥斯达黎加具有有效控制，是哥斯达黎加的政府。See Great Britain v Costa Rica（“Tinoco Arbitration”），1 RIAA 369（1923）。再如，美国承认埃及军政府，根据的是有效统治原则，尽管之前的穆尔西政权来自于合法选举。See “Statement by President Barack Obama on Egypt”，The White House，July 3，2013，http：//www. whitehouse. gov/the-press-office/2013/07/03/statement-president-barack-obama-egypt（accessed：August 20，2015）；See also “US will accept any Egyptian authority that controls the territory”，RT，June 22，2014，http：//rt. com/op-edge/167720-us-egypt-kerry-ally。

③ 例如，美国反对巴沙尔政权，理由是它执政的不合法，尽管巴沙尔政权仍然控制着领土的大部分。See Bureau of Counterterrorism，United States Department of State，Country Reports on Terrorism 2013，（Washington，D. C.：United States Department of State，2014），pp. 231 — 232；See also “Daily Press Briefing”，Victoria Nuland（Spokesperson of U. S. Department of State），December 11，2012，http：//www. state. gov/r/pa/prs/dpb/2012/12/201811. htm。

④ See D. Murphy，“Democratic Legitimacy and the Recognition of States and Government”，The International and Comparative Law Quarterly，Vol. 48，No. 3，1999，pp. 564—565.

⑤ Resolution 2009（2011）Adopted by the Security Council at its 6620th Meeting，on 16 September 2011，S/RES/2009（2011），September 16，2011.

五、结语

国际刑事法院的诉讼主体问题首先是一个法律问题，其次也包含许多政治色彩，给涉事国家及内部政权、律师[①]和国际社会留下想像和活动的空间。作为一个司法机构，国际刑事法院极力在法律与政治的交错中守住自己的一方净土。而联合国及其成员或许应该更清楚地认识到其政治决定的法律意义，以促进国际法律规范朝着健康有序的方向发展。

① 例如，2015年国际刑事法院模拟审判竞赛就专设了这一问题以引发讨论。

全球传染病防控的挑战与对策——以埃博拉危机（2014—2015年）为例

陈佳骏*

一、全球传染病防控的国际法基础

全球化在优化全球资源配置的同时也带来了诸如气候变化、恐怖主义、传染病等全球性非传统安全威胁。人们愈发认识到需要以一种宏观的方式对行为规范进行规制，尽可能地希望以一种法治的精神来自我规范，从而限制非传统安全威胁在全球蔓延的趋势。在全球传染病防控领域，各国也在寻求通过国际法的方式规范各自行为，对传染病进行有效管控。

（一）全球传染病防控法律的规制

全球传染病防控的法律实践最早可追溯到19世纪中叶的欧洲，当时为应对1830—1847年间在欧洲国家爆发的霍乱，法国于1851年召集欧洲11个国家召开了首届国际卫生大会。① 此后的近90年里共召开了14次国际卫生大会，后期还将成员范围扩展到美洲国家。早期的卫生外交实践为第二次世界大战后国际卫生制度的建立打下了基础。受此影响，国际社会在起草《联合国宪章》时继续强化了国家在卫生领域合作的必要性。联合国成立后的1946

* 陈佳骏，上海社会科学院国际关系研究所硕士研究生。

① 这11个国家分别是奥地利、英国、希腊、葡萄牙、俄国、西班牙、法国、土耳其和意大利境内的教皇国撒丁、托斯卡纳以及两西西里王国。

年6月，成员国在纽约举行了第一次联合国框架内的国际卫生会议，并于1948年4月签署了《世界卫生组织法》，世界卫生组织（WHO）就此成立。1951年，首届国际卫生大会召开百年之际，世界卫生大会（WHA）通过了《国际卫生法规》，并于1969年更名为《国际卫生条例》（下称《条例1969》）。《条例1969》成为全球传染病防控的最基本法治依据。

进入到20世纪90年代后，由于加速的全球化及其带来的环境变化，全球大规模传染病疫情频发。据不完全统计，20世纪90年代以来，除一些共知的流行性疾病（如南美洲部分地区的霍乱、印度的鼠疫）死灰复燃外，又出现大约30种新的传染病。① 然而，由于《条例1969》通报范围有限、对成员国责任承担的规则不详，以及对落后国家国内医疗基础设施的忽略等诸多弊端而广为诟病，这迫使国际社会对《条例1969》进行修订。自1995年第48届世界卫生大会起，大会开始对《条例1969》的修订进行商讨，最终于2005年5月的第58届世界卫生大会上通过了对《条例1969》的修订并确立了新条例（《条例2005》），新条例于2007年6月15日生效。《条例2005》要求各国加强其公共卫生监测和应对的现有能力，以便能够及时发现、报告和控制公共卫生事件。及时发现和公开公共卫生事件报告制度将有助于有效防控传染病的全球蔓延。

（二）《条例2005》的国际法规则

《条例2005》作为一部框架性条例，在国际社会应对公共卫生安全问题上设定了一系列行为规范，并确立了传染病防控国际合作的新机制，以满足新时期全球传染病防控的需要。《条例2005》首先定义了“受染”、“疾病”、“隔离”、“医学检查”、“公共卫生危害”、“检疫”和“监测”等概念，并规定了条例的目的、范围、原则和负责当局。《条例2005》的附件1还规定了缔约国在监测和应对方面的核心能力要求。附件2对评估和通报可能构成国际关注的突发公共卫生情况的事件做出了流程规范上的要求。相较于《条例1969》，《条例2005》在内容上做出了以下五个方面的改变：

第一，国际合作目的扩大。《条例1969》的目的“是以最大的限度防止疾

① 王秀梅、鲁少军：“传染病防控国际合作机制及其演进”，《河南省政法管理干部学院学报》2010年第2期，第70页。

病在国际间传播，保障安全，同时又尽可能小地干扰世界交通运输”。[①] 因此，《条例 1969》的目的是在维护现有世界交通运输的前提下，降低贸易运输的传染病风险，其关注重点仍然停留在“国际贸易”上。而《条例 2005》的“目的和范围是以针对公共卫生危害，同时又避免对国际交通和贸易造成不必要干扰的适当方式预防、抵御和控制疾病的国际传播，并提供公共卫生应对措施”。[②] 其关注重点不仅包括国际交通与贸易，而且开始真正转向“公共卫生”。

第二，适用范围扩大。一方面，相较于旧条例的单一对待，新条例更灵活也更专业。例如，《条例 2005》对“疾病”、“事件”、“公共卫生危害”和“国际关注的突发公共卫生事件”进行定义，并视其重要性依次递增。[③] 同时还规定要对突发事件成立“突发事件委员会”。[④] 另一方面，新条例将自然灾害、非自然的人为行动如武装冲突和不利气候条件等都纳入造成疾病的原因，使原因范围也得到扩大。[⑤]

第三，成员国所需承担义务扩大。《条例 2005》要求成员国加强“信息和公共卫生应对措施”，包括：监测、通报、信息共享、磋商、报告、核实和向世卫组织提供信息等。[⑥] 此外，成员国所需遵守的一项特别条款就是“尊重人权”，例如，新条例指出，“本条例的执行应充分尊重人的尊严、人权和基本自由”。[⑦] 尊重人权的义务被首次写入新条例。

第四，参与主体范围扩大。世界卫生组织可接收的监测信息来源更多元，“世卫组织可考虑除通报或磋商外来自其他来源的报告”。[⑧] 由此，政府与非政府组织在信息提供上享有了平等的权利。

第五，世界卫生组织的权责范围扩大。正如第 4 点指出，新条例赋予了世

---

① 见世界卫生组织正式记录 1969 年第 176 号 22 页（第二十二届世界卫生大会 46 号决议）和第一次诠释版重印文本 37 页。

② 见《国际卫生条例（2005）》，第一编第二条。

③ 同上，第一编第一条。“国际关注的突发公共卫生事件”同时适用于传染性与非传染性疾病，此不赘述。

④ 同上，第九编第二章。

⑤ 同上，附件 2。

⑥ 同上，第二编第五至十一条。

⑦ 同上，第一编第三条。

⑧ 同上，第一编第九条。

界卫生组织收集信息的监测权，同时也规定了对信息处置的职责。① 另外，新条例也赋予了世界卫生组织总干事“确定（该）事件是否构成国际关注的突发公共卫生事件”，并在与事件发生缔约国协商后成立“突发事件委员会”等职责。②

诚如有学者指出，《条例 2005》的诞生标志着传染病防控国际法的“历史性发展”，它不仅强化了国际传染病防控的法治主义秩序，同时也从根本上展示出一种世卫组织主导下的“前摄性风险管理”模式。③ 然而，一个难以逃避的问题是，“前摄性风险管理”的行为主体主要还是主权国家，这就对国家能力提出了要求。众所周知，无论是对传染病防控的决心、义务或者是权责，主权国家必须具备高效的行政部门、有效的国内法律以及卓有成效的贯彻执行。但是一旦危险的传染病降临到欠发达国家（这一现象是普遍的），《条例 2005》的原则和规范的执行便要打上很大的折扣，此次埃博拉疫情便是一个很典型的案例。

二、全球传染病防控的最新实践：埃博拉危机（2014—2015 年）

对《条例 2005》的规范成效最好的检验方式就是以最新的实例予以考察。本轮埃博拉疫情④最初出现于 2013 年 12 月间的几内亚中南部森林。2014 年 3 月 23 日，世界卫生组织正式接到埃博拉病毒爆发快速发展的通报。至 8 月 8

---

① 见《国际卫生条例（2005）》，第一编第十一条。

② 同上，第一编第十二条。

③ 龚向前：“传染病控制与当代国际法变革的新趋势”，《法学评论》2011 年第 1 期，第 111 页。

④ 埃博拉病毒（Ebola Virus），又称埃博拉出血热（Ebola Hemorrhagic Fever，EHF），属丝状病毒科（Filiviridae），最早于 1976 年在中非国家民主刚果（Democratic Republic of the Congo，旧称扎伊尔，Zaire）发现。迄今为止，共发现 5 种亚型埃博拉病毒，分别为扎伊尔型、苏丹型、本迪布焦型、塔伊森林型和莱斯顿型。其中，除莱斯顿型对人不致病外，其余 4 种亚型感染后均可导致人发病，致病性由强至弱为扎伊尔型、苏丹型、本迪布焦型和塔伊森林型，前 3 种亚型曾引起人类 EHF 疫情爆发。

日，世界卫生组织宣布此次疫情为“国际关注的突发公共卫生事件”。[①] 由于疫情爆发的西非三国政局存在不同程度的动荡、医疗基础设施薄弱，很难以自身的能力来履行《条例 2005》的规定，因而观察国际社会对埃博拉的应对主要是观察世卫组织和联合国以及发达国家和有能力的发展中国家，如中国等在应对此次大规模爆发疫情的做法。

（一）世界卫生组织的应对

根据《条例 2005》的规定，WHO 和成员国具有对国际关注突发公共卫生事件监测、通报、磋商及核实的义务。2014 年 3 月 23 日，几内亚向世界卫生组织通报了埃博拉疫情的快速进展。此后，世界卫生组织采取了自其成立以来规模最大的一次紧急救援行动。[②] 其行动包括：第一，派遣医疗专家。一年来，世界卫生组织共计向疫区派遣了 2013 名医疗和技术专家，其中 562 人来自全球疫情警报与反应系统，大部分分布在重灾的西非三国：几内亚（777 人）、利比里亚（460 人）和塞拉利昂（668 人）。专家涉及领域包括：流行病学家、数据分析师、后勤保障人员、协调官、人类学家等。第二，建立移动实验室监控。这部分工作主要由全球疫情警报与反应系统的核心部门“突发和危险病菌实验室网络”[③] 承担，其最多每天可检测超过 750 例病毒采样。第三，设立治疗中心。2014 年 8 月起，全球疫情警报与反应系统逐步建立了 5 座埃博拉治疗中心，同时也在重灾三国建立关照中心的过程中提供技术支持。第四，医疗培训。自 2014 年 3 月起，世界卫生组织先后为疫区国家提供了超过 250 件直观教具、设备指南以及其他训练器械等。第五，救援后勤保障。保障领域涉猎广泛，包括疫区重灾三国间协调、冷链管理、供应链和物流管理、“水设施与水卫生”、安全掩埋、疾病感染防控支持等。第六，后台研发。

---

① “Statement on the 1st meeting of the IHR Emergency Committee on the 2014 Ebola outbreak in West Africa”，World Health Organization，8 August 2014，http：//www. who. int/mediacentre/news/statements/2014/.

② “A year of the Ebola response ‘at a glance’：WHO Ebola response activities 2014－2015”，World Health Organization，25 March 2015，http：//www. who. int/csr/disease/ebola/who-activities-report/en/.

③ 关于“EDPLN”，见“WHO Emerging and Dangerous Pathogens Laboratory Network（EDPLN）”，World Health Organization，http：//www. who. int/csr/bioriskreduction/laboratorynetwork/en/＃。

世界卫生组织通过与医药公司和机构合作，积极研发疫苗及治疗药品。

（二）联合国的应对

联合国具有主权国家所不具备的应对危机所拥有的合法性和权威性。其权威体现在《联合国宪章》第 25 条："联合国会员国同意依宪章之规定接受并履行安全理事会之决议。"这赋予了联合国在国际行动上的强制力。因而，联合国安理会对疾病的应对起着主要的指导作用。安理会的专门决议为包括联合国大会及其成员国在内提供了建设性的指导意见。2014 年 9 月 18 日，联合国安理会第 7268 次会议通过了第 2177 号（2014）决议。① 一天后，作为对《决议》的贯彻与实施，第 69 届联合国大会第一次全会决定成立埃博拉应急特派团。② 特派团有五项优先任务，③ 即阻止疫情暴发、治疗受感染者、确保关键服务、维持稳定、预防疫情再度暴发。同时，特派团希望通过病例控制、追踪病例相关接触者、安全且有尊严地埋葬、社区参与和社会动员等方式，争取早日将病例数降为零。

（三）发达国家的应对

发达国家尤其是美国和欧盟，因为也有输入性埃博拉疫情，因而对此次埃博拉危机格外关注。美国和欧盟向埃博拉重灾区投入大量人力、物力，希望控制疾病的蔓延。除欧美等发达国家以外，亚洲发达国家如日本、韩国等也做出了近似的贡献。④

---

① 《联合国安全理事会第 2177 号（2014）决议》，联合国网站，2014 年 9 月 18 日，http：//www. un. org/zh。

② "第 69 届联合国大会：遏制并抗击最近西非暴发的埃博拉病毒的措施"，联合国网站，2014 年 9 月 18 日，http：//www. un. org/zh/documents/view _ doc. asp? symbol = A/69/L. 2。

③ "UN Mission for Ebola Emergency Response（UNMEER）"，United Nations，http：//ebolaresponse. un. org/.

④ 见"Japan's Response to the Ebola Outbreak in West Africa"，Ministry of Foreign Affairs of Japan，15 May，2015，http：//www. mofa. go. jp/af/af1/page23e _ 000338. html；"South Korea's Ebola Response"，The Diplomat，31 October，2014，http：//thediplomat. com/2014/10/south-koreas-ebola-response/。

美国的努力主要表现在以下三个方面：第一，向重灾区派出包括美国国防部、疾病控制中心、美国国际开发署以及其他美国卫生官员在内的3000名专家团队，此外还包括7000名由美国政府资助的美国公民赴西非三国进行救援，并在重灾区建立了15个医疗救助中心。第二，在利比里亚培训了超过1500名医护人员，为当地患者提供直接、安全的医疗救助。第三，在重灾的三国建立公共卫生应急处置中心、病毒检测实验室，加强协调和快速反应。①

除美国外，欧盟也对此次埃博拉危机做出了极大努力。② 欧盟成员国向西非国家提供了12亿欧元的援助，超过了在2014年10月的欧盟理事会会议上做出的10亿欧元的承诺。欧盟其他具有代表性的行动有：第一，通过欧盟民事保护机制，欧盟向重灾区派遣了医疗专家，提供了大量物资。此外，欧盟也启动了对国际医疗工作人员的后勤保障机制，尽可能不让其受到病毒感染。第二，自2014年3月疫情大规模暴发时起，欧盟委员会下属的应急协调中心就开始投入工作。欧盟还专门成立埃博拉工作小组赴疫情灾区，小组成员包括欧盟委员会、欧盟对外服务部的官员。该工作小组每两周会在应急协调中心开会商讨，同时也和联合国埃博拉应急特派团、世界卫生组织等在内的专家团队保持紧密沟通。第三，委任埃博拉专门协调官。2014年10月的欧盟委员会会议委任前塞浦路斯政府发言人克里斯托斯·斯泰利亚尼迪斯（Christos Stylianides）为埃博拉专门协调官，负责协调欧盟及其成员国与联合国在埃博拉危机上的合作。第四，2015年3月3日，欧盟召开了“埃博拉从紧急状态到恢复阶段”的高级别会议。主要出于两方面的考虑：一是总结过去近一年的应急工作，探讨下一步计划；二是做下一步部署，包括长期援助受灾国，并帮其建立起本国的卫生医疗体系。出席这次会议的不仅包括欧盟、西非三国、联合国，还包括非盟和西非经济共同体。中国驻欧盟使团团长杨燕怡大使也出席参加，并作发言。③ 第五，欧盟研究和创新基金项目计划到2020年累计资助1.4亿欧元用于埃博拉疫苗、诊断及治疗的研究。

---

① “Response to the Ebola Virus”，U. S. Department of State，http：//www. state. gov/p/af/rt/health/ebola/.

② “EU response to Ebola”，European Union，http：//europa. eu/newsroom/highlights/special-coverage/ebola/index _ en. htm＃1

③ “中国驻欧盟使团团长杨燕怡大使出席埃博拉问题高级别会议”，中华人民共和国外交部，2015年3月4日，http：//www. fmprc. gov. cn/mfa _ chn/zwbd _ 602255/t1242373. shtml。

(四) 中国的应对

从 2014 年 3 月几内亚向世卫组织通报疫情开始，中国一共向埃博拉疫区国家和相关国际组织提供了四轮援助（见表 1）。

表 1　中国 2014 年四轮援助一览

	时间	援助对象	援助内容
第一轮	4 月	几内亚、利比里亚、塞拉利昂、几内亚比绍	价值 400 万人民币的防控救灾物资
第二轮	8 月	利比里亚、塞拉利昂、几内亚	价值 3000 万人民币的紧急人道主义援助
第三轮	9 月	疫区国家及其周边高危国家	价值 2 亿元人民币的紧急现汇、粮食和物资援助
		世界卫生组织	200 万美元现汇援助
		非盟	200 万美元现汇援助
第四轮	10 月	利比里亚、塞拉利昂、几内亚	价值 5 亿元人民币的急需物资和现汇援助
		联合国应对埃博拉疫情多方信托基金	600 万美元捐款
		世界卫生组织	200 万美元捐款
		非盟	200 万美元捐款

资料来源：《驻尼日尔大使石虎在中国援非抗击埃博拉疫情记者会上的讲话》，中华人民共和国外交部，2014 年 11 月 19 日，http://www.fmprc.gov.cn/mfa_chn/dszlsjt_602260/ds_602262/t1213098.shtml。

从援助的性质来看，前两轮援助属于紧急人道主义援助，援助金额和物资价值相对较小。2014 年 8 月起，疫情状况趋于危急，死亡人数急剧增加，因而中国在 9 月的第三轮援助加大了力度。此外，中方还向世卫组织捐款 200 万美元，作为第三轮援助的一项措施之一。该笔捐款被列入世界卫生组织应对埃博拉疫情专项基金，用于支持该组织实施对塞拉利昂、利比里亚和几内亚三国的疫情应对计划。①

2014 年 10 月，习近平主席在会见来访的坦桑尼亚总统基奎特时宣布启动第四轮紧急援助，再向利比里亚、塞拉利昂、几内亚三国和有关国际组织提

① “中国政府为应对埃博拉疫情向联合国世界卫生组织捐款”，中华人民共和国商务部，2014 年 10 月 23 日，http://www.mofcom.gov.cn/article/ae/ai/201410/20141000770569.shtml。

供总价值5亿元人民币的急需物资和现汇援助。[①] 第4轮援助举措共涉及六方面内容：一是向利比里亚、塞拉利昂和几内亚三国派遣公共卫生专家顾问组，帮助和参与当地疫情防控，同时增派公共卫生人员，帮助疫区三国分批培训当地医护人员；二是继续提供病床、救护车、个人防护设备、焚烧炉等急需物资援助，重点帮助疫区三国提高病人收治、转送能力，并加强消毒和医用废弃物处理能力；三是为利比里亚援建一所100张床位的治疗中心，派出160名医护人员并负责运营；四是向联合国应对埃博拉疫情多方信托基金捐款600万美元；五是启动中非公共卫生长远合作计划，2015年为疫区三国、非盟和西共体等非洲国家和区域组织举办12期公共卫生及疫情防控培训班，开展中非传染病防治联合研究，积极研究派遣专家参与非盟“非洲疾病防控中心”建设；六是加强国际合作，参与联合国全球应对埃博拉疫情特派团核心小组定期会议，派员出任联合国应对埃博拉疫情特派团高级官员。

三、当前全球传染病防控的新挑战

通过将《条例2005》的规范与对埃博拉危机的国际应对相对比与考察，当前全球传染病防控依然存在巨大挑战。从功能角度来看，世界卫生组织同各国的应对措施存在着同质化倾向；从结构角度来看，全球传染病防控存在着单位多元无序、相互掣肘的情况。

（一）功能同质导致资源浪费

《条例2005》规定，“每个缔约国应当根据本条例附件1[②] 的具体规定尽快，但不迟于本条例在该缔约国生效后五年发展、加强和维持发现、评估、通报和报告事件的能力建设”。且“世卫组织应按要求帮助缔约国发展、加强

① “商务部新闻发言人孙继文就中国政府向非洲抗击埃博拉疫情提供第4轮援助发表谈话”，中华人民共和国商务部，2014年10月29日，http://www.mofcom.gov.cn/article/ae/ag/201410/20141000776450.shtml。

② 附件1规定缔约国需满足：A. 监测和应对的核心能力要求；B. 指定机场、港口和陆地过境点的核心能力要求。

和维持本条第 1 款所述的能力”。[①] 此外，“每一缔约国应当按照附件 1 的要求尽速、但自本条例对该缔约国生效之日起不迟于 5 年，发展、加强和维持快速和有效应对公共卫生危害和国际关注的突发公共卫生事件的能力。世卫组织应当与会员国协商，发表指导方针以支持缔约国发展公共卫生应对能力”。[②] 然而，此次埃博拉危机最大的特点在于，它是《条例 2005》问世以来，最大规模地发生在医疗基础设施羸弱国家的传染病危机。西非三国自身抵御能力的不足有悖于《条例 2005》的规定，因而此次危机也挑战了《条例 2005》的效力。

由于西非三国自身能力的不足，亟需国际社会的援助。出于责任、人道及利益的多重考量，世界卫生组织以及全球主要国家及组织纷纷伸出援手，危机提供给了各国展示自身能力与软实力的舞台。然而，世界卫生组织、美欧等发达国家以及具备能力的发展中国家在应对过程中并没有相互协调、各自分工，而是进行着重复工作（见表 2）。各方都在疫区建立流动医疗站、设立检测中心、提供医疗培训等等，这一方面虽然可以弥补西非三国自身能力的不足，但另一方面却面临标准不统一、行动重复、管理混乱等局面，造成资源浪费的同时也没有达到最好的防控及救治效果。

表 2　国际社会的应对措施

	派遣医疗专家	移动实验室	治疗中心	培训	研发
世卫组织	√	√	√	√	√
美国	√	√	√	√	√
欧盟	√				√
中国	√	√	√	√	√

资料来源：作者根据相关资料整理。

（二）多元单位构成对世界卫生组织的领导力挑战

1946 年签订的《世界卫生组织法》规定，世界卫生组织在全球公共卫生领域的职责是“指导和协调”，并且“与联合国、专门机构、各国政府卫生行

① 《国际卫生条例（2005)》，第二编第五条。
② 同上，第二编第十三条。

政主管、各学术或职业团体及其所认为适当的其他组织建立并维持有效的关系”。① 在立法之初，国际社会似乎就已经预设了全球公共卫生的独特结构：类似于国际政治领域所说的“多极”结构。但是，不同于国际政治领域的“多极”，国际公共卫生领域的“极”不仅包括国家行为体，也包括非国家行为体，如医药跨国企业、私人基金、市民社会等，因而学者们也将其纳入了“全球治理”的框架内。

1. 全球传染病防控的治理结构

国际法学家大卫·费德勒（David Fidler）将现今的全球卫生领域称为一种“开源式无政府”结构。他认为，不同于威斯特伐利亚体系建立后的一种“国家中心”式的古典无政府结构，国际公共卫生领域不排斥将多元行为体纳入其整体结构，从而形成一种开放式的结构。他借用信息科技领域的名词“开放源码”② 来形容这样的一种结构。③ 在这种结构下，各行为体可以自由地进出。加之《世界卫生组织法》规定世界卫生组织仅是一个协调或技术机构，且作为一项“软法”的《条例 2005》并未赋予世界卫生组织强制的执行力，多重因素使得世界卫生组织下降到与国家和非国家行为体平行的层级上，其仅存的作为国际“指导”的角色也形同虚设了——因为“指导”至少应该体现在一种等级结构下，拥有权威者才能担纲指导。

尽管世界卫生组织存在着地位下降的危险，但若假设世界卫生组织与国家和非国家行为体处在同一个层级上的开放结构中，那是否意味着：假如世界卫生组织退出，全球卫生体系也不会遭受重大影响，因为同层级的其他行为体也能担纲起指导和协调角色？答案显然是否定的。国际法赋予了世界卫生组织作为指导角色的合法性，而如果某个具备能力的国家担当起这样一个角色，不免又会陷入一种“霸权”的范式，因为无论从程序还是机制上来看，公共卫生领域的“霸权”都是不为人们所接受的，况且也没有一个国家愿意独自承担起这个责任。所以一个简单的结论就是，世界卫生组织必须存在，

① WHO constitution（1946），Chapter II Article 2，World Health Organization，http：//www. who. int/governance/eb/who _ constitution _ en. pdf.

② 一种“开放源码”的软件意味着用户可以自由地使用、复制、散发以及修改源码，如补充漏洞或按具体需求定制功能。

③ David P. Fidler，“Architecture amidst Anarchy：Global Health’s Quest for Governance”，Global Health Governance，Vol. 1，No. 1（January 2007），pp. 1 — 17.；David P. Fidler，“A Theory of Open-Source Anarchy”，Indiana Journal of Global Legal Studies，Vol. 15，Issue 1，（Winter 2008），pp. 259－284.

且国际社会需要为世界卫生组织构建一个至少是微弱的等级结构，从而赋予其指导的权威。

2. 多元行为体对世界卫生组织行动的掣肘

多元行为体通过将对世界卫生组织的捐款与某项议程相绑定，限制了世界卫生组织的行动自主。例如“国际个人”方面，盖茨基金通过对根除脊髓灰质炎即小儿麻痹症议题的捐助，使得世界卫生组织将此议题置于优先地位。从几内亚2014年3月通报疫情，到2014年8月世卫组织宣布此次疫情为“国际关注的突发公共卫生事件”，之间间隔长达5个月。而在这段时间里，世界卫生组织主要在关注根除脊髓灰质炎。2014年5月，为应对再次出现的地方和输入性脊髓灰质炎病例以及野生脊髓灰质炎病毒国际传播等问题，世界卫生组织总干事陈冯富珍在日内瓦召集举行《国际卫生条例》紧急委员会成员会议。[①] 而根据通报，2013年全年仅有脊髓灰质炎患者413例，并且在大多数国家有较好的疫苗接种的覆盖面。[②] 相较于同期的埃博拉疫情，显然后者更为紧迫。“国家”行为体方面，其对世界卫生组织也有类似的行动限制，例如2014年1月，世界卫生组织执行局的美国代表要求世界卫生组织将骨髓灰质炎列为“国际关注的突发公共卫生事件”。

与专项捐款相对的是缔约国对世界卫生组织整体捐款的下降，这直接导致世界卫生组织预算的削减。2011年，世界卫生组织削减了约6亿美元的预算，[③] 其直接的后果就是传染病防控专家的离职以及紧急反应队的减少。

四、全球传染病防控的对策探讨

从以上实例可以观察到全球传染病防控中的主要挑战，一方面由于功能同质造成资源浪费，另一方面在当前的传染病治理结构下作为领军机制的“国

---

① “世界卫生组织紧急会议关注野生脊髓灰质炎病毒的国际传播”，联合国网站，2014年5月5日，http：//www. un. org/chinese/News/story. asp? NewsID＝21822。

② “WHO statement on the meeting of the International Health Regulations Emergency Committee concerning the international spread of wild poliovirus”，World Health Organization，5 May，2014，http：//www. who. int/mediacentre/news/statements/2014/polio－20140505/en/.

③ Lawrence O Gostin and Eric A Friedman，“Ebola：a crisis in global health leadership”，The Lancet，Vol. 384，2014，pp. 1324－1325.

际关注的突发公共卫生事件”日益式微。作为“软法”的《条例2005》虽然确定了“国际关注的突发公共卫生事件”与缔约国间的互动规范，但毕竟没有强制的执行力。由于法律执行力的缺乏，全球卫生领域出现了“群雄四起”的“开源式”状态。要凝聚起全球传染病防控的国际力量并维持“国际关注的突发公共卫生事件”一定的领导力，必须一方面从结构上变迁现有的治理制度，另一方面从功能上使“软法”成为“硬法”。

（一）变迁现有治理制度

制度变迁意味着以一种效率更高的制度替代原有的制度。制度变迁是从制度出现不均衡开始的。当一个制度中供给与需求失衡时，制度的不均衡便发生了。因而，当由世界卫生组织以及联合国所主导的全球卫生治理制度出现危机时，就意味着这种制度的供给已经满足不了全球传染病防控的需求了。在多数情况下，制度供给的是一种政治产品，实现制度变迁时政治权衡往往是第一位的。[①] 国内层面上，这种政治权衡发生于社会中的各集团间的利益分配上；在国际层面上，政治权衡则发生于各国家间。需要指出的是，制度的供给者主要来自政治国家，任何制度的变动都要经过国家的认可，或是由国家来发动，或是经过国家的认定。[②] 因而，尽管在全球传染病防控领域存在多元行为体，要完成制度的变迁，还需要依赖国家间的协调。

不过，强调国家对全球传染病防控制度变迁的作用并不意味着其他行为体的作用不重要，非国家行为体可能形成一种“诱致性”因素。新制度经济学家道格拉斯·诺斯（Douglas North）将制度变迁分为“诱致性制度变迁”和“强制性制度变迁”。诱致性制度变迁指的是现行制度安排的变更或替代，或者是新制度安排的创造，由个人或一群（个）人在响应获利机会时自发倡导、组织和实行。与之相反，强制性制度变迁是由政府命令和法律引入和实行。[③] 理论与现实的不同之处在于，全球传染病防控制度变迁的“诱致性”因素可以既包括非国家行为体，也可以包括国家行为体，同时在构建“强制性”因

① 徐大同主编：《当代西方政治思潮（第二版）》，天津人民出版社2010年版，第365页。

② 同上。

③ 科斯等：《财产权利与制度变迁》，上海三联书店、上海人民出版社1991年版，第384页。

素——“全球传染病防控法”时，也需将国家之外的行为体的利益纳入考量范围。其关键在于要实现两种“均衡”，即国家间均衡和国家与非国家间均衡。

总结最近的埃博拉疫情，一种理想的传染病防控制度应该在现有制度基础上完善以下五点：

第一，世界卫生组织积极展开与国家的合作。在现有的模式下，世界卫生组织承担着协调人的角色。通过接纳国家和机构从资金到设备再到人员的提供，世界卫生组织将这些资源进行整合再付诸实施。然而正如前文所述，国家间集体协作的意愿已经下降，世界卫生组织的协调人作用也已不复当年之勇，这就要求世界卫生组织转换角色，主动发起与主要国家合作的议程，如在新药研发、欠发达国家医疗基础设施建设、统筹医疗人员培训等方面。

第二，无差别捐款，赋予世界卫生组织更大的资金使用自主权。逐渐消除捐款与疾病绑定的“规则”，使世界卫生组织在资金使用上具备更大的弹性。定期召开卫生峰会，通过医疗专家的研究与讨论，确定已出现传染病的危险级别，并根据级别分配研发资金。

第三，建立公共卫生突发事件应急储备基金。第二点关注的资金用途重在疫情暴发前的预防行动。一旦出现突发病情，如果世界卫生组织拥有应急储备资金的话，可以及时做出快速反应，而非等待各国各机构的微薄捐款后再行动。

第四，健全世界卫生组织信息通报机制，公开资金用途。与第二、三点相关的是世界卫生组织捐款使用的透明性。透明度是当代全球治理机制合法性来源的重要因素，通过公布资金用途，可以受到国际舆论的监督与适当指导，若出现资金用途分配不合理之处能够得到及时研讨纠正。

最后，协调各国行动，建立后勤保障机制。世界卫生组织需要构建一种“金字塔形”的后勤保障机制。塔基是各国内部的后勤保障机制，如在此次埃博拉危机中，中国的医疗队来自全国各大医院，且援外基地分布分散。建立后勤保障机制如冷链运输、供应链管理等，协调各医疗队；塔尖是世界卫生组织的后勤保障机制，其作用在于协调各国医疗队。塔尖与塔基间需要设立一种类似在此次埃博拉危机中欧盟设立的协调官。

总之，现有的制度若要变迁到一种更理想的状态，国家的意志与意愿是最重要的。国家需要在面对全球传染病防控这一公共问题上让渡一定的权力，“强制”变迁世界卫生组织在旧体制下的领导力，同时世界卫生组织也要有意愿承担起领导者的责权，从而形成一种上下联动的新型治理制度。

（二）编撰切实可行的“全球传染病防控法”

《条例 2005》主要是对全球公共卫生问题的一部行为准则，不具备对缔约国的强制力。而通过确立新的“卫生法”，以正式的法律形式能够对缔约国具备处罚的效力。“全球传染病防控法”正是出于这点考量。具体来说，一部相对成熟的“全球传染病防控法”需秉持以下四大原则：

第一，公正原则。公正是法律的基础，是法治的生命线。由于国家间以及国家与非国家行为体间的经济、社会地位、拥有的资源、抗风险、负担能力等方面均存在不同程度的差异，因而要做到绝对地公正是非常困难的，但做到相对公正还是可能的。首先是“分配公正”，所谓分配公正就是要公平地分配防控红利（如疫苗、药品、医疗设施等）和公平地责权分担，如根据不同的能力分配相应的责任（类似于“共同但有区别的责任”）。其次是“回报公正”，为避免在贯彻有区别的责任时出现的搭便车现象，回报公正就是提供了一种奖惩框架。最后是“程序公正”，程序公正就是要让多元行为体拥有一个平等的平台，使这个平台更具公共性和包容性。[①]

第二，效用原则。在传染病防控语境内讲效用，就是要一方面为全球卫生健康和疾病预防等“公共物品”带来好处，另一方面降低在提供“公共物品”时的风险分担和利益分配时的负面影响。

第三，互助原则。由于全球卫生健康和传染病防控的“公共物品”特性，国际社会中无人可置身事外。互助原则体现了个人、集体和社会利益的一致，体现了不同个人、不同社区、不同国家、不同的利益攸关者之间要相互帮助、支持。

第四，尊重原则。与“互助”相照应的是尊重，因为互助发生于群体（国

① 马蒂亚斯·科尼格—阿尔基布吉将程序框架分为三个维度：公共性（publicness）、授权性（delegation）和包容性（inclusiveness）。简单来说，具备高公共性的制度通常有广泛的政府参与，反之，政府参与有限或仅有个别政府参与或直接是私营实体参与，那就可称为低公共性的制度。授权性则是指制定出的规则或制度所具备的的职能能交由独立的第三方来执行或行使。包容性则更容易理解，不同实体，无论是正式的还是非正式的，参与到制度中的机会有多大，或者是否都能平等地参与其中，这些都是评判制度包容性高低的标准。见马蒂亚斯·科尼格—阿尔基布吉：《绘制全球治理》，戴维·赫尔德、安东尼·麦克格鲁编，曹荣湘、龙虎等译：《治理全球化：权力、权威与全球治理》，社会科学文献出版社 2004 年版，第 36—61 页。

家与非国家行为体）间，但这并不意味着无节制的帮助甚至干涉。因而，“防控法”需特别注意限制国际社会行为体在援助行动中的另外盘算。

上述两大对策从一定意义上讲是一种理想状态，不可否认其中还存在着一个最大的框架性因素，即“全球传染病防控法”将会在哪一个框架平台上得以实现。这其实就牵涉到制度因素。借用明代著名医学家李时珍的名言：“百病必先治其本，后治其标。”制度是“本”，法是建立在制度上的“标”。长期来看，可能出现两种制度变迁的方向：一是制度继续沿着以联合国和世界卫生组织主导的治理模式的方向，这种情况制定“防控法”的谈判也将会在联合国的平台上展开，类似于气候变化谈判；二是变迁为一种新制度，即是一种与联合国与世界卫生组织主导体制平行的制度，一旦“防控法”谈判在这种新制度框架下得以实现，将会对现有的联合国与世界卫生组织领导形成巨大挑战。因此，如果世界卫生组织乃至联合国想继续保持现有的在全球传染病防控问题上的微弱优势，而不是以一种“技术机构”自居，将防控责任推诿于主权国家，就必须做出主动的姿态展开对新规制的建立，否则其领导力将进一步削弱。

（三）传染病防控合作的博弈均衡

承接以上两点，一种理想的状态是：联合国和世界卫生组织主导的卫生机制是形成“传染病防控法”的“监理工程师”，国家和非国家行为体则是实际操作的“总设计师”。然而这个“总设计师”只是一个抽象的整体，具体来看其内部还存在着各自之间的博弈，各国的战略考虑和非国家行为体的利益考量始终是“传染病防控法”谈判的一个难题。它们之间需要经过复杂的谈判和不断的博弈过程来达成协议。因此，联合国和世界卫生组织在“监理”的过程中还需承担博弈平台供给者的身份，在这个博弈平台中，需要提供给国家之间和国家与非国家行为体之间信息沟通的渠道，使它们之间逐步解决利益分配的问题，并达到一种博弈均衡。

需要指出的是，传染病防控合作以及“传染病防控法”谈判并不是一种零和博弈，而是一种非零和博弈，因为全球卫生安全关系到所有人的命运，换言之，博弈结果必须是“共赢”。然而，当我们假设博弈行为体，尤其是主权国家、医药企业等是谋求利益最大化的理性行为体时，“共赢”的预期便岌岌可危了。因此，需要引入一套制约行为体的博弈规则，规则确立了博弈者所关心的支付函数。[①] 现有可资利用的博弈规则就是《条例 2005》，充分发挥作为“软法”的《条例 2005》的硬性规范作用是制约博弈者扩大利益的关键。

结合以上三点，我们将治理机制、法治与卫生外交（谈判博弈）三者结合在一起，从而既从结构上也从功能上尝试为现有的全球传染病防控提出一些建设性意见（见图 1）。

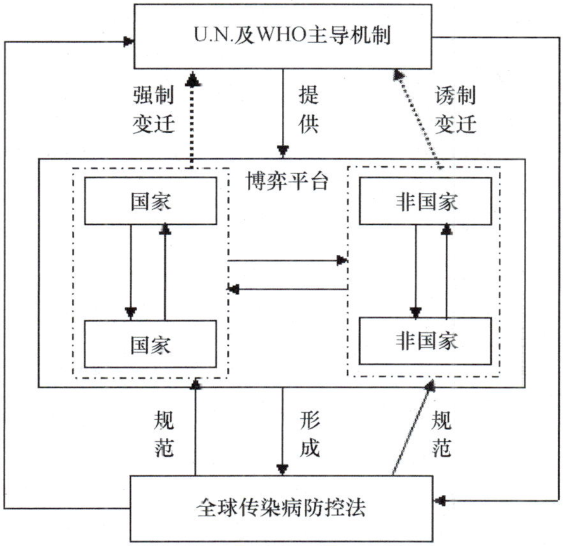

图 1　全球传染病防控的法治建设与制度变迁

五、结论

以上我们以埃博拉危机为例展现了现有的全球传染病法治建设上的不足以及治理机制上的失灵，因而全球传染病防控领域需要一种顶层设计来解决以上两大问题。我们认为在没有国家愿意独立承担作为公共产品的全球卫生安全时，唯一的供给者只能是联合国框架下的世卫组织，它需要主导全球传染病防控的治理机制，同时也需要国家和非国家行为体加入其中，配合其在法

---

① 支付函数是博弈论的基本概念，支付函数是参与人从博弈中获得的效用水平，它是所有参与人战略或行动的函数，是每个参与人真正关心的东西。

治上完善顶层设计。要实现这一愿景，需要变迁现有的治理机制，其变迁过程中的主导行为体还是国家。简言之，机制主导国家，国家变迁机制。

前文分析也表明，“全球传染病防控法”是治理机制顶层设计的法治基础，它是国家间、非国家间和国家与非国家间均衡博弈的产物，它不仅要起到规范的作用，同时也要具备强制裁决能力，对违反者进行惩治。这就要求联合国和世卫组织在可行的条件下成立“纠纷调解委员会”甚至是“国际卫生法院”，以充分实现其法律效力。

事实上，我们提出的观点是一种温和的变迁方式，即通过国际层面和国内层面的双向交流，逐渐形成一种以世界卫生组织领导、国家主导、非国家行为体辅导的全球传染病防控体制。之所以认为世界卫生组织有潜力成为全球传染病防控的领导者，是因为大多数国家都希望在这个领域形成有效合作，同时又没有国家愿意独自承担这一领导角色，这就赋予了世界卫生组织领军全球传染病防控的重要机遇。但也不能排除一种激进的变迁方式，那就是世界主要国家在与世界卫生组织平行的一个平台上另起炉灶。因为既然防控传染病的主要出力方是国家，而世界卫生组织又仅仅起着协调角色，那这些国家为何不能自己相互间协调，而撇开现有的体制呢？因而，我们所主张的这种温和的变迁方式要求世界卫生组织具备领导的意愿，只有这样，一种可期的防控体制才能得以确立，一种法治的顶层设计才能得以实现。

论国际法院的地位和作用

蒋锡春*

一、国际司法机构源起及国际法院的设立

相比较于其他法学门类，真正具有现代意义的国际法起源较晚。普遍认为，现代仲裁史始于1794年美利坚合众国与英国签订的杰伊条约，即美英《友好通商航海条约》。这一条约规定设立数个由相同人数的美国和英国国民组成的混合委员会，以解决几个悬而未决的问题。这些混合委员会的工作带动了19世纪仲裁的发展。[①] 可以将这些混合委员会视为具有司法性质的国际争端解决机构。而如果以1872年阿拉巴马号的解决作为国际司法制度的开端，迄今为止国际司法制度已走过了140余年的历程。[②] 在1872年阿拉巴马号案件中，当事双方与另外三国联合成立了仲裁庭，美国和英国把前者指称后者在美国内战期间违反中立的索赔要求提交仲裁庭进行裁决。最终，仲裁庭裁定英国应向美国支付赔偿，英国诚实地履行了判决，显示了以仲裁这种司法手段和平解决国际争端的显著效果，也在现代国际法发展历程中奠定了里程碑式的意义。

（一）常设仲裁法院及常设国际法院的建立

鉴于仲裁这一行之有效的争端解决方式在纠纷、冲突频仍的国际社会中发

---

* 蒋锡春，山东大学（威海）法学院本科生。

① 《国际法院问答》，联合国官网，2015年8月26日，http://www.un.org/chinese/law/icj/ch1.htm。

② 刘芳雄：《国际法院咨询管辖权研究》，浙江大学出版社2008年版，第1页。

挥着愈来愈普遍的作用，世界各国开始着手构想一个常设的国际仲裁机构的出现，以避免针对某项具体事件临时建立仲裁机构的费时费力之做法。1899年和1907年，俄国沙皇尼古拉斯二世提议召开海牙和平会议，讨论和平与裁军问题。这两次会议为上述构想的实现提供了恰当的契机。首次会议与会的26个国家签署了关于和平解决争端及设立常设仲裁法院的公约。于1902年开始工作的常设仲裁法院（旧称仲裁法院）仍然存在。该法院独立于所有其他国际组织之外，公约缔约国目前为89个（1999年）。常设仲裁法院国际局位于海牙，但是该法院并不是真正的常设法院或仲裁机构。[①]

在第一次世界大战结束后诞生的国际联盟为选举法院法官提供了可行的、具有较为广泛代表性的国际性平台。1920年，和平解决争端史上的第一个国际审判法庭——常设国际法院在国际联盟主持下设立。在1921—1940年，常设国际法院有效运作期间，共做出判决33件，受理并发表咨询意见28件，不仅为现代国际法的发展提供了丰富的判例和完善确立了相当多的原则，还为国际法院的建立提供了良好的实践先例。

（二）国际法院的成立及其背景

根据《国际法院规约》，海牙国际法院于1946年4月3日宣布正式成立。根据《联合国宪章》的规定，国际法院也被赋予联合国主要司法机关的神圣职责，依《宪章》所附规约执行其职务。该项规约系以常设国际法院之规约为根据，并作为《联合国宪章》不可分割的一部分颁布的。事实上，国际法院虽然是1945年根据《联合国宪章》设立的，但它与国际联盟时期设立的常设国际法院具有千丝万缕的联系。国际法院所依据的《国际法院规约》以《常设国际法院规约》为根据，其内容基本相同；常设国际法院依据各种文件所享有的管辖权转移给国际法院；法院判例汇编存在连续性汇编。国际法院可以说是常设国际法院的继续。[②]《联合国宪章》序言中即强调了“创造适当环境，俾克维持正义，尊重由条约与国际法其他渊源而起之义务，久而弗懈”的目标，并在第一章第1条第1款“并以和平方法且依正义及国际法之原则，

① 《国际法院问答》，联合国官网，2015年8月26日，http：//www. un. org/chinese/law/icj/ch1. htm。

② 邵沙平主编：《国际法院新近案例研究（1990—2003）》，商务印书馆2006年版，第1页。

调整或解决足以破坏和平之国际争端或情势”。这进一步明确了联合国通过国际司法和平解决国际争端的宗旨，而国际法院则具体承担着维持国际正义与法治的载体任务。

二、国际法院的职权

联合国大会第一届会议主席保罗·亨利·斯帕克在1946年国际法院第一次开庭时就适时说明了国际法院的重要性：我不敢说法院是联合国最重要的机关，但我想我可以说无论如何没有比法院更重要的机关。或许大会的人数更多，或许安全理事会更引人注目……法院的工作可能不太显眼，但我深信这项工作极为重要。[①] 国际法院地位是如此地重要，而其重要性相当大程度上取决于其区别于其他国际性司法机构的管辖权。但值得注意的是，国际法院是具有特定管辖权限的民事法庭，其管辖的领域仅包括某些民事方面，并无刑事管辖权（由国际刑事法院及前南问题国际刑事法庭、卢旺达问题国际刑事法庭等专门性国际法庭行使），亦无法对个人诉讼案件实施管辖。据《国际法院规约》第36条第1款：“法院之管辖包括各当事国提交之一切案件，及联合国宪章或现行条约及协议中所特定之一切事件。”可见国际法院的管辖范围不仅局限于国家间争端，也涵盖国际条约的相关问题，甚至是《联合国宪章》的解释。国际法院是唯一一个拥有一般管辖权的普遍性国际法院，其管辖权主要体现为诉讼管辖权和咨询管辖权两类。

（一）国际法院的诉讼管辖权

国际法院对诉讼案件的管辖权分为对人管辖权和对物管辖权。据《国际法院规约》第34条第1款：“在法院得为诉讼当事国者，限于国家。”因此国际法院的对人管辖权仅有主权国家具备成为诉讼当事方的资格。而国际法院的对物管辖权则非常广泛，包括了当事国各方提交的一切案件及涉及《联合国宪章》、双边条约和多边条约规定的一切事件。它甚至超越了国际公法的范

---

① 《国际法院的报告：2002年8月1日至2003年7月31日》，A/58/4，2003年8月4日，p. 97。

围，延伸到国际私法的领域。[①]

任意强制管辖。《国际法院规约》成员国可声明无条件接受国际法院的强制性管辖权，此种管辖权被称为任择性强制管辖权。一旦声明接受国际法院的强制管辖，当具有下列性质之一：（a）条约之解释；（b）国际法之任何问题；（c）任何事实之存在，如经确定即属违反国际义务者；（d）因违反国际义务而应予赔偿之性质及其范围的一切法律争端，对于接受同样义务之任何其他国家，国际法院的管辖权为当然且具有强制性。目前，共有70个国家做出声明接受国际法院的强制管辖。[②]

特别协定。通常来说，两个或更多的国家为将一项特定的相互争端提交国际法院裁决而订立一项特别协定。截至1989年，以特别协定提出的起诉案件有十余项。[③]

协定管辖。有300多项双边或多边条约或公约规定法院在解决关于这些条约或公约的适用或解释的争端方面具有管辖权。此项管辖系《国际法院规约》第36条第1款中规定的“法院之管辖包括……现行条约及协约所特定之事件”规定。

延迟同意管辖权。又称“应诉管辖权”、“当事方同意的法院”，是在司法实践中发展出的管辖方式。即在争端当事双方事先没有明文约定或同意的情况下，争端一方提起诉讼，如果另一方以某种方式予以同意或决定应诉的话，法院就具有了对该特定案件的管辖权。[④]

---

① 朱文奇主编：《国际法学原理与案例教程》，中国人民大学出版社2014年版，第364页。

② 这些国家是：澳大利亚、奥地利、巴巴多斯、比利时、博茨瓦纳、保加利亚、柬埔寨、喀麦隆、加拿大、哥斯达黎加、科特迪瓦、塞浦路斯、刚果民主共和国、丹麦、吉布提、多米尼克、多米尼加共和国、埃及、爱沙尼亚、芬兰、冈比亚、格鲁吉亚、德国、希腊、几内亚、几内亚比绍、海地、洪都拉斯、匈牙利、印度、爱尔兰、日本、肯尼亚、莱索托、利比里亚、列支敦士登、立陶宛、卢森堡、马达加斯加、马拉维、马耳他、马绍尔群岛、毛里求斯、墨西哥、荷兰、新西兰、尼加拉瓜、尼日利亚、挪威、巴基斯坦、巴拿马、巴拉圭、秘鲁、菲律宾、波兰、葡萄牙、塞内加尔、斯洛伐克、索马里、西班牙、苏丹、苏里南、斯威士兰、瑞典、瑞士、东帝汶、多哥、乌干达、大不列颠及北爱尔兰联合王国和乌拉圭。——《国际法院的报告：2013年8月1日至2014年7月31日》，A/69/4，2014年8月1日。

③ 邓柯：“国际法院的诉讼管辖权研究”，《青年与社会》2014年第16期，第83页。

④ 同上。

（二）国际法院的咨询管辖权

国际法院除拥有做出有拘束力的判决的管辖权力之外，还具备一项特殊却在实践中极有意义的管辖权，即为对咨询事项的管辖权（the advisory jurisdiction）。此项管辖权源自《国际法院规约》第65条第1款："法院对于任何法律问题如经任何团体有联合国宪章授权而请求或依照联合国宪章而请求时，得发表咨询意见。"

根据《联合国宪章》第61条，联合国大会和安全理事会这两个机关可以就"任何法律问题"申请国际法院发表咨询意见。而事实上法律问题与其他问题的区分并无清晰的界定，因此能够提请咨询意见的范围也无所不包，从国际组织的法律人格问题到地区独立的合法性问题，涵盖领域十分广泛。此外，联合国三个其他机关（经济及社会理事会、托管理事会、大会临时委员会）和联合国下属各专门组织[①]也有权就其活动范围内出现的法律问题申请国际法院发表咨询意见，但其咨询范围被严格限制在各组织专业领域内。世界卫生组织曾在1996年就一国在战争和其他武装冲突中使用核武器的合法性案向国际法院申请咨询意见，而国际法院认为其咨询超出专业范围而予拒绝。[②]

（三）国际法院管辖权与其他国际法庭之对比

尽管在当今的国际社会，并不存在具有终局性、拥有最高地位且对其他任何法院具有上位性和管辖权的这样一个国家司法机构，但在世界范围各种国际性质的司法机构层出不穷，尤其是在20世纪90年代后，各种国际法院"爆炸性增长"。目前已设立的国际性常设法院主要有：国际法院、国际刑事法院、西非经济共同体法院、加勒比法院、南锥体共同市场常设审查法院、非洲人权及民族权利法院、国际海洋法庭、世界贸易组织争端解决机制的上诉

---

① 这些组织目前包括：国际劳工组织、联合国粮食及农业组织、联合国教育、科学及文化组织、国际民用航空组织、世界卫生组织、世界银行、国际金融公司、国际开发协会、国际货币基金组织、国际电信联盟、世界气象组织、国际海事组织、世界知识产权组织、国际农业发展基金、联合国工业发展组织、国际原子能机构——《国际法院问答》，联合国官网，2015年8月26日，http：//www.un.org/chinese/law/icj/ch1.htm。

② See I. C. J. Reports 1996（I），p. 235，para. 14.

机构、欧洲自由贸易区法院、中美洲法院、独联体法院、东南亚共同市场法院、安第斯共同体法院、比荷卢共同体法院、欧洲人权法院及美洲国家间人权法院。[①]

不同于上述各专门法庭，国际法院的管辖权与区域性法院局限于地理位置、条约内部法院仅限于签署条约之国家、专业性法院只就专业领域内案件管辖等相比，具有显而易见的世界性、广泛性与多领域性。由于联合国的所有成员国即同时为《国际法院规约》的成员国，截至2014年7月31日，规约缔约国共有193个，几乎涵盖了地球上现有全部主权国家；而在条约或公约管辖方面，对300余项条约或公约具有管辖权。只此一点，就可以毫无夸张地评价："今天，世界上没有任何司法机关具有与它相同的决定整个国际社会法律问题的能力，没有任何其他的司法机关向世界上的各个国家提供了如此良好的促进法治的机会。"[②] 或许在不存在超国家权威的当今国际社会，没有亦不可能存在一个真正意义上的"最高"法院，但国际法院在与其他名目繁多的国际法庭的横向对比下，其对世界各国的影响力之巨、对整个人类社会的影响程度之深都无其他司法机构可比拟，在这个意义上国际法院处于同类司法机构中最高"的地位和作用是毋庸置疑的。

三、国际法院自身性质体现之独特地位与作用

按照现今各法治国家的政治理念，司法权莫不独立于行政权与立法权（最广为人知的便是美国的"三权分立制"），以求司法机关中立客观地行使司法权，不受到行政机关或立法机关的影响，而秉持法律的威严与公正。值得欣慰的是，虽然国际法院在相当多的方面不同于各国国内法院，但就司法独立而言，与法治鲜明国家并无二致。

机构独立。国际法院属于联合国六大机关之一，在联合国宪章中明确规定其为"联合国主要司法机关"，但其与联合国大会或安理会并无从属关系，地位与联合国大会、安全理事会、托管理事会、经济及社会理事会和秘书处一

① 尤瓦·沙尼著，韩秀丽译：《国际法院与法庭的竞合管辖权》，法律出版社2012年版，第7页。

② 邵沙平主编：《国际法院新近案例研究（1990—2003）》，商务印书馆2006年版，第7页。

律平等。而且值得一提的是，与常设国际法院一样，国际法院位于荷兰海牙和平宫，是联合国六大机构中唯一在纽约联合国总部之外的机关。笔者认为，地理位置的隔绝也为国际法院提供了良好的现实可能。此外，国际法院还是唯一拥有自己行政机构——书记官处（由于国际法院既是法院又是国际机构，书记官处的工作既具有司法和外交性质，又具有行政管理性质）的机关，实现了充分的组织机构自治。

法官独立。各法官虽为本国国民，但一旦当选为国际法院大法官，其就不应亦不可能代表本国利益。在程序上，每位法官在就职前必须郑重宣誓：本人必当秉公竭诚行使职权。而在国际法院的司法实践中，法官在本国政府是当事方的案件中投票反对本国政府立场的情况并非罕见。[①] 法官任职期限为一任 9 年，而且可以连选连任，这种长期持续性任职毫无疑问将培育法官们深厚的职业荣誉及对国际法治的负责态度。不同于常设仲裁法院，国际法院法官为全职工作，在任职期间禁止“行使任何政治或行政职务，或执行其他职业性质之任务”，法官所领薪俸、津贴及退休金由联合国大会确定，且在任期内不得减少。由此可见，完善的法官保障制度解决了法官们生活上的后顾之忧，而其享有的外交豁免和特权保证了法官们的人身安全。此外，据《国际法院规约》第 18 条第 1 款：“法官除由其余法官一致认为不复适合必要条件外，不得免职。”严格的免职条件与程序从根本上阻断了其他任何机构对国际法院的人事干涉，能使法官仅对法律和自己的良心负责，而无遭行政权力干预之虞。

运作程序独立。在《国际法院规约》中规定了法官的回避制度，当法官曾有以相关身份参与特定案件的情势时，该法官将不得再参与此案件的裁决，严格程序的限制最大程度地避免了法官断案期间受到任何外部或者内心的干扰，保证审判程序的独立与公正。在审判法官评议过程中，规约确立了评议永久保密的原则，从而为法官裁决避免外界舆论干扰以促使法官秉持法律之要职独立办案。但规约又赋予了法官在未完全赞同集体裁决之时另行宣告个别意见的权力，此项规定则为 15 位法官当中的每位法官独立自我思考与决定对法律事实之判断提供了权力渠道。法院遵循的基本文件是《联合国宪章》及其所附的《国际法院规约》，除此之外，还有《法院规则》和《程序指引》

---

① 《国际法院问答》，联合国官网，2015 年 8 月 26 日，http：//www.un.org/chinese/law/icj/ch1.htm。

以及有关法院内部司法程序的决议。①

（二）良好国际公信力与国际社会中独特地位

国际法院的独特地位一方面来源于其建立基础之雄厚（与联合国共同诞生，联合国会员国即为《国际法院规约》缔约国），并在联合国体系中担负主要司法机关的重任；另一方面在于国际法院配备了最为顶尖的国际法学专业人士，其法官要求“品格高尚并在各本国具有最高司法职位之任命资格或公认为国际法之法学家中选举之”，具有高度法律专业素养的法官为国际法院发挥能与其地位相匹配的司法作用奠定了至关重要的基础性作用。作为国际法院灵魂的15名法官必须来自15个不同国家，而且应使全体法官“代表世界各大文化及各主要法系”。具体到实践中，法官名额的分配遵循地域平衡原则，其中亚洲3名，非洲3名，拉美2名，西欧、北美、大洋洲5名，东欧2名。原则上，任何国家均不会在国际法院法官中固定占有席位，然而国际法院历史上，安理会五大常任理事国均一直在法院拥有本国国籍的法官（中国是唯一例外，在台湾当局窃据中国联合国席位期间，一段时期内并未提名任何中国籍法官），这实际上体现了五大国一致原则，有助于国际法院顺利行使职权。综合研之，代表性鲜明并且兼顾各方利益诉求的法官构成即从源头上保证了司法裁决的普世性与国际化，也有效提升了国际法院在国际社会中的公信力，使之在众多国际司法机构中鹤立鸡群，具备特殊地位与作用。

“没有法治，人类就不能实现和平、自由和安全，就不能建立一个文明的社会。”——迪奥戈·弗雷塔斯·多阿马拉尔（联合国大会第50届会议主席）在1996年国际法院五十周年纪念会的讲话。② 国际法院的独特地位在宏观宗旨来看，并非表面上的解决国家间争端、提供国际司法裁决如此而已。自设立伊始，国际法院的职责就相当明确：通过促进国际法治的方式来维护世界和平与安全，使和平解决国际争端的争端解决模式代替战争和武装冲突成为国际社会主流做法。正如安南在为联合国的未来所做题为《更大的自由》的报告中，着重强调了法治的作用，并将国际法院描述为位于“审理国家之间

---

① 《国际法院的报告：2013年8月1日至2014年7月31日》，A/69/4，2014年8月1日，p.25。

② 邵沙平主编：《国际法院新近案例研究（1990—2003）》，商务印书馆2006年版，第566页。

争端的国际制度的中心”。[①] 这个制度的中心已然超越了一般的司法机构的地位与作用，对国际法院而言，运用国际法裁决国际争端案件，进而维护和推进国际法治，最后助益于全人类的和平与安全才是其终极目标。

四、国际法院对国际社会的重大作用

（一）对“和平解决国际争端”原则的贡献

众所周知，联合国以捍卫世界和平与安全为宗旨，而在《宪章》第 2 条就要求各成员国“以不危及国际和平、安全和正义的方式”寻求国际争端的和平解决。具体而言，据《宪章》第 33 条：“任何争端之当事国，于争端之继续存在足以危及国际和平与安全之维持时，应尽先以谈判、调查、调停、和解、公断、司法解决、区域机关或区域办法之利用，或各该国自行选择之其他和平方法，求得解决。”可见，联合国倡导之寻求争端和平解决的适当方法包括谈判、调解、公断（即仲裁）和司法解决等。而按《联合国宪章》第 36 条第 3 款规定，一般而言，当事方应将法律争端提交国际法院按照《国际法院规约》的规定予以解决。因此，国际法院对维护国际和平与安全的贡献即在于对国际争端的司法解决。当今世界全球化趋势早已不可阻挡，而国家间争端的日益普遍化则加剧了区域乃至国际性争端甚至暴力冲突。仅仅就领土和海洋划界争端此类纠纷就在非洲新独立各国（如喀麦隆与尼日利亚间陆地和海洋疆界案）、亚洲各国（如利吉丹岛和西巴丹岛主权归属案）乃至于西欧各国（如北海大陆架案）造成了纷繁复杂的一系列冲突。所幸，相当多此类争端都选择诉诸国际法院，请求司法裁决的方式予以和平解决。试想如若国际法院不复存在，当涉及国家核心领土领海利益的争端泛起，传统的谈判调解方式已然失效，此时司法解决渠道亦无法实现，拥有国家暴力机器的主权政府间爆发武装冲突乃至战争便是所见不怪了。当然，国际社会还存在仲裁等纠纷解决机制，但司法解决和仲裁都有其各自的独特优势，取决于各国在解决特定争端时所寻求的政治化、专业性、正式性以及公开性的程度不同。然

---

① 史久镛，于湛旻译：《国际法院在和平解决国际争端中的地位和作用》，2006 年 8 月 27 日作者在厦门国际法高等研究院首届“国际法前沿问题研习班”上的讲稿，原稿为英文。

而在争端可能会对和平造成威胁的情况下，毫无疑问某些因素的存在使得在国际法院解决争端更受青睐。[①] 恰如在安南为联合国的未来所作题为《更大的自由》的报告中所言："我们不能忽视在解决国际争端的过程中需要一个场所……要确保真正的安全，各国必须能够获得一切机会，用尽可能的方式和平解决他们之间的争端。这正是国际法院的由来。当谈判和调解失败时，国际法院给各国提供了一个可以按照国际法最终解决其分歧的场所。"因此，国际法院提供的体制框架对于国际和平与安全至关重要。可以如是评价，国际法院的建立和运行本身就是对于全人类和平与安全的强有力保障。当纠纷产生、争端双方或几方之间僵持不下互不退让时，这些国家还具有和平解决争端而不至于刀剑血腥相见的可能性——寻求国际法院的司法裁决。一方面国际法院的判决不同于一般外交解决渠道，其对当事方产生强制的拘束力，这就使己方可能得到的国家利益无须加以暴力就能得到有效保障。另一方面，国际法院的公正性与客观性也使其裁决深孚众望，良好的公信力使相当多的国家相信在国际法院的审判席上，双方都会得到不偏不倚的对待，只以法律事实论胜负，不以国家强弱或政治力量对比决高低。反映在实践中，与第二次世界大战之前的国际社会环境迥异，现在愿为领土争端开启战火的国家日益罕有，而以司法解决来实现自我国家利益的做法则渐趋主流。

这里可以从一个案例窥其一斑，2001 年 3 月，国际法院就巴林和卡塔尔分别对不同岛屿和其周围海水提出的主权主张做出了裁决，双方对裁决的反应印证了国际法院在解决国家间争端的有效性。判决做出以后，巴林对国际法院"为世界和平做出的贡献"及在"协调兄弟国家方面的作用"表示感谢，而卡塔尔则承认"在国际法院做出判决后，两个兄弟国家可以开创良好关系的新里程，并可以安享和平与繁荣，不再为长久以来一直成为他们之间不和谐来源的问题而烦恼"。[②]在此案例中，尽管双方当事国对岛屿主权归属本国的主张均坚定不移，并且历经了政府谈判、调解与区域组织协商仍未达成一致共识，最后两国诉诸国际法院，在裁决下达后，无论其权利主张是否收到法律支持，当事国均对国际法院的判决表示了克制的尊重与最大的敬意，事实上也诚实地遵守了判决，并为两国邦交开启新篇章，以和平方式成功摆脱两

① 史久镛，于湛旻译：《国际法院在和平解决国际争端中的地位和作用》，2006 年 8 月 27 日作者在厦门国际法高等研究院首届"国际法前沿问题研习班"上的讲稿，原稿为英文。

② 同上。

国领土争端纷争不断的不佳外交状态。之所以将国际法院和联合国结合在一起，是因为存在这样一种认识，即以维持和平为目的的联合国，有必要让依法解决争端的国际法院承担起联合国处理国际争端的主要职能。因此，当时联合国的创建者们宣称："由于国际法院的建立，联合国在一个饱经战乱的世界面前，高举起正义和法律的火炬，使法律和秩序取代战争和暴力统治成为现实基础。"① 值得骄傲的是，尽管目前国际法院存在这样那样的问题与缺陷，但法院对稳定当今世界秩序，播撒国际法治的曙光起着无可替代的关键作用。

（二）对现代国际法的发展

对国际习惯法的发展。国际法领域的法律渊源与各国国内法大为不同，因为世界历史上从没有一个能统治各国的"世界政府"或者"世界性立法机构"以制定颁布明确的成文法。与之相反，目前世界范围内对国际法适用的法律渊源亦不存在公认的范围。《国际法院规约》著名的第38条规定了在国际法院内裁判时适用的五类国际法法律渊源：获得承认的国际协约、被接受为法律的国际习惯、公认的一般法律原则、司法判例及各国权威最高之公法学家学说和特定情况下可适用的"公允及善良"原则。尽管国际法院没有造法功能，但法院通过其裁判活动及其判例，对国际法规范的认证、确定和解释起着重要作用，对国际习惯法的形成和发展产生了显著影响，从而在事实上促进了国际法的发展。② 早在常设国际法院时期，其一系列判决便为本就以模糊不清为特征并且存在诸多关键领域空白的国际法原则加以澄清与补充，从而将法院的司法裁决的观点融入国际习惯法体系。迈入国际法院时期，这一趋势愈加明显。尤其是在海洋划界争端类案例当中，国际法院裁决对国际习惯法的巨大影响体现得相当明显。在北海大陆架案中，国际法院否定了产生于1958年《大陆架公约》的"等距离（中间线）规则"的习惯法地位，从而厘清了相关国家对此项规则的法律地位之误解。同样是在北海大陆架案中，国际法院还首次提出"公平原则"（亦称为公平原则—相关情况规则），并被1982年《联合国海洋法公约》第83条认可成为正式的国际法条约。在此过程中，国际法院在先后发生的类似案件的处理程序和原则逐步细化。就"公平

① See Documents of United Nations Conference on International Organization，Vol. 13，United Nations International Organization，1945，p. 381.

② 梁西主编：《国际法》，武汉大学出版社2000年版，第48页。

原则”而言，它于1969年首次提出，但只有框架式的原则性概念，在国际海洋纠纷中如何实际运用崭新的划界工具仍然是横亘在国际法院面前的艰难问题。随后，在“卡塔尔诉巴林海洋划界案”中，国际法院进一步发展出“公平原则—相关情况规则”。有学者据此认为公平原则已由划界原则转变为具体的划界规则。[①] 暂不讨论此种观点是否正确，国际法院对国际海洋划界原则的不断发展却是毫无疑问的。国际法院在陆地疆域划定等其他方面同样为国际习惯法的演进完善贡献良多。

澄清国际法原则。国际社会普遍认为，“法院作为联合国的主要司法机构，在当代国际法的逐步发展中起着中心作用。它在争端和咨询意见两方面的法学原理不仅为冲突各方提供了法律准绳，而且也在含糊不清或有争议的法律领域里为其他国家作了澄清”。[②] 国际法体系的法律渊源来源复杂，相当多的规定也仅为原则性阐述，外延过于宽泛的原则条款则极易被各国误解以至于不正确的适用、在国际法院的审判中引为依据进行抗辩，这就使得对国际法基本原则的适时阐释和澄清变得极为必须且重要。在国际司法体系内，最富有法律权威、公信力最为世界各国认可的司法机关非国际法院莫属了，其自然而然地担负着解释国际法原则的重任与光荣使命。国际法院通过运用两大管辖权之一——咨询管辖权，在建院以来，共发表了20余项咨询意见。这些咨询意见内容涉及国际法各个领域，虽然表面上它们并无强制的拘束力，但由于咨询意见的高质量和国际法院的巨大法律权威性，众多至关重要的国际法原则为其澄清乃至确立。

对国际法原则的发展。（1）对和平解决国际争端原则的发展。正如上文所言，经由发表咨询意见此种方式，国际社会解决国际争端的手段更为多样化，[③] 在此不再赘述；（2）对民族自决原则的发展。外部自决权属于所有非独立领土，在“纳米比亚案”（1971年）、“西撒哈拉案”（1975年）和“在被占领巴勒斯坦领土修建隔离墙的法律后果案”（2004年）中，法院通过其认可权威地证实了这一发展。

---

① 张为彬：“公平原则及相关情况规则探讨——兼析中国东海大陆架划界基本主张”，《当代亚太》2010年第1期，转引自朱文奇主编：《国际法学原理与案例教程》，中国人民大学出版社2014年版，第160页。

② 联合国文件，A/55/PV.41，第9页。

③ 余敏友：“论国际组织对解决国际争端的法律方法的若干重大发展”，《法学评论》1998年第3期。

对国际组织法的发展。(1)确立了国际组织的法律人格。在1949年的"为联合国服务而受损害的赔偿问题案"中，法院得出结论，联合国组织是一个法律人格者，从此确立了联合国此类国际组织的法律人格地位；(2)确立了界定专门机关权限的原则。以1996年的"一国在战争和其他武装冲突中使用核武器的合法性案"为契机，国际法院坚持了两个判断标准：A. 专门机构的专业性原则；B. 联合国系统内"协调一致的"的分工合作原则。

对国际组织行政法的发展。(1)确认了国际组织的行政首长裁决国际行政争端的权力。在"联合国行政法庭的赔偿判决案"中，国际法院发表咨询意见，认可国际组织的行政首长初步裁决国际行政争端的权力；(2)确认了大会与有关行政法庭的相互关系，即大会对行政法庭处于主导地位但同时其判决对联合国机关具有拘束力；(3)确认了国际组织行政法的法律渊源。法院的咨询意见表明了工作人员行为守则和工作人员行为规范、有关行政备忘录及有关行政实践均是相关的法律渊源。

对国际条约法的发展。确立和完善了现代国际条约中的保留规则。1951年的"灭绝罪公约的保留问题案"，国际法院的咨询意见认为有权签署或加入，但尚未签署或加入的国家提出的反对不具有法律效力。①

(三)对国际政治的促进

由于国际法院的工作不仅直接体现在对国际法治的贡献上，其裁决和咨询意见都关系着国际间各国敏感的国家利益，可以无可置疑地说，国际法院的每项判决既有法律意义，亦有显著的国际政治意义。具体说来，国际法院对国际法治的特殊意义尤其体现在以下四个方面：首先，联合国对于国际社会的非凡意义、国际法院法官的任职条件等因素，均使得国际法院具有足够潜能对一般国际法提供主导性的权威陈诉。数十年来，国际法院借助其联合国主要司法机关的独特地位，通过发表具有良好说服力的判决和咨询意见的方式，在维护国际法的一致性方面发挥了重大作用。与之相比，其他司法机关要么具有专业性，要么具有区域性，因而受到了较多的限制。其次，国际法院在解决某些国家并非特别关注其结局、但是却不能通过协商方式解决问题的特定种类的争端方面特别有帮助。法院已经证明，在诸如边境争端之类的

① 整理于刘芳雄：《国际法院咨询管辖权研究》，浙江大学出版社2008年版，第152—167页。

严重的地区性问题的解决上，它是一个理想的去处。而且，如果争端涉及到困难的或技术性的问题，法院能提供公正的协助。其三，因为环境争端解决等越来越多的需要，法院同样可以被期待在将来发挥更大的作用。原因在于法院处于一个解决此类争端的特殊位置：它建立了一个特别的环境争端解决法庭来处理此类案件。其四，对于中等力量的新兴国家而言，法院可以成为协调其利益的法庭。在所有的国家司法机构中，唯有国际法院能从国际关系全方位的角度来考虑国际法的发展，唯有国际法院在维护国际法的一致性方面具备发挥领导作用的基础。① 从近年来国际法院处理的案件来看，诸多国际政治地位不高、尚处在发展中阶段的国家比之发达国家更倾向于通过国际法院的司法裁决解决纠纷、梳理与相关国家的外交关系或是释放外交意图以至于施加政治压力。以国际法院 2013—2014 司法年度为例：该年度法院共有 17 项待决案件。其中一项为非洲国家之间、两项发生在东欧国家之间、三项发生在亚洲国家之间、八项发生在南美洲国家之间，还有三项跨洲案件，仅有“南极捕鲸案（澳大利亚诉日本）”为发达国家之间争端。相比之下，南美洲国家尼加拉瓜在国际法院发起了四项诉讼，还在两件案件中被起诉。地处南亚的马绍尔群岛则一口气起诉了三个在本区域影响颇大的国家（印度、巴基斯坦以及联合王国）。② 对于世界强国而言，解决国际纠纷实现国家利益的渠道众多且操作灵活，不必大费周章劳时劳力地使用国际司法手段，而对处于国际社会弱势地位的小国弱国则恰恰相反，能有效实现自身国家利益诉求的手段极为有限，付诸国际法院这一不需国际实力作为后台的司法机构本身就是相当公平与可靠的选择，况且即使法院并不支持本国诉求，也能通过国际舆论向对方施加一定的政治压力，增加己方手中本就匮乏的筹码。

五、结论

在全球化的今天，应该说，正是经济利益的全球化及“各种危险的全球化”“在客观上将世界连接起来，使之变成了一个建立在所有人都面临之危险

① 刘芳雄：“国家法治与国际法院的强制管辖权”，《求索》2006 年第 5 期，第 101 页。

② 整理自《国际法院的报告：2013 年 8 月 1 日至 2014 年 7 月 31 日》，A/69/4，2014 年 8 月 1 日。

基础上的非本意所愿的共同体”,[①] 国际法治——国际法统治下的和平——因而成为国际社会的理想。上文笔者的阐述反映出国际法院对国际法治的巨大贡献，然而，当今国际社会主权国家普遍对任何具有强大权威的国际机构的“敏感”与排斥，国际法院也不例外，从不到 1/3 的缔约国接受其强制管辖权即可见一斑。当前的国际体制仍然是一个无政府的体制，不存在超国家的权威。国际组织虽然得以发展，但大国政治的基调并未改变。[②] 可以预见，在相当长的一段时间里，国际法都将是国家之间协商的结果，不具有强制的约束力，也不会有超国家的体制命令国家必须遵从。因此，国际法表现为协议法、平等法、弱法，这是其与国内法的显著差异。[③] 国际法院对国际争端的介入建立在国家自愿接受管辖权的前提下这一情形亦不太可能发生根本性改变。横向而言，国际法院之于国际法治、国家政治乃至全人类的和平与安全的地位与作用都远非其他国际性司法机构可比；纵向而言，国际法院仍然是以脆弱的国际权力体系下的产物，尽管其一直保持相当高程度的司法独立，但仍然难以摆脱国际政治局势的影响，还时常受到大国政治、意识形态冲突、国际法碎片化等问题的挑战，要实现国际法治与世界安宁的目标依然任重道远！

---

① ［法］米海伊尔·戴尔玛斯·马蒂著，罗结珍等译：《世界法的三个挑战》，法律出版社 2001 年版，第 3 页。

② 何志鹏：“大国政治中的司法困境”，《法商研究》2010 年第 6 期，第 58 页。

③ See Malcolm Show, International Law, Cambridge University Press, 2008, pp. 2—13.

《联合国宪章》、国际法治与国际秩序

姜忠奇*

1945年6月26日，《联合国宪章》于美国旧金山正式签订，标志着联合国的正式诞生。《联合国宪章》所倡导的和平、人权、发展等基本精神也为战后新的国际秩序奠定了基础，至今在国际社会中仍然发挥着其重要价值。在践行《联合国宪章》的70年里，国际秩序更为稳定，国际法治从无到有，人类社会进入新的历史阶段。一方面，联合国的成立和《联合国宪章》的颁布极大地促进了世界的和平与安全，推动了第三世界国家的兴起、壮大，使平等、独立、人权等观念成为国际社会的共识，和平与发展也逐渐成为当今时代的主题。另一方面，起源于《联合国宪章》的国际法治概念逐步发展，得到国际社会的重视和大力宣扬，建立以法治和国际法为基础的国际秩序已经成为国际社会共同追求的目标。而《联合国宪章》、国际法治与国际秩序之间又有着密不可分的内在联系。“国际法治的最高宗旨就是要实现和谐的国际秩序，而和谐国际秩序的建立与维持就必须自始至终遵循《联合国宪章》的宗旨与原则和公认的国际法基本准则”。①

“《宪章》作为塑造和维系现代国际秩序的宪法性文件其对法治精神的宣扬的重要性是不言而喻的”。② 除此之外，这些联系还表现在《联合国宪章》的颁布确立了国际的基本秩序，国际法治又对国际秩序有着支撑与促进的作用等，正是这些紧密的联系共同构筑成为了今日的国际状态。“在经历了长期

---

* 姜忠奇，燕山大学文法学院政治学与行政学专业本科生。

① 曾令良：“中国践行国际法治三十年：成就与挑战”，《武大国际法评论》2011年第1期，第5页。

② 那力、杨楠：“国际法治：一个方兴未艾，需要探讨的主题”，《法理学论丛》2012年第1期，第4页。

的分裂之后，国际政治与国际法两大研究领域重现合作的势头”，[①] 本文尝试综合运用政治学和国际法两种视角来厘清三者之间的相互关系（如下图）。

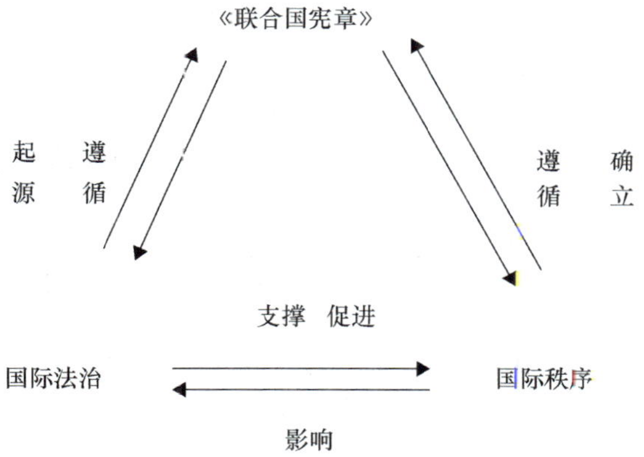

一、《联合国宪章》体系下国际秩序的发展

（一）以《联合国宪章》为基石的国际秩序

1. 维护世界和平与安全

《联合国宪章》在第1条规定中便将联合国的首要宗旨界定为“维持国际和平及安全”。由此可见，《联合国宪章》制定之初便充分吸取两次世界大战的教训，将和平与安全作为首要关注和解决的问题，并将其作为今后国际秩序发展的前提和基础。该款同时规定“为此目的：采取有效集体办法，以防止且消除对于和平之威胁，制止侵略行为或其他和平之破坏。并以和平方法且依正义及国际法之原则，调整或解决足以破坏和平之国际争端或情势”。于是，为了保障国际社会和平与安全的国际秩序，联合国根据《联合国宪章》的有关规定，设置了安理会和国际法院等联合国机构。从制度性的视角来看，这些机构的设置对于国际秩序的维护和发展具有重要意义。

联合国安理会对维持国际和平与安全负有重要职责。《联合国宪章》第24

① 王逸舟：“重塑国际政治与国际法的关系——面向以人为本，社会为基的国际问题研究”，《世界经济与政治》2007年第4期，第6页。

条规定“为保证联合国行动迅速有效起见，各会员国将维持国际和平及安全之主要责任，授予安全理事会，并同意安全理事会于履行此项责任之下职务时，即系代表各会员国”。同时，鉴于国际联盟未能吸取第二次世界大战爆发的惨痛教训，《联合国宪章》对安理会的投票机制做出了明确规定并确立了以大国为基础的集体保障安全体制，主要体现在《联合国宪章》第 27 条的规定中，“一、安全理事会每一理事国应有一个投票权。二、安全理事会关于程序事项之决议，应以九理事国之可决票表决之。三、安全理事会对于其他一切事项之决议，应以九理事国之可决票包括全体常任理事国之同意票表决之；但对于第六章及第五十二条第三项内各事项之决议，争端当事国不得投票”。安理会的这一投票机制对战后维护国际和平和安全的秩序发挥了重要作用。一方面保证了在冷战时期美苏两大集团之间全方位相互遏制的情况下并没有诉诸于武力的军事行动；另一方面则表现在冷战结束后美、俄、中等大国之间一直处于相对和平的状态之下并没有因分歧和冲突造成军事上的全面对抗。从而在很大程度上避免了大国之间的直接冲突，降低了二战后再次爆发世界大战的可能性，有效维护了世界的和平与安全。

最高国际法院对维持国际秩序的和平与安全也发挥着一定的作用。《联合国宪章》第 91 条规定：“国际法院为联合国之主要司法机关，应依所附规约执行其职务；该项规约系以国际常设法院之规约为根据，并为本宪章之构成部分。”国际法院存在的意义在于通过司法层面解决国际争夺以保障国际和平。虽然国际法院的普遍管辖权并没有得到世界各国的普遍承认，但是国际法院迄今受理并解决了大量有关领土划分、条约解释、外交危机等国际性争端，有效防止国际秩序受到冲击，发挥了国际法院在维护国际秩序的和平与安全方面的不可替代的作用。

依据《联合国宪章》所设立的联合国大会在国际秩序的发展和维护中也有着不可或缺的作用。这种作用主要表现在联合国大会就“国际关系中的各种问题不断通过宣言和决议。这些宣言和决议虽然不具有法律上的约束力，但在政治和道德上的感召力和影响力是巨大的”。①

2. 尊重和保障人权

战争期间侵略者对被侵略国家人民的残暴行径是对最基本人权的侮辱和践踏，为了维护人的尊严、权利、人格，避免悲剧的再次发生，《联合国宪章》

---

① 曾令良：“联合国在推动国际法治建设中的作用”，《法商研究》2011 年第 2 期，第 114 页。

在序言中便表明“重申基本人权，人格尊严与价值，以及男女与大小各国平等权利之信念”，建立尊重和保障人权的国际秩序成为国际社会的共同目标。为此，《联合国宪章》第 68 条规定：“经济及社会理事会应设立经济与社会部门及以提倡人权为目的之各种委员会，并得设立于行使职务所必需之其他委员会。”1946 年成立的人权委员会以及一系列有关人权保护的国际公约，对战后保障人权和加强国际间保障人权的合作等方面发挥了重要的作用，并且在《世界人权宣言》的序言中强调“有必要使人权受法治保护”，而 2006 年决定成立的人权理事会则进一步推动了注重人权保护的国际秩序的演变。

3. 促进国际间经济、社会合作

《联合国宪章》第一章第 1 条规定：“促成国际合作，以解决国际属于经济、社会、文化及人类福利性质之国际问题。”根据该规定，促成国际间的合作同样是联合国的重要宗旨之一，同时通过设立经济及社会理事会这一联合国机构和广泛建立的非政府组织以促进国际间的经济和社会的合作。

《联合国宪章》第 57 条第 1 款规定：“由各国政府间协定所成立之各种专门机关，依其组织约章之规定，与经济、社会、文化、教育、卫生，及其他有关部门负有广大国际责任者，应依第 63 条之规定使与联合国发生关系。”比如国际劳工组织、国际农业发展基金、国际货币基金组织、联合国教科文组织、世界卫生组织、世界银行、国际海事组织等经社理事会的专门机关几乎涵盖了经济、社会、文化、教育、卫生等重要领域，极大地促进了世界各国之间在不同领域内的合作与交流。非政府组织在促进国际间经济社会合作方面也越发显现出其旺盛的生命力。《联合国宪章》第 71 条规定“经济及社会理事会得采取适当办法，俾与各种非政府组织会商有关本理事会职权范围内之事件”，非政府组织的存在不但有利于维护国际和平与安全，有效地保障人权，广泛地开展国际合作，而且与政府间合作相比，非政府组织之间的合作阻力相对较小，同时也为建立稳定、和谐的国际秩序做出了贡献。

（二）《宪章》基础上国际关系的新原则与新理念：和平共处五项原则与建立和谐世界

中国在《联合国宪章》基本精神的基础上，结合国际关系发展的新特点，一直不断探索国际关系的新原则和新理念，其中最突出的代表便是最初为解决领土边界问题而提出的和平共处五项原则和结合冷战后国际秩序的新特点而提出的建立和谐世界的新理念。

和平共处五项原则是中国在1953年提出的用来处理国际关系问题的思想理念。它的提出一方面是“从《联合国宪章》受到直接的启示”① 而产生的，是以《联合国宪章》为基础的。和平共处五项原则的内容和有关概念都可以在《联合国宪章》中找到根据，其所表现的平等、安全、和平等精神也与《联合国宪章》所倡导的基本精神高度一致。另一方面，和平共处五项原则符合国际关系的基本特点，把握住了时代进步的发展趋势，源于政治实践的理论总结使其更具有操作性，因而也是对《联合国宪章》的进一步补充与完善，并逐渐发展成为世界各国所共同认可和遵守的国际关系基本原则和建立国际新秩序的基础。建立和谐世界的概念作为一种崭新的国际秩序的构想和设计，是中国充分结合冷战结束后的国际关系特点并在原有国际秩序理论的基础上提出的。2005年9月，在联合国成立60周年首脑会议上，胡锦涛主席发表了题为《努力建设持久和平、共同繁荣的和谐世界》的讲话，全面阐述了新时期中国关于构建“和谐世界”国际秩序的新构想。建立和谐世界与《联合国宪章》不仅在基本价值观念和追求目标方面高度一致，而且提供了一种站在历史高度和全人类立场上的看待国际秩序发展演变的新角度，对未来国际秩序格局的发展必然会产生积极的影响。

二、国际法治与国际秩序之间的相互作用

“法治”是一个历史悠久的概念，其最早的提出可以追溯到柏拉图的《论共和国》和亚里士多德的《政治学》中的相关概念的表述，但“国际法治”则是近年来提出的新的概念，并得到了国际社会的大力宣扬与倡导。关于国际法治的含义，笔者赞同这样一种说法，即“我们所谈论的国际法治就是说，将法治的原则适用于国际社会与国际关系”。② 国际秩序则是指在一定的世界格局基础上所形成的一系列国际行为的基本准则和相对应的维护机制。而关于国际法治与国际秩序之间的关系问题主要体现在二者的相互影响上，一方面国际法治对于国际秩序有着支撑、维护和促进的作用，很多学者以国际法

① 王铁崖主编：《国际法》，法律出版社1995年版，第59页。

② 那力、杨楠：“国际法治：一个方兴未艾，需要探讨的主题”，《法理学论丛》2012年第1期，第6页。

为切入点探讨国际法对国际秩序产生的积极作用，并取得了一系列研究成果；另一方面，笔者认为除此之外，国际秩序的完善与否对于国际法治的实现同样有着密切的关系，二者彼此作用，互为前提与目的。

（一）国际法治对于国际秩序的支撑与促进

1. 国际法治对于国际秩序的必要性

就总体而言，国际社会缺乏凌驾于国家主权之上的最高行政、立法机关以及具有普遍管辖权的司法机关，总体上处于一种无政府状态，而国际法治的出现则是“在无政府的国际社会环境下构建稳定的社会秩序的基本需求”。[①]为了使得国际社会避免由于无政府状态而导致的各国之间恶劣竞争、弱肉强食、奉行丛林法则的混乱情况，同时基于国家和社会的根本需要，催生了国际法治等相关的概念。而国际法治的客观要求又使各国通过法律法规和法治的基本原则提高国际间合作的可能性，有利于共同构建和平、安全、稳定、和谐的国际秩序，以实现国家间的互利共赢、共同发展，使得当今国际社会总体上处于一种无政府而又有着特定秩序的状态。国际社会需要以法律为手段进行规范，“从安全的角度看，没有规范的国际社会会形成并强化安全困境，最终导致任何一个国家的安全都无法得到有效保证”。[②] 而只有“在国际法治的理念指引之下，国家之间才有可能逐渐建立信任，并推动良好的制度建立，在制度的运行过程中维护共同的安全，防范全球风险”。[③] 因此，国际法治不但是构建稳定的国际政治秩序的必备条件，同时也是国际秩序发展前进的必然产物，既是国家和国际社会的客观需求，更是当今国际社会发展的重要目标。

2. 国际法治对于国际秩序的支撑作用

笔者认为国际法治对于国际秩序的支撑作用主要表现在两个方面，在这里，笔者将这两个方面比作国际法治支撑国际秩序的两个支撑点，两个支撑点共同维持国际秩序的稳定。

第一个支撑点即国际法中的基本原则对国际关系格局的确立作用。世界各国在长期的博弈中形成了一系列共同认可的国际关系基本规范，国际法则将

① 何志鹏：“国际法治何以必要——基于理论和实践的阐释”，《当代法学》2014年第2期，第134页。

② 同上，第138页。

③ 同上。

这些国际关系基本规范以法律的形式固定下来，进而以此确立国际关系的格局。比如国家主权的独立、国家地位的平等，各国在其领土上拥有最高管辖权、互不干涉内政等等，这些规则得到世界各国的一致的赞同和普遍的遵守，成为国际秩序发展的重要基石。

第二个支撑点即世界各国对国际法律的遵守。虽然国际法律不像国内法律那样有国家强制力作为后盾，也没有凌驾于世界各国之上的最高机关对违法行为进行惩处，但在当今社会绝大多数情况下国家会遵守国际法律的规定。这种自觉遵守国际法律的行为有三方面的原因：第一是“以自身的守法行为向国际社会传递一种肯于合作的信息，从而期待其他国家也同自己一样遵守国际法规则，从而共同营造一个和平共处、合作发展的国际环境”。① 第二是出于对违反法律规定后受到相关国家制裁和个别国家的报复行为的担心。第三则是遵守国际法律法规有利于促进国际间合作、降低国家间的交易成本、提高信息的透明度，从而促进国家的发展。不管怎样，其结果都维护了国际秩序的稳定。

3. 国际法治对于国际秩序的推动与促进

首先，国际法治有利于和平与安全的国际秩序的巩固和完善。国际法治促使世界各国以法律来规范国际交往行为，依法解决国际争端，能够进一步巩固、夯实和平与安全的国际秩序。并且通过不断制定新的国际性法律来对国际交往的行为进行界定与规范，进一步深入、发展这种国际秩序。其次，国际法治能够推动国际新秩序的构建。一方面，通过国际性的法律法规可以将建立国际新秩序的目标以法律的形式加以确认，使之在国际上更具有权威性和约束力，成为指导国际行为的行为准则。另一方面，将具体的、多领域的法律规范与相对抽象的国际新秩序的目标相结合，能够使建立国际新秩序的目标化解为一个个具有实际操作性的国际行为规范，有利于有条不紊地推动国际新秩序的构建。

（二）国际秩序对国际法治的反作用

1. 稳定的国际秩序对国际法治实现的推动作用

“实行国际法治的首要核心价值和目标应该是维护以法治和国际法为基础的各国和平相处的国际秩序。离开了这个首要前提，国际法治的其他核心价

① 车丕照：“国际秩序的国际法支撑”，《清华法学》2009 年第 1 期，第 4 页。

值——可持续发展、民主、基本人权、良治等将无从谈起。”[①] 第二次世界大战后国际秩序的发展粗略地可以分为两个基本阶段。第一个阶段即反法西斯战争胜利后到20世纪90年代冷战的结束。在这一阶段里，国际秩序一方面表现为美苏两大集团的对峙与竞争，另一方面又表现为相对于以往国际关系格局的和平与稳定。在这一背景下，产生了最早的国际性法律法规即《联合国宪章》，并催生了一系列的国际性法律文件。虽然在这一历史时期，国际法治并不是世界各国关注的主要内容，但已经有了相关概念的提出，比如联合国在1961年第161（B）号决议序言中曾提及法治“深感遗憾和关切地注意到在刚果境内系统的侵犯人权和基本自由和全民缺乏法治”。在1970年的《友好关系宣言》中强调“在各国间传播法治”。第二个阶段即冷战结束至今，这一阶段的国际秩序主要表现为和平与发展成为时代的主题并出现由世界单极格局向多极化格局演变的趋势。在这一阶段里，国际法治开始受到联合国的关注和国际社会的逐渐认可，通过了一系列有关法治的标志性文件。比如，2004年通过的《冲突和冲突后社会的法治和过渡司法》、2006年通过的《联合我们的力量：增强联合国对法治的支持》、2008年通过的《加强和协调联合国的法治行动》等等。

2. 不完善的国际秩序对国际法治实现的阻碍作用

以国家实力为主要支撑的国际秩序制约着国际法的制定并且不利于国际法的实施。国际法的制定主要是相关各国相互磋商、彼此妥协并最终达成一致的结果，参与各国无论大小和实力强弱，都享有平等的主权且有权利参加条约的制定。但在实际的操作过程中，一些超级大国为了维护自身利益，往往利用其强大的实力和影响力，主导国际法律制定的宏观方向和具体细节，侵害他国权益，制约着国际法的制定，违背国际法普遍、平等的内在要求，阻碍着国际法治的发展与实现。同时，在已经成文的国际法面前，仍然有一些国家在公然违背国际法律的情况下却歪曲法律为自己进行辩护，严重挫伤了国际法的权威性，影响法律的实施，阻碍国际法治目标的实现。其中最为人们所诟病的便是一些国家所奉行的霸权主义强权政治，不但损害了其他国家的利益，而且严重破坏了已有的国际秩序，阻碍了国际法治目标的实现。

① 曾令良：“中国践行国际法治三十年：成就与挑战”，《武大国际法评论》2011年第1期，第4页。

三、《联合国宪章》在国际法治中的地位和作用

《联合国宪章》本身便孕育着法治的胚胎，是最早包含法治精神的国际性法律文件。在《宪章》的序言中便强调“创造适当环境，俾克维持正义，尊重由条约与国际法其他渊源而起之义务，久而弗懈”。联合国国际法委员会1946年通过的《国家权利义务宣言草案》序言中提到“《联合国宪章》之本旨在于维护和平与安全，而法治与正义实为达成此项宗旨之要素”。1970年联合国大会通过的《关于各国依联合国宪章建立友好关系及合作之国际法原则之宣言》中提及“《联合国宪章》在国际法治上至为重要”。遵守《联合国宪章》是实现国际法治，建立长久的法治框架的不可或缺的基础和前提条件。一方面，《联合国宪章》的颁布开辟了当代国际法的先河，确立了当代国际法律的一系列基本原则，并成为当代制定国际性法律法规的基本规范。同时《联合国宪章》确立的这些基本原则和规范也得到了世界各国的一致认同和普遍遵守，在国际法治中具有宪法性的地位；另一方面，《联合国宪章》在国际法治的发展过程中扮演着指导性的角色。联合国大会、联合国安理会、国际法院等机构既由《联合国宪章》的规定而产生，同时又依据《联合国宪章》开展工作，推动了国际法治的发展。

(一)《联合国宪章》在国际法治中的宪法性地位

1.《联合国宪章》确立了现代国际法律的基本原则

按照现代国际法基本原则的定义来说，国际法的基本原则是指“被各国公认的、具有普遍意义的、适用于国际法一切效力范围的、构成国际法基础和核心并具有强行法性质的国际法原则”。《联合国宪章》作为各国普遍承认的国际文件，首次以法律形式确定并发展了国际法的基本原则，对于当代国际法的基本原则的形成和发展而言具有举足轻重的作用。

现代国际法律的基本原则主要包括主权原则、互不侵犯原则、互不干涉内政原则、平等互利原则、和平共处原则、民族自决原则、和平解决国际争端原则以及忠诚履行国际义务等原则。《联合国宪章》对于现代国际法律的基本原则的确立主要体现在《联合国宪章》的第2条以及宗旨、原则之中。比如在

《联合国宪章》的第一章第2条中明确规定“本组织系基于各会员国主权平等之原则”，“各会员国应以和平方法解决其国际争端”，“各会员国在其国际关系上不得使用威胁或武力，或以与联合国宗旨不符之任何其他方法，侵害任何会员国或国家之领土完整或政治独立”等等。无论是后来联合国大会通过的《国际法原则宣言》还是国际法基本原则的新的突破，都是在《联合国宪章》基础上的重申、总结和发展。正是在国际法的基本原则的基础上，国际法开始真正向全球化、民主化方向演进，国际法治的概念也得以从中孕育和发展。

2.《联合国宪章》是国际法的基本规范

首先，相对于其他国际法来说，《联合国宪章》具有更高的法律效力。尽管关于国际法是否有等级差异的问题在法学界里一直存在争论，但不可否认的是，世界各国出于对自身利益的维护导致对不同国际法的接受意愿各有不同，这也就直接导致了不同国际法律的效力存在差异。联合国是当今世界最具有普遍性的国际组织，几乎包含了世界上所有的国家，而《联合国宪章》作为联合国的组织约章，已经得到了世界各国的普遍认同而且符合最大程度上的国家意愿，反映出了人类社会共同的愿望和理想，因而相对来说具有更高的法律效力。其次，《联合国宪章》可以作为判断其他国际法是否为良法的主要标准。如前文所述，《联合国宪章》不但得到了世界各国的普遍接受，而且承载着世界人民的共同理想，为国际法的制定确立了基本框架，成为了判断一项法律是否为良法的重要标准。比如，中国提出的和平共处五项原则，其内容反映并发展了《联合国宪章》的基本要求，符合《联合国宪章》的精神，后来逐渐成为了国际社会中国家之间交往的基本准则，证明了和平共处五项原则是真正意义上的良法。

（二）《联合国宪章》在国际法治中的指导性作用

1. 联合国大会依据《联合国宪章》制定审议国际法律

“联合国大会作为联合国的最高审议机关，已经形成为讨论和制定国际法的一个常规和持久的机制。”[①] 联合国大会在促进国际法发展的工作上主要是通过国际法委员会和第六委员会开展的。《联合国宪章》第13条规定：“大会

① 曾令良：“联合国在推动国际法治建设中的作用”，《法商研究》2011年第2期，第114页。

应发动研究，并作成建议：以促进政治上之国际合作，并提倡国际法之逐渐发展与编纂。”由此，联合国大会下设国际法委员会，主要负责参与国际法的起草工作，其宗旨在于促进国际法的逐渐发展和编纂，并在半个多世纪中发挥着重要的作用。同时，第六委员会作为处理法律问题的重要论坛，主要负责发动和准备多边条约谈判，然后向联合国会员国开放条约的签字和批准。这一切工作的开展都必须在《联合国宪章》内容所确立的基础上和框架内开展。

2. 安理会依据《联合国宪章》推动国际法治进程

《联合国宪章》第 24 条第 1 款规定：“为保证联合国行动迅速有效起见，各会员国将维持国际和平及安全之主要责任，授予安全理事会，并同意安全理事会于履行此项责任下之职务时，即系代表各会员国。”因此，安理会在处理国际和平及安全事务中具有最高法律权威。同时，在《联合国宪章》第 24 条第 2 款中规定“安全理事会于履行此项职务时，应遵照联合国之宗旨及原则”。即联合国安理会促进法治的各项活动必须符合《联合国宪章》的规定。安理会致力于维护国际和平与安全，经常在其决定和决议中制定执行性规范，这些规范对联合国及其会员国具有直接的法律约束力。但联合国安理会如果不遵守《联合国宪章》的规定，公然违背国际法律规范则会成为实现国际法治道路上的拦路虎。

3. 国际法院依据《联合国宪章》规定依法解决国际争端

《联合固宪章》第 92 条中规定“国际法院为联合国之主要司法机关，应依所附规约执行其职务。该项规约系以国际常设法院之规约为根据并为本宪章之构成部分”。国际法院作为联合国的司法机关，在依法解决国际争端、解释国际法等方面发挥着重要的作用，为推动国际法治的实质性进步做出了重要贡献。“在所有的国际司法机构中，唯有国际法院能从国际关系全方位的角度来考虑国际法的发展，唯有国际法院在国际法的一致性方面发挥领导作用的基础。”“在追求国际法治的历史进程中，国际法院承担着独特及不可替代的作用。”①

① 刘芳雄：“国际法治与国际法院的强制管辖权”，《求索》2006 年第 5 期，第 104 页。

四、总结

在《联合国宪章》颁布至今的70余年中，《宪章》所蕴含的精神和原则逐渐深入人心，国际秩序日趋稳定，国际法治日益受到世界的重视和宣扬，国际社会的发展也取得了重大进步。三者之间一荣俱荣、一损俱损，相互影响和促进，彼此的联系愈发紧密。但不可否认的是，《联合国宪章》仍然面临着霸权主义和强权政治的挑战，违背或歪曲解释国际法的行为时有发生；国际法立法程序法律机制不完善，国际司法的普遍管辖权没有得到全部国家的认可，现有的法治水平难以治理和改善国际关系状况；局部战争不断，恐怖主义更为猖獗，国家间合作仍面临着较多阻碍，国际新秩序尚未建立等等。因此，在遵守《联合国宪章》的前提下，建立一种以法治为基础的国际新秩序的目标，仍然需要世界上所有国家通力合作，共同实现。

联合国与对伊经济制裁：“失位”与失效？

邹志强*

国际经济制裁是国际关系中的常见现象之一。多数学者认为国际经济制裁是一种以对外经济政策和行为手段来实现政治目标的经济政治化行为，强制性和政治性是经济制裁的显著特征，不包含纯粹的经济报复或限制措施。经济制裁的主要目的既要影响决策者的成本收益分析，也要影响其政府机构实施某一问题性政策的能力。[①] 国际经济制裁既可以避免军事打击的高昂代价，又远胜于外交手段的软弱无力，因而在国际关系中被频繁地使用。从参与主体来看，国际经济制裁可分为单边制裁和多边制裁。联合国在国际制裁中具有独一无二的权威地位，是国际多边制裁的合法实施者。国际制裁是《联合国宪章》赋予安理会维持国际和平与安全的强制执行措施，是国际集体安全机制的重要组成部分。《联合国宪章》第七章规定，针对威胁和平、破坏和平或侵略行为，安理会具有采取武力或非武力措施的权利，可决定采取何种非武力措施以实现其决议。宪章第41条所规定的非武力强制手段成为联合国开展经济制裁的法律依据，其宗旨在于以经济制裁为手段恢复国际秩序、维护国际和平与安全。安理会通过的决议对全体成员国具有约束力，鉴于国际制裁的重大影响，联合国对使用经济制裁手段往往十分慎重。虽然联合国是对主权国家发起国际经济制裁的权威机构，但现实中很多制裁行动并不是由联合国发起的，也没有得到联合国的授权、实施与评估，造成的后果之一就是联合国在国际制裁中地位的尴尬甚或边缘化。从国际关系的现实来看，美国一直是实施对外经济制裁最为频繁和持久的国家，经济制裁也成为美国对外

---

* 邹志强，上海外国语大学中东研究所助理研究员、博士。

① Ray Takeyh and Suzanne Maloney, “The Self-limiting Success of Iran Sanctions”, International Affaiirs, Volume87, Issue 6, November 2011, p. 1311.

推行霸权主义与强权政治的重要政策工具。

伊朗核问题爆发以后，西方国家和联合国均对伊朗开展了经济制裁，以美国为首的西方国家既单独对伊朗开展了单边制裁，也推动联合国与国际社会对伊朗实施联合制裁。但美国及其西方盟友是对伊经济制裁的主力，在一定程度上联合国对伊朗的经济制裁是在美国等西方国家推动下实施的，西方国家的单边制裁得以合法化；另一方面，对伊经济制裁的成效更大程度上是后期美欧加强单边制裁的结果，当前伊朗核问题全面协议的达成也主要建立在美国与伊朗双方之间的谈判与互动基础上，联合国并不是主导性力量。因此不由让人对联合会在国际经济制裁中的地位与作用产生质疑，联合国在对伊朗经济制裁进程中是否存在"失位"与失效？联合国是否如有关分析所言是西方国家单边制裁的辅助者，甚或成为西方国家推行对外政策的工具？通过对比分析美国和联合国开展的对伊经济制裁，才能有效考察联合国在其中的地位及其作用。

一、国际社会对伊经济制裁进程

中东地区热点频发，地缘竞争与大国争夺激烈，也是实施制裁最为频繁的地区之一，其中伊朗更是遭到国际社会特别是西方国家的长期制裁。2003 年伊朗核危机爆发以后，为阻止其发展核武器和破坏国际核不扩散体系，以美国为首的西方国家与联合国对伊朗施加了多轮经济制裁措施，主要集中在能源与金融领域。十余年来国际社会对伊朗的经济制裁进程大致可以划分为三个阶段。

第一阶段是从 2003 年到 2006 年，针对伊朗的经济制裁以美国的单边措施为主。国际社会希望以谈判方式劝服伊朗放弃核开发，而美国延续了长期以来对伊朗的对视态度，以核问题为依据加强了单边制裁。

2003 年 2 月伊朗核危机正式爆发后，在国际原子能机构和英法德三国的积极斡旋下，同年 11 月伊朗宣布暂停铀浓缩活动，随后正式签署了《不扩散核武器条约》附加议定书。2004 年英法德三国与伊朗举行多轮会谈，并于当年 11 月达成"巴黎协议"，但由于分歧严重协议未能得到落实。2005 年内贾德当选伊朗总统后态度转向强硬，公开恢复了铀浓缩活动，伊核问题急剧升温，英法德等国宣布中止谈判。这一时期的对伊制裁主要是美国的单边行动。

美国小布什政府态度强硬，伊朗发出的和解信号与英法德的调停均被美国拒之门外，[①] 伊朗核开发的进展及其政策反复使美国深信伊朗要发展核武器，在20世纪90年代和“9·11”事件后相关制裁措施的基础上扩大了对伊单边制裁。2005年6月美国颁布第13382号行政令，冻结所有参与到大规模杀伤性武器扩散中的指定个人及其支持者的资产，禁止与其进行交易，逐步增加与伊朗有关的个人和实体。2006年4月美国众议院通过了旨在加强对伊制裁的法案。另一方面美国利用其影响力说服其他国家金融机构加入对伊制裁，全球80多家银行终止或大幅减少了对伊业务，在伊朗的外资银行数量大幅减少。同时美国利用本国管辖权对违反其对伊经济制裁规定的外资银行进行罚款，如2005年12月荷兰银行被罚款8000万美元。这一时期的美国单边经济制裁对伊朗的对外贸易与金融往来造成冲击，但美国与伊朗并无直接经济往来，而其他国家并未正式参与其中，美国单边经济制裁效果有限，为此美国开始寻求国际合作扩大对伊制裁范围和力度。

第二阶段是2006—2010年，联合国对伊朗连续实施了四轮经济制裁，在伊核问题上的国际共识与制裁力度不断提升，美国单边制裁与国际联合制裁相交织，形成了对伊朗联合施压的国际氛围。

在国际和谈失败的背景下，2006年美国推动IAEA将有关伊核问题的报告提交联合国安理会。从2006年至2010年，联合国安理会先后通过第1737号（2006年）、第1747号（2007年）、第1803号（2008年）、第1929号（2010）4个制裁伊朗的决议，其中包含了大量的经济制裁措施。安理会第1747号决议规定不再向伊朗提供新的赠款、援助和优惠贷款；增加了受制裁的实体和个人。第1803号决议要求各国慎重为伊朗提供新的财政支持；对本国金融机构与伊朗金融机构的交易活动保持警惕；被制裁的实体和个人分别增加了12家和13名，并制定了监督制裁实施的规则。第1929号决议要求各国禁止伊朗银行在本国境内开设新的金融机构或设立新的合资机构，禁止本国境内或受本国管辖的金融机构在伊朗开设机构和账户；将40家伊朗公司和机构列入制裁名单，冻结其海外资产，制裁强度明显加大。由于伊核问题的挑战不断增大和美国考虑了其他大国在中东地区的利益，欧盟从开始的反对制裁逐步走向与美国一致，原本强烈反对制裁伊朗的中俄等国也在不同程度

① 华黎明：“后伊核时期的美伊关系走向”，《国际石油经济》2015年第8期，第2页。

上转变了之前的对伊政策，国际联合经济制裁得到深化。[①] 美国在积极促成国际社会对伊联合制裁的同时，并未放松单边经济制裁。2008 年美国宣布对伊朗出口开发银行实施制裁；2009 年美国财政部对英国劳埃德银行处以 3.5 亿美元的罚款。奥巴马上台后对伊态度出现缓和但并未放弃遏制政策。2009 年底美国众议院通过"2009 年伊朗精炼油制裁法案"，参议院也于同年 11 月提出了内容相似但制裁范围更广泛的"2009 年伊朗制裁、责任及撤资法案"。西方国家逐步加入了对伊经济制裁，2008 年 6 月欧盟冻结了伊朗近 40 个实体和个人的资产，关闭了伊朗银行在欧洲国家的办事处；之后欧盟又宣布限制对伊朗出口信贷等金融支持以及与伊朗境内银行之间的活动等。

第三阶段是 2010—2014 年，美国联合西方盟国开展了新一轮的对伊单边经济制裁，制裁范围、力度和影响均空前提高，在内外多重因素作用下伊核问题出现了转机。

2010 年 7 月美国出台"全面制裁伊朗、问责和撤资法案"，严厉禁止本国和外国个人、企业帮助伊朗开发石油资源、向伊朗出口石油制品，禁止外国银行与伊朗开展业务等。2011 年 11 月奥巴马签署第 13590 号行政令，同样禁止与伊朗发生任何石油贸易和金融往来。"2012 财年美国国防授权法"禁止与伊朗发生业务关系的外国金融机构在美国开设银行账户，冻结同伊朗央行有业务的金融机构在美资产。该法第 1245 款规定，外国金融机构如故意帮助伊朗从事大宗金融交易，将被断绝与美国金融体系的业务往来。2012 年 6 月奥巴马签署 13645 号行政令，首次对伊朗货币里亚尔实施制裁，导致伊朗货币大幅贬值。8 月美国出台"降低伊朗威胁和叙利亚人权法案"，运输伊朗石油的运输公司及与伊朗在境外进行油气合作的公司也将受到制裁。"2013 财年国防授权法"将制裁范围进一步扩大到船运、造船、港口部门和贵金属交易以及保险和再保险领域。美国对伊朗的压力达到空前高度，目的就是以压促变，逼迫伊朗在核问题上做出重大让步。[②] 美国还敦促相关国家加入制裁伊朗行列，许多国家和相关实体被迫放弃与伊合作。从 2010 年起，欧盟连续实施了

① 熊谦、田野："国际合作的法律化与金融制裁的有效性：解释伊朗核问题的演变"，《当代亚太》2015 年第 1 期，第 119 页。

② 赵建明："制裁、反制裁的博弈与伊朗的核发展态势"，《外交评论》2012 年第 2 期，第 81 页。

多轮全面而超出联合国决议的对伊制裁措施，影响巨大。[①] 2010 年 7 月欧盟紧随美国通过了内容相同的全面制裁决议。2011 年 12 月欧盟通过新法令，大规模增加受制裁的个人和实体名单。2012 年初欧盟宣布从 7 月起全面禁止从伊朗进口和转运石油，禁止为伊石油贸易提供融资和保险服务等。2012 年 3 月环球银行金融电信协会宣布终止伊朗银行使用其提供的跨境支付服务。2012 年 12 月欧盟的制裁措施范围涵盖金融交易、船运设备和钢铁以及天然气进口等领域，并首次将外国公司及其负责人纳入制裁对象。2013 年 1 月欧盟发布更加严厉和全面的经济制裁措施，对伊贷款、贵金属贸易、钞票和铸币、合资企业均在禁止之列，还在制裁清单中追加 400 多个实体和个人。美国的其他盟友加拿大、韩国、日本纷纷对伊朗采取了经济制裁措施，其他相关国家及组织，包括海合会、印度等也加入到对伊制裁行列。

美欧的全面贸易禁运和金融限制强化了对伊朗的经济制裁，基本切断了伊朗与国际社会之间的金融与贸易渠道，迫使相关国家停止或大幅减少进口伊朗石油，大批外国石油企业撤出伊朗，伊朗石油产量和出口量快速下降，石油收入锐减，严重依赖石油出口的伊朗经济陷入困境。2012 年出现 20 年来的首次负增长，货币里亚尔急剧贬值，通货膨胀加剧，失业率达到两位数以上，出现货币贬值—通货膨胀—价格上涨—生产萎缩—失业的恶性循环。全面金融制裁对伊朗石油收入的回流造成了重大障碍，严重影响了伊朗经济表现。[②] 持续增大的国际经济制裁使伊朗经济受到重创，并威胁到伊朗社会和政权的稳定，大大软化了其谈判立场，推动了伊核问题的解决。国际经济制裁在迫使伊朗最终在核问题上做出让步方面起到了重要作用。[③] 2013 年 11 月六大国与伊朗达成了具有实质性意义的《日内瓦协议》，表明伊核问题出现转机。此后又经历了一年多艰难的谈判，2015 年 7 月 14 日六国与伊朗达成了历史性的全面解决伊朗核问题的协议——《联合全面行动计划》，随后获得联合国安理会的批准，国际经济制裁有望逐步解除。

---

① Ruairi Patterson，"EU Sanctions on Iran：the European Political Context"，Middle East Policy，Vol. XX，No. 1，Spring 2013，p. 135.

② Mohammad Reza Farzanegan，"Effects of International Financial and Energy Sanctions on Iran's Informal Economy"，SAIS Review of International Affairs，Vol. 33，No. 1，2013，p. 33.

③ 岳汉景："伊朗核问题与奥巴马的接触政策"，《阿拉伯世界研究》2015 年第 4 期，第 42 页。

伊朗核问题全面协议的达成使这场持续13年之久的国际争端与热点问题得到了圆满的政治解决，有力地维护了国际核不扩散体系和国际和平与安全，极大缓解了伊朗与西方国家之间的紧张关系，也有效避免了中东地区再次走向大规模冲突甚至是战争结局，受到国际社会的普遍欢迎。另一方面，伊朗核问题全面协议"提供了一个通过和平谈判解决重大国际争端的有益经验"，[①]通过国际经济制裁与和平谈判的顺利转化维护了国际核不扩散体系，对联合国自身与国际经济制裁的发展具有重大意义，保持压力加建设性接触的政治解决模式为处理其他国际和地区危机树立了样板。[②]持续对峙与制裁带来的对国际和平与安全的重大威胁最终通过谈判得以圆满解决，虽然首先是美伊两国相互妥协的结果，但符合《联合国宪章》的宗旨与精神，也对未来联合国在国际制裁上的实践与改革具有重要启示。

二、对伊经济制裁中的美国与联合国

从国际社会对伊朗实施的经济制裁实践来看，美国（及其盟友）与联合国是主要的制裁实施方，相对来说，美国（及其盟友）很大程度上是更具主导性的力量，联合国显得行动缓慢和较为被动，受到"失位"与失效的质疑。通过与美国的主体间对比以及与冷战后对伊拉克的经济制裁对比，可以更为清晰地认识联合国在对伊朗经济制裁中的地位与角色。

第一，从制裁的时间跨度来看，美国（及其盟友）对伊实施经济制裁更为持久，覆盖了伊核危机的全过程。2003年伊核危机爆发后，美国一直是最为积极、主要和一以贯之的制裁方，而联合国的四轮制裁集中在2006—2010年。联合国既不是最早对伊朗实施制裁的首要发起方，在四轮制裁失效后也未能出台更进一步的制裁决议，虽然2011年后联合国的制裁决议依然有效，但显然美国与欧盟才是对伊经济制裁的主力。在伊核问题爆发初期，国际社会的主流意见是通过外交谈判途径劝服伊朗放弃核开发计划，遵守核不扩散体系的规定，这也符合《联合国宪章》与国际法的宗旨，联合国的介入需要一个过程。但对伊持敌视态度的美国从一开始就极端不相信伊朗会主动放弃

① 李国富："伊朗和协议达成及其影响"，《世界知识》2015年第15期，第8页。

② 王雷："伊核全面协议对中东秩序的冲击和影响"，《当代世界》2015年第10期，第47页。

核开发政策，坚持直接对其进行制裁，因而前期基本上只有美国对伊实施的单边经济制裁。在谈判未果后，伊核问题被提交至联合国安理会，安理会相继推出了四轮制裁，制裁措施日益严厉，但并未取得预期的明确效果。从制裁措施的技术角度来看，联合国基本穷尽了其所能采取的主要制裁手段，因此无法再推出新的制裁措施，后期对伊制裁的主力重新转移到美国（及其盟友）身上，但这也表明伊核问题的症结并不在于伊朗与联合国的关系上。与之制裁时间跨度几乎相当的对伊拉克经济制裁从 1991 年一直持续到 2003 年，适逢冷战结束后西方在联合国的主导地位最为强盛的时期，在美英主导下的对伊拉克经济制裁始终在联合国的名义下，联合国在对伊拉克经济制裁进程中的作用更为突出。

第二，从制裁形式、广度与深度来看，美国（及其盟友）和联合国均以贸易（能源）制裁和金融制裁为主，在实行石油禁运的同时向金融制裁领域不断深化，在制裁方向上二者趋向一致；但相对而言，美国（及其盟友）动用的制裁手段更为多样，也更为广泛和严厉。国际社会特别是美欧对伊朗的经济制裁集中在能源、金融两大关键领域，针对伊朗的经济要害进行制裁施压。如制裁高潮的 2011—2012 年，美国和欧盟同时推出措施重点强化对伊朗的石油与金融制裁，对伊朗实行全面的石油禁运，并扩大到所有外国企业与金融机构，同时“环球同业银行金融电讯协会”的加入使伊朗与全球金融体系的联系被切断，金融业务与对外贸易均遭受重创。另一方面，与联合国安理会的制裁决议相比，美国（及其盟友）的对伊制裁内容更多、范围更广，除针对与伊核活动相关的人员、物资、金融交易之外，将制裁范围扩大到对伊能源的贸易、投资、运输、保险和技术服务等。美国以金融、贸易、能源和人员等多领域制裁为主要手段，同时运用其他配套措施，对伊朗政权施加全方位、多管齐下的压力，以期促使伊朗放弃现行政策。[①] 美国不断升级的对伊朗经济制裁措施推动其单边制裁向国际联合制裁发展，其利用自身国际经济影响力实施的第三方制裁也迫使其他国家不得不加入对伊制裁的行列。后期美国更注重通过单边方式强化对伊经济制裁，在金融、能源、石化等领域不断收紧制裁枷锁，并敦促日本、韩国、中国与印度跟进对伊制裁，警告“任何国家要么与美国做朋友，要么与伊朗做生意”。为此，美国一旦发现他国公司

① 王锦：“试析美国对伊朗制裁的有效性”，《现代国际关系》2014 年第 4 期，第 11 页。

违反美制裁规定，即对其进行严厉惩罚。[①] 美国对英国、法国、荷兰、中国、俄罗斯等相关国家的企业和金融机构都曾经进行过严厉制裁和惩罚，美国非友即敌的“简单二分法”大大压缩了伊朗规避经济制裁和其他大国从中渔利的空间。1991 年至 2003 年的对伊拉克经济制裁的形式更为传统，以全面的贸易和石油禁运为主，带来了严重的人道主义危机。而对伊朗的经济制裁发生在已经转入“聪明制裁”时期之后，更具针对性。

第三，从制裁的主导力量来看，美国（及其盟友）在对伊经济制裁进程中处于主导地位，联合国处于较为被动的地位。首先，美国是对伊朗经济制裁的发起方，是国际社会中最为积极和主动的对伊制裁国家，在联合国和西方盟友之前已经发起了对伊单边经济制裁。其次，美国是联合国安理会介入和通过对伊制裁决议的主要推动力量。2005 年年中以后，美国抓住伊核谈判失败和伊朗态度转向强硬的机会，直接推动 IAEA 将伊核问题提交至联合国安理会，使安理会在 2006 年年初开始介入对伊制裁，推动了国际社会对伊制裁联盟的形成。再次，美国采取威逼利诱的“两手策略”推动了其他相关国家对伊制裁态度的转变。一方面为推动其他与伊朗有重大利益关系的国家特别是中俄等大国转变对伊制裁的审慎与反对态度，美国在联合国介入对伊制裁后主动通过给予豁免权、利益交换等途径换取其他大国同意对伊经济制裁，使各国在对伊制裁上的共识与一致性不断提升，这在联合国的后期决议中有比较明显的体现。美国要维持制裁同盟的稳固和扩大，就必须在维持其制裁和议题关联的同时建立制裁补偿机制，寻求通过包括经济补偿、战略利益交换等方式补偿制裁参与国。[②] 另一方面，美国利用自身的全球经济影响力通过治外法权的方式对违反其制裁规定的经济实体进行单边惩罚，也迫使很多国家不得不权衡利弊加入到对伊联合制裁的行列中来。最后，美国（及其盟友）是后期对伊制裁的主力军。在联合国四轮制裁决议未能奏效之后，美国联合西方盟友推出了更为严厉的制裁措施，实际上联合国又被抛在了一边。1991 年至 2003 年的对伊拉克经济制裁与此类似，美英两国是推进和实施制裁的主导力量，不过形式上都是在联合国框架之下。而在新世纪美国与西方国家在联合国主导地位下降的背景下，在对伊朗的经济制裁中就出现了美国单边制裁与联合国多边制裁的明显分野。

---

① 李峥：“美国经济制裁的历史沿革及战略目的与手段”，《国际研究参考》2014 年第 8 期，第 14 页。

② 孙泽生等：“美欧对伊朗石油业的制裁”，《国际展望》2013 年第 2 期，第 129 页。

第四，从制裁的效果来看，美国的前期单边制裁与联合国的四轮联合制裁均未能达到预期效果，而美国（及其盟友）的后期严厉制裁的效果更为显著。从国际经济制裁的角度来看，这说明包括联合国在内的国际社会对伊朗的经济制裁取得了很大程度的成功。联合国的制裁旨在敦促伊朗同国际社会合作，尽快澄清和解决与核计划相关的重大问题，遵守国际核不扩散规定。联合国的对伊制裁是逐步加强的，制裁措施日益严厉，但由于国际社会依然存在深刻分歧，更主要的是伊朗对外政策以及美伊对峙的原因，联合国的四轮制裁措施实施后并没有取得直接效果。虽然美国推动联合国实施对伊联合制裁，但经过利益折中与妥协后的联合国制裁决议在美国看来还是不够严厉，不足以迫使伊朗让步。美国由此加大了单边制裁力度，同时诱使和迫使西方盟国和其他相关国家参与对伊朗更大程度的制裁。因此在2010年下半年以后，美国开始对伊朗采取更为严厉的单边制裁，制裁的矛头直指伊朗能源、金融等要害领域，连续推出有史以来最为严厉的制裁法案，并利用自身的经济影响力迫使其他国家的经济实体参与到对伊联合经济制裁进程中来，否则将面临美国的严厉惩罚。欧盟在对伊朗的两面性政策失败后，也紧跟美国开展了严厉的经济制裁，主要集中在能源、金融、保险、出口和运输业等方面。由于长期以来欧盟是伊朗石油的重要进口方，且欧洲企业是对伊朗石油工业投资的主导力量，欧盟的全面制裁对伊朗经济的打击更为直接和重大，因此，后期的美欧对伊联合经济制裁效果更为显著。伊核问题最终取得进展主要是在西方主导的后期严厉制裁之后在美伊政策转变的背景下达成。1991年至2003年的对伊拉克经济制裁完全没有使当时的萨达姆政权屈服，而且造成了十分严重的人道主义灾难，广受国际社会诟病，萨达姆政权最终被美国武力推翻。对伊朗的经济制裁在一定程度上借鉴了对伊拉克制裁历史的经验教训，效果更为直接，结果更为理性。

三、联合国的“失位”与失效质疑

通过对比分析可以发现，相对于美国（及其盟友）的对伊经济制裁行动，联合国的确给人以被动和边缘化的形象，其连续开展的四轮对伊经济制裁并没有取得直接效果，后期美国（及其盟友）的严厉制裁取得显著成效的事实更凸显了联合国的无力与尴尬，联合国在这一事关国际和平与安全的重大问题上存在"失位"之嫌,在对伊朗经济制裁中的效力更令人质疑。但深入分析,也并不尽然。

第一,联合国始终密切关注伊朗核开发这一挑战国际核不扩散机制的重大问题,自2006年初开始直接介入伊核问题,并连续开展了四轮持续制裁,其重要作用不容忽视。2006年至2010年联合国安理会针对伊朗核问题的四项制裁决议是基于《联合国宪章》这一国际法依据由安理会经过讨论做出的,是对伊朗不法行为(破坏国际核不扩散机制)的制裁,具有不可替代的权威地位。纵观联合国的四轮对伊经济制裁,范围逐步扩大,被制裁的实体与个人不断增加,制裁措施日益严格,强制性不断提升,不可谓不严厉、不到位。第1737号决议制裁名单包括10个实体和12名个人,对文件指认的个人和实体实施资金冻结、其他金融资产和经济资源的制裁措施。第1747号决议增加了21个实体和7名个人,呼吁所有国家和国际金融机构除人道主义和发展用途外,不再承诺向伊朗政府提供新的赠款、金融援助和优惠贷款。1803号决议则包括12个实体和18名个人,从更大范围内要求各国禁止为伊朗提供公共财政支持、出口信贷、担保或保险、境内金融机构与伊朗银行之间的交易等,并要求各国对伊朗航空货运公司和船运公司拥有和运营的飞机船只进出伊朗的货物进行检查。第1929号决议的制裁名单又增加了40个实体和1名个人,要求各国禁止伊朗银行在本国境内开设新分行、子公司、代表处、合资机构及代理关系等,同时禁止本国境内金融机构在伊朗设立代表处、子公司和银行帐号,并进一步扩大了检查范围,对进出伊朗的所有货物进行检查,而且可以在公海检查可疑船只,并可对决议所禁止供应、销售、转让或出口的物品进行扣押和处置。虽然联合国在四轮制裁之后没有推出进一步的制裁措施,但原有的制裁措施依然是有效的,也即是维持了对伊朗的国际联合制裁。

一般来说参与经济制裁的国家数量越多,对目标国的造成的压力和影响就越大。制裁的效果与制裁联盟的构建呈正相关变化,制裁参与国越多,制裁的效果越显著,对被制裁国形成合围是制裁的理想状态,而主要国家的参与则是制裁生效的必要条件。[①] 相对于由单个国家实施的经济制裁行为,联合国实施的经济制裁合法性、权威性与制裁效力更强。联合国作为最为权威的政府间国际机制可以使国际制裁行动处于多边国际制度结构与框架之下,以国际规范的方式提升国际制裁行动的合法性和实效性。在对伊制裁中,正是因

---

① 赵建明:"制裁、反制裁的博弈与伊朗的核发展态势",《外交评论》2012年第2期,第88页。

为有了联合国的参与和维持制裁，才促进了国际社会的联合施压态势。另一方面，在多边国际经济制裁中不同国家的目标和利益并不总是统一的，分歧和矛盾是常态，主导制裁的国家通常在其他问题上做出让步以换取其他国家在制裁问题上的支持与一致。由于政策认知与利益差异，国际社会特别是世界大国之间在对伊经济制裁问题上存在明显分歧，美国等部分西方国家希望加大制裁力度，但中俄等国强调应对有关制裁进行一定的限定，制裁措施应主要针对核问题而不应扩大化，不能影响各国正常经贸往来和伊朗人民的正常生活，以避免造成人道主义危机。联合国作为国际社会的机制性代表，其行动机理有赖于世界各国特别是各大国之间的协调一致，但由于各国利益与认知差异往往很难在短时期内形成一致意见，事态的发展和各国认知调整与利益协调都需要一个较长的过程。同时联合国的行动还需要有关国家提出并得到专业国际机构（在核问题就是国际原子能机构）的技术报告支撑；而考虑到国际制裁的破坏性后果与巨大影响力，联合国一贯的审慎原则也决定了对一个主权国家实施严厉经济制裁不可能一蹴而就。联合国不仅开展和维持了对伊朗的系列经济制裁，国际联合制裁“也创造了最终谈判解决的条件”。[①]最后六大国与伊朗达成的核协议也需要并顺利得到了联合国安理会的审核批准，也为国际社会的外交努力及取消对伊朗经济制裁提供了合法保障。综上分析，联合国提升了对伊朗经济制裁的合法性、有效性，维持了国际社会在这一重大国际事务中的多边合作，联合国并没有明显“失位”。

第二，联合国在对伊经济制裁上的效果的确难以令人满意，与美国（及其盟友）的对伊经济制裁相比在一定程度上呈现出失效的局面，显示出联合国在国际经济制裁中的作用有很大的局限性。总体上来说，国际社会对伊朗的联合经济制裁是推动伊朗最终愿意开展实质性谈判并取得谈判成功的关键因素，但联合国在对伊朗经济制裁进程中并不占据主导地位，在美国对伊朗发起的单边经济制裁中较为被动和无力，对伊经济制裁的最终成效也并不取决于联合国的作为。2003 年以来伊朗对于国际谈判的态度经历了反复变化，导致对话时断时续。国际原子能机构以及欧盟与伊朗的谈判一直纠缠在伊朗是否允许核查和伊核项目的透明度等问题上难以取得进展；而在联合国框架下，四轮制裁之后，伊核问题六国与伊朗的谈判依然未果。2010 年以后美欧推出空前严厉的对伊单边经济制裁，给伊朗经济造成严重打击，加之内外因素的

---

① Dina Esfandiary and Mark Fitzpatrick, “Sanctions on Iran: Defining and Enabling ‘Success’”, Survival: Global Politics and Strategy, Vol. 53, No. 5, 2011, p. 143.

变化，伊朗的态度出现了实质性改变，恰恰是在2013年底伊核谈判取得明显进展。奥巴马表示，伊朗之所以同意坐在谈判席上，就是因为近几年美对其“超乎寻常的制裁”。[1] 因此，从直接效果来看，后期的美欧单边制裁直接推动了伊朗政策的转变与核问题的重大进展，相对来说联合国的对伊经济制裁效果并未能直接体现出来。

但也应注意到的是，国际经济制裁并不是伊核问题获得解决的充分条件甚至不是主要条件。利用制裁作为使伊朗遵守其国际义务的一种战略总是有争议的。[2] 首先，国际经济制裁并未能真正阻止伊朗核能力的提升及其核开发进程，伊朗也一直没有放弃和平利用核能的权利。制裁后期，伊朗的离心机数量发展到1.9万台，核技术也获得提升；浓缩铀的水平不断提高，于2010年具备生产纯度为20%的浓缩铀能力；重水反应堆容器也于2013年安装到位。在美国加大制裁的2010年以后，伊朗在离心机安装和研发、浓缩铀纯度和数量、核项目军事性、重水反应堆和地下核设施发展方面都取得了较大进展。伊朗将核项目发展作为与西方博弈的一张牌，制裁难以从根本上改变伊朗的核决心。[3] 其次，从很大程度上来看，伊朗核问题的解决并不仅是由国际社会的对伊制裁导致的，更多是美伊两国政府政策态度转变的结果。后期，美国中东政策已走到新的十字路口，维持中东霸权的代价已经变得十分昂贵。[4] 美国总统奥巴马2009年上台后逐渐调整了政策，表示愿意与伊朗进行对话，通过政治和外交手段解决美伊分歧，制裁的主要目的是以施压促使伊朗政策变化。2013年立场温和的鲁哈尼当选伊朗总统，表示愿意就核问题达成协议，奥巴马给予积极回应并在联大发言时史无前例地明确表态，美国不谋求变更伊朗现有政权，也将尊重伊朗和平利用核能的权利。美伊两国间举行高级别对话推动伊核问题谈判进入务实阶段，当年底各方达成十多年来的首份临时性协议，伊朗同意冻结部分核计划以换取放松制裁。此后经过一年多的艰苦谈判，美伊双方均做出了重大让步，最终在2015年7月达成全面协议。因此，

---

① 新华网：“美以领导人会晤谈伊朗核问题”，http：//news. xinhuanet. com/world/2013-10/01/c_117579119. htm。

② Stephen G. Carter，“Iran，Natural Gas and Asia's Energy Needs：a Spoiler for Sanctions?”，Middle East Policy，Vol. XXI，No. 1，Spring 2014，p. 53.

③ 王锦：“试析美国对伊朗制裁的有效性”，《现代国际关系》2014年第4期，第15页。

④ 华黎明：“后伊核时期的美伊关系走向”，《国际石油经济》2015年第8期，第2页。

伊核问题的发展演变主要取决于美伊两国之间的权力博弈与政策变化，伊核协议的达成是美伊双方现实利益诉求与战略需要相互妥协的结果。[①] 从根本上来说，作为外交政策工具的国际经济制裁既受到国际权力格局与大国政策的决定性影响，也受到主权国家内部政策及相互间关系变动的影响，联合国与国际经济制裁的关系波动当然受到这一基础因素的重大影响。美欧可以利用“石油武器”开展对伊经济制裁在很大程度上凸显了其在国际社会中的结构性权力。[②] 从这个意义上说，对伊经济制裁的效果不彰与其说是联合国作用的失效，毋宁说是国际权力政治的扭曲与国际经济制裁手段的失效。因此，联合国的对伊经济制裁并不能说是完全失效的，而且伊朗国际经济制裁问题的最终解决还是要走联合国的权威渠道，发展前景还受到联合国层面的各国合作与博弈的重大影响。

四、结论

冷战后联合国更为积极和全面地参与国际经济制裁，在发挥了重要作用的同时也面临着不容忽视的挑战。现实中，包括对伊朗经济制裁在内的许多国际经济制裁行为并没有联合国的全程甚至是部分参与，联合国在国际经济制裁实践中呈现出地位起伏波动、角色或突出或尴尬的境况。维护联合国在国际经济制裁中的权威地位是发挥联合国在当今国际事务中核心作用的重要内容之一，国际经济制裁进程中的严重挑战也加剧了联合国相关改革的压力与动力。联合国应积极占据主动地位，致力于提高行动效率和实际效果，同时结合联合国自身改革重构更为清晰和有效的国际经济制裁机制。

首先，在合理合法的国际经济制裁中不能“失位”。联合国作为国际经济制裁的权威机构，在关乎重大国际问题的经济制裁事务中不应“失位”，否则在纵容单边制裁的同时也将严重削弱自身的国际地位。当然前提是符合国际法及其伦理道德，“联合国的强制性行动有一个特定概念，即缔造和平”。[③]

---

① 张业亮：“伊核协议能否翻开美伊关系‘新篇章’”，《世界知识》2015 年第 17 期，第 42 页。

② 参见 Thijs Van de Graaf, “The ‘Oil Weapon’ Reversed? Sanctions Aaginst Iran and US-EU Structural Power”, Middle East Policy, Vol. XX, No. 3, Fall 2013, pp. 145—163。

③ 李少军：《国际政治学概论》，上海人民出版社 2002 版，第 288 页。

《联合国宪章》规定的国际不法行为是安理会采取制裁行动的前提，联合国安理会必须持客观、公正的立场严肃讨论可能针对主权国家的制裁行动。尽管国际制裁的对象是一国政府，但对象国民众受到的影响往往更大，甚至造成严重的人道主义灾难，这无疑将削弱制裁的合理性。美欧对伊朗的经济制裁也同样造成了显著的人道主义影响。[①] 冷战结束后部分制裁缺乏明确的目标、严格的执行与评估，结果并不理想，也违反联合国的制裁初衷。国家之间利益的巨大差异以及美欧等西方国家对制裁手段的滥用更加剧了国际经济制裁的争议，这也更需要联合国发挥协调和主渠道作用。

其次，致力于提高国际经济制裁的效率，避免失效。联合国作为实施国际制裁的权威机构，其权威性既来自于国际法的授权，也与自身的作为密切相关，失效的国际经济制裁往往极大地损害联合国的权威。联合国长期面临的现实困境之一就是效率低下，权威因而受到极大影响，对联合国来说，国际经济制裁必须兼顾合理性与有效性。联合国针对性制裁的主要宗旨是打击被制裁国决策者并避免对被制裁国一般民众及邻国造成伤害，在打击被制裁国决策者并避免伤害无辜民众方面比全面制裁更为有效。[②] 国际经济制裁的外溢效应总是波及所有相关国家，多边制裁行动应尽最大可能凝聚共识，力争提高制裁实效。相互妥协而非单边让步、根据被制裁国的行为变化而不断调整应对之策可以大大提高制裁成功的概率，同时"制裁并不能完全取代外交"，[③] 应适时地将制裁行为转化为外交谈判。促使对象国改变某种政治上的政策行为是国际经济制裁的典型目标，而这种改变的最终实现形式往往是通过与国际社会的合作，这种合作可能是单方面的政策改变与让步，也可能经由与国际社会的谈判与相互妥协过程，伊核谈判即是如此。

最后，不断通过改革提升联合国在国际经济制裁中的权威与权力，力求完善国际经济制裁机制。改革是联合国应对内外挑战的必由之路，应将完善国际制裁机制并有效发挥其作用纳入联合国综合改革议程，并以提高联合国权威与效率为主要依归。但改革涉及规则与利益之争，面对国际社会主权国家

---

① Erica S. Moret, "Humanitarian impacts of economic sanctions on Iran and Syria", European Security, Vol. 24, No. 1, 2015, p. 120.

② 刘建伟："国际制裁为何难以奏效"，《世界经济与政治》2011 年第 10 期，第 120—121 页。

③ NavidHassibi and Tom Sauer, "Easing Sanctions on IranMight Someday Be Necessary, But It Won't Be Easy", Bulletin of the Atomic Scientists, 69 (5), 2013, p. 43.

体系与权力政治的现实，联合国在大国强权政治盛行的国际制裁领域的作用具有很大的局限性。联合国作用在很大程度上取决于其改革和制度创新多大程度上能够适应和管理国际安全威胁多元化和复杂化的新现实，以及如何在国际体系转型中强化联合国集体安全机制的能力建设。① 从现实来看，美欧对伊朗等部分国家开展的单边制裁有违安理会的排他性管辖权，也影响到联合国在国际制裁中的权威地位。人权与民主是美国对外经济制裁中的重要政策目标，这在对伊朗的经济制裁中一直有鲜明的体现，也使对伊国际经济制裁更加复杂化，变得难以解决的同时也销蚀了联合国的治理效力。鉴于美国对国际经济制裁手段的频繁运用及其巨大影响，联合国在国际经济制裁中的地位与作用在很大程度上受到其与美国互动关系的关键性影响。国际经济制裁机制改革应在坚持联合国安理会主导的框架下，完善包括决策、实施、评估和调整在内的系统化程序，增强决策的合法性与民主性；合理照顾各方利益关切，在大国承担更大的责任和义务的同时，通过一定形式适时地将当事国和利益攸关国纳入进来；还要注重构建制裁行动与外交谈判之间的互动与转化机制。从这个意义来看，伊朗核谈判进程对于联合国的国际制裁机制改革具有更大的启示与借鉴意义。

① 陈东晓："试述国际安全体系转型中的联合国改革"，《国际观察》2007 年第 5 期，第 42 页。

以国际法院与安全理事会在宪章中的地位为视角看自卫权的行使对象之争

梁卓*

自卫权是《联合国宪章》（以下简称“宪章”）下禁止使用武力原则的例外之一，规定在宪章第51条，然而自卫权行使的对象是否仅限于国家的问题在宪章中没有得到澄清。国际法院与安全理事会（以下简称“安理会”）对此问题的看法存在很大分歧：国际法院一再坚持其判例中确立起的标准，而安理会则基于国际范围内恐怖主义活动日趋严重的现实做了不同的解释。由于二者在联合国体系内所共同具有的权威性，它们之间的分歧成为一个不易解决的问题。为此，笔者考察了两种可能的解决方案，以期为这一话题的深入讨论起到抛砖引玉的作用。

在研究思路上，笔者并不试图从宪章解释或宪章与习惯法关系的角度，为自卫权的行使对象之争给出一个确定的答案，而是以尊重国际法院与安理会有关文件的法律拘束力为出发点，以二者在宪章中地位的细微差异为突破口，从可行性层面上分析二者的分歧可能存在的解决方案并最终得出结论。

一、《联合国宪章》禁止使用武力原则下的自卫权

作为现代国际秩序的基石，《联合国宪章》将禁止使用武力原则确立为国际法的一项基本原则。它的内涵正如宪章第2条第4款表述的那样：“各会员

* 梁卓，中国政法大学国际法学院2014级硕士研究生。

国在其国际关系上不得使用威胁或武力，或以与联合国宗旨不符之任何其他方法，侵害任何会员国或国家之领土完整或政治独立。”禁止使用武力原则体现在多个联合国大会的决议中，典型的如 1970 年的《关于各国依联合国宪章建立友好关系及合作之国际法原则之宣言》、[①] 1974 年的《侵略定义》[②] 和 1987 年的《加强在国际关系上不使用武力或进行武力威胁原则的效力宣言》。[③] 禁止使用武力原则是“联合国宪章的基石”，[④] 对于保护国家的领土完整和政治独立以及维护世界和平与安全是必不可少的。

禁止使用武力不是绝对的，在宪章的框架下，有两种使用武力的行为被视为合法：其一是安理会根据宪章第七章的规定，为应对“和平之威胁、和平之破坏或侵略行为”，采取或授权采取武力措施。[⑤] 其二是国家行使宪章第 51 条下单独或集体的自卫权。根据该条规定，行使自卫权的要件为：（1）前提是“受武力攻击”；（2）时间是“在安全理事会采取必要办法，以维持国际和平及安全以前”；（3）要求“向安全理事会报告”自卫采取的办法。[⑥] “所以，自卫权被定位为联合国采取集体措施前的可暂时使用武力的例外权利而得到承认。”[⑦] 然而，宪章并未规定自卫权的行使是否仅能以国家为对象，这就留下了多种解释存在的可能性。

宪章在构建禁止使用武力原则的法律框架时使用到几个相互关联的概念：“使用武力”、“武力攻击”与“侵略”，它们各自有着不同的含义，与自卫权的关系也有所不同。

对于“武力”的概念，学者们公认的说法是：武力是指武装或物理的力

---

① Declaration on Principles of International Law concerning Friendly Relations and Co-operation among States in accordance with the Charter of the United Nations，UN General Assembly DocumentA/RES/2625（XXV），October 24，1970.

② Definition of Aggression，UN General Assembly Document A/RES/3314（XXIX），December 14，1974.

③ Declaration on the Enhancement of the Effectiveness of the Principle of Refraining from the Threat or Use of Force in International Relations，UN General Assembly Document A/RES/42/22，November 18，1987.

④ See Armed Activities on the Territory of the Congo（Democratic Republic of the Congo v. Uganda），Judgment，I. C. J. Reports 2005，p. 168223，para. 148.

⑤ 参见《联合国宪章》第 39 条、第 42 条。

⑥ 参见《联合国宪章》第 51 条。

⑦ ［日］松井芳郎等，辛崇阳译：《国际法》，中国政法大学出版社 2004 年版，第 253 页。

量，不包括心理的、经济的或政治的压力。[①] 尤拉姆·丁斯坦（Yoram Dinstein）指出："在语境中考察，第 2 条第 4 款的术语'武力'必须表示暴力……因此，心理的或经济的压力（例如，以经济抵制的形式）本身不在这条的范围内，除非与使用或至少武力威胁相结合。"[②] 这种解释与《关于各国依联合国宪章建立友好关系及合作之国家法原则之宣言》的条款不谋而合，该宣言中所列举的所有属于使用武力的情形都只包括使用武装或物理的力量。[③]

"武力攻击"的概念与"使用武力"有着程度上的区分。国际法院在尼加拉瓜诉美国案判决中指出："区分使用武力的最严重形式（那些构成武力攻击）与其他不严重的形式将是必要的。"[④] 随后，国际法院详细阐述了区分武力攻击与其他不严重的使用武力的关键在于行为的'规模与影响"，并举例说明"以提供武器、后勤或其他支持的形式协助反叛者"属于"威胁或使用武力"，但不属于"武力攻击"。[⑤] 在后来的伊朗石油平台案中，国际法院通过援引尼加拉瓜诉美国案的判决，重申了这一区分的重要性。[⑥] 可见，认定武力攻击的门槛要远高于使用武力，只有当使用武力达到一定程度的严重性，才构成武力攻击；反过来讲，任何的武力攻击必然属于使用武力的范畴。

根据联合国大会的《侵略定义》，"侵略是指一个国家使用武力侵犯另一

---

① See e. g. Leland M. Goodrich et al, The Charter of the United Nations: Commentary and Documents, New York: Columbia University Press, 1969, p. 49; American Law Institute, Restatement of the Law, Third: Foreign Relations Law of the United States, Minnesota: American Law Institute Publishers, 1987, p. 383; Rosalyn Higgins, Problems and Process: International Law and How We Use It, Toronto: Oxford University Press, 1994, p. 248; YoramDinstein, War, Aggression and Self-Defence, New York: Cambridge University Press, 2011, p. 88, para. 236; Dino Kritsiotis, "Topographies of Force", in Michael N. Schmitt & Jelena Pejic eds. , International Law and Armed Conflict: Exploring the Faultlines, Leiden & Boston: Martinus Nijho Publishers, 2007, p. 68.

② Yoram Dinstein, War, Aggression and Self-Defence, p. 88, p. 236.

③ See Declaration on Principles of International Law concerning Friendly Relations and Cooperation among States in accordance with the Charter of the United Nations, UN General Assembly DocumentA/RES/2625 (XXV), October 24, 1970.

④ Military and Paramilitary Activities in and against Nicaragua (Nicaragua v. United States of America), Merits, Judgment, I. C. J. Reports 1986, p. 1491, p. 191.

⑤ See Military and Paramilitary Activities in and against Nicaragua (Nicaragua v. United States of America), Merits, Judgment. I. C. J. Reports 1986, p. 14104, p. 195.

⑥ See Oil Platforms (Islamic Republic of Iran v. United States of America), Judgment, I. C. J. Reports 2003, p. 161187, 192, paras. 51, 64.

个国家的主权、领土完整或政治独立，或以本《定义》所宣示的与联合国宪章不符的任何其他方式使用武力”。[①] 该定义提到了“使用武力”，但没有界定清楚其与“侵略”的关系。国际刑事法院成员国于2010年通过了有关侵略罪定义的RC/Res. 6号决议，其中对“侵略行为”的界定与《侵略定义》大体相同，[②] 但其附件3却写道：“侵略是非法使用武力最严重和最危险的形式。”[③] 这就进一步模糊了概念之间的边界：既然武力攻击与侵略都是使用武力最严重的形式，它们有何区别？值得一提的是，宪章第51条的法文版本使用了“agressionarmée”（武力侵略）一词以对应中英文版本中的“武力攻击”，似乎暗示这二者可被等同视之。不过，就目前来看，对于这些疑问似乎还难以找到令人满意的答案。

就宪章框架下的自卫权而言，可以总结出它与上述三个概念之间的关系：第一，自卫权本身属于合法使用武力的一种形式；第二，自卫权的前提条件是受到武力攻击，也就是最严重的使用武力；第三，自卫权与侵略没有必然联系，宪章中的侵略行为是作为安理会启动第七章措施的依据而存在的。

二、国际法院与安全理事会关于自卫权行使对象问题的立场

由于宪章对于自卫权的行使对象没有做出规定，一国能否对非国家行为体实施自卫成了悬而未决的问题。国际法院在其审理的多起案件中涉及到这一问题，它以判例的方式发展出一套规则并一以贯之地践行下去；而安理会对此问题所持的立场与国际法院截然不同，它以自身的实践认可了另一套规则的存在。

---

① Definition of Aggression, UN General Assembly Document A/RES/3314 (XXIX), December 14, 1974.

② See The Crime of Aggression, International Criminal Court, Resolution RC/Res. 6, adopted at the 13th plenary meeting, June 11, 2010.

③ The Crime of Aggression, International Criminal Court, Resolution RC/Res. 6, adopted at the 13th plenary meeting, June 11, 2010.

（一）国际法院的立场

在尼加拉瓜诉美国案中，国际法院讨论了非国家行为体行为的可归因性问题。针对尼加拉瓜的诉求，国际法院指出："美国的参与即使是压倒性的或决定性的……但在法院持有的证据之基础上，欲将尼加拉瓜反抗军在尼加拉瓜的军事或准军事行动过程中所做行为归于美国，其本身仍是不充分的。"[①] 鉴于无法证明尼加拉瓜反抗军的行为可归因于美国，也就不能认为美国指挥或实施了违反人权与人道法的犯罪行为。[②] 对于是否可归因的认定，国际法院提出了有效控制标准："原则上不得不证明国家在做出所谓的违反的过程中，对军事或准军事行为实施了有效控制。"[③] 在该案中，国际法院区分了非国家行为体行为中可归因于国家的行为（国家的行为）与不可归因于国家的行为（非国家行为体自身的行为），为进一步判断国家能否行使自卫权奠定了基础。2001 年通过的《国家对国际不法行为的责任条款草案》[④] 第 8 条规定："如果一人或一群人实际上是在按照国家的指示或在其指挥或控制下行事，其行为应视为国际法所指的一国的行为。"这实际上是从国家责任的角度肯定了国际法院在尼加拉瓜诉美国案中确立的可归因性原则。

国际法院在隔离墙案的咨询意见中阐释了可归因性原则与对非国家行为行使自卫权的关系。针对以色列提出的对恐怖分子的自卫主张，国际法院指出："宪章第 51 条据此承认了在一国对另一国武力攻击的情况下，固有的自卫权之存在。然而，以色列没有主张攻击可归因于外国。"[⑤] 国际法院的言下之意

---

① Military and Paramilitary Activities in and against Nicaragua（Nicaragua v. United States of America），Merits，Judgment，I. C. J. Reports 1986，p. 1464，para. 115.

② SeeMilitary and Paramilitary Activities in and against Nicaragua（Nicaragua v. United States of America），Merits，Judgment，I. C. J. Reports 1986，p. 1464，para. 115.

③ Military and Paramilitary Activities in and against Nicaragua（Nicaragua v. United States of America），Merits，Judgment，I. C. J. Reports 1986，p. 1464，para. 115.

④ Draft articles on Responsibility of States for Internationally Wrongful Acts，with commentaries，in Report of the International Law Commission on the work of its fifty-third session，23 April-1 June and 2 July-10 August 2001（A/56/10，reproduced in Yearbook of the International Law Commission 2001，vol. II（2）），p. 45.

⑤ Legal Consequences of the Construction of a Wall in the Occupied Palestinian Territory，Advisory Opinion，I. C. J. Reports 2004，p. 136194，para. 139.

是，只有以色列主张攻击可归因于国家，那么它才可以行使自卫权。这表明，在国际法院看来，当非国家行为体的攻击不可归因于国家时，一国就不得行使自卫权。

在刚果民主共和国诉乌干达案中，国际法院仍坚持它在隔离墙案中的观点。国际法院指出它“进一步注意到，当乌干达主张采取自卫行动时，它并没有主张它已受到刚果民主共和国的武力攻击。它提到的‘武力攻击’是由民主同盟军造成的。……这些攻击依然不可归因于刚果民主共和国”。[①] 由于无法认定民主同盟军的攻击属于刚果民主共和国的武力攻击，国际法院没有支持乌干达的主张。有趣的是，国际法院接着说道：“所以，法院没有必要回应当事方的关于当代国际法是否以及在何种条件下提供了对非正规部队大规模攻击的自卫权的争点。”[②] 但是很明显，国际法院对这一问题已给出了回答：当这种攻击可归因于国家时，构成国家的武力攻击，则一国可行使自卫权，此时自卫权的行使对象是国家；否则，就像本案中的乌干达一样，一国不得行使自卫权。

这里隐含的一个问题是，非国家行为体的攻击能否构成引起宪章第 51 条意义上的“武力攻击”？如果答案是肯定的，那么否定国家行使自卫权就是与宪章相矛盾的。纵观上述三个案件，国际法院没有给出否定回答，不过其立场却不难推测。国际法院在使用“武力攻击”一词时都仅将该用语与国家联系起来。[③] 最明显的例子是国际法院在隔离墙案中明确提到宪章第 51 条承认的是“一国对另一国武力攻击”。[④] 而国际法院在谈到非国家行为体的攻击时，都作了巧妙的处理，避免使用“武力攻击”这一术语。例如，在刚果民主共和国诉乌干达案判决中，国际法院先是给乌干达提出的“武力攻击”加上引

---

① Armed Activities on the Territory of the Congo (Democratic Republic of the Congo v. Uganda), Judgment, I. C. J. Reports 2005, pp. 168222—223, para. 146.

② Armed Activities on the Territory of the Congo (Democratic Republic of the Congo v. Uganda), Judgment, I. C. J. Reports 2005, p. 168223, para. 147.

③ See e. g. Military and Paramilitary Activities in and against Nicaragua (Nicaragua v. United States of America), Merits, Judgment. I. C. J. Reports 1986, pp. 1427, 34, 71, paras. 35, 48, 127; Armed Activities on the Territory of the Congo (Democratic Republic of the Congo v. Uganda), Judgment, I. C. J. Reports 2005, p. 168222, 263, para. 146, 280.

④ See Legal Consequences of the Construction of a Wall in the Occupied Palestinian Territory, Advisory Opinion, I. C. J. Reports 2004, p. 136194, para. 139.

号，之后又以“非正规部队大规模攻击”来描述非国家行为体的攻击。[①] 不难看出，国际法院将宪章第 51 条的“武力攻击”限制解释为国家的武力攻击，意图阻断非国家行为体攻击构成武力攻击的可能性。Randelzhofer 与国际法院观点一致，他说道：“私人团体或组织所做的恐怖主义行为本身不在《联合国宪章》第 51 条武力攻击的含义之内。但如果私人团体的大规模恐怖主义行为可归因于一国，它们就是第 51 条意义上的武力攻击。”[②]

于是关于自卫权的行使对象问题，国际法院形成了如下的完整逻辑链条：首先，“武装攻击”只能由国家实施，因此自卫权的行使也只能以国家为对象；其次，在非国家行为体的攻击满足严重性条件的前提下，若可归因于国家，则视为国家的武力攻击，一国可以行使自卫权；反之，则不构成武力攻击，也就不引起自卫权；最后，可归因性的认定标准是国家对非国家行为体的攻击是否实施了有效控制。总之，国际法院不承认国家对于非国家行为体享有自卫权。

（二）安全理事会的立场

不同于国际法院，安理会从不要求国家在行使自卫权时考虑非国家行为体行为的可归因性，相反，在 2001 年以前，安理会一直默许国家对恐怖主义团体行使自卫权。典型的一例是，根据 Mruphy 的记载，“法国士兵曾在索马里边境攻击恐怖分子，击毙他们并营救儿童（人质）……尽管索马里向安理会申诉该事件，但它没有得到多少支持，且安理会未采取正式行动”。[③] 对此事件，Baker 分析道：“安理会似乎在涉及违反国家主权以回应恐怖主义活动的情形中，适用了更宽泛的自卫国际法的历史性原则。”[④]

在 2001 年“9·11”恐怖袭击事件发生之后，作为对恐怖主义的回应，安理会立即通过了两份决议——1368 号决议与 1373 号决议。在 1368 号决议

---

① See Armed Activities on the Territory of the Congo（Democratic Republic of the Congo v. Uganda），Judgment，I. C. J. Reports 2005，pp. 168222－223，paras. 146－147.

② Albrecht Randelzhofer，“Article 51”，in Bruno Simma，ed.，The Charter of the United Nations：A Commentary，Vol. 1，Oxford：Oxford University Press，2002，p. 802.

③ John F. Murphy，The United Nations and the Control of International Violence：A Legal and Political Analysis，Manchester：Manchester University Press，1982，p. 189.

④ Mark B. Baker，“Terrorism and the Inherent Right of Self-Defense（A Call to Amend Article 51 of the United Nations Charter)”，Hous. J. Int'l L.，Vol. 10，1987－1988，p. 41.

中，安理会指出其“决心采取一切手段打击恐怖主义行为所造成的对国际和平与安全的威胁，确认按照《宪章》有单独或集体自卫的固有权利”。[①] 在1373号决议中，安理会“再次申明《联合国宪章》所确认并经第1368号（2001年）决议重申的单独或集体自卫的固有权利，重申必须根据《联合国宪章》以一切手段打击恐怖主义行为对国际和平与安全造成的威胁”。[②] 两份决议都将打击恐怖主义与行使宪章中的自卫权挂起钩来，被理解为“重申在恐怖主义背景下自卫的固有权利”。[③]

笔者认为，安理会在其简短的决议中主要强调了三个问题：第一，恐怖主义团体的攻击可不以任何可归因性为前提，构成宪章第51条意义上的“武力攻击”。[④] 科艾曼斯（Kooijmans）在隔离墙案的个别意见中强调，“1368号决议和1373号决议承认了单独或集体自卫之权利，而未提到任何来自国家的武力攻击”。[⑤] Franck指出，决议之所以未使用“武力攻击”一词，是因为自卫权是被授予以回应武力攻击的，这一点太明显了。[⑥] 的确，受武力攻击是行使自卫权的前提，如果恐怖主义团体的攻击不可能构成武力攻击，那么安理会一再确认自卫权就毫无意义。第二，“这两项决议中的‘一切手段’用语，显然包括了武力手段”。[⑦] 此用语与1990年安理会授权对伊拉克使用武力的678号决议中的措辞并无二致。[⑧] 第三，对于恐怖主义团体之外的其他非国家行为体，安理会并未明确确认国家可对其行使自卫权。

综上所述，安理会决议对宪章第51条的“武力攻击”作了扩大解释，既包括国家的武力攻击，也包括非国家行为体中恐怖主义团体的武力攻击。因

---

① UN Security Council Resolution1368，September 12，2001.

② UN Security Council Resolution1373，September 28，2001.

③ Geoffrey R. Watson，“The ‘Wall’ Decisions in Legal and Political Context”，Am. J. Int’l L.，Vol. 99，2005，p. 15.

④ See Christopher Greenwood，“International Law and the Pre-emptive Use of Force：Afghanistan，Al-Qaida，and Iraq”，San Diego Int’l L. J.，Vol. 4，2003，p. 17.

⑤ Legal Consequences of the Construction of a Wall in the Occupied Palestinian Territory，Separate opinion of Judge Kooijmans，I. C. J. Reports 2004，p. 219230，para. 35.

⑥ See Thomas M. Franck，“Terrorism and the Right of Self-Defense”，Am. J. Int’l L.，Vol. 95，2001，p. 840.

⑦ 黄瑶：“论禁止使用武力原则——联合国宪章第二条第四项法理分析”，北京大学出版社2003年版，第311页。

⑧ 安理会678号决议授权会员国“使用一切必要手段”。See UN Security Council Resolution 678，November 29，1990。

此，对于恐怖主义的武力攻击，国家当然可以行使自卫权。[①] 2001 年 10 月，美英开始对阿富汗发动空袭，而安理会成员国一致支持英美的军事行动，[②] 这印证了安理会两决议所体现的立场。

三、从《联合国宪章》之规定审视国际法院与安全理事会的分歧

通过上文的分析可以看出，同样作为联合国的主要机关，国际法院与安理会对于自卫权行使对象问题的理解大相径庭。这就产生了一个问题：究竟哪个机构的观点或者说对宪章的解释具有优先效力？笔者认为，要回答这一问题，首先必须考察国际法院与安理会各自在宪章中的地位。

（一）国际法院在宪章中的地位和职权

对于国际法院在联合国体系中的地位，宪章第 92 条规定："国际法院为联合国之主要司法机关，应依所附规约执行其职务。该项规约系以国际常设法院之规约为根据并为本宪章之构成部分。"根据《国际法院规约》（以下简称"规约"），国际法院具有两类管辖权——诉讼管辖权[③]与咨询管辖权。[④] 对于国际法院行使诉讼管辖权所做出的判决与裁定之效力，规约第 59 条规定，"法院之裁判除对于当事国及本案外，无拘束力"。宪章第 94 条第 1 款也要求，"联合国每一会员国为任何案件之当事国者，承诺遵行国际法院之判决"。对于国际法院行使咨询管辖权所做出的咨询意见之效力，正如国际法院在 1950 年的一份咨询意见中所说的那样，"法院的答复仅具有咨询的特征：就其本身

---

① 2015 年 11 月 13 日巴黎恐怖袭击发生后，法国常驻联合国代表德拉特表示，法方呼吁所有国家采取措施，彻底铲除恐怖主义。巴黎恐怖袭击是针对法国的武装侵略，根据《联合国宪章》第 51 条，法国有自卫权利。参见联合国安全理事会网站：http://www.un.org/zh/sc/live.shtml (last visited 25December 2015)。

② 黄瑶：《论禁止使用武力原则——联合国宪章第二条第四项法理分析》，北京大学出版社 2003 年版，第 315—316 页。

③ 参见《国际法院规约》第 34 条。

④ 参见《国际法院规约》第 65 条。

而言，它没有拘束力”。[①]

虽然国际法院的裁判只具有个案效力，咨询意见无法律拘束力，但由于国际法院在处理案件时适用的是公认的国际法渊源——条约、国际习惯与一般法律原则，[②] 因此其裁判或咨询意见具有很强的权威性，在绝大多数情况下都被认为是对国际法规则与原则的反映。正如文森特·迟特尔（Vincent Chetail）所说，“司法裁决本身不是法律渊源，但国际法院的权威性断言（dicta）被一致认为是有效的国际法内容的最佳公式化表述”。[③]

（二）安全理事会在宪章中的地位和职权

根据宪章，联合国“各会员国将维持国际和平及安全之主要责任，授予安全理事会”。[④] 因此，安理会的职能是维护国际和平与安全。宪章第 39 条对这一职能做了细化，“安全理事会应断定任何和平之威胁、和平之破坏或侵略行为之是否存在，并应作成建议或抉择依第 41 条及第 42 条规定之办法，以维持或恢复国际和平及安全”。根据宪章，“联合国会员国同意依宪章之规定接受并履行安全理事会之决定（decisions）”。[⑤] 因此安理会的决定对会员国具有法律拘束力。必须说明的是，安理会通过的决议（resolutions）既包括决定，也包括建议（recommendations），宪章赋予的是安理会“决定”的法律拘束力，而建议是不具有拘束力的。[⑥] 安理会 1368 号决议与 1373 号决议中都使用了“决定”（decides）一词，可见这两份决议都是具有法律拘束力的决定。[⑦]

---

① Interpretation of Peace Treaties with Bulgaria，Hungary and Romania，Advisory Opinion，I. C. J. Reports 1950，p. 6571.

② 参见《国际法院规约》第 38 条第 1 款。

③ Vincent Chetail，“The Contribution of the International Court of Justice to International Humanitarian Law”，Int'l Rev. Red Cross，Vol. 85，2003，p. 235.

④ 参见《联合国宪章》第 24 条第 1 款。

⑤ 参见《联合国宪章》第 25 条。

⑥ See Questions of Interpretation and Application of the 1971 Montreal Convention arising from the Aerial Incident at Lockerbie（Libyan Arab Jamahiriya v. United Kingdom），Preliminary Objections，Judgment，I. C. J. Reports 1998，p. 926，para. 44.

⑦ See UN Security Council Resolution1368，September 12，2001；UN Security Council Resolution1373，September 28，2001.

宪章规定了安理会在和平解决国际争端中的作用。宪章第 36 条第 1 款规定，“一、属于第 33 条所指之性质之争端或相似之情势，安全理事会在任何阶段，得建议适当程序或调整方法”。第 37 条与第 38 条规定了安理会接受当事国提交的“第 33 条所指之性质之争端”并对此依第 36 条采取行动或建议的权力。[①] 有观点认为，宪章第六章（第 33 条至第 38 条）赋予了安理会类似司法机关的地位。例如，怀特主张，允许安理会对争端的解决提出建议“扩张了安理会的权力，多少给予它一种准司法性的或仲裁性的角色”。[②] “事实上，在建议案中加入第 37 条与第 38 条意图在于授予理事会准司法权”。[③] 卡汉也认为，“安理会不仅有行政权，而且有立法权与司法权。”[④] 笔者不同意这一观点。一方面，宪章第 36 条到第 38 条通篇都使用“建议”一词，而建议不具有拘束力。另一方面，从安理会和其他机关自身来说，它们并不愿扮演国际争端裁判者的角色。它们“通常不愿决定责任问题；它们倾向于采纳避免裁判被提起的指控的建议或决定，并寻求实现该争端解决的指导式调整，而不决定任何当事方有罪或无罪”。[⑤] 因此，即便安理会有权依宪章第六章接受当事国提交的国际争端并做出建议，也不能说明其具有司法机关的性质。从总体来看，安理会仍是联合国的一个政治机关。

（三）对法律问题做出有拘束力的判断：权力重叠

诚然，安理会“受到宪章约束并因此在特定情况下适用和解释它，所使用

---

① 参见《联合国宪章》第 37 条、第 38 条。

② Nigel D. White，United Nations and the Maintenance of International Peace and Security，Manchester：Manchester University Press，1990，p. 61.

③ Nigel D. White，United Nations and the Maintenance of International Peace and Security，p. 61.

④ Tae JinKahng，Law，Politics，and the Security Council：An Inquiry into the Handling of Legal Questions Involved in International Disputes and Situtations，The Hague：MartinusNijhoff Publishers，1969，p. 13.

⑤ Oscar Schachter，“The Quasi-Judicial Role of the Security Council and the General Assembly”，Am. J. Int'l L.，Vol. 58，1964，960. See alsoRosalyn Higgins，‘Place of International Law in the Settlement of Disputes by the Security Council”，Am. J. Int'l L.，Vol. 64，1970，p. 17.

的标准不是司法标准”。[①] 但安理会的决策采用政治标准还是司法标准与安理会决定的法律拘束力似乎不是一个问题。虽然安理会是一个政治机关，但它却有权根据宪章授权做出具有法律拘束力的决定。正如戈兰·德巴斯指出的那样，安理会“最近几年以确定的法律效力和广泛的法律后果，做出法律决定并引起国家责任”。[②] 这一点也为国际法院所承认。国际法院在关于纳米比亚国际地位问题的咨询意见中指出，“所以决定（指安理会 264 号决议、269 号决议和 276 号决议）约束所有联合国成员国，其因此有义务接受并实施它们”。[③]

安理会决定的内容往往涉及对法律问题的判断。虽然宪章第 36 条第 3 款规定，“安全理事会按照本条作成建议时，同时理应注意凡具有法律性质之争端，在原则上，理应由当事国依国际法院规约之规定提交国际法院”。但该条规定未使用绝对化的措辞，且仅约束安理会做出建议的情形，因此实践中安理会仍旧自行处理大量的法律问题。最典型的例子是安理会根据宪章第 39 条认定是否存在“侵略”，安理会曾多次行使这一权力，[④] 而“侵略”的认定无疑是个法律问题。根据卡汉的研究，“贯穿安理会的历史，这些处理法律问题的正式程序（指宪章第 36 条第 3 款——笔者加）只在很少的情况下得到遵守。的确，有一个案子，安理会建议提交给了国际法院”。[⑤] 古德里奇则进一步指出，“联合国在实践中背离国际联盟最大的一个方面，就是安理会为处理与其工作有关的法律问题所采取的方法”。[⑥] 因此，安理会虽然不是司法机关，但

---

① Oscar Schachter，“The UN Legal Order：An Overview”，in Oscar Schachter & Christopher Joyner，eds.，United Nations Legal Order，Vol. 1，Cambridge：Cambridge University Press，1995，pp. 1，13.

② “Commentary by Professor Vera Gowlland-Debbas”，in Connie Peck & Roy S. Lee，eds.，Increasing the Effectiveness of the International Court of Justice，The Hague：MartinusNijhoff Publishers，1997，pp. 254，256.

③ Legal Consequences for States of the Continued Presence of South Africa in Namibia（South West Africa）notwithstanding Security Council Resolution 276（1970），Advisory Opinions，I. C. J. Reports 1971，p. 1653，para. 115. See also Reparation for Injuries Suffered in the Service of the United Nations，Advisory Opinion，I. C. J. Reports 1949，pp. 174，178.

④ See e. g. UN Security Council Resolution405，April 15，1977；UN Security Council Resolution667，September 16，1990.

⑤ Tae JinKahng，Law，Politics，and the Security Council，1969，p. 5.

⑥ “Foreword by Leland M. Goodrich”，in Tae Jin Kahng，Law，Politics，and the Security Council，p. vii.

却有权处理法律问题，并且做出有法律拘束力的决定。

正是因为安理会这种混合型的职能，使安理会与国际法院的关系变得复杂。作为政治机关的安理会与作为司法机关的国际法院在宪章中很明显有各自的分工，情况正如国际法院在尼加拉瓜诉美国案中所说的那样，“安理会具有分配给它的政治性质的功能，然而法院行使纯粹的司法功能。两个机关因此可以就有关相同事项履行它们单独但互补的功能”。① 然而，在处理具体的法律问题上，安理会与国际法院的职权又很容易出现重叠甚至冲突。由于国际法院裁判与安理会决定的拘束力，以及两机构的职权范围都来源于宪章，一旦出现这种情况，在宪章现有框架下便可能无法解决。回到自卫权问题上，宪章给第 51 条下自卫权的行使对象留下一片空白，而两大机关遵循不同的解释路径，各执一词，且都有宪章保障的法律拘束力，这才是问题的症结所在。

四、国际法院与安全理事会对自卫权问题的分歧之解决方案探析

对于国际法院与安理会在法律问题上的分歧，目前国际法尚无成熟的制度能对此加以调整。结合学者们的论述，笔者认为，对此问题存在两种最具吸引力的方案：其一，承认国际法院对安理会决议的司法审查权；其二，要求国际法院在处理法律问题时应尽到适当注意的义务。下文逐一分析两个方案的法理基础。

（一）传统方案：国际法院的司法审查权

安理会决议的合法性审查并不是一个新话题，谢拉布丁法官在洛克比空难案中就提议需要其他机关来审查安理会决议的合法性，② 随后这一问题在学界

---

① Military and Paramilitary Activities in and against Nicaragua (Nicaragua v. United States of America), Jurisdiction and Admissibility, Judgment, I. C. J. Reports 1984, p. 392435, para. 95.

② See Questions of Interpretation and Application of the 1971 Montreal Convention arising from the Aerial Incident at Lockerbie (Libyan Arab Jamahiriya v. United Kingdom), Provisional Measures, Separate Opinion by Judge Shahabuddeen, I. C. J. Reports 1992, p. 332.

引发热议，而国际法院的司法审查权成为学者们关注的重点。[①] 司法审查权的主张旨在使国际法院得以约束安理会在冷战结束后不断扩张的权力，确保安理会的行动符合国际法。如果国际法院享有司法审查权，那么这对于解决国际法院与安理会在自卫权的行使对象问题上的分歧将大有助益，国际法院的观点将无疑取得优先地位。然而，笔者认为，国际法院的司法审查权不仅在目前缺少法律基础，而且构建这一制度的可行性也十分欠缺。

首先，包括宪章在内的任何法律文件都未赋予国际法院司法审查权。虽然宪章只规定安理会程序对于大会的优先性，[②] 对于国际法院则没有这样的规定，使得"国际法院与安理会同时行使它们各自的职能没有或不可能有任何的不合法"，[③] 然而对于国际法院的司法审查权，宪章及规约都只字未提。事实上，比利时代表团曾在制定宪章的旧金山会议上提出一项建议，建议"安理会已受理争端的任何当事国都应当有权就安理会所做或所提之建议或决定是否侵犯其基本权利询问常设国际法院。如果法院认为该权利未被尊重或受到威胁，安理会可以重新考虑这个问题或将争端提交给大会以求决定"，[④] 但这项建议并未被宪章的最终文本所采纳。而且，从宪章本身来看，

① 关于洛克比空难案后学者对国际法院司法审查权的讨论，See e. g. Thomas M. Franck, "The 'powers of appreciation': Who is the Ultimate Guardian of UN Legality", Am. J. Int'l L., Vol. 86, 1992, p. 519; W. Michael Reisman, "Constitutional Crisis of the United Nations", Am. J. Int'l L., Vol. 87, 1993, p. 83; Geoffrey R. Watson, "Constitutionalism, Judicial Review, and the World Court", Harv. Int'l. L. J., Vol. 34, 1993, p. 1; Ken Roberts, "Second-Guessing the Security Council: The International Court of Justice and Its Powers of Judicial Review", Pace Int'l L. Rev., Vol. 7, 1995, p. 281。

② 《联合国宪章》第12条第1款规定："一、当安全理事会对于任何争端或情势，正在执行本宪章所授予该会之职务时，大会非经安全理事会请求，对于该项争端或情势，不得提出任何建议。"

③ Hermann Mosler & Karin Oellers-Frahm, "Article 92", in Bruno Simma, ed., The Charter of the United Nations: A Commentary, Vol. 2, Oxford: Oxford University Press, 2002, p. 1158.

④ "Dumbarton Oaks Proposals Concerning the Establishment of a General International Organization: Amendments Submitted by the Belgian Delegation", in Documents of the United Nations Conference on International Organization, Volume 3, San Francisco, 1945, p. 336.

国际法院与安理会之间并不存在任何等级关系,[①] 更为重要的是，如上文所述，国际法院判决与安理会决议的拘束力来源是完全相同的，它们可以就同一个法律问题做出独自的判断，不存在一方判断的拘束力高于另一方的情况。

其次，国际法院不认为自己对安理会决议享有司法审查权。国际法院在多起案件中表明了这一态度。早在联合国某些经费案中，国际法院就意在避免扩张自身的权限，它指出“就像在 1945 年预期的那样，因此，每一机关至少首先必须确定它自己的管辖权”。[②] 在关于纳米比亚国际地位问题的咨询意见中，国际法院明确表示，“毫无疑问，法院对有关联合国机关所作之决定不享有司法审查权或复审权”。[③] 而在尼加拉瓜诉美国案中，美国提出尼加拉瓜的请求相当于就安理会决议向国际法院上诉,[④] 国际法院则避开了这一尖锐的问题，答复道，“法院没有被要求说明安理会在其决议中是错误的……法院被要求就安理会也考虑过的情况的特定法律方面做出判决……”[⑤] 在隔离墙案中，由于以色列援引了安理会 1368 号决议与 1373 号决议作为修建隔离墙的法律依据,[⑥] 国际法院不得不对此做出回应。不过，国际法院认为，“关于证明修墙为合法的威胁发源于领土之内而非之外，所以情形不同于安理会 1368 号决议和 1373 号决议所考虑的情形，因此以色列无论如何不能援引那些决议以支

---

① Gowlland-Debbas 对于这一问题有过专门的论述。SeeVera Gowlland-Debbas, “Relationship between the International Court of Justice and the Security Council in the Light of the Lockerbie Case”, Am. J. Int'l L., Vol. 88, (1994), pp. 655—658。

② Certain Expenses of the United Nations (Article 17, paragraph 2, of the Charter), Advisory Opinions, I. C. J. Reports 1962, p. 168.

③ Legal Consequences for States of the Continued Presence of South Africa in Namibia (South West Africa) notwithstanding Security Council Resolution 276 (1970), Advisory Opinions, I. C. J. Reports 1971, p. 1645, para. 89.

④ See Military and Paramilitary Activities in and against Nicaragua (Nicaragua v. United States of America), Jurisdiction and Admissibility, Judgment I. C. J. Reports 1984, pp. 392432—392433, para. 91.

⑤ Military and Paramilitary Activities in and against Nicaragua (Nicaragua v. United States of America), Jurisdiction and Admissibility, Judgment, I. C. J. Reports 1984, p. 392436, para. 98.

⑥ See Legal Consequences of the Construction of a Wall in the Occupied Palestinian Territory, Advisory Opinion, I. C. J. Reports 2004, p. 136194, para. 138.

持其行使自卫权的主张”。[①] 仔细推敲这段判词便会发现，如果以色列主张恐怖袭击来源于领土外，是否就意味着它可以援引安理会决议证成自卫权的主张？这才是涉及到自卫权行使对象问题的关键所在，国际法院很显然有意回避了这一点。从国际法院的态度可以看出，其自身也在不断地否认自己有权审查安理会决议的合法性。

最后，国际法院在个别案例中对安理会决议合法性进行判断不等于它具有司法审查权。在洛克比空难案中，国际法院对安理会决议的性质与效力进行详细分析后，才颁布了遵从安理会决议的临时措施命令。在隔离墙案咨询意见和科索沃独立咨询意见中，国际法院也均对相关的安理会决议进行了事实上的判断。这是因为“这样的决定与法庭的案子恰恰有关，且不判定该决定的有效性就不能得出正确的判决或意见，法院如不放弃其司法机关的角色，就不能回避这样的判定”。[②] 但是尽管如此，“这样的决定或观点表达不能等同于真正意义上的司法审查”。[③] 根据规约第 59 条之规定，法院的判决只拘束当事国，对安理会是没有拘束力的。如果认为国际法院享有司法审查权，就意味着安理会决议可能被国际法院的判决宣布为无效，这显然是不切实际的。因此，国际法院在事实上对安理会决议合法性的判断与真正的司法审查不可同日而语。

可以看出，在目前的国际法规则中，国际法院对安理会决议的司法审查权可谓无源之水，要确立国际法院对安理会决议的司法审查权，几乎不可避免地要涉及对宪章或作为宪章一部分的规约的修正。宪章第 108 条规定：“本宪章之修正案经大会会员国 2/3 表决并由联合国会员国 2/3、包括安全理事会全体常任理事国，各依其宪法程序批准后，对于联合国所有会员国发生效力。”赋予国际法院司法审查权将极大地限制安理会的权力，势必遭到安理会常任理事国的反对，引发一场国家间的政治博弈，决非易事。总之，回到自卫权的行使对象问题上，司法审查权固然是理想的方案，但却难以化为现实，因

---

① Legal Consequences of the Construction of a Wall in the Occupied Palestinian Territory, Advisory Opinion, I. C. J. Reports 2004, p. 136194, para. 139.

② Legal Consequences for States of the Continued Presence of South Africa in Namibia (South West Africa) notwithstanding Security Council Resolution 276 (1970), Separate Opinion of Judge Onyeama, I. C. J. Reports 1971, pp. 138143—138144.

③ Krzysztof Skubiszewski, “The International Court of Justice and The Security Council”, in Vaughan Lowe & Malgosia Fitzmaurice, eds., Fifty Years of the International Court of Justice, Cambridge: Cambridge University Press, 1996, p. 628.

而对分歧的解决难以起到太大作用。笔者认为，基于联合国体制政治性高于法律性的现实，[①] 解决方案不得不建立在承认安理会决议的法律拘束力的基础上才具有可行性。

（二）替代方案：国际法院的适当注意义务

与强调国际法院对安理会进行制约的司法审查方案相比，强调国际法院应适当注意安理会决议的方案很少被人重视。这一方案可视为对司法审查方案的一种替代，其灵感来源于国际法院在尼加拉瓜诉美国案中的一段判词："但法院考虑到，在它对事实的调查中，它也可以在事实上相关的限度内，注意当事国（或其他国家）的代表在国际组织中的陈述，以及该组织采纳或讨论过的决议，无论这种材料是否已引起一方当事国的注意。"[②] 虽然该判词适用"可以"一词以指明是否考虑国际组织决议是法院自由裁量的结果，但是至少表明了国际组织决议在法院审理案件中发挥的作用。笔者认为，对于安理会的决议，国际法院应当将"可以注意"上升为"应当注意"，只要这种决议与案情相关且不违反国际法或宪章的授权，就应当在此基础上做出裁判或意见。

首先，国际习惯是国际法院裁判时应当适用的法律，[③] 国际组织的决议则是确定国际习惯的重要证据，[④] 而安理会决议与国际习惯的关系尤其密切。安理会处理国际日常事务（无论是政治问题还是法律问题）的数量与频率要远远高于国际法院，而且宪章第 54 条也规定，"……依区域办法或由区域机关所已采取或正在考虑之行动，不论何时应向安全理事会充分报告之"。这些都决定了安理会能够始终与国家实践的最新发展方向保持一致，因此正如 Lachs 法官在洛克比空难案中指出的那样，"法院有义务尊重作为该法（普遍法则）

---

① 古德里奇指出，"一般认为，《联合国宪章》相比《国际联盟盟约》对法律强调得更少，且倾向于强调政治途径"。See "Foreword by Leland M. Goodrich", in Tae JinKahng, Law, Politics, and the Security Council, p. vii. Claude 也指出，"反司法主义（Anti-judicialism）很大程度上获胜了，旧金山会议的预言被证实：联合国政治机关倾向于为他们自己而解释宪章"。See Inis L. Claude, Swords into Plowshares: The Problems and Progress of International Organization, New York: Random House, 1971, p. 169。

② Military and Paramilitary Activities in and against Nicaragua (Nicaragua v. United States of America), Merits, Judgment, I. C. J. Reports 1986, p. 1444, para. 72.

③ 参见《国际法院规约》第 38 条第 1 款。

④ 参见王铁崖主编：《国际法》，法律出版社 1995 年版，第 15 页。

一部分的有拘束力的安理会决定”。[①] 从反面讲，国际法院在审理案件时忽略安理会对国际习惯的反映的做法往往为人所诟病。在核武器案咨询意见中，国际法院认为，“法院不能决定性地总结出威胁或使用核武器在自卫的极端情况下是否是合法的或非法的”。[②] 施韦贝尔法官在他的反对意见中批评道，“安理会已接受在某些情况下威胁或使用核武器到的可能性”，[③] “当代的事件早已证明在非常情况下威胁或使用核武器的合法性”。[④]

其次，与大会决议不同，安理会的决定具有来源于宪章的法律拘束力，应当得到足够的重视。虽然宪章并未使用“安理会决定具有法律效力”这样的措辞，但是宪章规定联合国会员国都需遵守安理会的决定，这使得安理会决定得以拘束联合国所有会员国。这种拘束力在空间上比仅仅约束当事国的国际法院裁判要广泛，对国家行为的指导和规范作用自然也大得多。虽然客观上“每一机关将为其自身而解释宪章的相关部分被认为是不可避免的”，[⑤] 但在这一过程中仍应强调的是，“两大机关在行使它们的权能时，必须考虑到彼此的利益，且在行动时不相互阻碍”。[⑥] 如果国际法院的裁判与安理会的观点明显冲突，不仅损害两大机关的权威性，也会让国家特别是案件当事国感到无所适从，难以判断自身应当如何按照国际法行事。

最后，对国际法院判决的遵守与执行依赖于安理会的权威。宪章第 94 条第 2 款规定，“二、遇有一造不履行依法院判决应负之义务时，他造得向安全

---

① Questions of Interpretation and Application of the 1971 Montreal Convention arising from the Aerial Incident at Lockerbie (Libyan Arab Jamahiriya v. United Kingdom), Provisional Measures, Separate Opinion by Judge Lachs, I. C. J. Reports 1992, p. 326.

② Legality of the Threat or Use of Nuclear Weapons, Advisory Opinion, I. C. J. Reports 1996, p. 226266, para. 105.

③ Legality of the Threat or Use of Nuclear Weapons, Dissenting Opinion of Vice-President Schwebel, I. C. J. Reports 1996, p. 226317.

④ Legality of the Threat or Use of Nuclear Weapons, Dissenting Opinion of Vice-President Schwebel, I. C. J. Reports 1996, p. 226323. Cassese 虽然没提及安理会，但也批评国际法院的做法脱离实践，他指出：“然而事实是，法院在尼加拉瓜案中陈述了该检测方法（‘有效控制’）而未解释或澄清它赖以存在的根据。法院既没提到国家实践也没提到其他机构。” SeeAntonio Cassese, “Nicaragua and Tadic Tests Revisited in Light of the ICJ Judgment on Genocide in Bosnia”, Eur. J. Int'l L., Vol. 18, 2007, p. 653。

⑤ Inis L. Claude, Swords into Plowshares, p. 166.

⑥ Bardo Fassbender, “Quis Judicabit? The Security Council, Its Powers and Its Legal Control”, Eur. J. Int'l L., Vol. 11, 2000, p. 223.

理事会申诉。安全理事会如认为必要时，得作成建议或决定应采办法，以执行判决”。奥利弗指出，“说到底，一个司法机关运转的保护效力（efficacy of protection）当然总是依靠社会主要部分的支持”。[①] 同样的道理，国际法院的良好运转也离不开联合国其他机关特别是安理会——联合国唯一有权采取行动的机关的支持。如果国际法院的裁判与安理会的观点明显冲突，该判决必定难以得到安理会的认可，其执行难度也可想而知。这样一来，就难以保障判决得到败诉国的遵守。

当然，要求国际法院适当注意安理会的决议并不是说国际法院完全服从于安理会的决议。如前文所述，这两大机关之间没有等级之分。对于安理会违反国际法或超出宪章授权范围而作的决议，国际法院理应拒绝考虑。但就自卫权的行使对象问题而言，安理会将宪章第 51 条的“武力攻击”解释为包含不要求任何可归因性要件的恐怖主义攻击，同样是一种对宪章合理的文义解释，与众多学者看法一致，[②] 并不属于违反国际法或超出宪章授权范围的情况。这种解释就像冷战之后安理会将宪章第 39 条的“和平之威胁、和平之破

---

① Oliver J. Lissitzyn，The International Court of Justice：Its Role in the Maintenance of International Peace and Security，Westport：Greenwood Press，1951，p. 97.

② See Yoram Dinstein，War，Aggression and Self-Defence，pp. 224－225，para. 594.；Tae JinKahng，Law，Politics，and the Security Council，p. 226；Mary Ellen O'Connell，“Re-Leashing the Dogs of War”，Am. J. Int'l L.，Vol. 97，2003，p. 451；Sophie Clavier，“Contrasting Perspectives on Preemptive Strike：The United States，France，and the War on Terror”，Me. L. Rev.，Vol. 58，2006，p. 572；Daphne Richemond，“Transnational Terrorist Organizations and the Use of Force”，Cath. U. L. Rev.，Vol. 56，2007，p. 1007；Christian J. Tams，“The Use of Force against Terrorists：A Rejoinder to Federico Sperotto and Kimberley N. Trapp”，Eur. J. Int'l L.，Vol. 20，2009，p. 1059；Adam Roberts，“The Laws of War in the War on Terror”，in Wybo P. Heere（ed.），Terrorism and the Military：International Legal Implications，The Hague：T. M. C. Asser Press，2003，p. 68；Legal Consequences of the Construction of a Wall in the Occupied Palestinian Territory，Separate opinion of Judge Higgins，I. C. J. Reports 2004，p. 136215，para. 33；Legal Consequences of the Construction of a Wall in the Occupied Palestinian Territory，Declaration of Judge Buergenthal，I. C. J. Reports 2004，p. 136242，para. 6；Present Problems of the Use of Armed Force in International Law，Institut de Droit International，Tenth Commission，Session de Santiago，October 27，2007，para. 10；余民才：“自卫权适用的法律问题”，《法学家》2003 年第 3 期，第 150—151 页。

坏”扩大解释到包含一国内战、大规模践踏人权等情形一样，[①] 早已为国际社会所接受和认可。因此，国际法院应考虑在之后的案件审理中逐步调整自身立场以与安理会实践相协调。

综上所述，笔者认为，对于解决国际法院与安理会在自卫权问题上的分歧，最佳的做法是要求国际法院在处理法律问题时应尽到适当注意的义务。其实，规约第 34 条第 2 款似乎表明了这一倾向，它规定，“二、法院得依其规则，请求公共国际组织供给关于正在审理案件之情报。该项组织自动供给之情报，法院应接受之”。虽然该款的“情报”能否包含国际组织决议、“自动供给”能否包括做出决议之行为尚不明晰，但如果答案是肯定的，那么这一方案就无需再通过修改宪章或规约来实现；即便该款不能作为适当注意义务的基础，法院也可在将来通过判例自行确立起这样的规则，就像其在隔离墙案与刚果民主共和国诉乌干达案中一以贯之地遵守尼加拉瓜诉美国案确立起的可归因性要件一样。[②]

五、结论

对于自卫权的行使对象，宪章并未做出规定。联合国的两个主要机关——国际法院与安理会对这一问题各自持有不同的观点和看法：国际法院坚决否认国家对非国家行为体可以行使自卫权，认为非国家行为体的攻击只有在可归因于国家时才构成宪章第 51 条的“武力攻击”；安理会则承认了国家对非国家行为体中恐怖主义的攻击可行使自卫权，认为它可构成宪章第 51 条的“武力攻击”而无需可归因于国家。由于国际法院与安理会的立场都以宪章作为最终的法律保障，这使得它们间的分歧成为一个复杂难解的问题。本文研究表明，对于这个难题，最佳的解决途径不是很多学者主张的赋予国际法院

---

① 例如，安理会于 1992 年通过的关于前南斯拉夫情势的 770 号决议和关于索马里情势的 794 号决议，以及于 1994 年通过的关于卢旺达情势的 929 号决议，都指出这些国家的情势已构成对国际和平与安全的威胁和破坏。See UN Security Council Resolution770，August 13，1992；UN Security Council Resolution794，December 3，1992；UN Security Council Resolution929，June 22，1994。

② Lissitzyn 指出：“然而事实上，国际法院不断引证它自己先前的决定和声明，并且从不承认它的任何两个判决或意见前后矛盾。它清楚地将先前的咨询意见作为‘先例’引证。”See Oliver J. Lissitzyn，The International Court of Justice，pp. 18－19。

司法审查权，而是要求国际法院在审理案件时尽到对安理会决议适当注意的义务。

国际组织以及国际组织的不同机关对同一法律问题做出不同的解释可视为是国际法碎片化的一种表现。① 国际社会存在过多相互冲突的规范对于国家承担国际义务、预测自身行为后果终究是不利的。但由于国际法属于同位法（同位者共同制定以便互相遵守）而非从属法（由上位者对下位者命令遵行），② 不存在位居各国际法主体之上“主权者”，因此当两个具有同等权威的机关对同一法律问题产生分歧时，就很难决定谁有权最终处理这一分歧。本文旨在以自卫权的行使对象这一典型问题为例，为国际法院与安理会解决分歧提供另一种初步的思路。当然，笔者认为这一方案还有诸多值得继续讨论的地方，特别是安理会对国际法院裁判或意见的尊重义务、“遵循先例”原则在国际法院案件审理中的地位等问题，仍有待进一步说明和研究。

① 国际法碎片化的问题，See Conclusions of the work of the Study Group on the Fragmentation of International Law：Difficulties arising from the Diversification and Expansion of International Law，Adopted by the International Law Commission at its Fifty-eighth session，in 2006，and submitted to the General Assembly as a part of the Commission's report covering the work of that session（A/61/10，para. 251），available at http：//legal. un. org/ilc/texts/instruments/english/draft%20articles/1_9_2006 pdf。

② 参见李浩培：《国际法的概念和渊源》，贵州人民出版社 1994 年版，第 45—46 页。

《罗马规约》被害人救济制度的反思与回应——以“公共纪念”为视角

陈嘉*

相对于国家而言，直到第二次世界大战为止，个人的权利和义务依然是国家法的专属内容。纽伦堡国际军事法庭和远东国际军事法庭对战犯的首次审判，表明国际社会已清醒地意识到，大规模暴行所引发的巨大灾难给无辜民众带来难以治愈的长期心理创伤，严重影响到国际和平、安全与社会的转型。为了解决该问题，许多国际法文件都对个人人权进行了法典化，但很少涉及个人获得救济或接受补偿的权利内容。令人欣喜的是，2002 年成立的以惩治犯罪为己任的国际刑事法院设立了被害人救济制度，《国际刑事法院罗马规约》（以下简称“规约”）和《国际刑事法院程序与证据规则》（以下简称“规则”）对被害人赔偿程序做了详实具体的规定。《信托基金条例》（以下简称“条例”）赋予了信托基金对援助项目的自行决定权。例如，《规约》75 条要求法院应确立有关赔偿原则，确定被害人所受损害、损失和伤害的范围和程度。其中第 2 款规定，法院可以直接向被定罪人发布命令，具体列明应向被害人或向被害人方面做出的适当赔偿，包括归还、补偿和康复。在此之前，特设国际刑事法庭规约中的“赔偿”仅指资产、财产或其他实物的归还。

即便如此也从未发布过任何赔偿命令，这就意味着只有当被告被定罪且已向国内司法机构交付送达判决书时，被害人才有机会申请赔偿。此外，《规约》似乎考虑到并不是所有被害人都能“幸运”地参与诉讼获得经法院直接命令的赔偿、被告人经常借口贫困，或在他们被移交给国际刑事法院前就已

* 陈嘉，四川大学法学院博士研究生，四川警察学院法学系老师。

将资产转移、隐匿甚至挥霍的现实，规定信托基金可利用自愿捐款，[1] 为法院管辖内的任何犯罪被害人及其家属提供身心康复或物质支持。基于此，不少被害人宁愿放弃其他替代性机制，纷纷将希望寄托于国际刑事法院或信托基金。

然而，令人遗憾的是，救济制度的双重性、混合性，甚至“分裂”性特征使得国际刑事法院和信托基金的各自定位以及相互间关系并不明确，一方面法院以“回顾”的方式鼓励被害个体参与审判程序，陈述被害经过，获得基于法院命令而由被告交付的赔偿金；但另一方面信托基金基于人道主义与社会福利考量又可自行决定援助对象、援助项目等事宜。例如，很多援助资金并不依赖于特定罪行的调查、起诉、审判，而是由第三方以“其他资源”的方式提供。

本文无意于讨论国际刑事法院赔偿与信托基金援助两者间的紧张关系，而是为了说明因它们都未考虑社会转型时期被害人的实际需求，而可能丧失其存在的价值。因此，笔者试图引入“公共纪念”[2] 这种象征性元素，强调在那些价值和社会结构正在崩溃、面临分裂威胁的国家，为避免暴力和复仇进一步升级及重构法治常态文化，应将赔偿的法律权利、援助的人道理念与广泛意义上的转型社会置于同一层面进行整体考量。

一、《规约》被害人救济制度的问题梳理

以确立个人赔偿体系为主要目标的《规约》，被害人救济制度的运作须以对主体身份判别和对损失反复比较为前提，其中毫无疑问离不开法官的个人癖好、审判经验、职业操守、对正义的认知等。即便国际刑事法院或信托基金能构建出一套识别和量化被害人损失的模式，但被害人的大量存在及糟糕的经济状况、赔偿形式的有限及“物质”性质、损失和赔偿金额的机械对应却仍然可能引起民众对不公平的愤怒或反感，甚至将其“怪罪”于法院的专断。

---

① 《被害人信托基金条例》第22条。

② “公共纪念”是指针对过去发生的事件或残酷暴行所设计的各种历史纪念物和开展各项纪念活动的总称。如建造纪念碑、修建博物馆、设立纪念日等。

（一）被害人界定及人数

由于《规约》背景下的国家并无赔偿义务，加之国际刑事法院只可能对实施大规模暴行活动最负责任主体进行起诉，所以需要法院处理好恢复原状、罚金、资产收益没收等以达到效益的最大化。但即便如此，绝大多数被害人损失仍不能通过法院判决获得弥补，这种不公平分配迟早会引起那些甚至无法从国内相关机构获得赔偿的被害人的不满。

虽然信托基金一再声称将通过自愿捐款获取充足资金满足被害人需求，但稀缺的资源和源源不断的被害人使得它在“信誓旦旦”的同时不得不“精打细算”，结果必然出现“选择性支持”。所以，从一开始，信托基金就应对被害人广泛宣传，以与需求相适应的方式分配资金，合理控制潜在接受者的心理预期，否则若让被害人感觉到援助仅是一种虚假承诺时，伤害的不仅是被害人，其自身影响力也将大打折扣。

（二）赔偿性质

《规约》75 条第二款规定，国际刑事法院可以直接向被定罪人发布命令，具体列明应向被害人或向被害人方面做出的适当赔偿，包括归还、补偿和康复，其中归还是指资产、财产或其他实物的返还；补偿是对损害、损失及伤害进行经济上的评估。《规约》79 条第二款以及《规则》98 条第二款又规定，根据法院指令可将通过罚金或没收取得的财物“转入”信托基金，赔偿金“交付”给被害人等，这些都表明赔偿本质上属于“物质”性质。

尽管不少被害人并不排斥金钱赔偿，因为在特定文化、社会和政治环境下，其确能改善他们的生活状况，甚至缓解了因孤立无援所带来的痛苦，但金钱给付的短暂性及过去指向的单一性可能会使民众很快忘却了那段历史，或感觉这是以赦免为交换条件的灵魂出让而无法接受。

因此，在罗马大会预备会议上，大多数与会代表支持对“赔偿”做宽泛解释，如 1997 年法国提交的修正案提到的“……恰当的赔偿形式，如归还、补偿、恢复原状等”，[1] 表明采用哪种赔偿，应由法院结合特定情境具体认知，

---

① A/AC. 249/1997/WG. 4/DP. 3.

而不应仅局限于这三类。此外，国际人权法的相关文件和美洲人权法院的实践也证明了还可提供诸如“满足”的方式，但令人费解的是，国际刑事法院宁愿依职权发布引起剧烈化学反应的金钱赔偿命令，也不愿就相对温和的象征性赔偿做出任何指示。

虽然以医疗救助或心理护理为内容的“康复”超越了单纯的物质和非物质赔偿的划分，[①] 但其主要基于社会福利/诊所方法帮助个人和社区的共同恢复，很少考虑社会转型这个宏大命题。例如，《条例》提到身体、精神康复或物质支持，[②] 包括受损村庄的重建，或为面部毁容的被害人进行整容手术等，却丝毫不能看出其为促进民族和解、缅怀受难者以及叙述历史真相而做的任何努力。

此外，虽然被害人通过参与的方式可使法官了解案件的真相，但固定且有限的赔偿形式又不得不要求其发挥聪明才智，构建良好信用品质，让法官相信所受损害属于赔偿范围，或至少保证其对赔偿的期待能被法院了解。信托基金同样欢迎被害人参与，乐意与相关群体交流，倾听他们的意见，如理事会“在进行活动和项目时可与被害人（如是自然人还有他们的家属）以及他们的法律代理人进行磋商”。[③] 但无论法律还是非正式参与都无法保证被害人需求得到充分考虑，导致被害人期望时常变成失望。而且，这种“迎合”被害人需求的救济制度有时也可能成为一种束缚，使他们无法传递自己内心最真实的声音。

（三）适用范围

首先，从理论上讲，国际刑事法院可为被害人个人或集体利益而要求被定罪人赔偿，但当被害人被要求以个人名义填写由书记官长设计的详细信息表时，[④] 他们理所当然地认为“将来的赔偿也是针对个人的”，因此在“谁为受益人”问题上被害人存在一定的冲突。同时某些犯罪的特殊性质使得一味强

① 以乌干达北部地区和刚果民主共和国情势为例，信托基金在向预审分庭提交的申请中，获批的42个项目无一例外都包含有为特殊群体如儿童兵、残疾人而设立的心理辅导、身体康复和物质支持等条款。

② 《被害人信托基金条例》第50条。

③ 《被害人信托基金条例》第49条。

④ 《国际刑事法院程序和证据规则》第89条。

调赔偿个体化存在现实危险。如种族灭绝罪，犯罪人并不是以单个的、具体的个人为主要杀戮目的，而是为了消灭他们所属的种族、政治、宗教信仰等的群体或社会团体。

其次，为了精确计算出每个被害人损失而将本为完整的体系人为切割为支离破碎的若干部分的做法忽视了同样遭受严重暴行侵害的集体和社会利益，尽管个人也牵涉其中，但却无法由其各自分担。

再次，个人赔偿也会进一步影响到被害人间的和谐共处，如有些被害人被通知参加诉讼，但很多个体受社会、地理环境和经济状况等方面制约，无法通过个人赔偿体系主张权利。所以，尽管从国际人权公约视角下看，个人赔偿为适当的救济方式，但对于应对大规模、系统性国际犯罪的国际刑事法院而言，由于被害人的大量存在以及由此带来的不易识别性，弱化个人赔偿体系无疑是一种明智的选择。

最后，赔偿只是基于过去发生的严重暴力事件而对被害人所受的可评估的经济损失给予补救，并未包括对未来可预期利益的丧失。而信托基金援助功能定位也模糊不清，一方面源于对过去的补偿，一方面又着眼于当前和未来被害人生活质量，随着援助人数的增多和需求的多元化，它更难以做出合理、恰当的选择。

(四) 基于上下文的理解

国际刑事法院赔偿制度并未认真思考个人犯罪和国家或集体责任之间的关系。整个国际刑事审判程序仅仅围绕被告人是否实施了法院管辖内的 4 种犯罪展开，不考虑与之关联的其他任何罪行。若被告被认定有罪，法院也只是直接向被定罪人发布赔偿命令，或认为集体赔偿更为恰当时，命令被定罪人通过信托基金交付赔偿金，[①] 即使现实是绝大多数国际罪行都是由各机构、各团体“分工配合”共谋的结果，但从《规约》的谈判代表们强烈反对对国家判处罚金的态度中，我们并不奢望以追究个人刑事责任为目标的国际刑事法院能理解集体性和系统性活动。

尽管从一般国际法理论分析，犯罪人给予个人的赔偿并不排除国家责任，但为了避免因将赔偿嵌入国际刑法而带来的“拥挤效应”，我们不应纠结于单

---

① 《国际刑事法院罗马规约》第 75 条、《国际刑事法院程序和证据规则》第 98 条。

个主体实施的轻微犯罪，而在尽可能的情况下，持续关注并正视由集体共同参与完成的国际罪行。当被定罪人为国家元首、政府首脑或其他高级别官员时，为了不由被害人承担个人实施和国家或集体意志人为分离的后果，《规约》需要代表“共同体利益”的信托基金介入以及提供更广意义上的援助来弥补个人罪行与国家责任之间的鸿沟。

此外，如何充分区分《规约》复杂、多层次的被害人救济制度与伴随冲突而来的其他相关政策间的差异？其和国家责任、真相与和解委员会、民事诉讼等赔偿制度到底是什么样的关系？有学者认为，赔偿应表现为与惩罚、说出真相、机构改革等为内容的过渡司法机制相协调的“外部一致性”。[①] 为了完成这一使命，其离不开信托基金的支持，例如当被害人无法从其他途径得到救济时，信托基金应将稀缺的资源用于优先考虑这部分主体的利益。

信托基金同样面临如何将其和一般意义上的重建加以区分的问题，如果说法院最大的局限是过于偏重司法审判，那么信托基金看上去更像是一个不重视正义目标的单纯性的为修复社会而做出的政治上、经济上或文化上努力的发展机构，长此以往，其很可能脱离于过渡司法[②]的整体范式而沦为只是起着“中介作用”的救济分发者。

综上，由于信托基金抑或国际刑事法院都未严格区分集体和个人赔偿，这就会出现哪类被害人应接受何种赔偿的困惑。而主体识别的不确定、个人赔偿金分配的现实障碍、国际犯罪实施和侵害主体集体属性认识的缺乏，使得曾经和正处于暴行下的国家选择“公共纪念”这一方式更合时宜。

二、“公共纪念”的功能呈现

与包括上述赔偿在内的其他过渡司法机制相比，作为说出真相或记录侵犯

① See Mark Freeman，Transitional Justice：Fundamental Goals and Unavoidable Complications，28 MANITOBA L. J. 113（2000）：42—44，59.

② 根据安南在《冲突中和冲突后社会的法治和过渡司法：秘书长的报告》中的界定，过渡司法包含与一个社会为抚平过去的大规模暴行所遗留的伤痛，确保责任追究、声张正义、实现和解而进行的努力的所有相关进程和机制。据此，其涵盖了恢复性司法和刑事司法两类，如赔偿、真相与和解委员会、机构改革、刑事诉讼等。Louis Bickford 认为，公共纪念与过渡性司法是两种虽有交叉但本质不同的范式。笔者以为，作为象征性赔偿的公共纪念可纳入赔偿的范畴。

人权的特殊方式，作为反映社区或国家对诸如民主和人权的庄严承诺，具有珍贵历史文化价值的“公共纪念”不仅为家人或更广范围民众悼念死难者、倾诉或发泄情绪提供场所，还向子孙后代复述历史搭建平台，而且通过重铸国家认同或修复族群裂痕来促进社会和解。

（一）铭记历史

国际社会普遍通过公共纪念方式来铭记历史，记住伤痛，庆祝胜利，如对第一次世界大战死难者的悼念。国内社会也常常以此记录本国曾经遭遇的灾难，如柬埔寨、卢旺达种族灭绝，苏联、阿根廷政治清洗，美国内战，智利军事政变，爱尔兰宗派屠杀，塞尔维亚民族分裂等。

含有象征性内容的“公共纪念”既可能被建造，也可能被“故意”毁坏，还可能将代表犯罪的历史遗迹完整保存以从反面告诫人们不忘历史。作为穿越时空隧道的载体，这些形式多样的历史纪念物真实记录了事件发生的时间、地点及伤亡人数等具体信息，有利于后人对逝者保持鲜活的记忆，促使人们时刻警惕着给身心带来巨大创伤的暴行再次发生。

而且，它还起到了对被迫失踪者的纪念作用。犯罪分子为了达到政治目的，常常将被害人秘密转移并遗弃在荒山野岭，生死不明，公共纪念活动的开展有助于亲属和社会各界人士知晓被害人死亡情况和尸体下落等细节，从而排解了心中的痛苦。例如，智利圣地亚哥公墓醒目地矗立着一座刻有在皮诺切特军事政变中所有被谋杀和失踪人员姓名的纪念碑。①

此外，“公共纪念”较好地诠释了社会需求。从长远看，一件新的具有纪念意义的作品的诞生与作为暴行目标的建筑物被破坏的事实有着深刻关联，例如科索沃战争期间，为了重构“民族未来”，战争者鼓吹记忆地图必须被统一改写为标准模式。为此博物馆、清真寺以及其他含有集体记忆的作品慢慢逝去，随之而来的是，人们的记忆也逐渐发生转变。为了扭转此种局面，有必要通过纪念物的建造和各项纪念活动的开展来还原那段特殊的历史，让那些双手沾满鲜血的施暴者自觉表达忏悔之意。

---

① See Emilie M. Hafner-Burton, Sticks and Stones: Naming and Shaming the Human Rights Enforcement Problem, 62 INT'L ORG. 689 (2008): 103.

（二）实现转型正义

正如有学者指出，争取对民族或“集体”记忆的控制从来都是冲突后或独裁后责任政策的核心。① 并非以打击或报复犯罪人为目的的“公共纪念”为了把人们带到那段充满悲痛和创伤的年代，唤起他们的集体归属感，其仍会明确或间接地书写那段历史（甚至扮演着“反讽”角色，如对民族侵略表示极度的赞美），详细或精要地向后人传达暴行发生时间、原因以及后果等信息。

需要注意的是，“公共纪念”不仅是一种静态的“结果”，更是一系列动态的“过程”。当专用于宗教、慈善事业等历史建筑物在冲突中作为目标遭到袭击时，为了宽恕犯罪人，避免仇恨升级，防止被害人成为犯罪人或受到二次伤害，以不同方式展现“公共纪念”的象征性活动选择了对过去的接受和妥协，将主要精力投入到对合适的建筑物挑选过程中。虽然“公共纪念”不能代替“处理过去”这种复杂问题的全部，但若绘出一件符合当地风俗文化的作品，将有利于帮助被害人在众多程式化困境中明晰焦点，促使他们尽快重新融入到市民社会中。

除了对“过去”的总结，“公共纪念”还以“向前看、面前未来”的维度向普通民众传输“平等协商”理念，而那些经历了长期的暴力和压迫，身心受到严重创伤的被害人也十分渴望建设持久和平、稳定的民主社会，因此各种纪念方式成为构建和谐社会的催化剂，制止和预防正在出现或将来可能出现的侵犯人权行为的发生。

（三）维护被害人尊严

如上所述，被害人不仅仅只是为了追求纯粹的金钱赔偿或援助，除了道德上无法接受罪行可通过支付对价减免这样的原因外，从历史上看，大多数被害人十分担心作为社会和政治主体身份能否融入到更广泛意义上的转型正义

① See Mark J. Osiel，Ever Again：Legal Remembrance of Administrative Massacre，144 U. PA L. REV. 493（1995）：213.

浪潮中。[1] 正是因为这些象征性活动在满足亲人对逝者的缅怀及恢复被害人名誉上做出了有益探索，因此其构成了救济进程中不可或缺的一部分。

虽然不少幸存者担心，外化的哀悼方式使他们彻底释放完悲痛后，逐渐将死难者遗忘或使其再次回忆起过去的悲惨遭遇而造成严重的心理问题，但作为诺贝尔和平奖得主与犹太人大屠杀的幸存者，埃利·维瑟尔写道，“暴行的被害人没有墓地，我们就是他们的墓地”，从这句话我们不难推断出纪念物无论对于幸存者还是整个世界而言，都起着传承历史文明的作用，采取某种传统的悼念方式既是对逝者最大的尊重，也在一定程度防止了潜在犯罪人对后人的侵害危险。

既然这种集私人与公共、个人与集体为一体的混合方式旨在为被害人（包括虽未受暴行直接侵害但受其影响的主体）及其家属提供回忆和祷告的场所，那么就存储反映严重践踏人类良知和尊严的记忆信息也应有他们参与，这不仅利于其尽快走出悲伤，而且每一种决定都体现了向往和平的社会团体的创造性活动和一份承诺。

三、“公共纪念”作为赔偿/援助方式：以相关国际组织实践为例

（一）联合国有关赔偿的努力

根据联合国大会《严重违反国际人权法和国际人道法行为受害人获得补救和赔偿的权利基本原则和指南》的相关规定，被害人赔偿形式除涉及恢复原状、补偿、康复外，还包括具有象征性赔偿性质的“满足”，[2] 如通过研究、教育和广泛的互动、探讨唤醒社会公众对暴行的意识，进而促使相关主体正式道歉，或为设立纪念日或建造纪念碑等各种纪念活动的开展提供资金支持。

显然，“满足”措施已被纳入“公共纪念”的实际构造中，Louis Joinet 在“侵犯人权的被定罪人是否得以豁免问题”的报告中写到，“以‘集体性’基

① Elizabeth B. Ludwin，Trials and Truth Commissions in Argentina and El Salvador，in Jane Stromseth ed.，Accountability for a Trocities：National and International Responses，2003，pp. 273，275.

② Adopted and Proclaimed by General Assembly Resolution 60/147 of 16 December 2005.

础，象征性措施旨在实现道德赔偿，例如举行纪念仪式、命名公共大道、设计纪念作品等”,[①] Bassiouni 在“大规模侵犯人权和基本自由有关被害人恢复原状、补偿及康复的权利”的报告提到了“对被害人的纪念和悼念”。[②] 联合国所做的这些努力也对很多国内或区域组织产生积极影响，如“欧盟恐怖主义活动被害人援助”建议稿鼓励成员国考虑包括纪念和悼念在内的其他赔偿措施。

（二）美洲人权法院有关赔偿的尝试

一直以来，美洲人权法院不仅坚信“公共纪念”能构成适当的赔偿形式，而且经常通过判决的方式生动展示如何合理设计一种符合被害人心理预期的历史纪念物。由于法院的考虑早已超出了“精神痛苦”而扩展至“其他有损被害人尊严和幸福”的范畴，因此该份赔偿无法用金钱衡量，哪怕是名义上的。

为了体现被害人意图和明确国家义务，法院批准了将“公共纪念”的设计作为由国家和受害方共同决定的承诺协议中“回顾”的一部分。但有时建造纪念物的想法确是来自国家自愿行为，虽然这种自愿并不排除作为避免国内或国际相关机构对其采取进一步行动而进行的交易。

鉴于很多国际犯罪都存在对生命连同自由、身体完整及人道待遇等基本人权的大规模或系统性侵犯，法院很少反对有关“纪念物的建造作为赔偿方式”的提议，尽管有时以被害人名义“命名”一所学校或举行开学典礼就已足够。就赔偿对象而言，除了为纪念在抵制人权践踏或反对政府压迫等方面做出杰出贡献的个人，大多数场合，历史建筑物是以集体方式纪念被害人群体。例如，哥伦比亚政府为了纪念大屠杀中无辜丧生的儿童，在国家公园建造了一座挂有牌匾的纪念碑，让犯罪人试图修复自己的良心以及向被害人家属赎罪。

除了上述以赔偿和修复为指向的“向后看”实践外，历史纪念物更多地是

---

① Mr Louis Joinet: The Administration of Justice and the Human Rights of Detainees: Question of the impunity of perpetrators of human rights violations, U. N Doc. E/CN. 4/SUB. 2/1997/20 (October 2, 1997).

② Mr. M. Cherif Bassiouni: The Right to Restitution, Compensation and Rehabilitation for Victims of Gross Violations of Human Rights and Fundamental Freedoms, U. N. Doc. E/CN. 4/2000/62 (January 18, 2000).

以社会整体为视角、以面向未来为基点的筹划。例如，在 Moiwana Village 一案中，法院指出，苏里南共和国同意建造的纪念碑既提示整个民族之前所遭受的灾难，又起到预防未来这种惨无人道的行为再次发生的目的。[①] 再以玻利维亚当局杀害儿童后的举措为例，该政府为了让下一代真实了解玻利维亚的这段历史，以及为了被拘留者或被迫失踪者的近亲属有权以某种方式使那些因不同意当局政治体制而惨遭杀害的年轻人在其记忆中永存，决定精心打造一件作品以铭记未成年人。这是一起基于个体而发布的赔偿命令，但其家人却将部分赔偿捐赠给社会和子孙后代。

值得注意的是，法院还特别关注“公共纪念”建造的时间、地点、方式等细节，即并非仅在判决书中抽象地提出“修建博物馆、建造纪念碑等”，还需考虑它的建筑风格、所含内容是否符合相关主体心目中的正义。所以，被害人家属希望通过自主控制而非由国家单方面干预的方式决定“公共纪念”的设计，以免中断或破坏了对逝者的完整记忆路径。

为了解决该问题，法院常常花费大量精力确定“公共纪念”的各种形态、批准及监督各参与方艰难达成的复杂协议，其中既涉及到某种纪念物应在什么条件下修建等程序内容，又包括成品的尺寸、形状、体现的本质等实体内容。如法院要求“纪念物的设计必须与幸存者或死者的家庭成员协商，并充分考虑他们的意愿”，“设计的方式、地理位置的选定应向被害人的代理人进行咨询”，“纪念物的特征应由参与方一致同意”等。[②]

法院自身也愿就纪念物相关问题给予阐述。首先，关于纪念物位置的确定。为了禁止政府单方面确定某个减损被害人群体和社会共同利益的地点，其一般都需对“何为合适的公共地点”做出说明。有时，依据纪念物与死者生前的关系设立，如经常居所地、侵权行为地；有时，为了对广大社会公众的宣传教育而在川流不息的交通要道设立；有时，在给定的几处地点中由参与方共同选择其中一处。[③]

其次，为了防止政府无故拖延修建时间，法院对工期进度也作了安排。如要求特定纪念物的建造应在收到判决书之日起一年内完成，或对相关职能部

---

① I/A Court H. R., Moiwana Village case, Judgment of June 15, 2005, Series C, No. 124.

② Ibid.

③ 如 I/A Court H. R., Villatina Massacre v. Colombia，相关主体达成一致，选择麦德林市的其中一处公园作为纪念点。

门因履行协议而办理许可证等材料设置最后期限。① 不仅如此，为了使高级别官员和申请人直接对话，倾听他们的诉求，以及接受国际监督，其也具体指出负责该项目的相关主体以及他们所要完成的事项。

最后，法院一般会尊重申请人意愿来确定纪念物的实际形态、样式和风格。以 Villatina 大屠杀为例，其认为申请人的下列请求应予考虑：“（1）艺术作品由青铜铸造；（2）艺术作品应包含分别代表九名被害人的九个要素；（3）保证公共空间得到重塑；（4）帮助人们理解事件来龙去脉的含有所有被害人姓名、死亡时的年龄等信息的各种牌匾的设立。”②

有意思的是，法院甚至明确了项目开工仪式的具体条件，如 Villatina 大屠杀案的判决书中，其强调纪念物只有在国家和当地政府代表、死难者家属及申请人的共同见证下方可动工。为了让建设进程朝着被害人满意的方向发展，不惜动用司法权迫使政府对现存纪念物进行改造。例如，秘鲁政府曾对“建造完工的纪念物仍要修缮”的行为表示不满，而法院坚持认为既有纪念物虽能证明秘鲁曾发生侵犯人权的事实，但政府仍应在一年内完成将判决书中所有死者的姓名体现在该建筑中。③

（三）真相与和解委员会有关援助的体现

虽然真相与和解委员会没有强制性权力，提出的建议未必一定得到采纳，但以社会的整体运行为视角来解决过渡时期的紧急事件，表明它们已成为过渡司法体系中不可或缺的一部分。如智利、洪都拉斯、萨尔瓦多等国的真相与和解委员会都支持建造一座刻有所有被害人姓名的国家纪念碑以示对死者的尊重和永久保留对他们的回忆。南非真相与和解委员会认为，公共纪念方式是对整个南非社会的一种象征性赔偿。

塞拉利昂真相与和解委员会也对历史纪念物的设立表现出浓厚兴趣，提出在任何需要的情况下，该委员会都愿和相关团体就纪念方式进行探讨。它们

---

① 如 I/A Court H. R.，Villatina Massacre v. Colombia，相关主体达成一致，选择麦德林市的其中一处公园作为纪念点。

② See Villatina Massacre v. Colombia，Case 11.141，Inter-Am. C. H. R.，Report No. 105/05，OEA/Ser. L. /V/II. 124，doc. 5.

③ I/A Court H. R.，Miguel Castro-Castro Prison case，Judgment of Nov. 25，2006，Series C.，No. 160.

重申了铭记历史的重要性，并将“公共纪念”视为一套具有“回顾过去、珍视现在、展望未来”的多棱角的独特的综合机制。他们欣喜地发现，经过多次不断的陈述，塞拉利昂民众、社会团体及政府都对其表现出极大的热情。尽管不能马上促使项目的新建，但确实使一些纪念物名称得到更新。而也正是因该委员会的长期呼吁，塞拉利昂政府于2002年成立了国家战争纪念委员会。

除了以上惯常性的委员会外，有些国家还自发组建了具有类似功能的非政府组织。例如，名为“为善意治理而战”的塞拉利昂民间机构经常召集社会各界民主人士商讨社会转型中的问题，及了解真相与和解委员会关于象征性赔偿建议的落实情况。

综上，我们清楚地看到，在刑事司法程序外，由于联合国的支持，美洲人权法院和国内真相与和解委员会、民间组织的践行，“公共纪念”正以全新的理念确保被害人参与及提供更广泛意义上的康复。

四、“公共纪念”对《规约》被害人救济制度的回应

（一）对“被害人界定及人数”问题的回应

首先，无论给予绝对或相对的赔偿，资源都显得十分有限，而公共纪念方式并不需要花费太多资金，且他们在恢复被害人尊严、促进社会转型、提供历史档案编写资料以及预防未来暴行等方面有着巨大的复原潜力。

其次，“公共纪念”降低了个人赔偿评估因根据损害、损失及伤害的范围和程度做出个别赔偿而带来的“平等关注”理念的破坏风险的发生。即使纪念物的建造来自法院基于对被告的有罪判决而发布的赔偿命令，但也不意味着其只对参与诉讼程序的一小部分被害人产生影响。进一步说，纪念物通过保障所有被害人从过程到结果的获益，弥合了参与诉讼与非参与诉讼被害人之间的差异。其中既包括犯罪人已被国际刑事法院起诉，但被害人可能因某些原因不愿参加诉讼，或因路途遥远无法参加诉讼抑或担心不能证明自己为适格当事人而放弃诉讼的情形，也包括犯罪人因罪行未被发现，或因“有能力也有意愿”的国内法院已对他们进行审判而未被国际刑事法院起诉，而使被害人真正无法参与诉讼的情形。

最后，“公共纪念”也从侧面提醒我们不要对国际社会能充分补偿因国际犯罪而产生的所有损失抱有盲目的期待。当大量索赔者蜂拥而至时，无论国际刑事法院还是信托基金都只提供零零散散的小部分救济的做法终究会使民众感到沮丧甚至厌恶。

因此，笔者以为，通过“象征性方式”弥补被害人损失而非仅寻求犯罪人数字上的变化，“公共纪念”不仅为国际刑事法院就如何具体地帮助被害人重燃生活希望提供了一条现实路径，而且还为社会各界呈现了有形的、最大透明化的结果。

（二）对“赔偿性质”问题的回应

国际刑事法院/信托基金将“公共纪念”的建设纳入赔偿或援助体系，将有力地推动其超越物质赔偿和严格意义上的康复范畴，而达致更广程度上的“满足”。

首先，作为独立机构的信托基金对于“自愿捐款”享有很大程度上的自主决定权，因此，将资金投入到以被害人为导向的“公共纪念”这样的项目上客观上不存在现实障碍。其次，就“赔偿”而言，“公共纪念”赋予损害特殊涵义并试图将其转化为对社会的积极贡献而非仅补偿个人损失的做法，既具有必要性也具有可行性。不仅因为从被害人长远角度考虑，对防止类似罪行再次发生的关注才能更为彻底地恢复他们的尊严，而且配备“筛选装置”的信托基金可将由法院命令被定罪人缴纳的罚金、资产收益等的没收转化为援助。同时对已有赔偿形式“康复”应作扩大解释，将其放到象征性赔偿本质的视野中，而非仅关注传统意义的上个人医疗或心理护理。最后，“公共纪念”还能提高广大被害人的参与性。《规约》在客观上能够保证纪念物以最大化发挥其潜力的方式推动集体化进程。既然美洲人权法院用心制作的赔偿指令既指明了方向，又有意留下某些具体问题由政府、被害人甚至被定罪人共同参与决定，那么我们没有理由认为当信托基金可对用于赔偿或援助的资金支出，“公共纪念”设计的条件，甚至具体清单予以监督的前提下，类似的行为在同样为保障人权的国际刑事法院不会发生。

（三）对“适用范围”问题的回应

首先，“公共纪念”对集体赔偿的完美展现及《规约》对集体赔偿、集体援助的明确规定使得纪念物作为一种赔偿形式成为期待的可能。它向国际刑事法院/信托基金传递了一种态度，希望其将更多精力投入到社会、国家政体和社区共同康复的进程中。其次，“公共纪念”在如何有效解决当前赔偿和援助之间所面临的困境方面搭建了一座连接过去和未来间的桥梁，独特的建筑样式既是对过去损害的回应，也是对目前和解与叙述真相的促进和对未来和平的向往。最后，由于“公共纪念”的持久性而带来的传承性，也给国际刑事司法创造了一笔珍贵财富。可以想象，在相当长的一段时间内，它们都将提醒民众勿忘历史，警告潜在犯罪人不要重蹈覆辙。

（四）对“基于上下文的理解”的回应

首先，国际犯罪主要由国家和核心机构实施，因此犯罪的结构性和组织性使得国际刑事法院做出突出集体犯罪本质的命令更有意义。即使对个人启动了调查、起诉机制，反映暴行参与者集体错误行为的纪念物也被看作是对所有被害人的救济。它不以分割的方式纠缠于犯罪、责任种类和性质、原因力等法律概念及相互间关系，而是将个人罪行、政府失灵和国际社会疏忽等因素混合起来向后人整体呈现。

其次，聚焦推动过渡司法进程的被害人援助政策也能将自身和类似的重建和发展政策更好地区分。以往实践表明，信托基金在项目援助方案中都无一例外地强调，“促进共同体和解，人与人之间相互接纳，重建社会安全网络”。此种背景下，纪念活动的开展不仅依赖于国际刑事法院的良性运行，还依赖于缔约国对国际犯罪责任整体承诺的信托基金自主政策。就这点而言，其援助建造的纪念物已与未体现任何变化的重建和发展等一般性工作区分开来。

五、结论

虽然《规约》《规则》及《条例》都未提及象征性赔偿、满足或“公共纪念”，但其作为一种成熟的专注于被害人的政策，通过信托基金的具体实施，能维持国际刑事法院在国际社会上的声誉。从文本上看，《条例》赋予信托基金广泛的自行决定权，虽然没有明显证据表明这是朝着象征性方向转变，但不仅仅作为法院赔偿命令中间人的信托基金理应成为这项政策的主导者。在可预见的未来，这也将是法院乐于接受的一种专业分工，尤其当行政手段获批项目的时间、精力等成本远低于司法手段的赔偿或法院的独立性、公平性受到普遍质疑时。

与物质赔偿或一般意义上的康复相比，建筑和艺术完美融合的“公共纪念”更能生动、细致、具体地从历史学、美学、政治学维度向我们立体地呈现过去的事件，更为丰富地传达出人类经历创伤的过程，同时它也很好地将一份针对个人的单一的、静态的判决“翻译”成无论从广度、时间抑或文化都被普通民众和社会认同的作品，因此其同时满足了作为个体的被害人和作为整体的社会政治需求。

根据不同主题理论的非单一性以及相互间的交融性，可将国际刑事司法和赔偿、援助、“公共纪念”等语词放在同一层面进行研究。国际刑事司法不应仅定位于依法起诉、审判角色，还应被看作为社会结构正在崩溃的国家和急需宣泄的民众提供一条动态的、面向未来的进路。在此前提下，“赔偿权”既应逐渐和单纯的刑事审判程序分离而融入到以推进“社会重建”或“康复”为中心的社会、政治和司法改革浪潮中，又应注意与那些不仅仅以处置暴行为目标的宽泛的援助项目相区分。

总之，针对国际犯罪被害人所处的真实情境，应根据不同国家在过渡时期的实际需求制定不同的救济政策，而不能妄图通过演绎推理的方式一劳永逸地建构出“完美”的救济机制。就目前而言，也许，刑事责任的影响、记忆与艺术的结合能唤醒我们对国际刑事正义的再认识，并可能使这种认识保持得更加久远！

附录

附录一　主要国际司法机构

一、国际法院[①]

1. 概况

国际法院又称国际法庭（英语 International Court of Justice，ICJ；法语 La Courinternationale de justice，CIJ），是联合国六大主要机构之一和最主要的司法机关，亦是主权国家政府间的民事司法裁判机构。根据《联合国宪章》的规定，国际法院于 1945 年 6 月成立，院址设在荷兰海牙的和平宫（The Peace Palace），是联合国六大机构中唯一设在纽约以外的机构。国际法院由 15 名法官组成，官方语言为英语和法语。法院的年度预算由联合国大会通过，约占到联合国当年预算的 1%。

国际法院的责任主要表现为两方面：对各国所提交的案件做出具有法律约束力的裁决；在联合国等国际组织的授权下提供建议性质的法律咨询。

2. 历史沿革

1899 年的海牙和平大会上，各国一致决定设立常设仲裁法院（Permanent Court of Arbitration，PCA）。该法庭于次年成立，并于 1902 年正式启用。它的成立标志着仲裁法律和实践的“制度化”进程，是国际性司法制裁机构的发端。

国际联盟（the League of Nations）成立后，于 1921 年 9 月设立常设国际法院，设在海牙和平宫。1939 年 9 月第二次世界大战的爆发，常设国际法院

① 参考资料来源：国际法院官方网站，http：//www.icj-cij.org/homepage/index.php。

陷入瘫痪。1944 年 10 月举行的旧金山会议上，各国决定成立国际法院代替之前的常设国际法院。1946 年 1 月 31 日，常设国际法院的全体法官辞职，同年 2 月 6 日，国际法院第一次选举大会召开。4 月，常设国际法院正式解体，原常设国际法院最后一任院长——来自萨尔瓦多的 José Gustavo Guerrero 出任第一任院长。国际法院于 1947 年 5 月接收到了第一宗提交的案件。

3. **组织结构**

(1) 法官

国际法院的 15 名法院由选举产生，任期 9 年，可连选连任。法官的候选人不论国籍，但需品格高尚并在本国具有最高司法职位的任命资格，或被公认为国际法学家。法官通过联合国大会和安全理事会两个机关同时但分别进行投票选举产生。候选人必须在这两个机关都获得绝对多数票才能当选，而且安全理事会的否决权不适用此项选举，因此在选举时往往需要进行多次投票。为了确保法官的组成具有一定的连续性，国际法院每 3 年改选 1/3 的法官。如遇法官在任期内亡故或辞职，则举行特别选举，填补缺额任期。国际法院的院长、副院长由全体法官以无记名投票方式推举，任期 3 年。法官一旦当选，就不代表本国政府，而是独立的个人。每名新上任的法院都在其出席的第一次公开庭上做出如下宣誓："本人郑重宣布，愿秉公竭诚、诚信忠实地行使本人作为法官的职责和权力"。实际当中，法官在本国政府作为当事方的案件中投票反对本国政府立场的情况并不少见。

考虑到地区均衡，照顾到世界各大文化和主要法系，国际法院不得有两名法官为同一国国民，同时对各大洲分配名额，分别是：亚洲 3 名，非洲 3 名，拉美 2 名，西欧、北美、大洋洲 5 名，东欧 2 名。这个分配方案与安理会席位的分配办法相同。任何国家没有自动占据国际法院席位的权利，但作为不成文的规定，5 个常任理事国可一直有人担任法官。

中国籍法官史久镛于 1994 年 2 月至 2010 年 5 月担任国际法院法官，且于 2003 年至 2006 年担任国际法院院长，也是首位获任此职的中国人。2010 年 6 月 29 日，中国资深女外交官薛捍勤在联合国大会和安理会举行的国际法院法官选举中高票当选，9 月宣誓就职。她是这一权威国际司法机构中的首位中国籍女法官，2011 年 11 月获得连任。

(2) 书记官处

书记官处是法院的常设行政机关，只向法院负责。书记官长在副书记官长的协助下领导书记官处的工作，书记官长不在时由副书记官长代行职务。由于国际法院既是法院又是国际机构，书记官处的工作既具有司法和外交性质，又具有行政管理性质。书记书记官处的大部分工作属法律性质。

书记官长的级别相当于联合国助理秘书长。书记官长和副书记官长由法院选举产生，任期 7 年，可连选连任。书记官长必须常驻海牙，领导书记官处的工作，并负责书记官处各部门的工作，是法院来往公文的渠道，协助保持法院与各国、国际组织和联合国的联系。书记官长负责保存法院案件的最新总表，出席法院会议，确保作成会议记录，会签法院各项判决，并保管法院的印信，同时还负责法院的档案和出版物，编制法院预算，并处理有关法院及其工作的询问。

书记官处的主要实体单位包括：法律事务部、语文事务部、新闻部、行政和人事处、财务处、出版处、文件处和法院图书馆、信息通信技术处、档案索引和编制分发处、文本处理复制处、安保处等。[①]

4. 管辖权与案例

（1）对诉讼案件的管辖

诉讼程序是国际法院对各国向其提交的法律争端进行审理的过程。按照《规约》第 34 条的规定，诉讼当事方限于国家，只有国家有权向国际法院提交案件，因此国际法院不能受理一个国家与一个国际组织或两个国际组织间的争端。

按照当事方同意原则，有关国家必须以某种方式同意成为提交法院诉讼的当事方，国际法院才能处理有关案件。由于各国拥有主权，可以自由地选择解决其争端的方式，这是解决国际争端的一种基本原则。各国表明同意的方式有三种：特别协定、条约中的条款、单方面声明。

一个承认国际法院管辖权的国家在被另一国家传唤出庭时，可以对管辖权提出质疑。因为一个国家可能认定与另一国不存在争端，或者争端不适用法律解决，或者国际法院的管辖权不包括此项争端。诉讼的发起有两种方式：一种是发出关于特别协定的通知，即希望将争端提交国际法院的国家缔结双边协定，提出双方同意提交国际法院审理；另一种是提交请求书，即一个国家单方面根据一个条约的管辖权条款或根据任择条款的声明对另一国家提出的请求。

① 参考资料：国际法院的报告（2012 年 8 月 1 日至 2013 年 7 月 31 日），联合国大会第 68 届会议正式记录补编第 4 号，联合国，纽约，2013。

（2）对咨询事项的管辖

某些国际组织可以请国际法院就法律问题发表咨询意见，如其他 5 个联合国主要机构和 16 个联合国系统专门机构。一个国家不能要求国际法院发表咨询意见，只有国际组织才能提出这一请求，但有时这种要求是由该组织的一个成员国或一些成员国首先提出的。国际法院收到发表咨询意见的请求后，会拟定一个名单，列出可能提供有关资料的国家和组织。与诉讼程序中的当事方不同，这些国家不会由于参与咨询程序而使国际法院的咨询意见对其产生约束力。

由于国际法院咨询功能所具有的特殊性质和目的，咨询程序有一些特殊之处，但也遵循适用于诉讼程序的规则。一般来说，咨询程序的处理比国家间司法案件来得要快。

如果发表咨询意见不符合国际法院的司法性质或违背指导其作为法院开展活动给你的基本原则，或者提出的请求超过了提出机关的权限，那么国际法院也可以拒绝发表咨询意见。历史上，国际法院只有一次拒绝发表咨询意见，而发出的咨询意见中约 60％是应联合国大会的请求做出的。

与判决不同，国际法院的咨询意见没有约束力，提出请求的联合国机关或专门机构可以决定是否执行咨询意见。但是，咨询意见以及其中包含的裁决都具有国际法院的权威，国际组织和各个国家在实践中都会考虑国际法院的咨询意见，具有非成文国际法的特点。

大会或安全理事会可就任何法律问题咨询法院意见，经大会授权的联合国其他机关和专门机构也可就其活动范围内出现的法律问题咨询法院意见。

（3）裁决案例

自 1946 年成立以来，国际法院已经审理了 120 多个案件，其中 80％是国际诉讼案件，20％是联合国机关或专门机构要求发表咨询意见的案件。

诉讼案件半数以上涉及领土和边界纠纷。相当多的案件涉及海事争端和有关海洋法的问题，还有不少案件涉及国家管辖权以及外交和领事法律问题，还包括关于非法使用武力的指控。长久以来，各国都在谋求维持或加强其政治、经济力量，为争夺土地、能源、领海和城市控制权而发生争端，这就是为什么国际法院的审议常常涉及领土和海洋问题。20 世纪的非殖民化浪潮使得国际法院收到为数众多的案件，因为新独立国家对边界问题十分敏感。1985 年以来，提交国际法院的案件数量进一步增加，每年都有十几个案件被列入审理日程。从历史经验来看，国际局势高度紧张时，国家并不倾向于通过法律途径解决问题，在缓和时期，诉诸法律的做法更为常见。

5. 未来展望

国际法院目前正表现出前所未有的活力，考虑如何加强其工作。

尽管自1946年以来，联合国会员国的数目是原来的3倍多，但是组成国际法院的法官数目仍然没有变化。有人认为，15名法官不再能充分代表国际社会，建议将法官的数目增加到20名或以上。除了法官数目问题之外，提出法院成员候选人的程序和选举过程也成为改革建议的主题。特别是建议法官只能服务一任，但将任期延长，例如15年一任。

根据1945年的《法院规约》，只有国家才可以在诉讼程序中向国际法院提交争端，只有联合国机关和专门机构才可以请求国际法院发表咨询意见。由于国际关系中国家已不再是唯一主角，有些人提出扩大向法院申诉的权利，可以将提起诉讼程序的权利给予国家以外的当事方，即国际政府间组织，甚至给予非政府组织、公司或个人以申诉权（尽管这并非易事）。同样，咨询程序也可以向国家开放，正如国际联盟主持下的常设国际法院当时的做法。

联合国秘书长提议授权其办公厅请求国际法院发表咨询意见（秘书处是迄今为止联合国主要机关中唯一没有获得授权请求法院发表咨询意见的机关）。他还建议给予在联合国框架外建立的国际组织（如美洲国家组织或非洲统一组织等区域机构）和世界贸易组织等各种政府间专门组织请求法院发表咨询意见的权利。

这类创新需要修改《法院规约》。由于《规约》是《联合国宪章》的有机组成部分，这就等于要修改《宪章》。任何修改都须经大会2/3的成员通过以及2/3联合国会员国批准。此外，批准的国家中必须包括安全理事会5个常任理事国。

国际法院是各国构想出来的，正是这些国家在1945年建立了国际法院，而且这些国家有权批准修改《法院规约》，也正是各国通过承认国际法院的强制管辖权提高了国际法院的权威并促进了法院的活动。实际上，国际法院的未来取决于各国求助于法院的程度。

二、国际刑事法院[①]

1. 概况

国际刑事法院（英语 International Criminal Court，法语 La Cour pénale in-

---

① 资料来源：1. 国际刑事法院 https：//www. icc-cpi. int/；2. 新华网 http：//news. xinhuanet. com/ziliao/2003—03/12/content _ 772998. htm。

ternationale）是对犯有种族屠杀罪、危害人类罪、战争罪、侵略罪的个人进行起诉和审判的国际司法机构。它于2002年7月1成立，以同日生效的《罗马国际刑事法院规约》为基础，对前述4种国际罪行实行管辖权。实践中，国际刑事法院暂时还不能对侵略罪行使管辖权。2015年底，全球已经有134个国家签署，并有123个国家批准了《规约》。法院总部设在荷兰海牙，其最高刑罚是无期徒刑，工作语言为英语和法语。

2. 历史沿革

长久以来，国际社会中创立国际法庭的呼声不断。国际社会在20世纪里，在种族屠杀罪、危害人类罪、战争罪、侵略罪4项罪名的定义上达成了一致，并于二战后的纽伦堡审判和东京审判中首次对战争期间犯有危害人类罪、战争罪、侵略罪的个人进行了审判。

冷战结束以后，联合国前南斯拉夫国际刑事法庭和卢旺达国际刑事法庭相继成立，进一步表明上述4项罪名不可豁免。但是，两个刑事法庭仅仅适用于发生在南斯拉夫及卢旺达特定时期冲突中的罪行，不具有普遍管辖权，因此创立一个独立、永久的国际刑事法院的必要性凸显。

1989年12月，联合国大会根据特立尼达和多巴哥的请求，提请国际法委员会重新就国际刑事法院的问题进行工作。1994年，联合国国际法委员会将制定完的《国际刑事法院规约》草案提交联大。在进行了多年谈判之后，联合国大会于1998年6月在罗马召开为期5周的外交大会，最终于7月17日，以120票赞成，21个国家弃权，7票反对的结果通过一个关于建立国际刑事法院的公约——《罗马规约》。2002年7月1日，在60个国家的签署和批准后《罗马规约》生效，国际刑事法院正式成立。2004年10月，国际刑事法院通过与联合国缔结关系协定获得了在联合国大会的观察员地位。

3. 组织机构

国际刑事法院设于荷兰海牙，并在适当情况下于其他地方开庭。法院目前共有18名法官。机构设置上，共有4个组成部门：分别是院长会议，分庭（包括上诉庭、审判庭和预审庭），检查官办公室，书记官处。

分庭是最主要的部门，包括预审庭、审判庭和上诉庭，由18位庭审法官组成。法官必须是缔约国的公民，由某一缔约国提名后在缔约国大会上以无记名投票方式选举产生，并且同一缔约国不得同时有两名及以上法官任职。

院长会议负责管理国际刑事法院行政事务议，由院长，第一、第二副院长，三位法官组成。现任院长为阿根廷人 Fernández de Gurmendi，她于2015

年 3 月当选。

检查官办公室负责接受和审查提交的情势以及关于本法院管辖权内犯罪的任何事实根据的资料，进行调查并在本法院起诉。检查官办公室成员不得寻求或者接受任何外来指示。检查官办公室由检查官领导，并有一名或多名副检查官协助，若有必要也可再聘任其他人员。

书记官处负责非司法方面的行政管理和服务。书记官长为法院的主要行政官员，在院长的授权下指挥书记官处的工作。书记官长是由法官参考缔约国的建议，以无记名绝对多数的方式选出。必要时，经书记官长的建议，法官得以同样的方式选出副书记官长一名。书记官长和副书记官长的任期皆为 5 年，限连任一次。

4. **管辖权与案例**

国际刑事法院的管辖权限定在整个国际社会最严重的犯罪：种族灭绝种罪、反人类罪及战争罪。这些罪行在国际法和国际惯例中都有明确的定义。国际刑事法院可以对罪行发生地及犯罪被告人国籍地的缔约国行使管辖权。此外，国际刑事法院的管辖不具有追溯力，即管辖只涉及规约生效后实施的有关犯罪。

2002 年迄今，国际刑事法院已经接受了来自 9 个国家或地区的 23 个案例。具有里程碑意义的案例有：（1）2009 年 3 月，国际刑事法院以涉嫌在苏丹达尔富尔地区犯有“反人类罪”和“战争罪”为由，对苏丹总统巴希尔发出逮捕令，巴希尔成为第一位在任被通缉的国家元首；（2）2011 年 12 月 5 日，科特迪瓦前总统巴博出庭受审，他因此成为刑事法院成立以来首位被审判的前国家元首；（3）2012 年 3 月 14 日，刚果民主共和国前武装领导人卢班加被控战争罪一案做出有罪的裁决，成为法院首例有罪判决。

5. **中国与国际刑事法院**①

中国参加了国际刑事法院建立谈判的整个过程，但在对联大通过《罗马规约》时投出了反对票。中国反对的理由是：第一，中国政府不能接受《规约》近乎确立的普遍管辖权，认为它不是以自愿接受为基础，违背了国家主权原则；第二，中国反对《规约》将国内武装冲突中的战争罪纳入国际刑事法院的管辖；第三，《规约》在“反人类罪”的定义中删去了“战时”这一重要标准，在“反人类罪”的具体犯罪行为列举上，超出了习惯国际法和现有的成

---

① 本部分参考刘仁文：《中国与国际刑事法院》一文，网址：http：//www.jcrb.com/n1/jcrb846/ca429072.htm。

文法，中国认为这实际上是在建立一个人权法院，而不是惩治最严重犯罪的刑事法院；第四，《规约》允许法院在安理会没有做出是否存在侵略行为的判定之前就行使对“侵略罪”的管辖，中国认为这不利于安理会履行《联合国宪章》所赋予它的维护国际和平与安全的责任；第五，按照《规约》规定，检察官可以自己根据个人和非政府组织或其他机构提供的资料来主动提起犯罪调查，中国政府对检察官的这种自行调查权有严重保留。

虽然还没有成为《规约》的缔约国，但中国对国际刑事法院自成立以来的发展一直十分关注。中国政府多次表示，如果国际刑事法院能够以其有效运作获得普遍的支持与合作，对国际社会而言无疑是积极和有益的。中国政府将继续作为观察员国，关注国际刑事法院的进展，并对参加《规约》持开放态度，不排除在适当的时候加入《规约》。在这方面，国际刑事法院的实际表现将是重要的考虑因素。值得一提的是，巴希尔案例是由安理会提交到国际刑事法院的，在安理会讨论是否支持这个案子时，中国投了弃权票，这可以理解为是对国际刑事法院工作的某种支持。

三、国际海洋法法庭①

1. 概况

国际海洋法法庭（英文 International Tribunal for the Law of the Sea，法文 Le Tribunal international du droit de la mer）是根据《联合国海洋法公约》（以下简称《公约》）设立的、旨在裁判因解释或实施《公约》所引起的争端的独立司法机关。法庭管辖权包括根据《公约》及其《执行协定》提交法庭的所有争端，以及在赋予法庭管辖权的任何其他协定中已具体规定的所有事项。目前，法院共有 21 名不同国籍、来自海洋法领域的知名人士担任独立法官。依据《公约》规定，缔约国可参加法庭，在某些情况下，缔约国之外的实体（例如国际组织）也可参加。法庭的预算来自《公约》缔约国的缴款，由缔约国会议通过。从 2005—2006 年财政期间开始每两年编制一次预算。除司法工作之外，每年举行两届行政会议，其总部设在德国汉堡。

① 资料来源：1. 国际海洋法法庭官方网站 https：//www. itlos. org/en/the-tribunal/；2. 中华人民共和国常驻国际海地管理局代表处 http：//china-isa. jm. china-embassy. org/chn/。

2. **成立过程**

《联合国海洋法公约》于1982年12月10日在牙买加蒙特哥湾开放签署。1994年11月16日《公约》生效。根据《公约》,《国际海洋法庭规约》(即《公约》附件六)的相关规定,1996年8月1日在缔约国第5次会议上进行了第一次法官选举(至今共进行了5次选举),会上宣布法庭在汉堡正式成立。2000年7月3日,法庭总部大楼落成。

3. **组织结构**

(1)法官

根据《公约》规定,国际海洋法法庭由21名来自不同国家的独立大法官组成。法官需要具备如下基本素质:第一,享有公平和正直的最高声誉,并在海洋法领域内具有公认资格;第二,不得执行任何政治或行政职务,也不能与"勘探和开发海洋或海底资源"或"与海洋或海底的其他商业用途有关"的任何企业的任何业务有"积极联系"或有"财务利益"。

为了充分照顾世界各主要法系和体现公平的地区分配,21名法官中不得有两名来自同一国家或地区。实际当中,法官的选举按《公约》各缔约国协议的程序进行。得票最多并获得出席并参加表决的缔约国2/3多数票的候选人即当选为法官,但该项多数应包括过半数的缔约国。法官任期9年,可连选连任。中国法官高之国于2008年1月30日当选国际海洋法法庭法官。

法庭庭长和副庭长由大多数法庭法官通过无记名投票选出。庭长和副庭长的任期为3年,可连选连任。庭长指导工作的开展,监督法庭的行政部门,并且在与国家和其他实体的关系中代表法庭。庭长主持法庭的所有会议,在票数相同的情况下,庭长拥有决定票。庭长还是简易程序分庭的一名当然法官,负责其任法官的任何专案分庭的工作。现任庭长是日本人柳井俊二,他于2011年上任。

(2)分庭

国际海洋法庭设海底争端分庭和特别分庭,后者又包括简易程序分庭、渔业争端分庭、海洋环境争端分庭、海洋界定分庭及关于公约第2条第15款分庭。

国际海底争端分庭依据《公约》第六部分第5节成立,在国际海地区域的活动争端上具有管辖权。该分庭共有11名法官。特别分庭依据程序、争端内容设定,共有上述5个分庭,每个分庭法官人数4—10人不等。中国法官高之国是海洋环境争端分庭成员之一。

4. **管辖权与案例**

根据《公约》规定，法庭的管辖权及于下列案件：（一）有关《公约》的解释或适用的任何争端；（二）关于与《公约》的目的有关的其他国际协定的解释或适用的任何争端；（三）如果同《公约》主题事项有关的现行有效条约或公约的所有缔约国同意，有关这种条约或公约的解释或适用的争端，也可提交法庭。

需要指出的是，法庭只是《公约》规定的导致有拘束力裁判的众多强制程序之一，缔约国可在任何时间以书面方式选择法庭或《公约》规定的其他争端解决程序，如国际法院、仲裁法庭等解决争端。同时，《公约》也对适用争端强制解决程序设定了一些限制或例外。例如，关于行使主权权利或管辖权的法律执行活动方面的争端；有关划定海洋边界的《公约》条款的解释或适用的争端；关于军事活动的争端；以及正由联合国安理会执行《联合国宪章》所赋予的职务的争端等。对于上类争端，缔约国可在任何时候做出书面声明，表示不接受《公约》规定的强制解决程序。

目前，法庭迄今已审理 12 宗案件，主要是关于船只、船员迅速释放和临时措施等案件。案件及裁决结果如下：M/V“SAIGA”案（圣文森特和格林纳丁斯诉几内亚），迅速释放；M/V“SAIGA”第 2 号案（圣文森特和格林纳丁斯诉几内亚）；南方金枪鱼案（新西兰诉日本；澳大利亚诉日本），临时措施；“Camouco”案（巴拿马诉法国），迅速释放；“Monte Confurco”案（塞舌尔诉法国），迅速释放；关于养护和可持续利用东南太平洋箭鱼种群的案件（智利诉欧洲共同体），该案待审；“Grand Prince”案（伯利兹诉法国），迅速释放；“Chaisiri Reefer 2”案（巴拿马诉也门），迅速释放；混氧燃料工厂案（爱尔兰诉联合王国），临时措施；“Volga”案（俄罗斯联邦诉澳大利亚），迅速释放；关于新加坡在柔佛海峡内和周围开垦土地的案件（马来西亚诉新加坡），临时措施。

5. **国际海洋法院与南海争端**

2013 年 1 月始，菲律宾在国际海洋法法庭上诉中国在南海的“九段线”主张，21 日提出仲裁申请，并且要求中国配合。2013 年 3 月 25 日，由于中华人民共和国拒绝回应菲律宾提交的仲裁，现任日本籍庭长柳井俊二任命波兰籍法官斯坦尼洛夫帕夫拉克代表中国出席法庭关于该争议的仲裁。同时，德国籍法官、前庭长吕迪格沃尔夫鲁姆被任命为仲裁法庭成员。根据《联合国海洋法公约》，一旦国际仲裁法庭组成五方仲裁团，海洋法庭将开始听取双方的论据，并根据国际法判断哪一方的主张更合理。

5人仲裁小组是根据《国际海洋法公约》第286条规定成立的。该条赋予争端任何一方将有关争议事项提交“具有管辖权”的法院或法庭的权利，强制程序意味着，不管争端另一方是否同意，针对该事项的仲裁法庭都会成立。法庭成立后，不管另一方是否参与，法庭都会做出对双方有约束力的仲裁结果。

四、常设仲裁法院

1. 概况

常设仲裁法院（the Permanent Court of Arbitration，PCA），1900年依据第一次海牙和会通过的《关于和平解决国际争端的公约》建立，并于1907年进行了第二次海牙和平会议的修订。该院是第一个普遍性的国际司法机构，坐落在荷兰海牙和平宫。目前有113个成员国，中国是最早的成员国之一。

法院日常行政活动主要由国际局负责，预决算和年度报告等问题由成员国驻荷使节组成的行政理事会和外交理事会负责。① 目前，常设仲裁法院已经发展成为一个现代的、全方位的仲裁机构，在公共与私人之间满足国际社会纠纷解决的需要。

2. 组织结构

（1）常设行政理事会

行政理事会（Administrative Council）是常设仲裁法院的行政机构，由各缔约国驻海牙的外交代表和荷兰外交部组成，荷兰外交部长任主席。该行政理事会负责指导和管理国际事务局。行政理事会的日常工作有：决定法院程序规则和一切其他必要规定，处理与法院运转有关的行政问题，决定国际事务局的官员和雇员的任命，享有停职或解雇的完全决定权，调控基本费用开支和人员报酬及工资，向各缔约国及时通知所通过的规定，提交关于法院劳资、行政管理工作和开支的年度报告。②

（2）秘书长

秘书长（Secretaries-General）作为常设仲裁法院的最高行政长官，同时是国际事务局的最高行政首长。负责处理法院与成员之间的行政联系，法院运

① http：//pca-cpa. org/showpage1d71. html? pag _ id=1027.

② http：//pca-cpa. org/showpageca1c. html? pag _ id=1040.

作的各项事务。目前秘书长是前荷兰驻法国、摩纳哥及安道尔大使，H. E. Hugo Hans Siblesz 阁下。[①]

（3）国际事务局

国际事务局（the International Bureau）在仲裁法院中承担着类似秘书处的职能，由不同国家的法律和行政管理的专业人士组成。国际事务局的主要职能是：提供登记服务、行政支持、提供官方的联系平台、保管各类档案文件。除此以外，还提供如下服务：法律咨询、财务管理、审理会议、后勤和技术支持、行程安排、翻译工作等。[②] 常设仲裁法院的秘书长为国际事务局的行政首长。

（4）仲裁员

仲裁员由各缔约国指派，每个缔约国至多能选择 4 名公认精通国际法问题、享有最高道德声誉且愿意担任仲裁员职务的人担当。仲裁员名单有变动时，由国际事务局告知各缔约国。在任命上，两个或以上的国家可以协议共同选定一个或以上的仲裁员，同一个仲裁员可以由不同的国家选定，法院组成人员任期为 6 年，可连选连任。[③] 仲裁员在履行职责离开自己的国家时，享有外交特权和豁免权。

3. **一般性仲裁程序**

仲裁员任命。当事国各方各任命一名仲裁员。由该两名被选定的仲裁员选择首席仲裁员。如他们未取得一致意见，每人从国际常设仲裁法院仲裁员总名单中提出两名候选人，但该候选人不得为当事国任何一方所任命的国际常设仲裁法院仲裁员且不得为当事国任何一方的国民。从这些候选人中以抽签的方式确定首席仲裁员。首席仲裁员为仲裁庭庭长，仲裁庭依多数票做出决定。

委派代理人。每一方当事国由一个代理人代表出庭，担任仲裁庭和委派该代理人的政府之间的联络人。

仲裁形式。仲裁程序只用书面形式进行，但当事国一方有权要求对证人和专家进行询问。仲裁庭依其职能有权要求当事国双方的代理人以及它认为其出庭对案件有用的专家和证人做出口头解释。

期限。如无事先协议，仲裁庭一经组成就应决定当事国双方须向仲裁庭提

---

① http：//pca-cpa. org/showpageac37. html? pag _ id=1272.

② http：//pca-cpa. org/showpageacbc. html? pag _ id=1043.

③ 《1907 年和平解决国际争端公约》第 44 条，http：//www. pca-cpa. org/1907%20zh512f. pdf? fil _ id=1118。

交案件的期限。

4. **发展情况**

如今，仲裁法院处理的纠纷已不限于公约中所规定的国家间的纠纷，国际组织、企业与国家的纠纷也都在此进行过仲裁或调解。目前处理的案件涵盖了国际商事、国际投资、领土划界和国际人权法等。常设仲裁法院近十年来重新活跃在世界舞台，除了在于各国对争端解决中运用法律途径的逐渐认可外，也与常设仲裁法院推出任择性的仲裁规则有关。

（1）商业仲裁与投资纠纷

随着全球经济联系进一步加深，常设仲裁法院投入了大量精力对各国双边投资进行分析研究。在这一问题上，常设仲裁法院作为《联合国贸易法委员会仲裁规则》的任命机构，协助解决有关国家双边投资协定的纠纷。对于常设仲裁法院解决投资纠纷的作用，秘书长胡特（Tjaco T. van den Hout）有过这样的表述："鉴于进行一次大的国际商事仲裁所需要的时间和费用，如租用场所、还可能需要任命秘书、注册主任、翻译和速记员，常设仲裁法院的设施和国际事务局的职员可以为当事方减少这些麻烦。"①

（2）东道国协议

东道国协议（Host Country Agreements），是常设仲裁法院为东道国提供的一种解决纠纷的平台建设。通过这个协议，由法院进行的仲裁、调解和调查都在东道国境内进行而无需另外设立常设机构。东道国协议的最大特点是具有任择性，既可以选择《1907 年和平解决国际争端公约》，也可以选择《2012 任择性规则》，或者是《联合国贸易法委员会仲裁或调解规则》等。这个协议为东道国境内或附近的纠纷双方提供了便利，同时也提高了效率。目前，常设仲裁法院和新加坡政府、哥斯达黎加政府、南非政府签署了东道国协议，三国所在洲的其他国家都可以在这三国进行纠纷解决。

5. **中国参与常设仲裁法院**

中国是常设仲裁法院的原始缔约国之一。清朝政府先后派杨儒和陆宗祥等人参加了 1899 年和 1907 年两次海牙和平会议，并于 1904 年和 1910 年先后批准了 1899 年和 1907 年的《和平解决国际争端公约》。废除帝制后，中华民国继承了条约和法院成员资格。1949 年新中国成立后，台湾当局仍窃据中国席位，直到 1972 年法院行政理事会通过决议驱逐了蒋介石集团代表。1993 年

---

① 裴欣："从 1899 年到今天：常设仲裁法院的百年"，《北京仲裁》第 67 辑，2008 第 4 期，第 136 页。

11 月 22 日，时任钱其琛外长致函法院秘书长，通知中国恢复在该法院的活动，并指派李浩培、邵天任、王铁崖和端木正为仲裁员。2009 年 5 月 4 日，时任杨洁篪外长致函法院秘书长，通知中国政府指派邵天任、许光建、薛捍勤和刘楠来为仲裁员。

五、联合国内部司法系统

1. 概况

2007 年，联大会决定在联合国采用处理内部纠纷和纪律问题的新系统。[①] 在此之前对内部司法进行了广泛的讨论，管理者和内部员工均敏锐地认识到，现行系统已不再能满足联合国的需要。大会就秘书长提出的一项提案采取了行动。这项提案是依据一个外部专家小组“联合国内部司法系统重新设计小组”的建议，并通过工作人员—管理当局协调委员会与工作人员进行协商后提出的。其目标是建立一个独立、专业化、快捷、透明和权力下放的系统，更加重视在诉诸正式诉讼之前通过非正式手段来解决争端。新的内部司法系统于 2009 年 7 月 1 日开始运营。

2. 组成和架构

（1）内部司法办公室

由执行主任办公室、工作人员法律协助办公室以及联合国争议法庭书记官处和联合国上诉法庭书记官处组成。

执行主任办公室。设在纽约联合国总部内。设 1 个执行主任（D—2）、1 个特别助理（P—4）和 1 个行政助理（一般事务）。

工作人员法律协助办公室。该办公室用于提高专业化的法律协助，支持向工作人员提供专业化的法律协助，取代原来的法律顾问小组。办公室的人员设置如下：约设 1 个股长（P—5）、1 个法律干事（P—3）、1 个法律干事（P—2）和 3 个法律助理（一般事务），并在亚的斯亚贝巴、贝鲁特、日内瓦和内罗毕各设 1 个法律干事（P—3）。[②] 该办公室人员将保持独立性和公正性。

联合国争议法庭书记官处。分别设立在纽约、日内瓦和内罗毕。由以下人

---

① 联合国大会第六十一届会议，大会决议，A/RES/61/261，http：//www.un.org/zh/documents/view _ doc.asp? symbol=A/RES/61/261。

② 联合国大会第六十二届会议，大会决议，A/RES/62/228，http：//www.un.org/zh/documents/view _ doc.asp? symbol=A/RES/62/228。

员组成：组约联合国争议法庭，设1个P—5书记官、1个P—2法律干事和2个一般事务（其他职等）行政助理；日内瓦联合国争议法庭，设1个P—5书记官、1个P—3法律研究干事和2个一般事务（其他职等）行政助理；内罗毕联合国争议法庭，设1个P—5书记官、1个P—3法律研究干事和2个一般事务（当地雇员）行政助理。①

联合国上诉法庭书记官处。设立在纽约，人员设立如下：设1个P—5书记官、1个P—3法律干事和2个一般事务（其他职等）行政助理；并决定核准纽约相当于1个P—4信息技术干事和1个一般事务（其他职等）信息技术助理的一般临时人员，核准日内瓦和内罗毕各1个相当于P—4法律研究干事的一般临时人员。②

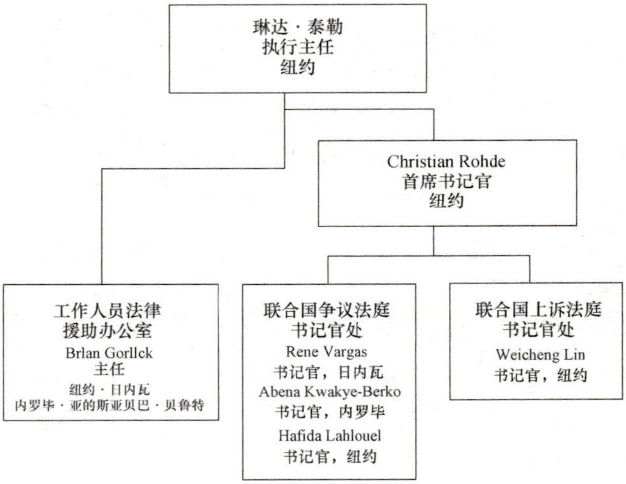

图1　内部司法办公室组织结构③

（2）非正式系统

非正式系统用于尽可能减少和避免正式系统的案件数量，避免不必要的诉

---

① 联合国大会第六十二届会议，大会决议，A/RES/62/228，http：//www. un. org/zh/documents/view _ doc. asp? symbol=A/RES/62/228。

② 同上。

③ 图表来源：联合国内部司法系统网页：http：//www. un. org/zh/oaj/unjs/office. shtml。

讼。非正式系统包括：

监察员办公室。自2008年1月1日起设立该办公室，并在曼谷、日内瓦、内罗毕、圣地亚哥和维也纳设立监察员办公室分支机构，各设1个区域监察员（P—5）和1个行政助理［一般事务（其他职等/当地雇员）］。该办公室用以敦促联合国监察员办公室联合监察员办公室（联合国开发计划署/联合国人口基金/联合国儿童基金会/联合国项目事务厅）和联合国难民事务高级专员办事处调解员办公室加强目前为协调和统一各项标准、业务准则、报告类别和数据库所作的努力。

调解司。依据行政和预算问题咨询委员会报告第21段，[①] 自2008年1月1日起设立调解司。

（3）正式系统[②]

内部司法理事会。2008年3月1日之前成立一个由5人组成的内部司法理事会，成员包括1名工作人员代表、1名管理层代表和2名杰出的外部法学家（其中1名由工作人员指定，另1名由管理层指定），并由这4名成员以协商一致方式选出的另外1名杰出法学家担任主席。内部司法理事会应履行下列职能：(a) 就物色法官职位的适当候选人事宜与人力资源管理厅联络，包括必要时进行面试；(b) 就联合国争议法庭和联合国上诉法庭每个空缺的两名或三名候选人向大会提出意见和建议，其中充分考虑到地域分配原则；(c) 草拟一份法官行为守则，供大会审议；(d) 就内部司法系统的落实问题向大会提出意见。目前理事会主席是伊恩·宾尼法官。

联合国争议法庭和联合国上诉法庭。自2009年1月1日起设立一个两级正式内部司法系统，第一级是一审联合国争议法庭，第二级是上诉审联合国上诉法庭。两个法庭的法官应当由大会根据内部司法理事会的建议任命。联合国争议法庭最初将由在纽约、日内瓦和内罗毕的3名全职法官以及2名半职法官组成。联合国上诉法庭应当由7名法官组成，他们将在至少由3名法官组成的合议庭审案。法官只能在联合国争议法庭或联合国上诉法庭任满一个任期，为期7年，不得续任，但以抽签方式确定的联合国争议法庭2名首任法官和联合国上诉法庭3名首任法官除外，他们的任期为3年，因而可以申请同一法庭为期7年的任期，但不得再续任。

---

① A/62/7/Add. 7。最后案文见《大会正式记录，第六十二届会议，补编第7A号》。

② 联合国大会第六十二届会议，大会决议，A/RES/62/228，http：//www. un. org/zh/documents/view _ doc. asp? symbol=A/RES/62/228。

3. 内部司法系统操作程序

（1）程序

程序参见表1。

表1　操作时间表①

提交	时限	资料
进行管理评价的请求	在工作人员被通知拟抗辩的决定的60日内	工作人员细则11.2（三）
管理当局提交管理评价	纽约总部工作人员30日 非纽约总部工作人员45日	工作人员细则11.2（四）
给联合国争议法庭的申请	收到管理评价日后，或本应收到评价日后的90日内	争议法庭议事规则第7.1条
给联合国上诉法庭的申诉	收到联合国争议法庭判决后的60日内 收到联合国争议法庭或近东救济工程处的争议法庭的非正审命令30天内； 收到联合国合办工作人员养恤金委员会常委会决定后的90日内	大会决议66/237第31段，上诉法庭议事规则第7.1条
答复者给联合国上诉法庭的答复	收到书记官处转交的上诉后的60日内	上诉法庭议事规则第9.3条
给联合国上诉法庭的交叉申诉	得到一方上诉通知后的60日内	上诉法庭议事规则修订版本第9.4条

（2）法律援助②

工作人员（包括前工作人员和受影响的工作人员家属）如果想对行政决定提出上诉，或受到纪律处罚，应有机会得到法律咨询和代理，这是本组织的一条长期原则。为此目的，联合国大会建立了工作人员法律援助办公室，并在纽约联合国总部以及亚的斯亚贝巴、贝鲁特、日内瓦和内罗毕为其配备全职的法律干事。该办公室取代以前的法律顾问小组，但二者的职能类似。

工作人员法律援助办公室的法律干事或提供法律咨询的志愿人员须遵守行

① 表格来源：联合国内部司法系统信息网页：http：//www.un.org/zh/oaj/unjs/timelines.shtml。

② 联合国内部司法系统，工作人员法律援助办公室网页：http：//www.un.org/zh/oaj/legalassist/。

为守则，不能为提供法律顾问服务而索要或接受委托人或其他当事方的任何物质回报或好处（办公室的法律干事只能领取联合国的薪金）。工作人员可安排由工作人员法律援助办公室之外的法律顾问（包括在职或前工作人员）提供法律咨询，也可自行选择外部法律顾问，费用自理。在联合国内部司法系统中，工作人员还可选择代表自己参加诉讼。

工作人员可在争议的任何阶段，甚至在预料将出现争议的时候，征求工作人员法律援助办公室的咨询。办公室的法律干事和志愿人员可就案件的实质性法律问题以及工作人员可能做出的选择提供咨询。若工作人员决定在正式系统中提起诉讼，办公室将评估是否能够提供协助，若能够提供协助，办公室将按照相关工作人员签署的同意书所列条款在整个过程中提供法律咨询或代理。

六、国际法委员会

1. 概况

国际法委员会（International Law Commission，以下简称“委员会”）是隶属于联合国的一个国际法研究机构。委员会根据联合国大会 1947 年 11 月 21 日第 174（II）号决议设立，主要职能包括：第一，国际法的逐渐发展；第二，国际法的编纂。[①] 目前，国际法委员会从事包括跨界损害在内的、国际法不加禁止的行为所引起的损害性后果的国际责任的审议。另外一些专题包括：国家的单方面行动、外交保护、对条约的保留、国际组织的责任、国家间共有自然资源以及国际法的分裂，主要关注在国际法多元化和繁荣发展的情况下碰到的新问题。

2. 历史沿革[②]

1947 年 1 月 31 日，大会在其第一届第二期会议上通过了第 94（I）号决议，规定成立国际法逐渐发展与编纂委员会，有时被称为“十七国委员会”。该委员会奉命审议为履行大会按照第 13 条第 1 项的责任拟建议采取的程序。该委员会在 1947 年 5 月 12 日至 6 月 17 日期间共举行 30 次会议并通过了一项报告，建议成立一个国际法委员会，并提出一些旨在作为该委员会章程基础的规定。该委员会详细讨论了有关国际法委员会的组织、工作范围、职责及

① 《联合国宪章》第 13 条，《联合国国际法律委员会章程》第 15 条。

② 资料来源：国际法委员会：进步和发展，http：//legal. un org/cod/。

工作方法等若干重要原则问题。主要问题有：

（1）国际法的逐渐发展与编纂之间的异同

一些成员认为，在国际法的逐渐发展与编纂之间没有明显的区别。他们指出，无论是逐渐发展还是编纂，都有必要缔结国际公约工作成果才能对各国具有约束力。然而，其他多数成员则认为，编纂和逐渐发展之间具有本质上的区别，尽管他们对这两个概念应以何者为重点意见尚有分歧。

（2）国际法委员会的构成

该委员会的多数成员赞成这样的意见，即委员会委员不应为政府代表，而应作为公认胜任的国际法界人士以个人身份担任委员。尽管该委员会一些成员强调指出提议成立的国际法委员会的工作的学术性和非政治性，但是，多数成员则认为，国际法委员会工作的进行应始终同各国政治当局密切合作，应由大会决定对国际法委员会拟订的草案采取何种行动。

在大会第二届会议上，第六（法律）委员会的大多数成员赞成成立一个国际法委员会，第六委员会的一个小组委员会拟订了国际法委员会章程草案。1947 年 11 月 21 日，大会通过第 174（II）号决议，建立国际法委员会，并通过了该委员会章程。自那以后，大会在该委员会和各国政府的分别倡议下，又先后通过了 4 项决议，对该章程进行了修改。按照该章程的有关规定（第 3 条至第 10 条），1948 年 11 月 3 日，举行了国际法委员会的第一次选举，该委员会于 1949 年 4 月 12 日召开第一届年会。

3. **委员会结构**

（1）组成和委员选举

委员会由委员以个人身份加入并任职。对于委员会委员选举人的要求，是必须具备必要资格（即公认为能够胜任的国际法界人士）。委员会则应该确保委员能够代表世界各主要文明形式和各主要的法律体系。

选举问题上，候选人只能由联合国会员国政府提名，选举只能由大会举行。临时出现空缺时，不需要采取正式的政府提名程序。被推选者原则上不限于联合国会员国国民。

（2）委员规模

委员会委员的人数历经三次扩大：按照大会 1956 年 12 月 18 日第 1103（XI）号决议，从 15 人增加到 1956 年的 21 人；按照大会 1961 年 11 月 6 日第 1647（XVI）号决议，增加到 1961 年的 25 人，按照大会 1981 年 11 月 18 日第 36/39 号决议，增加到现在的 34 人。委员会委员的扩大是依据联合国会员国数量的增加。大会绝大多数代表团认为，增加该委员会委员人数可更好地确保执行该章程第8条的规定，即要求“委员会全体代表世界各主要文明形式和各主要法系”。

（3）委员任期

目前委员任期为5年，并且是兼职制。委员会曾在1951年建议修改为委员专职制度，但困难主要有：会员国政府负担过重，专职委员人选难以确定，开支成为严重负担，因此目前委员会依旧采取委员兼职制。

（4）委员会会期

目前会期稳定在每年12个星期，[①] 如需增加会期时可由大会加以复核。由于国际法编纂和逐渐发展工作上的需要，以及委员会议程上各项主题的重要性和复杂性，其通常会期宜予保持。

4. 目前工作情况

（1）工作清单

这一清单是在1949年举行的第一届会议上，以题为“关于国际法委员会编纂工作的国际法概览”的秘书处备忘录为基础，对有可能列入研究专题清单的25个专题进行了审查。该委员会在审议这一问题后，草拟了一个临时清单，选定了以下14个有待编纂的专题：（a）国家和政府的承认；（b）国家和政府的继承；[②]（c）国家及其财产的管辖豁免；（d）对于在国家领土以外犯罪的管辖权；（e）公海制度；（f）领水制度；（g）国籍，包括无国籍问题；（h）外国人待遇问题；（i）庇护权；（j）条约法；（k）外交交往和豁免；（l）领事交往和豁免；（m）国家责任；（n）仲裁程序。其中已经提交最后草案或者报告的有：（a）公海制度；（b）领水制度；（c）国籍，包括无国籍问题；（d）条约法；（e）外交交往和豁免；（f）领事交往和豁免；（g）仲裁程序；（h）关于条约的国家继承；（i）条约以外事项的国家继承；（j）国家及其财产的管辖豁免。直至今日，仍在研究的是“国家责任”这一专题，而国家和政府的承认、对于在国家领土以外犯罪的管辖权、外国人待遇问题和庇护权则仍没有最后的报告。

---

① 联合国大会第3071（XXVIII）号决议，1973年11月30日。

② “国家和政府的继承”这一专题后来被分为三个分题，即关于条约的继承、条约以外事项的继承和国际组织成员资格的继承。

（2）依据委员会提交大会审议的项目

这些项目中，[①] 有些是根据大会对 1949 年清单所列专题的审议后送交委员会的，包括：国家和国际组织间的关系［大会 1958 年 12 月 5 日第 1289（XIII）号决议］，历史性水域包括历史性海湾在内的法律制度［大会 1959 年 12 月 7 日第 1453（XIV）号决议］，特别使团［大会 1961 年 12 月 18 日第 1687（XVI）号决议］，最惠国条款［大会 1967 年 12 月 1 日第 2272（XXII）号决议］，国家与国际组织间或两个或两个以上国际组织相互间缔结的条约问题［大会 1969 年 11 月 12 日第 2501（XXIV）号决议］和关于国际法不加禁止的行为所产生的损害性后果的国际责任［大会 1973 年 11 月 30 日第 3071（XXVII）号决议］。上述第二、第三和第五个专题是作为大会对以前由全权代表会议通过的有关该内容的决议进行审议的后续行动送交国际法委员会的。

近 20 年来，国际法委员会扩大的主席团及其规划小组除了负责为该委员会即将召开的会议的工作做出安排外，有时也受托就该委员会目前工作计划提出建议。

七、联合国国际贸易法委员会

1. 概况

联合国国际贸易法委员会（United Nations Commission on International Trade Law，UNCITRAL，以下简称贸易法委员会），是依据 1966 年 12 月 17 日第 2205（XXI）号决议设立的法律机构。它是联合国系统内的一个组织，机构设在纽约。

贸易法委员会设立的目的在于缓解因各国贸易法律的差异而造成的国际贸

① 这些项目包括：(a) 国家权利义务宣言草案；(b) 纽伦堡原则的系统表述；(c) 国际刑事审判机构问题；(d) 多边公约的保留；(e) 侵略定义问题；(f) 危害人类和平及安全治罪法草案；(g) 国家和国际组织间的关系（专题的第一和第二部分）；(h) 历史性水域包括历史性海湾在内的法律制度；(i) 特别使团；(j) 扩大参加在国际联盟主持下缔结的一般性多边条约问题；(k) 最惠国条款；(L) 国家与国际组织间或两个或两个以上国际组织相互间缔结的条约问题；(m) 国际水道非航行使用法；(n) 依国际法应受特别保护的外交代表及其他人员的保护和不得侵犯问题；(o) 关于国际法不加禁止的行为所产生的损害性后果的国际责任；(p) 外交信使和没有外交信使护送的外交部袋的地位；(q) 多边条约拟订程序的审查；(r) 与对条约的保留有关的法律和实践；(s) 国家继承及其对自然人和法人国籍的影响。

易流通的阻碍，通过拟订并促进使用和采纳一些重要商法领域的立法和非立法文书，履行促进国际贸易法逐步统一和现代化的任务，从而在建立该框架方面发挥重要作用。这些领域包括：争议解决、国际合同惯例、运输、破产、电子商务、国际支付、担保交易、采购和货物销售。这些文书经由涉及各种参与者的国际谈判达成，参与者包括贸易法委员会成员国、非成员国和受到邀请的政府间组织和非政府组织。由于该过程具有很强的包容性，这些法规得到广泛接受，为不同法律传统和处于不同经济发展阶段的国家提供了适当的解决办法。在设立之后的许多年里，贸易法委员会被视为联合国系统在国际贸易法领域的核心法律机构。

2. **组织结构**

(1) 贸易法委员会及其年会

贸易法委员会由联合国大会选出的60个成员国组成，包括14个非洲国家、14个亚洲国家、8个东欧国家、10个拉丁美洲和加勒比国家以及14个西欧和其他国家。成员国的构成尽可能地代表不同地方的经济体和法律体系。成员国由选举产生，任期6年，每3年更换一半成员。

委员会设主席团，由1名主席、3名副主席和1名报告员组成，成员国在每届年会开始之时选出，任期至下一届年会开始为止。主席团代表从中选举委员会成员的5个区域中的每个区域。[1]

年会贸易法委员会在年会上开展工作，年会交替在纽约和维也纳举行。[2]年会的工作一般包括最后审定和通过各工作组提交委员会的案文草案；审议各工作组关于各自项目的进度报告；选择今后工作或进一步研究的专题；报告技术合作和援助活动及与其他国际组织协调工作的情况；监测《法规判例法》系统的发展情况以及贸易法委员会法规的现状和推广情况；审议大会关于贸易法委员会工作的决议；以及行政事项。

---

① 《大会正式记录，第二十三届会议，补编第16号》(A/7216)(1968年)，第14段。

② 见会议委员会的报告(《大会正式记录，第三十四届会议，补编第32号》(A/34/32)(1979年)，第32(e)(iii)段)。在贸易法委员会秘书处从纽约迁到维也纳之前，委员会届会交替在纽约和日内瓦举行(见大会第2205(XXI)号决议，第二节，第6段；大会第31/140号决议，第一节，第4(c)段；以及大会第40/243号决议，第一部分，第4(c)段；另见大会第66/94号决议，第20段。

（2）工作组

贸易法委员会工作方案中各项专题实质性筹备工作通常分配给工作组。①工作组一般每年举行一届或两届会议并向委员会报告工作进展情况。目前，各工作组成员包括贸易法委员会所有成员国。一旦将一个专题分配给某个工作组，一般由该工作组完成实质性工作，委员会不予干预，除非工作组请求指导，或者请委员会就其工作做出某些决定，如澄清工作组关于特定专题的任务，或者核准特定案文的政策定位。② 在工作组每届会议上，由成员国代表团从成员国代表团中选出 1 名主席和 1 名报告员。目前共有 6 个工作组，第一工作组专题是“中小微型企业”（2014 年至今），第二工作组专题是“仲裁和调解”（2000 年至今），第三工作组专题是“网上解决争议”（2010 年至今），第四工作组专题是“电子商务”（1997 年至今），第五工作组专题是“破产法”（2001 年至今），第六工作组专题是“担保权益”（2002 年至今）。③

秘书处。每个工作组的秘书处由贸易法委员会秘书处的工作人员组成。秘书处负责为工作组会议编写工作文件，为工作组提供行政服务，并起草工作组届会报告。工作组每届会议结束时，有关报告被审议并正式通过，以提交贸易法委员会年会。有几次，在不同工作组审议的专题互有交集时，召开了联席会议以协调工作，并确保一致性。④

（3）贸易法委员会法律图书馆⑤

贸易法委员会法律图书馆于 1979 年在维也纳设立，以支持秘书处和贸易法委员会各代表在研究方面的需要。该图书馆得以设立，部分归功于奥地利政府提供财政捐助。政府、代表和专家的捐献以及与学术机构和其他国际组织的交流有助于增加其藏书。

① 见《大会正式记录，第三十三届会议，补编第 17 号》（A/33/17）（1978 年），第 67 段。

② 例如，2002 年，第五工作组请委员会除其他以外，原则上核准《破产法立法指南》草案［见《大会正式记录，第五十八届会议，补编第 17 号》（A/58/17）（2002 年），第 172—197 段］。2006 年对《担保交易立法指南》中的建议采取了类似做法［见《大会正式记录，第六十一届会议，补编第 17 号》（A/61/17）（2006 年），第 13 段］。

③ 联合国国际贸易法委员会网站，http：//www. uncitral. org/uncitral/zh/commission/working _ groups. html。

④ 贸易法委员会指南：联合国国际贸易法委员会基本情况，第 8 页。http：//www. uncitral. org/pdf/chinese/texts/general/12－57490－Guide－to－UNCITRAL－c. pdf。

⑤ 贸易法委员会网页，http：//www. uncitral. org/uncitral/publications/library. html。

自设立以来，图书馆不仅向贸易法委员会各代表和秘书处工作人员提供服务，而且向各常驻代表团工作人员和设在维也纳的其他国际组织工作人员提供服务。此外，图书馆还全年向世界各地的学者和学生提供研究帮助，从而促进更好地理解和了解国际贸易法并有助于履行委员会的任务。

贸易法委员会法律图书馆是联合国维也纳图书馆的组成部分，作为一个专业性贸易法图书馆，为遍及世界各地的联合国图书馆网络做出贡献，并与联合国其他图书馆、设在维也纳的其他国际组织图书馆以及奥地利和世界各地的学术图书馆保持着联系。

除贸易法委员会成员国以外，还邀请联合国其他会员国，以及拥有所讨论专题领域的专门知识的国际和区域组织（包括政府间组织和非政府组织）作为观察员出席贸易法委员会年会和工作组届会。[①]

3. **工作程序**

（1）选定工作方案

在1968年第一届会议上，经过审议成员国提出的建议，选定9个主题领域作为其工作方案的基础：国际货物销售；国际商事仲裁；运输；保险；国际支付；知识产权；消除影响国际贸易的法律歧视；代理；书证的公证证明。[②] 目前，经过多次讨论决定，审议新专题的建议可产生于以下方式：由国家政府直接向委员会提出、由与各国际组织磋商产生、经由专门的学术讨论会和研讨会产生、作为与工作组已在讨论的主题有关的专题产生、在执行和适用现有法规过程中取得的经验等等。目前，随着国际贸易法律和实践的发展，以及贸易法委员会圆满完成相关专题的工作，导致需要重新审议这些专题，并使得制定法规具有可行性（例如，统一国内破产法和担保交易法）。对于总体上属于专门的国际组织任务授权范围内的其他专题如知识产权的一些方面，则开展协调工作。

（2）推动现代化和协调的方法

立法式方法。贸易法委员会拟订了几种不同类型的立法案文：公约、示范

---

① 关于观察员参加贸易法委员会会议的信息，见秘书处的说明：贸易法委员会议事规则和工作方法（A/CN. 9/638/Add. 5），第四节观察员地位；以及《大会正式记录，第六十五届会议，补编第17号》（A/65/17）（2010年），附件三：贸易法委员会议事规则和工作方法。

② 《大会正式记录，第二十三届会议，补编第16号》（A/7216）（1968年），第40和48段。

法、立法指南，以及示范条款。

合同式方法。有些问题可通过提及一个标准或统一条款或一套条款或规则来解决。使这些条款或规则标准化的过程有许多好处：这样做可以确定当事人应在这类条款或规则中解决的所有问题；确保该条款有效而不致于（如有时仲裁协议发生的情况那样）无用或无效（有缺陷）；针对特定问题提供国际公认和最新的解决办法。

解释式方法。包括法律指南、惯例和其他资料指南、解释性声明等。

（3）对其他组织的工作进行协调

贸易法委员会的一项重要任务就是协调联合国系统内外活跃在国际贸易法领域的各个组织的工作，鼓励它们相互合作，避免重复工作，并提高国际贸易法现代化和协调方面的效率、一致性和连贯性。近年来，有越来越多制定规则的机构拟订影响国际贸易的法律领域的案文，贸易法委员会的协调职能显得日益重要。为履行这项任务，贸易法委员会与积极参与贸易法委员会工作并活跃在国际贸易法领域的国际和区域政府间和非政府组织保持密切联系，促进交流意见和信息。贸易法委员会通过其秘书处，派代表出席这些组织的会议，并积极关注和参加这些组织与贸易法委员会工作方案所列专题有关的工作。这些组织包括海牙国际私法会议、国际统一私法协会（统法协会）、国际海事委员会（海事委员会）、美洲国家组织（美洲组织）、经济合作与发展组织（经合组织）、联合国各区域委员会、贸发会议、世界银行、世界海关组织（海关组织）、世界知识产权组织（产权组织）以及世界贸易组织（世贸组织）。

八、联合国大会第六委员会[①]

1. 概况

第六委员会是联合国大会处理法律问题的主要论坛，它分担联合国大会法律方面的工作。作为联大的一个主要委员会，联合国所有会员国都有权参加该委员会，可派遣代表1人出席委员会，也可委派顾问、技术顾问、专家或同等地位人员出席委员会。它的主要职能是负责讨论大会分配给该委员会的议题并提出建议。委员会的建议以简单多数表决通过，然后提交大会全体会议

① 资料来源：联合国官方网站，http：//www.un.org/；中华人民共和国常驻联合国代表团网站 http：//www.china-un.org/。

决定。每年9月大会召开之际，涉及法律的议题会被交付主要委员会讨论，以形成决议或决定。这些决议案一旦在委员会中获得通过，即会交付大会审议，以进一步决定是否正式采用为联大决议。

第六委员会设1名主席，3名副主席，及1个秘书处。主席是联合国大会总务委员会的当然成员。现任主席是于2015年6月当选的来自特立尼达和多巴哥的艾登·查尔斯（Eden Charles）先生。

2. **联合国大会与各委员会**

每年9月上旬会期开始之际，联合国通过秘书处筹备召开总务委员会，以决定新会期将要讨论的议题。之后，由各成员国的元首或高阶代表发表演说，即为一般性辩论。一般性辩论之后，多数议程即交付包括第六委员会各主要委员会分别讨论，然后于12月份前陆续审议由各委员会提交的决议案。

3. **近年主要讨论议题**

近年来第六委员会讨论的议题主要包括：消除恐怖主义的措施普遍管辖权原则的范围和适用、武装冲突对条约的影响、追究联合国工作人员在执行任务中间的刑事责任等。2015年9月，联合国大会第二次会议将19个项目分配给第六委员会，主要涉及三个方面：分别是，（1）促进司法和国际法，例如追究联合国官员和特派专家的刑事责任［项目80］，及联合国国际法的教学、研究、传播和广泛了解协助方案［项目82］；（2）药物管制、预防犯罪和打击一切形式和表现的国际恐怖主义，例如，消除国际恐怖主义的措施［项目108］；（3）组织、行政和其他事项，例如，联合国内部司法［项目143］。

第六委员会讨论和通过这些问题的决议，旨在督促国际社会遵守国际法的规定。虽然这些决议对成员国并不存在强制力，但是对国际法的制定和整个国际社会的行动具有重大的指导意义。

（申文、陈楷鑫整理）

附录二　国内和国际的法治
（第 70 届联大第 118 号决议，A/RES/70/118）

大会，

回顾其 2014 年 12 月 10 日第 69/123 号决议，

重申决意维护《联合国宪章》的宗旨和原则以及国际法，它们都是一个更和平、更繁荣、更公正的世界所不可或缺的基础，重申决心促使这些宗旨和原则及国际法获得严格遵守并在全世界实现公正持久的和平，

重申人权、法治和民主相互关联、相互加强，是普遍、不可分割的联合国核心价值和原则的一部分，

又重申必须在国内和国际上普遍遵守和实行法治，并重申庄严承诺维护以法治和国际法为基础的国际秩序，这样的国际秩序，连同正义原则，对于国家间和平共处及合作至为重要，

铭记联合国支持各国政府促进和巩固法治的努力的活动是根据《宪章》开展的，强调在应会员国请求时必须通过加强技术援助和能力建设来加大力度支持会员国在国内履行各自国际义务，

深信推进国内和国际的法治对实现持续经济增长、可持续发展、消除贫困与饥饿以及保护所有人权和基本自由至为重要，并承认集体安全取决于依照《宪章》和国际法的规定有效合作对付跨国威胁，

重申各国依照《宪章》第六章有义务在其国际关系中不以任何不符合联合国宗旨和原则的方式进行武力威胁或使用武力，有义务以不危及国际和平与安全和不损害正义的方式通过和平手段解决其国际争端，并促请尚未接受国际法院管辖权的国家考虑依照法院《规约》的规定予以接受，

深信联合国及其会员国应以促进和尊重国内和国际的法治以及正义和善治作为其活动的指导方针，

回顾《2005 年世界首脑会议成果》1 第 134（e）段，

1. **回顾**其在第六十七届会议高级别部分举行的国内和国际的法治问题大会高级别会议以及会议通过的宣言，表示注意到秘书长依照该宣言第 41 段提交的报告，请第六委员会继续审议进一步发展法治与联合国三大支柱之间的联系的方式方法；

2. **确认**通过自愿许诺加强法治的努力，鼓励所有国家在其国家优先事项的基础上考虑单独或共同做出许诺，并鼓励已经做出许诺的国家继续交流这方面信息、知识和最佳做法；

3. **表示注意到**秘书长关于加强和协调联合国法治活动的年度报告；

4. **鼓励**秘书长和联合国系统高度优先重视法治活动；

5. **重申**大会在鼓励国际法的逐渐发展和编纂方面的作用，并进一步重申各国应遵守国际法规定的所有义务；

6. **又重申**必须依照《联合国宪章》的原则坚持和促进国际法治；

7. **欢迎**通过《2030年可持续发展议程》；

8. **确认**多边条约进程对推进法治的作用，回顾第六委员会在其第七十届会议期间就此分专题进行的建设性辩论，为此：

(a) 重申支持秘书长组织的年度条约活动，该项活动为各国更多地参与多边条约框架提供了机会；

(b) 确认按照《宪章》第一百零二条登记和公布条约的重要性，邀请秘书长考虑到最新发展情况，审查贯彻落实该条的条例，并将审查结果提交第六委员会在大会第七十一届会议上审议；

(c) 欢迎努力开发和提升联合国条约电子数据库，以此方便上网查阅关于秘书长的保存职能和按照《宪章》第一百零二条登记和公布条约的全面资料，并鼓励今后继续做出这种努力，同时铭记许多发展中国家缺乏负担得起的获取信息和通信技术的手段；

(d) 确认秘书处法律事务厅条约科编写的法律出版物的重要性，强调需要考虑到最新发展和实践，更新这些出版物，尤其是《秘书长作为多边条约保存人的实践概述》，并邀请秘书长在其下一次年度报告中酌情载列有关这方面最新发展和实践的简要资料；

(e) 欢迎条约科作为一项重要的能力建设举措在区域一级和联合国总部举办条约法及实践讲习班，并邀请各国继续支持这项活动；

9. **欢迎**法治协调和资源小组和秘书长办公厅法治股与会员国就“促进国际法治”专题开展对话，并呼吁继续开展这一对话，以期增强国际法治；

10. **确认**联合国国际法的教学、研究、传播和广泛了解协助方案对推进联合国的法治方案和活动的重要性，强调应审查进一步的技术援助和能力建设举措，重点是增加和改进会员国对多边条约进程的参与，并邀请各国支持这些活动；

11. **强调指出**必须遵守国内法治，需要应会员国请求，通过加强技术援助和能力建设，更多地支持会员国在其国内履行各自的国际义务，以便建立、加强和维持积极促进国内和国际法治的国家机构，但须服从国家自主权、战略和优先事项；

12. **再次请**秘书长确保加强联合国各实体之间以及与捐助方和受援国的协调和统一，再次要求更多地评价此类活动的效力，包括提高这些能力建设活动效力的可能措施；

13. **呼吁**所有利益攸关方在这方面加强对话，将国家视角置于法治援助的中心，以期加强国家自主权，同时承认法治活动必须以国家背景为基础，考虑到各国法律、政治、社会经济、文化、宗教和其他本地特点，各国在发展法治制度方面有不同的本国经验，同时也承认以国际规范和标准为基础的共同特征；

14. **促请**秘书长和联合国系统认识到法治对联合国几乎所有活动领域的重要性，酌情在相关活动中系统地处理法治问题，包括妇女参与法治相关活动事宜；

15. **表示完全支持**法治协调和资源小组按照现有任务授权，在常务副秘书长的领导和法治股的支持下，在联合国系统内发挥全盘协调和统一的作用；

16. **请**秘书长依照其 2008 年 12 月 11 日第 63/128 号决议第 5 段的规定，及时提交下一份关于联合国法治活动的年度报告，以平衡方式处理国内法治和国际法治；

17. **确认**必须恢复对法治的信任，作为过渡时期司法的一个关键要素；

18. **回顾**会员国承诺采取一切必要步骤提供公正、透明、有效、非歧视、接受问责的服务，促进增加人人能利用司法手段的机会，包括提供法律援助，鼓励各方展开进一步对话，分享本国通过提供利用司法手段的机会加强法治的做法，包括酌情办理出生登记及在刑事诉讼和民事诉讼中提供法律援助的做法，在这方面强调指出必须加大力度向提出请求的政府提供援助；

19. **强调**指出必须促进分享国家做法和开展包容性对话，欢迎秘书长提出建议，邀请会员国在非正式会议上自愿交流国家在法治方面的最佳做法以及如何在联合国法治网站上以电子形式保存最佳做法，并邀请会员国这样做；

20. **邀请**国际法院、联合国国际贸易法委员会和国际法委员会继续在各自提交大会的报告中就各自目前在促进法治方面发挥的作用发表评论；

21. **邀请**法治协调和资源小组和法治股继续与所有会员国进行对话，以透明、包容的方式定期与它们互动，特别是举行非正式通报会，并欢迎在第六十九届会议期间举行非正式通报会；

22. **强调指出**法治股需要可持续地有效执行任务，必须为其提供执行任务所需的合理资源；

23. **决定**将题为“国内和国际的法治”的项目列入其第七十一届会议临时议程，并邀请会员国在即将举行的第六委员会辩论期间，重点就“分享各国执行多边条约的国家实践”和“为每个人（包括最贫困者和最弱势者）获得诉诸法律的机会提供便利的实际措施”分专题发表意见。

2015 年 12 月 14 日
第 75 次全体会议

附录三　我国领导人论国际法治

弘扬和平共处五项原则　建设合作共赢美好世界

——在和平共处五项原则发表60周年纪念大会上的讲话

2014年6月28日

中华人民共和国主席　习近平

尊敬的吴登盛总统，

尊敬的安萨里副总统，

尊敬的各位使节、各位嘉宾，

女士们，先生们，朋友们：

今天，我们在这里隆重集会，纪念和平共处五项原则发表60周年。这是中国、印度、缅甸和国际社会共同的盛会，对弘扬和平共处五项原则、增进各国人民友好合作、促进世界和平与发展，具有重要意义。

在这里，我谨代表中国政府和中国人民，并以我个人的名义，对各位嘉宾和朋友的到来，表示热烈的欢迎！

刚才，吴登盛总统、安萨里副总统发表了热情洋溢的重要讲话，我对他们的讲话表示高度评价。

60年前，在第二次世界大战结束后兴起的非殖民化运动中，亚非拉民族独立解放事业蓬勃发展，新生的国家渴望建立平等的国际关系。中国、印度、缅甸顺应这一历史潮流，共同倡导了互相尊重主权和领土完整、互不侵犯、互不干涉内政、平等互利、和平共处五项原则。

1954年6月28日和29日，中印、中缅分别发表联合声明，确认这五项原则将在相互关系以及各自国家同亚洲及世界其他国家的关系中予以适用。这是国际关系史上的重大创举，为推动建立公正合理的新型国际关系做出了历史性贡献。

抚今追昔，我们对共同倡导和平共处五项原则的三国老一辈领导人表示深切的缅怀，对长期以来坚持弘扬和平共处五项原则的各国有识之士，致以崇高的敬意！

今天，我们共同纪念和平共处五项原则发表60周年，就是要探讨新形势下如何更好弘扬这五项原则，推动建立新型国际关系，共同建设合作共赢的美好世界。

女士们、先生们、朋友们！

和平共处五项原则之所以在亚洲诞生，是因为它传承了亚洲人民崇尚和平的思想传统。中华民族历来崇尚“和为贵”、“和而不同”、“协和万邦”、“兼爱非攻”等理念。印度、缅甸等亚洲国家人民也历来崇尚仁爱、慈善、和平等价值观。印度伟大诗人泰戈尔用诗歌的语言写道：“你以为用战争可以获取友谊？春天就会从眼前姗姗而去。”缅甸人民建立了和平塔，用来祈祷世界和平。

和平共处五项原则生动反映了联合国宪章宗旨和原则，并赋予这些宗旨和原则以可见、可行、可依循的内涵。和平共处五项原则中包含 4 个“互”字、1 个“共”字，既代表了亚洲国家对国际关系的新期待，也体现了各国权利、义务、责任相统一的国际法治精神。

20 世纪 50 年代，在和平共处五项原则指导下，中印友好之风吹遍了两国广袤大地。当年，周恩来总理访问印度时，到处可以听到“潘查希拉金达巴”（五项原则万岁）、“印地秦尼巴伊巴伊”（印中人民是兄弟）的欢呼声。中缅在和平共处五项原则指导下妥善解决了边界问题，1960 年两国签署边界条约，这是新中国同周边邻国签订的第一个边界条约。中缅两国还签署了中缅友好和互不侵犯条约，这是亚洲国家间首个和平友好条约。

60 年来，和平共处五项原则不仅在中国、印度、缅甸生根发芽、深入人心，而且走向亚洲、走向世界，中国、印度、缅甸都为此做出了重要贡献。中方认为，总结国际关系实践，和平共处五项原则是具有强大生命力的。印方认为，如果和平共处五项原则在所有国家相互关系中获得认可，那么世界就几乎不会有任何冲突和战争。缅方表示，和平共处五项原则对一切国家都是适当的指导原则。

女士们、先生们、朋友们！

60 年来，历经国际风云变幻的考验，和平共处五项原则作为一个开放包容的国际法原则，集中体现了主权、正义、民主、法治的价值观。

——和平共处五项原则已经成为国际关系基本准则和国际法基本原则。和平共处五项原则精辟体现了新型国际关系的本质特征，是一个相互联系、相辅相成、不可分割的统一体，适用于各种社会制度、发展水平、体量规模国家之间的关系。1955 年，万隆会议通过的十项原则是对和平共处五项原则的引申和发展。上个世纪60年代兴起的不结盟运动把五项原则作为指导原则。1970年和1974年联合国大会通过的有关宣言都接受了和平共处五项原则。和平共处五项原则为当今世界一系列国际组织和国际文件所采纳，得到国际社会广泛赞同和遵守。

——和平共处五项原则有力维护了广大发展中国家权益。和平共处五项原则的精髓，就是所有国家主权一律平等，反对任何国家垄断国际事务。这为广大发展中国家捍卫国家主权和独立提供了强大思想武器，成为发展中国家团结合作、联合自强的旗帜，加深了广大发展中国家相互理解和信任，促进了南南合作，也推动了南北关系改善和发展。

——和平共处五项原则为推动建立更加公正合理的国际政治经济秩序发挥了积极作用。和平共处五项原则摒弃了弱肉强食的丛林法则，壮大了反帝反殖力量，加速了殖民体系崩溃瓦解。在东西方冷战对峙的大背景下，所谓“大家庭”、“集团政治”、“势力范围”等方式都没有处理好国与国关系，反而带来了矛盾、激化了局势。与之形成鲜明对照的是，和平共处五项原则为和平解决国家间历史遗留问题及国际争端开辟了崭新道路。

女士们、先生们、朋友们！

当今世界正在发生深刻复杂的变化，和平、发展、合作、共赢的时代潮流更加强劲，国际社会日益成为你中有我、我中有你的命运共同体。同时，国际关系中的不公正不平等现象仍很突出，全球性挑战层出不穷，各种地区冲突和局部战争此起彼伏，不少国家的民众特别是儿童依然生活在战火硝烟之中，不少发展中国家人民依然承受着饥寒的煎熬。维护世界和平、促进共同发展，依然任重道远。

新形势下，和平共处五项原则的精神不是过时了，而是历久弥新；和平共处五项原则的意义不是淡化了，而是历久弥深；和平共处五项原则的作用不是削弱了，而是历久弥坚。

“凡益之道，与时偕行。”刚才，吴登盛总统、安萨里副总统都对新形势下坚持和弘扬和平共处五项原则、推动建设新型国际关系和美好世界谈了很好的想法和主张。在这个问题上，中国、印度、缅甸有着广泛共识。我愿谈几点看法。

第一，坚持主权平等。主权是国家独立的根本标志，也是国家利益的根本体现和可靠保证。主权和领土完整不容侵犯，各国应该尊重彼此核心利益和重大关切。这些都是硬道理，任何时候都不能丢弃，任何时候都不应动摇。

国家不分大小、强弱、贫富，都是国际社会平等成员，都有平等参与国际事务的权利。各国的事务应该由各国人民自己来管。我们要尊重各国自主选择的社会制度和发展道路，反对出于一己之利或一己之见，采用非法手段颠覆别国合法政权。

第二，坚持共同安全。安全应该是普遍的。各国都有平等参与国际和地区安全事务的权利，也都有维护国际和地区安全的责任。我们要倡导共同、综合、合作、可持续安全的理念，尊重和保障每一个国家的安全。不能一个国家安全而其他国家不安全，一部分国家安全而另一部分国家不安全，更不能牺牲别国安全谋求自身所谓绝对安全。我们要加强国际和地区合作，共同应对日益增多的非传统安全威胁，坚决打击一切形式的恐怖主义，铲除恐怖主义滋生的土壤。

对待国家间存在的分歧和争端，要坚持通过对话协商以和平方式解决，以对话增互信，以对话解纷争，以对话促安全，不能动辄诉诸武力或以武力相威胁。热衷于使用武力，不是强大的表现，而是道义贫乏、理念苍白的表现。只有基于道义、理念的安全，才是基础牢固、真正持久的安全。我们要推动建设开放、透明、平等的亚太安全合作新架构，推动各国共同维护地区和世界和平安全。

第三，坚持共同发展。天空足够大，地球足够大，世界也足够大，容得下各国共同发展繁荣。一些国家越来越富裕，另一些国家长期贫穷落后，这样的局面是不可持续的。水涨船高，小河有水大河满，大家发展才能发展大家。各国在谋求自身发展时，应该积极促进其他国家共同发展，让发展成果更多更好惠及各国人民。

我们要共同维护和发展开放型世界经济，共同促进世界经济强劲、可持续、平衡增长，推动贸易和投资自由化便利化，坚持开放的区域合作，反对各种形式的保护主义，反对任何以邻为壑、转嫁危机的意图和做法。

我们要推动南南合作和南北对话，增强发展中国家自主发展能力，推动发达国家承担更多责任，努力缩小南北差距，建立更加平等均衡的新型全球发展伙伴关系，夯实世界经济长期稳定发展基础。

第四，坚持合作共赢。“合则强，孤则弱。”合作共赢应该成为各国处理国际事务的基本政策取向。合作共赢是普遍适用的原则，不仅适用于经济领域，而且适用于政治、安全、文化等其他领域。

我们应该把本国利益同各国共同利益结合起来，努力扩大各方共同利益的汇合点，不能这边搭台、那边拆台，要相互补台、好戏连台。要积极树立双赢、多赢、共赢的新理念，摒弃你输我赢、赢者通吃的旧思维，“各美其美，美人之美，美美与共，天下大同”。

我们要坚持同舟共济、权责共担，携手应对气候变化、能源资源安全、网络安全、重大自然灾害等日益增多的全球性问题，共同呵护人类赖以生存的地球家园。

第五，坚持包容互鉴。文明多样性是人类社会的基本特征。当今世界有70亿人口，200多个国家和地区，2500多个民族，5000多种语言。不同民族、不同文明多姿多彩、各有千秋，没有优劣之分，只有特色之别。

“万物并育而不相害，道并行而不相悖。”我们要尊重文明多样性，推动不同文明交流对话、和平共处、和谐共生，不能唯我独尊、贬低其他文明和民族。人类历史告诉我们，企图建立单一文明的一统天下，只是一种不切实际的幻想。

尺有所短，寸有所长。我们要倡导交流互鉴，注重汲取不同国家、不同民族创造的优秀文明成果，取长补短，兼收并蓄，共同绘就人类文明美好画卷。

第六，坚持公平正义。“大道之行也，天下为公。”公平正义是世界各国人民在国际关系领域追求的崇高目标。在当今国际关系中，公平正义还远远没有实现。

我们应该共同推动国际关系民主化。世界的命运必须由各国人民共同掌握，世界上的事情应该由各国政府和人民共同商量来办。垄断国际事务的想法是落后于时代的，垄断国际事务的行动也肯定是不能成功的。

我们应该共同推动国际关系法治化。推动各方在国际关系中遵守国际法和公认的国际关系基本原则，用统一适用的规则来明是非、促和平、谋发展。“法者，天下之准绳也。”在国际社会中，法律应该是共同的准绳，没有只适用他人、不适用自己的法律，也没有只适用自己、不适用他人的法律。适用法律不能有双重标准。我们应该共同维护国际法和国际秩序的权威性和严肃性，各国都应该依法行使权利，反对歪曲国际法，反对以“法治”之名行侵害他国正当权益、破坏和平稳定之实。

我们应该共同推动国际关系合理化。适应国际力量对比新变化，推进全球治理体系改革，体现各方关切和诉求，更好维护广大发展中国家正当权益。

女士们、先生们、朋友们！

中国是和平共处五项原则的积极倡导者和坚定实践者。和平共处五项原则载入了中国宪法，是中国外交政策的基石。中国是当代国际体系的参与者、建设者、贡献者。

——中国将坚定不移走和平发展道路。走和平发展道路是中国根据时代发展潮流和自身根本利益做出的战略抉择。中国人民崇尚“己所不欲，勿施于人”。中国不认同“国强必霸论”，中国人的血脉中没有称王称霸、穷兵黩武的基因。中国将坚定不移沿着和平发展道路走下去，这对中国有利，对亚洲有利，对世界也有利，任何力量都不能动摇中国和平发展的信念。中国坚定维护自身的主权、安全、发展利益，也支持其他国家特别是广大发展中国家维护自身的主权、安全、发展利益。中国坚持不干涉别国内政原则，不会把自己的意志强加于人，即使再强大也永远不称霸。中国真诚希望其他国家都走和平发展道路，大家携手把这条路走稳走好。

——中国将坚定不移在和平共处五项原则基础上发展同世界各国的友好合作。“凡交，近则必相靡以信，远则必忠之以言。”中国坚持按照亲、诚、惠、容的理念，深化同周边国家的互利合作，努力使自身发展更好惠及周边国家。中国坚持把发展中国家作为对外政策的基础，坚持正确义利观，永远做发展中国家的可靠朋友和真诚伙伴。中国重视各大国的地位和作用，致力于同各大国发展全方位合作关系，积极同美国发展新型大国关系，同俄罗斯发展全面战略协作伙伴关系，同欧洲发展和平、增长、改革、文明伙伴关系，大家一起来维护世界和平、促进共同发展。

——中国将坚定不移奉行互利共赢的开放战略。中国正在推动落实丝绸之路经济带、21 世纪海上丝绸之路、孟中印缅经济走廊、中国—东盟命运共同体等重大合作倡议，中国将以此为契机全面推进新一轮对外开放，发展开放型经济体系，为亚洲和世界发展带来新的机遇和空间。

当前，中国人民正在为全面建成小康社会、实现中华民族伟大复兴的中国梦而奋斗。中国梦同世界各国人民的美好梦想息息相通，中国人民愿意同各国人民在实现各自梦想的过程中相互支持、相互帮助，中国愿意同各国尤其是周边邻国共同发展、共同繁荣。

女士们、先生们、朋友们！

为表彰和鼓励更多人士和团体坚持和弘扬和平共处五项原则，我愿宣布，中国政府决定设立“和平共处五项原则友谊奖”和“和平共处五项原则卓越奖学金”。

中国有句古话：“千里之行，始于足下。”印度有句谚语：“水滴汇成溪，稻穗集成束。”缅甸人常说：“想，要凌云壮志；干，要脚踏实地。”中国将继续做弘扬和平共处五项原则的表率，同印度、缅甸和国际社会一道，推动建设持久和平、共同繁荣的和谐世界！

谢谢大家。

加强亚非团结合作 促进世界和平公正

——在亚非法协第54届年会开幕式上的主旨讲话

中华人民共和国国务院总理 李克强

（2015年4月13日，北京）

尊敬的主席先生，

尊敬的秘书长先生，

各位代表，各位嘉宾，

女士们，先生们：

很高兴出席在北京举行的亚非法律协商组织第54届年会。本届年会的召开具有重要的意义，因为60年前召开了万隆会议，中国是万隆会议的积极参与者，也是会议确定原则的倡导者。亚非国家和各国共同维护着世界和平，促进了共同发展，我们是命运共同体。我谨代表中国政府，对会议的召开表示热烈祝贺！对远道而来的朋友们表示诚挚欢迎！

今年是亚非法协成立的第60个年头。60年前万隆会议确立了处理国家间关系的十项原则，给我们留下了“团结、友谊、合作”的宝贵精神财富。而亚非法协作为万隆会议结出的硕果，见证了亚非国家联合自强，谋求公正合理国际秩序的不平凡历程，也记载着亚非人民患难与共，实现国家发展和民族振兴的峥嵘岁月。国际社会和中国都会举办一系列活动纪念万隆会议60周年，习近平主席等中国领导人将出席有关活动，我们今天的会议是纪念活动的一部分，这本身就是向国际社会表明，中国愿同亚非国家和世界所有国家一起，继续把万隆精神发扬光大，努力维护战后确立的国际秩序和国际体系。

60年来，我们努力追求独立自由和平等。亚非国家曾掀起波澜壮阔的反帝反殖运动，赢得了宝贵的民族解放和独立，也在相互支持中结下了深厚的友谊。我们不会忘记，正是亚非兄弟把新中国抬进了联合国。中国也始终为亚非兄弟仗义执言，为各国的正义事业提供真心实意的帮助。今天，46个亚洲国家、54个非洲国家成为联合国成员国，占联合国成员的半数以上。亚非国家的声音和意见全世界都需要尊重。

60年来，我们不懈谋求发展进步和繁荣。亚非国家坚持探索符合本国国情的道路，人民的生存权、发展权得到前所未有的尊重和保护，曾经贫穷落后的亚洲和非洲焕发出勃勃生机。今天的亚洲是全球最具活力的地区之一，非洲大陆正在释放巨大发展潜能。2014年亚非经济总量达29万亿美元，占世界的37.5%，比1970年增长47倍。新兴经济体主要集中在亚非地区。亚非发展合作前景广阔，正成为推动世界经济增长的重要力量。

60年来，我们积极建设国际法治和秩序。亚非各国立足自身国情，加强国内法治建设，并相互学习借鉴彼此有益经验，推进国际法治合作。我们共同倡导和平共处五项原则，丰富了以《联合国宪章》为核心的国际法基本原则。亚非国家呼应配合，促进南南合作深入发展，维护和争取合法权益，尊重各国的独立、主权和领土完整，为促进世界和平发展发挥了重要作用。

女士们，先生们！

中国是亚非大家庭中的一员，与亚非国家同发展共进步。新中国成立60多年特别是改革开放30多年来，中国发生了翻天覆地的变化，经济总量已跃居世界前列。但中国是人口最多、幅员辽阔的发展中国家，我们的人均GDP刚达到7600多美元，低于世界一万美元的平均水平，排在世界80位以后，仍然属于发展中国家。中国城乡区域发展还很不平衡，大家看到像北京、上海这样的东部沿海城市，建设得已经比较现代了，但广大中西部地区还有很多欠发达的地方。按照中国自己的标准，还有7000多万贫困人口。中国仍然是世界上最大的发展中国家，亚非地区是发展中国家最集中的地区，发展经济、改善民生是中国与亚非国家面临的共同任务。我们将始终与广大亚非国家站在一起，共创共享发展红利。

女士们，先生们！

当今世界，和平与发展仍然是时代主题，合作共赢更是大势所趋，推进国际法治是人心所向。但也要看到，世界并不安宁，亚洲和非洲的经济建设还面临着不少挑战，发展中国家的合法权益仍未得到充分保障。世界要和平，亚非要进步，各国要发展，都离不开法治和秩序。新形势下，亚非各国应继续发扬万隆精神，共同推动世界和平发展与公平正义。这里，我提出几点主张：

第一，推动国际政治秩序更加公正合理。今年是世界反法西斯战争胜利和联合国成立70周年。实践表明，战后秩序为世界和平发展提供了基础和环境，国家间唯有相互尊重、平等相待，才能和睦相处。中国作为联合国创始成员国，我们认为以主权国家为基础的国际体系要巩固，弱肉强食的丛林法则必须摒弃。亚非国家要共同维护以联合国为核心的战后国际秩序，坚决捍卫《联合国宪章》的权威，坚持主权平等、互不干涉内政、不使用武力的根本原则。在世界多极化进程中，亚非国家正成为重要一极。中国作为负责任大国，坚持走和平发展道路，愿与亚非国家一道推进国际关系民主化、法治化，继续在维护和完善国际秩序中发挥积极作用。

第二，促进世界经济更加开放有序。随着经济全球化深入推进，各国利益交融不断加深，你中有我，我中有你，只有走互利共赢之路，才能实现共同发展。国际社会应高举自由贸易大旗，反对保护主义，不打贸易战，维护世界贸易组织确定的基本原则，维护国际贸易法，维护和完善国际金融体系，促进建立均衡普惠的全球贸易体系，同时推动区域性贸易投资自由化和便利化，让两个“轮子”一起转。亚非国家正处于工业化、城镇化的关键时期，各国已结成利益共同体，要积极开展南南合作和南北合作。这就像中国传统的端午节龙舟赛，只有合力划桨、步调一致，才能使船又快又稳，赢得胜利。亚非国家要不断改善投资贸易法律环境，主动参与国际经贸游戏规则制定，为自身发展争取更多制度性权利。中国愿与亚非国家完善既有合作平台和机制，积极开展产能合作和产业对接，实现优势互补、共同发展。我们提出的“一带一路”倡议，愿与有关国家的发展规划和需求相结合，为深化亚非地区合作带来新契机。

第三，努力维护国际和地区和平稳定。历史和现实都表明，没有和平安宁的环境什么事也做不成。亚非国家山水相连、比邻而居，更要彼此照应、友好相处。对一些地区冲突和历史遗留问题，要通过和平方式协商解决，不能诉诸武力。对一些存在分歧和不同看法的问题，要互谅互让，寻求最大公约数。中国积极维护地区和平稳定，也开展了频繁的外交活动，劝和促谈，推动和平解决南苏丹、中东以及其他一些地区热点问题。在南海问题上，我们提出了“双轨思路”，主张由直接当事国通过对话协商解决争议，中国和东盟国家共同维护南海稳定。南海的航行自由与安全是完全有保障的。只要我们真诚求和平，就没有解不开的结，就没有过不去的坎儿。亚非人民友好相处的道路就会越走越宽、越走越顺。

第四，携手应对全球非传统安全挑战。在气候变化、恐怖主义、网络安全、重大疫情和自然灾害等全球性挑战面前，没有任何国家能置身其外。亚非国家面临的非传统安全威胁尤为突出，必须合力应对，协调行动。应对气候变化各国都责无旁贷，我们要坚持发展中国家和发达国家“共同但有区别的责任”原则，推动形成2020后公平合理的减排协议。恐怖主义是世界公敌，我们要共同防范和打击一切形式的恐怖主义。网络空间是人类社会生活发展“新的疆域”，我们要努力消除“数字鸿沟”，构建和平安全开放合作的网络秩序。重大疫情传播没有边界，世界各国都有防控的责任。在抗击埃博拉等重大疫情中，中国提供的资金援助和救治力量发挥了积极作用，愿继续向受疫情影响最重的非洲国家提供力所能及的帮助。中国愿与亚非国家守望相助、相互支援，共同应对非传统安全威胁和挑战。

第五，积极深化国际法治交流合作。良法是善治的基础，地球村里需要用国际法来明辨是非、定分止争。亚非国家要在国际法治领域多交流、多协调，积极参与国际立法，使国际法更充分地反映发展中国家的诉求和共同利益。要切实维护国际法的权威性和有效性。要在国际法框架下深化亚非国家司法执法合作，共同打击走私、毒品、金融诈骗等跨国犯罪，加强反腐败国际协作。中国积极维护和建设国际法治，已加入400多项多边条约，缔结了2万多项双边条约。奉行和平共处五项原则，坚持依法办事，一直是中国外交的基石和风格。我们将在加快国内法治建设的同时，为推进国际法治进程做出应有的贡献。

女士们，先生们！

亚非法协已成立近60年了，作为促进两大洲国际法律交流与合作的重要平台，在加强地区治理、维护共同权益方面发挥了重要作用。亚非地区几代法律界人士都为此付出了大量的心血和智慧。秘书长先生作为资深法学家，已历任两个任期，在你和亚非法协成员的努力下，法协工作领域不断拓展，影响力进一步扩大，我们对此表示赞赏。面向未来，各成员国要增进交流，凝聚共识，把这个宝贵的平台发展好、利用好。中国将一如既往地支持亚非法协的事业。我在这里宣布，中国将出资设立“中国—亚非法协国际法交流与研究项目”，助力亚非法协发展，促进国际法治合作。

女士们，先生们！

3000多年前，在亚非结合部的两河流域，产生了汉谟拉比法典，是人类历史上最早的成文法。在同一时期的中国，西周已创造出古体的“法”（灋）字，这是一个象形文字，左边部分是水，代表着公平与平等，右边部分是能分辨是非的独角兽，代表着正义和权威。这充分说明，亚非地区有着深厚的法治文明底蕴。今天，我们应更好弘扬先人的法治传统和精神，为国际法治做出更大贡献。

让我们携手推动亚非团结合作迈上新的台阶，共同建设持久和平、公平正义、互利共赢的美好世界！

祝亚非法协第54届年会圆满成功！

谢谢大家！

共谋和平发展 共守法治正义

在第69届联合国大会一般性辩论上的发言

中华人民共和国外交部长　王毅

（2014年9月27日，美国纽约）

主席先生，各位同事：

今年是第一次世界大战爆发100周年。中国近代著名思想家严复曾写下“可怜横草尽飞腾”的诗句，形容这场大战的惨烈。

明年是第二次世界大战结束70周年。全球逾20亿人口卷入了这场浩劫。仅日本军国主义的对华侵略，就造成3500多万中国军民的伤亡。

联合国建立在两次世界大战的惨痛经历之上，她寄托着全世界对共建和平、共守安宁的殷切期盼。为此，联合国宪章描绘了一幅共建美好世界的宏伟画卷。在这个世界中：

我们应该平等相待。主权和领土完整原则，必须恪守。各国推动经济社会发展的实践，必须尊重。自主选择社会制度和发展道路的权利，必须维护。

我们应该开放包容。敞开海纳百川的胸怀，才能打开对话交流的大门，才能实现不同社会制度、不同宗教信仰、不同文化传统国家的和谐相处。

我们应该合作共赢。要把本国利益同他国利益结合起来，努力扩大共同利益汇合点。只有相互补台，才能好戏连台。各国应该共同倡导双赢、多赢、共赢的新理念，一起反对你输我赢、赢者通吃的旧思维。

我们应该讲求公道。要推动国际关系民主化、法治化，用公正合理的规则来明是非、化争端；在国际法框架内促和平、谋发展。各方应该共同维护联合国的权威性和有效性，改革和完善全球治理体系。

主席先生，

从加沙到伊拉克，从中非到南苏丹，我们这个世界很不安宁。

面对战火吞噬的生命，我们必须自问：怎样才能避免悲剧重演？

面对颠沛流离的妇孺，我们必须自问：何时才能让他们踏上回家的道路？

面对冲突不断的厮杀，我们必须自问：如何才能打开一扇持久和平的大门？

中国的回答是：

第一，坚持政治解决。铸剑为犁固然费时费力，但历史和现实都反复证明，以暴制暴，不会换来持久和平；使用武力，产生的问题将多于答案。

采取强制行动应由安理会授权。如果把本国国内法凌驾于国际法之上，随意干涉别国内政，甚至搞政权更迭，将被国际公理拷问其正当性何在？

第二，兼顾各方利益。冲突各方要摒弃“零和思维”，在谈判中沟通彼此关切，努力相向而行；在协商中实现合理诉求，争取互谅互让。

国际社会在斡旋调解时，要主持公道正义，保持客观平衡，不能拉一派打一派，更不能借机谋取私利。

第三，推进民族和解。当前，武装冲突大多与民族宗教矛盾相互交织。民族和解进程应该同政治解决进程双轨并行。

各方各派要践行联合国宪章的精神，培育力行容恕的文化，铲除仇恨报复的种子，让冲突后的土壤生长出包容和亲善的果实。

第四，践行多边主义。应该全面、充分发挥联合国的作用，恪守国际法和国际关系基本准则。联合国宪章第七章不是安理会维持国际和平与安全的唯一手段，第六章赋予的预防、斡旋和调解工具更要用好用足。

要发挥区域组织和地区国家熟悉本地区事务的优势，支持他们通过地区方式解决地区问题。

主席先生，

——乌克兰内乱令人担忧。我们欢迎和支持明斯克停火协议，敦促乌克兰各方切实执行，并通过政治对话和谈判寻求全面、持久、平衡的政治解决方案。

中国希望看到一个各民族和谐相处，与各国和平共处的乌克兰。这也是乌克兰实现国家长治久安的根本之计。

中国主张联合国为妥善解决乌克兰危机发挥应有的作用，支持国际社会为缓解乌克兰东部人道局势所做的建设性努力。

——中国支持伊拉克维护国家主权、独立和领土完整的努力。伊拉克成立新政府是一个重要契机。希望伊拉克政府带领人民本着包容与和解精神，共同致力于国家的建设与发展。

中国呼吁加大对伊拉克的人道援助力度。帮助伊拉克人民渡过难关，实现国家和平稳定，这是国际社会的共同责任。中方将向伊拉克包括库尔德地区在内提供6000万元人民币人道主义援助。

——中国坚决反对一切恐怖主义行径，支持国际社会根据安理会有关决议，协调一致应对恐怖势力的威胁。

中国认为，国际反恐合作应该多措并举、标本兼治，充分发挥联合国及其安理会的主导作用。反恐不能搞双重标准，更不能把恐怖主义与特定民族、宗教挂钩。

面对全球反恐形势出现的新变化，国际社会应该采取新举措。特别是重点打击宗教极端主义和网络恐怖主义，着力铲除、封堵恐怖极端思想的根源和传播渠道，坚决打击恐怖分子利用互联网等新的通讯手段，煽动、招募、资助或策划恐怖袭击。

——叙利亚危机已延宕近四年。打不是办法，谈才有出路。

中国敦促叙利亚各方各派立即停火止暴，全面配合联合国的人道主义援助行动，尽快终结无辜民众遭受的苦难。

我们敦促叙利亚各方各派从本国前途命运和人民整体利益出发，拿出政治意愿，积极支持联合国秘书长及其特使的斡旋努力，下决心走一条借鉴国际和地区有益经验、符合自身国情、兼顾各方利益的中间道路，给和平以机会。

——巴勒斯坦问题是人类良知的伤口。中国呼吁以色列和巴勒斯坦实现持久停火，敦促以色列解除对加沙地区的封锁，停止修建定居点。同时，以色列的合理安全关切也应得到尊重。

我们希望以巴双方坚持和谈这一战略选择，尽早恢复并推进和谈。

巴勒斯坦人民期盼独立建国的民族夙愿和正当要求不能再无限期拖延下去。

推动中东和平靠一个或几个国家不行，要群策群力，并且发挥安理会应有的作用。我们支持安理会采取行动，响应巴勒斯坦和阿拉伯国家联盟的要求。

——伊朗核问题谈判进入了关键阶段。各方都应拿出诚意，本着互相尊重、平等协商、互谅互让的精神，再努一把力，啃掉“硬骨头”，尽早达成一项公正、平衡、共赢的全面协议。

——南苏丹冲突双方应该立即停火，从南苏丹人民的整体利益出发积极开展政治对话，在伊加特的斡旋下，与国内各族各派一道，尽快达成公平合理的解决方案，实现全国和解与民族团结。

南苏丹是联合国最年轻的成员。南苏丹人民的生活应该充满希望和活力，而不是饱受冲突和战火。

——中国欢迎加尼先生和阿卜杜拉先生分别出任阿富汗新总统和首席执行官，将继续支持阿富汗人民平稳实现政治、安全和经济过渡，共建一个团结、稳定、发展、友善的阿富汗。

中国支持“阿人主导、阿人所有”的和平进程。国际社会应履行对阿富汗国家和人民的承诺与责任。

中国将承办阿富汗问题伊斯坦布尔进程第四次外长会，为站在新起点的阿富汗提供新助力。

——在朝鲜半岛问题上，中国呼吁各方秉持客观公正立场，坚定致力于实现半岛无核化目标，坚定致力于维护半岛和平稳定，坚定致力于通过对话协商解决问题。

六方会谈仍是解决朝鲜半岛核问题的唯一现实有效途径。尽快推动重启六方会谈是当务之急。应通过全面平衡解决各方关切，把朝核问题纳入可持续、不可逆、有实效的对话进程。

当前半岛形势仍存在许多不确定性，有关各方应共同保持克制，避免相互刺激，多做有利于局势缓和的事，共同维护半岛和平稳定大局。

主席先生，

2000 年以来，联合国确立的千年发展目标为实现人类生存和发展做出了重要贡献，然而全球发展道路依然漫长。国际社会在减贫、消除饥饿、妇幼健康与教育等领域仍然任务艰巨，在环境、气候变化、能源资源安全等领域面临新的挑战。

千年发展目标将在一年后到期，2015 年后发展议程将接过历史的接力棒。国际社会应本着继承和创新精神，拿出更有效方案，采取更积极行动，推动人类社会的共同发展。

中国认为，发展议程应达成三个目标：一是惠民生，以消除贫困和促进发展为核心。二是促包容，维护社会公平正义。三是重落实，以发展模式多样化、共同但有区别的责任等为指导原则，加强全球发展伙伴关系，完善执行手段和机制。

气候变化是人类面临的共同挑战。中国国家主席特使、国务院副总理张高丽率团出席了联合国气候峰会。我们祝贺峰会取得成功，希望将峰会凝聚的政治动力转变为加强气候变化国际合作的务实行动。

各方应以共同但有区别的责任原则、公平原则、各自能力原则为基础，推动 2015 年年底如期完成 2020 年后应对气候变化新制度的谈判，为气候变化国际合作构建更加公平、合理、有效的安排。

主席先生，

埃博拉疫情正在一些非洲国家肆虐，再次敲响了国际卫生安全的警钟。

作为非洲患难与共的好兄弟、好伙伴，中国将坚定同非洲人民站在一起，继续给予一切力所能及的支持和帮助。我们也将积极参与国际社会的有关援助行动。

中国呼吁世界卫生组织、联合国等国际机构同各国密切配合，提出加强国际卫生安全的新倡议，并向发展中国家特别是非洲国家提供更多帮助。

主席先生，

明年是世界反法西斯战争胜利和联合国成立 70 周年，也是中国人民抗日战争胜利 70 周年。这是一个具有特殊历史意义的年份。

缅怀过去，是为了珍视今天的和平。铭记历史，才能开辟美好的未来。

中国欢迎将“纪念二战胜利 70 周年”列入本届联大议程。这为我们提供了重要契机。

70 年过去了。回首当年，历史事实一清二楚，功过是非业已定论。历史无法篡改，是非不容歪曲。70 年后的今天，让我们携手捍卫人类正义与良知，让任何企图否认侵略、歪曲历史的言行在阳光下无处藏身；让我们共同维护联合国宪章和二战成果，让永不再战、持久和平的信念深入人心，代代相传。

谢谢！

中国是国际法治的坚定维护者和建设者

王毅

《光明日报》2014 年 10 月 24 日

10 月 24 日是“联合国日”。69 年前的今天，现代国际关系史上对世界和平、安全与发展影响最为深远的国际法文件——《联合国宪章》正式生效。在这个日子里，我们有必要重温《联合国宪章》的宗旨和原则，恪守维护和平与国际法治的承诺，摒弃“强者为所欲为，弱者逆来顺受”的丛林法则，坚持推进国际法治，促进国际公平正义。

习近平主席今年6月在和平共处五项原则发表60周年纪念大会上指出，应该共同推动国际关系法治化，在国际关系中遵守国际法和公认的国际关系基本原则，用统一适用的规则来明是非、促和平、谋发展。这深刻阐明了中国致力于维护和建设国际法治的坚定立场。

坚持国际法治是中国基于自身经历做出的郑重选择。鸦片战争后的100多年里，殖民主义、帝国主义给中国带来了深重灾难。中国长期被列强无端剥夺了平等适用国际法的权利。中国人民为维护国家主权、独立和领土完整进行了不屈不挠的斗争，终于建立了新中国。新中国坚定选择以国际法为基础，根据和平共处五项原则与各国建立新型国家关系，冲破了帝国主义、霸权主义的孤立、封锁和军事威胁，恢复了在联合国的合法席位，实行了改革开放，全面融入国际体系，取得了令世人瞩目的发展成就。抚今追昔，中国人民深知主权、独立与和平之珍贵。中国比任何国家都更希望在国际关系中以法治反对霸权强权、以规则维护公平正义，不愿看到我们经历过的屈辱和苦难在其他国家重演。

坚持国际法治是新中国一贯的外交实践。中国积极为国际法治贡献中国智慧、树立中国榜样。过去60年来，中国积极践行和平共处五项原则。五项原则被写入中国宪法和与160多个国家的建交公报、双边条约，成为中国独立自主和平外交政策的基石。对外交往中，不论对方国家大小、贫富、强弱、持何意识形态，中国从不做违反国际法、损人利己的事，同时坚定依法维护国家的主权、安全和发展利益。中国在重大国际和地区问题上秉持正义，仗义执言，坚定捍卫以《联合国宪章》为核心的国际法基本原则和国际关系基本准则。中国坚持和平解决国际争端和历史遗留问题。通过谈判与14个邻国中的12个国家彻底解决了陆地边界问题，同越南解决了北部湾划界问题。中国以建设性姿态参与国际规则制定，在事关国际法解释、适用和发展的重大问题上积极发声。中国已缔结了23000多项双边条约，加入了400多项多边条约，参与了几乎所有政府间国际组织，按照“条约必须信守”原则不折不扣地履行条约义务，严肃对待国际责任。

坚持国际法治是中国走和平发展道路的必然要求。中国做出了坚定不移走和平发展道路的战略抉择。这条道路是谋求和平、发展、合作、共赢之路。

按照国际法和国际规则妥善处理与各国的利益关系，这条路就会越走越宽、越走越顺。罔顾规则、以邻为壑的做法注定行不通、走不远，永远不会出现在中国和平发展道路的路标上。中国越是发展，就越需要同各国紧密合作，也越需要一个和平稳定的国际环境。随着中国不断发展与壮大，将为维护和建设国际法治做出更大贡献，与各国共同努力推动国际政治和经济秩序朝更加公正合理的方向发展。

二战结束以来，国际法治在曲折反复中推进，为维护世界和平、促进共同发展提供了重要制度保障。《联合国宪章》为国际法真正普遍适用于世界各国、建设国际法治奠定了坚实基础。各领域国际合作蓬勃发展，国际规则日臻完备，约束力不断增强。从外层空间到大洋底土，从南极科考到北极合作，从气候变化到环境保护，国际规则几乎无所不在，深刻影响着我们的生活。放眼当今世界，按国际法办事是普遍共识，违反国际法不得人心。

同时，推进国际法治还面临诸多困难和挑战。霸权主义、强权政治和形形色色的"新干涉主义"直接挑战尊重国家主权、领土完整、不干涉内政等国际法基本原则。有的国家对国际法持合之则用、不合则弃的实用主义或双重标准。国际规则制定和运用中的南北失衡问题依然突出。网络安全、恐怖主义和气候变化等全球性问题上的规则仍有待完善。国际法治之路任重道远。

刚刚闭幕的中国共产党第十八届四中全会对全面推进依法治国做出重要部署，向世界发出中国建设法治国家的明确信号。外交是内政的延伸，一个坚定致力于对内推进法治的中国，同时也必然是国际法治的坚定维护者和积极建设者。我们主张，推进国际法治要牢牢把握几个大方向：

一、要坚定维护国际法和公认的国际关系基本准则，强国际法治之基。《联合国宪章》确立的尊重国家主权和领土完整、和平解决国际争端和不干涉内政等重要原则，是现代国际法和国际关系的基石，是建设国际法治必须坚持的核心要素。国际关系经历的风风雨雨已经反复证明，坚持和弘扬这些原则是人类之福，偏离和否定这些原则会贻害无穷。

二、要坚持促进和平、发展、合作、共赢的总目标，固国际法治之本。立善法于天下，则天下治。建设国际法治，归根结底是要在国际关系中用普遍适用的规则明辨是非、定分止争、协作共赢。这是国际法治的生命力所系。国际法的制定、解释和适用，都要有利于这些目标。不能助长霸权强权，不能用来调词架讼、挑动争端，将国际法治引向歧途。

三、要坚持国际规则制定进程的平等和民主参与，弘国际法治之义。国际关系民主化是各国的普遍愿望，也符合历史发展潮流。要促进各国，特别是发展中国家平等参与规则制定。国际立法要均衡反映各国关切，不能把个别国家的规则当作“国际规则”，也不能把个别国家的标准当作“国际标准”。

四、要坚定维护国际法的权威性，立国际法治之信。凡法事者，操持不可以不正。各国都要以国际法为共同准绳，依法行使权利，善意履行义务，确保国际法平等、统一适用。各国和国际司法机构，都应防止越权解释和适用国际法，更不能罔顾客观公正，借“法治”之名，行侵害他国权益之实。

成功在久不在速。只要国际社会坚定信念，携手努力，一定能排除各种干扰和挑战，稳步推进国际法治，让国际公平正义的光芒照亮人类发展之路。

后记

2015 年 10 月 16 日，由上海联合国研究会主办、华东政法大学国际法学院和国际法研究中心承办的第二届联合国研究青年论坛在华政长宁校区举行，主题是“联合国与国际法治”。

本届论坛得到广泛的关注和参与，征集到近 30 篇论文。应征论文作者有副教授、讲师和助理研究员，但更多的是博士生、硕士生和本科生，包括在荷兰、台湾和香港就读的研究生。经过专家评审，21 篇论文获奖。由于各种原因，本论文集收录了其中的 18 篇论文。

联合国研究青年论坛的举行得到上海市社会科学联合会的大力支持。市社联把论坛列为学会学术活动月项目，联合国研究青年论坛并获得优秀组织奖和学会特色活动奖。作为论坛的组织者，我祝贺各位获奖的作者，也感谢所有支持和参与论坛的各界人士。

我们希望并相信通过每年举行的论坛活动，能够动员、鼓励和支持更多的青年学者和学子从事联合国问题的研究，不断提高中国的联合国研究水平，为联合国事业和中国的联合国外交服务。

张贵洪

2016 年 6 月 6 日